江苏高校哲学社会科学研究重点项目"基于现代性与审美现代性视阈中的苏北地方文化形象话语体系研究"（2017ZDIXM032）

江苏省重点建设学科中国语言文学学科经费资助

江苏省品牌专业汉语言文学专业经费资助

城市化语境下的地方文化身份建构与话语表征研究

亢宁梅 ◎ 著

上海三联书店

目　　录

绪　论

一、问题的源起

可能是出于长期以来一直从事审美文化研究的职业习惯,笔者虽然在研究成果方面乏善可陈,但毕竟在学术专业理论上还有一些积累,内心对审美文化的流动变迁始终保持着一份职业敏感。笔者每天生活工作在自己所在的城市淮安。这是苏北一个普通的地级市,在江苏省十三个地级市中经济总量排名倒数第三,距离中心城市南京不过二百多公里,距离中国经济中心上海也只有四百多公里,但是在发展上明显地与紧邻的长三角经济高地"错位"了,成了中国经济最发达板块的"落后"区域。而这个相对"落后"的消极区域,又因为急于发展经济,"嵌入"(embedding)了很多模仿大都市的空间符号,和目前还保留着的乡土残余文化一起,构成了一个折叠压缩、混杂多元的后现代堪鄙(camp)①文化空间,形成了复杂的张力。阿帕杜莱把这种现象归纳为五种杂糅性的"景观":民族景观(ethnoscape)、媒体景观(media scape)、技术景观(technoscape)、金融景观(finanscape)、观念景观(ideoscape)。其中既有对乡土本真性的原生态式反映,有国家的在场,更多地表现出展示性、消费性、平面性、同质化等后现代大众美学特点,但是也仍然以沉默的遗迹(monument)或者"壁龛"等形式,潜隐地"化"入或"粘附"在民俗文化里,构成一个"隐形结构"。2020 年刚刚开通的高铁,把淮

---

① 堪鄙(camp)作为一种复杂的文化现象,出现于西方现代性发生重要转折、西方与非西方的关系处于一个重要节点、各种现代哲学和现代艺术都大量出现的 20 世纪初。正式进入美学,是在 20 世纪 60 年代后现代思想正式登场之时。作为一个文化概念,1909 年版《牛津词典》解释为"装饰的、夸张的、不自然的、戏剧性的"重叠在一起的文化现象,这一现象从社会各主流的边缘而生,在美学类型上与刻奇(kitsch)和滋世(cheesy)相纠结,但是在美学上做了一个崭新的点化,升华到美学的高位。当代中国大众文化中出现的多元"嵌入""混搭"的现象都具有堪鄙性。参考张法:《美学导论》(第三版),北京:中国人民大学出版社,2011 年,第 173—179 页。

安到上海的时间缩短到了两个多小时。这意味着在统一的现代性时间体系里，"均质化"的区区两个多小时，就"穿越"了两个不同的时代，连接起两个异质的空间。高铁是速度的产物，高铁的开通加速打破了地方空间的封闭状态，必然造成人口和经济要素的流动，从而引发文化的流动和转型。自从十年前高速公路建成以来，2010年至2020年，淮安的年轻人群一直处于净流出状态。目前的最新数据是十年净流出人口一百余万，占全省数据的0.72%，而全市常住人口也不过四百五十余万，江苏省人口总量排名同样也是倒数第三。无论是高校毕业生还是普通打工群体，大多数流向经济发达的苏南、上海、浙江的长三角地区。其中的大部分又基本上选择定居在自己工作的城市，那里在经济和文化上与淮安不属于一个"时区"。与淮安形成鲜明对比的是苏州，古典时代的天堂，现在的全国地级市排名第一，一直处于人口净流入状态，与历史上强制性的"洪武赶散"人口流动方向完全相反。可以想象，高铁的开通必然会加速年轻知识人口外流趋势。跨越空间，就跨越了时代，这是现代社会所特有的现象。笔者不由得想起作家阿来以"山珍三部曲"——《三只虫草》《蘑菇圈》《河上柏影》，书写了位于偏远藏区的乡村，因为修通了对外的道路，封闭的乡村世界被打开，在消费文化的诱惑下慢慢走上商业化的道路。潜藏的欲望一旦被激活，意味着藏区在开放的同时也失去了自我。这是一个从"落后"到"现代"的痛苦蜕变历程。道路和速度既是现代性的标志，也是经济价值的隐喻。虫草、蘑菇这些藏区土生土长的菌类，一直以来不过是稀松平常的日常食物而已，在速度和道路的作用下被挪移到城市而身价百倍，成为社会身份区隔的标志，引发了消费价值的变异和欲望的膨胀。"道路"在打开通向外部世界的同时，也构筑了一条失去自我的通道。在这种意义上，"道路"恰恰解构了存在，走向了"林中路"的反面。阿来认为，这正是我们这个时代令人痛心的价值观蜕变，经济价值驱逐了长期以来最基本的人类伦理价值。高铁连接起人类的一个个目的地，却忘记了生命本身这个"经历"过程。"从城市到城市，我们永远都在歌颂新的东西，那些旧的、'廉价'的地方大量被忽略，就在原地腐烂、衰败、被遗忘。那里的人似乎没他们的人生，少数人挣扎到城市里当边缘人，整个社会的价值链条里一大批人、一大批行业慢慢因为没有'价值'被忽视。"[①]阿来深刻地反思了商业社会里隐藏的一套文化生产逻辑，尖锐地批判了那些包装起来的、隐藏在"发展"的宏大正义话语下，却深入侵蚀、撕

---

① 张知依：《阿来：在消费的链条上我们再次失去了故乡》，《北京青年报》，2016年09月23日。

裂着感情和精神的东西。速度和道路意味着空间的压缩,固定的空间开始流动,随之而来地必然带来"人"的流动。自古以来,"人"都是与"大地"连在一起的,空间构成固定的大地,"人"只有生活在亘古不变的时空里,才能形成身份认同。在这个意义上,永恒的时空隐喻着"人"的自我认同的永恒。而伴随着现代社会"人"的流动,必然带来文化的流动,带来身份的混杂(hybrid identity)和困惑。尤其是在经济一体化、西方话语强势的全球化语境下,这个问题显得格外突出。吉登斯认为,"现代"形成了一套流动的全球化新秩序,带给所有个体感官和意识上的强烈冲击,巨大的现代性空间和速度碾压了渺小的个体,成为对立于"人"的庞大存在,人第一次处于"无力感相对于占有"(powerlessness versus appropriation)的抽空状态。如何重新建构主体和表征自我成为新的时代主题。

　　现代性从来都是一把双刃剑,在失去的同时也意味着另一种重构。伴随着人口流失、经济落后的是摧枯拉朽的城市化进程。淮安因为经济相对落后,在"发展"的时代话语里一直处于现代性的焦虑中。又因为它在历史上曾经是大运河沿线的繁华城市,有过"辉煌"的过去,"我们祖上"的阔气与今天的失落更加形成了巨大的反差。这种心理导致了淮安在城市化大潮里,在两股力量的作用下,向两个不同的方向发展。一方面,它向大城市靠拢,克隆模仿当下流行的广场、中心、大剧院、生态新城、仿古一条街、美食一条街,各种土豪金包装的"罗马假日""加州城""维也纳皇宫""多瑙河""欧洲城""锦绣巴黎"拔地而起,以达到空间体量的"大"。空间扩张是现代性的基本逻辑。淮安把相邻的淮阴、淮安两个县城划为市属行政区,形成了巨大的"三淮一体",后来更把距离城区五十公里的洪泽县划为市属行政区,城市体量迅速扩大了好几倍。政府通过举办各种经济文化论坛、成功标注"运河之都""世界美食之都"、举办各种体育竞技活动和流行的现代文化节庆等政治经济行为,一段时间内快速拉动经济增长,推动了城市化发展。现代城市亮化工程把大运河两岸映照得金碧辉煌,重金装修的仿古商业街灯红酒绿,满足了今人对历史上曾经有过的清江浦1415年开埠后的繁华历史想象。在城市空间急剧膨胀的同时,淮安从富有鲜明江淮地方特色的小城市,变成了中国"千城一面"造城运动里被"平均化"的一个,好像流行的网红脸,失去了自己的本来面目。另一方面,在现代民俗主义主导下,淮安新"发明"了很多古老的历史传统和民俗,拆除衰败破旧的古镇,又新建了几个"古镇",以历史文化旅游逻辑重新编织了一套地方历史文化话语。那些日渐消失的旧城风貌,式微的地方戏和民俗,似乎永远无法进行准确形象定位的城市中心,构成了城市的背面,成为时代的"刺点",与快速"发展"的现代化样本构成了硬币的正反面。近代以来,由于淮河流域频频发生重大水患,苏北一直处于经济劣势,与一江之隔的经济高地苏南,形成了鲜明的对比。计划经济时代,因为集体公有制和户籍制度的制约,各守其土共同贫困,倒也彼此相安无事。当历史进入了以"发展"为时代主旋律的市场经济时代,出于现代性"天然"的日新月异的直线型进步性,苏北被绑上了发展的高速列车,城市化竞争成为时代的新常态。流动的现代性造成了封闭的地方性的解体,在经济加速发展的同时,在经济落后而造成的文化自卑心理驱动下,地方文化逐渐没落,或者勉强作为可资利用的"剩余文化"资源,与电子媒体时代新兴的大众文化和旅游文化合流,形成了民俗主义主导的"新"民俗文化。由于当代经济主导型文化所形成的强大"合"力,这些"新"民俗很可能将以文化记忆的方式传承再生产,那样就会造成后人对文化史和民俗史的知识误解。这也正是方李莉、周星等文化人类学者的担忧。每时每刻,目睹着这些由不同动力推动进行的文化变迁,作为一个理论工作者,必须进行自觉地思考分析,解剖当代文化发展逻辑,探寻治疗时代痼疾的路径。

淮安发生的变化绝不是孤立的个案。"千城一面"既是中国城市化发展的结果,更是现代性深层逻辑的空间表征。中国当代地方文化符号的社会再生产是城市化和信息化社会转型面临的重大问题,是对地方文化自我身份的再认同与重构。全球化语境里,在城市化大规模推进、传统文化成为价值资源性质的非物质文化遗产的时代背景下,中国传统乡土社会的稳定结构被打破,乡土社会形态发生了剧烈变迁。目前城市化进程中出现的大规模空间重建、地方文化符号系统紊乱、文脉断裂、"新发明的传统"等现象,都伴随着表征民族国家意志的强烈现代性诉求。地方政府出于实践理性,利用传统文化资源进行现代地方文化形象塑造;与此同时,民间亦相应地以民间智慧对民间文化资源采取了生存性保护行为,造成了后现代特有的文化成分的"嵌入""混杂"现象。这个进程一直处于进行中,具有双向性。它既包括逃离"落后"故乡者对现代性的期望、困顿与焦虑,也伴随着文化返乡者具有反思性的主体意识重建;既有国家意志试图重塑乡土社会机能的就地小城镇化和美丽乡村建设的现代性规划和行动,也伴随着知识话语对乡土价值的辩证再认识和对现代性的深刻反思。这些现象从文化社会学的层面可以视为审美现代性与现代性、传统民俗与民俗主义之间的冲突。这些冲突伴随着整个现代性的进程,尤其是在苏北这种后发展地区的城市化过程中,这些问题更加突出。从政府层面到学术界不同学科背景的学者乃至于民间,都意识到了这些问题的复杂性,发出了自己的声音。理论界必须针对中国城市化和传统文化现代转型特有的现状做出积极回应。

二、研究基础及研究逻辑

西方由于现代性的原发性,对这个问题的研究比较成熟,形成了一套系统的文化分析理论,是我们研究中国问题宝贵的理论资源和研究基础。很多学者对现代性问题进行了深入研究,从不同向度界定了现代性的特质。斐迪南·滕尼斯认为,人类社会基于血缘、地缘、精神文化的根本区别,形成了三种不同类型的共同体。其中,"由于出生,人与人之间形成了相互的'植物性生命'的关联","以亲密情感、道德承诺、社会凝聚力以及长时间延续存在的"①血缘共同体被认为是最为"本质的统一体"。斯宾塞的"尚武社会"和"工业社会",梅因的"身份社会"和"契约社会",迪尔凯姆的"机械团结"和"有机团结"等范畴,都从不同向度对传统社会与现代社会的基本特征进行了描述。传统社会形态里,基于氏族、血缘这些与生俱来的"植物性生命",自然地形成了固定的本质主义身份认同。作为一场整个社会"总体转变"而出现的"现代性",吉登斯认为它是"指大约在17世纪出现却在其后不同程度地在世界范围内产生影响的社会生活或组织模式。"②黑格尔站立在时代的转折点,敏锐地把"现代性要求确证自己的问题作为哲学问题乃至哲学的基本问题"③。

这就意味着作为现代世界根本原则的主体性的诞生。吉登斯分析了现代社会结构,发现"现代性以前所未有的方式,把我们抛离了所有类型的社会秩序的轨道,从而形成了其生活形态。"④这种新的生活形态彻底切断了人与大地的关系,形成了一种孤立的原子化无机社会。利维斯比较了工业革命之前的传统文化与现代文化的区别,认为传统文化是一种有生命力的活泼泼的有机文化:"在十七世纪……有一种真正的人民文化……一种丰富的传统文化……一种已经消失的积极文化。"⑤这里的"积极文化"指生活在前现代社会里的人有着"内在的

---

① 汪民安:《现代性》,桂林:广西师范大学出版社,2005年,第131页。
② 吉登斯:《现代性的后果》,田禾译,南京:译林出版社,2000年,第4页。
③ 哈贝马斯:《现代性的哲学话语》,曹卫东译,南京:译林出版社,2005年,第9页。
④ 吉登斯:《现代性的后果》,田禾译,南京:译林出版社,2000年,第1页。
⑤ See Arthur S. Reber, *The Penguin Dictionary of Psychology* (Harmonds worth: Penguin, 1995),转引自周宪:《"合法化"论争与认同焦虑——以文论"失语症"和新诗"西化"说为个案》,《南京大学学报》,2006年第5期。

自由"的心性结构,根源于前现代社会共同体形态,每个成员是一个"真实的与有机的生命",具有自我的"本质意志",自然地源于身体有机体,如"心—性—意—情—志"一体的中国人,处于永不停息的生成状态,成员之间形成了共同劳作的生产—生活结构和牢固的精神纽带。而"只有到 18 世纪,在'市民社会'中,社会联系的各种形式,对个人说来,才只是表现为达到他私人目的的手段,才表现为外在的必然性。但是,产生这种孤立个人的观点的时代,正是具有迄今为止最发达的社会关系(从这种观点看来是一般关系)的时代"①。这就是黑格尔深刻批判的人的异化问题。韦伯认为,工具理性成就了一个自主的非人格化的领域,以"目标合理"的社会行动取代了"价值合理"。"我们这个时代就是一个新时期的降生和过渡的时代。人们的精神已经跟他旧日的生活与观念世界决裂,正使旧日的一切葬入于过去而着手进行他的自我改造。"②舍勒认为,"现代现象是人类有'史'以来在社会的政治—经济制度、知识理念体系和个体—群体心性结构及其相应的文化制度方面发生的全方位秩序的转型。它体现为一个极富偶在性的历史过程,迄今还不能说已经终止。"③相对于前现代共同体的信任给予个体存在(Being)意义上的本体性安全(ontological security),现代社会"而缺乏这种基本信任感的人,是缺乏个体性安全感的和焦虑的,更深刻地从存在主义哲学的角度看,他就是处于存在性地焦虑(Angst)"④。具体到中国,孙德忠比较了传统社会与现代社会结构中"人"的状态,认为"在个体对社会的依赖中,血缘、地缘等直接的、自然的因素逐渐减少,市场交换、竞争合作等间接的、社会历史的因素逐渐增加,是社会转型的实质性内容。直接的自然联系是既定的、现成的,是个人无条件从属的整体;间接的社会联系是生成性、过程性的,是人们在历史活动中创造出来的,它以个体独立性的确立和主体性的强化为前提。"⑤

人之所以为人,正因为人是稳定的内在价值的产物,无论是"上帝的子民"还是"天生烝民","人"都被赋予了神圣性、永恒性。当现代性解构了这个永恒性之后,"有物有则"之"人"将如何安身立命? 如何认同自我? 这是现代性面临的

---

① 《马克思恩格斯全集》第 46 卷上,北京:人民出版社,1979 年,第 21 页。
② 哈贝马斯:《现代性的哲学话语》,曹卫东译,南京:译林出版社,2005 年,第 7 页。
③ 刘小枫:《现代性社会理论绪论》,上海:上海三联书店,1998 年,第 3 页。
④ 吉登斯:《现代性的后果》,田禾译,南京:译林出版社,2000 年,第 87 页。
⑤ 孙德忠:《现代性的双重路径:科学文化与资本逻辑的现代性关联》,《光明日报》,2015 年 04 月 15 日 14 版。

困境。

以上我们简单归纳了国外学者对现代性的内在冲突和现代人的异化问题研究的路径。根据卡西尔的观点，人永远是文化的产物，人与社会具有内在的同构性。所以，鉴于传统社会和现代社会的巨大差异，如果要研究现代社会的文化主体问题，必须从主体认同路径的不同展开研究。英国文化唯物主义学派把文化研究的重心转向对文化生成过程进行整体研究，认为文化分析的意义就在于对人类整体生活方式中各种因素之间相互关系的动态研究。这种相互关系就是威廉斯提出的"去发现作为这些关系复合体的组织的本质"①，尚未得到清晰表达和归纳的各种新兴表征（inarticulate and emergent representations），即"感觉结构"（structure of feeling）。霍尔摒弃了"自然主义"的主体认同，认为封闭的前现代社会对应着本质主义主体，开放的后现代社会始终处于未完成中，主体相应地处于开放性和可塑性。如果说本质主义主体追问"我们是谁"，后现代主体则追问"我们会成为谁"？这意味着主体认同路径的转换，从前现代的固定、抽象、普遍永恒的主体，转向地方性、变化的、相对语境中的混杂性主体；从中心化、统一的主体，转向非中心化、碎片化的主体。认同的路径从整体性、本源性转向差异性、动态性、多元性。主体认同更多地取决于外在性即所谓的"他性"。这个原理运用在文化研究上，就是现代文化身份认同和建构问题。

全球化作为激进的现代性浪潮，席卷了所有国家，每个现代人都概莫能外。既然主体已经分裂，主体观念和认同路径可能也随之必须改变。拉康、阿尔都塞、福柯有力地质疑了主体的建构与文化传统的关系。文化研究正是呼应着现代文化转型潮流而起的。吉登斯认为，传统是一种集体记忆，需要通过各种途径不断进行重建。传统的完整性不是源于简单的时间上的连续，而是源于不断的阐释，目的在于连接现在与过去。仪式风俗与"真理的程式概念"相联系，仪式对赋予传统以完整的社会框架来说是必不可少的，是确保连续性的手段。传统具有道德黏合力，使传统具有约束性，提供本体性安全。阿达莱·阿斯曼把记忆分为个体记忆和集体记忆。他认为，记忆从来就不仅是一种个体行为，更是一种社会行为。如果说个体只有通过社会化才能成为社会人，同样个体也只有通过社会化才能获得属于自己的记忆，这也是人的社会化的重要方面。文化作为人类

---

① Raymond Williams, "The Analysis of Culture" in *Cultural Theory and Popular Culture: A reader*, edited by John Storey, Prentice Hall, 1998, pp. 48 – 51.

的一个永远处于生产性的"形成与构成的过程",文化内核抽象成一种"凝聚性结构",通过民俗、节庆、纪念日等形式使过去的事件延续到当下,流逝的时间就成为绵延不断的时间,事件因为具有了永恒的意义而成为集体成员所认同的共同价值观念,形成类似于荣格的"集体无意识",产生归属感和认同感。艾瑞克·霍布斯鲍姆认为,后现代语境里的文化传统事实上都是新"发明的传统",任何现在都是为了与"一个适宜的历史过去"确立连续性,是对变动不居的当下新情境的某种回应,是想象的永恒不变的本真性与发展变化的动态性之间的关系。

以上我们整理了现代社会文化冲突的核心问题,可以归结为本体性和文化身份建构问题。国外理论界围绕现代性和现代文化身份的建构研究取得了很多成果。赫伯特·金迪斯、萨缪·鲍尔斯的《人类的趋社会性及其研究》认为,人类的"趋社会情感"决定了行动者承担建设性的社会互动行为,"趋社会性"即总体性。简·雅各布斯的《美国大城市的死与生》认为,规划是一个系统整体的社会调控过程,是城市中复杂的经济关系和人群利益关系的协调过程。基于此,城市化应该是一个庞大的现代政治经济文化工程。弗兰西斯·福山在《历史的终结及最后之人》和《信任——社会道德与繁荣的创造》中提出,"现代"与"前现代"或"传统"应该协调平衡,"法律""契约""经济理性"等现代契约与"互惠""道德义务""社会责任与信任"等传统伦理规范不但不矛盾,而是应当互相交融,才能实现"现代与传统的共存共荣"。大卫·哈维的《正义、自然和差异地理学》《希望的空间》阐释了空间生产的现代性与审美文化之间的深刻冲突。这些学者从各自不同的学科背景出发,主要针对西方的现代性与现代社会文化建构之间的矛盾问题进行了不同层面的深入研究。

国内对于中国本土城市化发展与传统文化的现代转换问题的研究比较深入,汲取了人类学、民俗学、社会学、审美文化理论等学科丰富的理论资源。费孝通的《乡土中国》奠定了研究中国问题的人类学理论基础,同时提供了行之有效的方法论。贺雪峰的《新乡土中国》研究了当代中国传统乡村社会分裂后村庄的社会关联,侧重于社会学方面的新乡土社会关系建立问题的研究。周宪的《审美现代性批判》从宏观层面深入阐释了现代性与审美现代性的冲突,厘清了现代文化身份建构逻辑,比较早地引进西方文化理论研究中国问题。周星的《乡土生活的逻辑》,从人类学视野对日常生活和民俗文化的变迁进行"深描",反思民俗主义在中国当代文化中的意义与当代民俗文化建构的机制。认为在现代性主导的民俗主义视域下,地方性被对象化景观化,成为视觉奇观和资源,从而导致文化价值转换为经济价值,失去了自我和尊严。地方性知识可能变成地方性表演,不但没有成为解放的力量,反而变成对地方知识的征用,成为全球化商业交换体系中的一个节点。所以现代民俗仍然是现代性权力话语的产物。由于现代中国民族国家出于现代性的强烈诉求和中华文化的意识形态渗透,民俗文化更多地被予以政治性利用,这可能是民俗主义在中国比较突出的表现。传统民俗突然被挪移到现代,传统的家族、乡村制度中断,以标准化、模式化、同质化即"麦当劳化"的形式被消费性观看,使文化符号再生产进入了一个叠合复杂的语境。这是我们研究当代民俗再生产的出发点。刘锡诚认为,非物质文化遗产保护不能从学术和行政层面,以文化"断面"的形式去记录。"由于过分强调文化的故意操作性,从而造成目前与当地社会的文化主义和传统主义格格不入的情况。""当我们谈到'文化遗产'的时候,仿佛是把它看成是一种在时间和空间上都凝固不变的某种对象。而且,说到'保护',我们在内心中,往往希望它保持这种状态。从学理的角度看,这里有一个本真性追求的问题。"①他认为,非物质文化遗产的定位仍然是文化身份的本真性问题,如果仅仅借助于国家语境而不能建构起其自身有效的生命循环系统,非遗的命运仍然是沦为化石、遗产、切片。因此,针对后现代语境和人类的生存困境进行文化再阐释,可能才是符合时代方向和生存的文化再生产。从纵向上看,民俗文化从来就是混杂性文化,民俗一直具有功利性多元性,不具有某种想象的"纯粹"性,历史上的民俗活动也具有很大成分的商业性娱乐性,今天可能更应当适应消费社会语境。高丙中的《民间文化与公民社会:中国现代历程的文化研究》,揭示了中国民间文化与现代性之间的复杂关系,认为中国公民社会的建立尚待时日。梁鸿的《中国在梁庄》《出梁庄记》两部人类学田野考察报告以自我民族志的方式,考察了"熟人式""家园式"的乡土文化模式如何被替换成"陌生人式""个体式"的原子状态城市文化模式。她认为,城市化进程的快速推进使农耕文明迅速解体,中国的乡村建设可能并不适应绝对化的全球化、现代化的发展模式,也许并不存在一个统一的文化发展模式,这种模式可能出于我们对西方的现代性想象。乌丙安认为,要发挥传统文化的"现代化效应",必须对其在现代社会的存在价值进行准确认定,才能"对传统民俗文化遗产作出选择,以便认定某些文化资源本身潜在的现代性价值,使其中许多民俗事象

---

① 刘锡诚:《民俗文化是一条滔滔巨流》(来源:中国艺术人类学网。http://www. artanthropology.com/show. aspx? id＝2068&cid＝80. 2019 年 11 月 12 日)。

不再是'古化石'或'历史残留物',而是把过去引向未来的文化财富"①。刘锡诚认为,"'沉默'的民间从来没有如我们想象的那样,随着现代性的目的论叙事而停滞自身的历史创造,现代性的庞大总体性叙事事实上无法包含多元的民间历史创造。传统文化和民间文化并不随着现代性的诉求而丧失其历史能动性,而总是以人们难以想象的方式进行话语叙述、建构身份。民间历史与现代性宏大叙事之间存在着巨大张力,可以说民间与民族国家产生了各自的叙事话语。在民族国家的总体历史的范围内,民间作为'他者'并非总是被动地接受总体性叙事,而是不断地以抵抗、否定的姿态发出自己的叙事声音,表达了对民族国家与民族主义形成共谋的线性历史的颠覆。"②乌丙安研究了传统的春节地方"民间花会",发现了民间与政府"合谋"的逻辑,把原属于民俗的花会转换成现代国家仪式,融传统现代、国家民间、团体个体、会社家祭、春祈祭火、庆典娱乐等多重功能于一体,各得其所,塑造了一种地方传统资源与国家意识形态相"嵌入"混合的年节文化。春节文艺花会形成了从民间信仰仪式到主流意识形态传播再到普天同乐、娱己娱人的过渡和转型的发展路径,是中国现代性话语发展的逻辑和表征。高小康认为,全球化的大经济时代,文化经济化(economization of culture)已经成为新的经济增长点,艺术生产和消费逐渐变成大众文化行为,艺术的边界随之发生了变化。在艺术市场化语境里,"体验经济"和文化产业的兴起重新设置了艺术的位置。后现代语境里,乡村成为众声喧哗的多重混搭空间(camp)。不同主体进入乡村,乡村文化生产方式与现代文化生产方式发生了碰撞,引发了"时空分延"的"脱域"(disembedding)空间交错现象。脱域是现代性最突出的特征,表现为"虚化时间"和"虚化空间"。随着机械钟的发明和日历在全世界范围内的标准化,"虚化时间"得以成为可能,使得时-空转化与现代性的扩张得以一致。"时空的分离是脱域的先决条件,它凿通了社会活动与其'嵌入'到在场情境的特殊性之间的关节点。被脱域了的制度得以极大地扩展时-空间延展的范围。为了做到这点,这些制度又与时间空间相协调适应。"③这样,传统民俗符号、现代艺术符号和大众旅游符号,共同构成了一个混杂性文化空间,表征着不同的诉

---

① 乌丙安:《民俗与现代化的思考》(来源:中国民俗学网 https://www. chinesefolklore. org. cn/web/index. php? NewsID=17913. 2018 年 6 月 1 日)。

② 刘锡诚:《21 世纪:民间文学研究的当代使命》(来源:中国民俗学网 https://www. chinesefolklore. org. cn/web/index. php? NewsID=19797. 2013 年 6 月 29 日)。

③ 吉登斯:《现代性的后果》,田禾译,南京:译林出版社,2000 年,第 17 页。

求和欲望,从单一性主体变成多主体文化。前工业化时代,乡村是一个地域性生活共同体。后现代多中心的今天,多元化主体无法建立同一认同。乡村多重混搭空间的符号体系表征了消费时代的价值观,建立了一条新的对话渠道。也许通过这条渠道,有可能找到解决乡村发展问题的路径。

综上所述,国内学者对民间文化与公民社会、现代性与审美现代性、乡土生活的逻辑、民俗主义对当代文化空间重构的意义、空间重构的混杂性等中国转型时期特有的文化现象展开了深入研究。伴随着激进的全球化运动,当代中国发生了深层次的社会变迁和文化转型,随之而来面临着文化身份建构与认同这个本真性与流动性问题。乡土中国进入全球化时代,传统与当下、历史与现实、个人与社会、中国与世界并置交错杂糅,你中有我我中有你,互为表里而又彼此相离,个体的焦虑、文化的焦虑与分裂感被强化、放大。苏北地方文化符号研究就是在这个语境下对自我文化身份的反思。

三、研究内容及研究路径

在中国走向现代性的进程中,传统文化领域发生了剧烈的分化,经过分裂、组合、"嵌入"、互相交错、变异等,形成了新的文化形态。主导文化、精英文化、民间文化和后起的大众文化不断重新划分边界,这些不同领域内的具体文化现象既是现代性与审美现代性、传统民俗与民俗主义、民族文化与拿来主义、保守主义与激进的全球化之间的剧烈冲突的表现,也是中国现实的政治、经济、文化逻辑的深刻表征。

根据上文的梳理归纳,经过文献检索,截止到 2022 年 5 月,知网上共有六万余条关于现代性与审美现代性的研究文献,中国学术界关于现代性与审美现代性、民俗与民俗主义、审美人类学、乡土中国的现代转型研究有八百多部专著。具体到苏北地方文化研究,如关于里下河文学流派、"新乡土写作"、泰州学派、淮剧、农民画、剪纸、庙会、香火戏等地方文化类型的研究,都有比较丰富的成果,一共有四百余篇论文,主要是单篇论文的形式,尚未出现综合性的文化身份研究专著。并且迄今为止,缺乏从审美文化批判层面对苏北文化转型与重构的研究,系统性的研究工作目前刚刚起步。类似于苏北的这种后发展地区在城市化进程中,传统社会进入现代转型,如何尽可能避免大规模的空间重建、地方文化符号系统紊乱、文脉断裂等负面行为,能够比较合理地利用传统文化资源进行地方文化形象塑造,对民间文化资源进行生存性保护,从而实现传统文化价值的现代阐释和转换,将是本研究的主要内容。

"城市化语境下的地方文化身份建构与话语表征研究"综合了研究者持续多年的对地方文化文本的研究,在对研究对象进行分门别类梳理的基础上予以提炼深化,进一步认识在现代性进程里,乡土文化的价值、传统文化的保留与现代转型的张力与重构。虽然对各种具体的文化现象研究分析得比较充分,但是理论深度还比较欠缺,未能上升到文化转型路径和文化演变逻辑予以深入分析。必须在具体问题研究的基础上对文化现象进行辩证分析,针对文化符号的现实合法化逻辑展开文化批判。有学者认为,中国的乡土文化与现代性之间可能存在着"折叠"路径,乡土文化在转型中发生了奇特的"早熟"征象。而关于"折叠"路径和"早熟"征象的具体研究存在很大的空缺,学术界基本上都套用了现成的西方理论话语。我们希望在下一步的研究中能探索西方话语中国化问题,以期形成中国式的文化理论思维。

主体从来就处于历史和文化建构中,既可能表征历史本真性,也可能是虚幻的镜像。因此,地方文化主体的生产从来不是一个像生物那样,自然而然生长的过程。在任何文化系统里,民间都是一个既被主流话语和知识话语言说,同时也顽强地进行自我表征的系统。在现代性的强力侵入下,传统文化场域中相对于主导文化、精英文化而存在的"自为"的民间,就成为一个不同权利话语争夺、建构的符号场域。知识分子话语,意识形态话语,民间自己的话语,在不同的历史时期进行着或隐或显的话语权斗争,分别建构了不同层次的民间。这些话语互相交叠、遮蔽、冲突,形成了一个多层次的、复数的民间。当我们处于激进的现代性时期,民间可能就成为现代性尖锐批判的落后、保守的对象;当历史行进到急于进行文化身份建构的时期,民间可能又成为文化继承的对象;当下的全球化语境里,民间又可能被征用为表征民族国家主体的符号。而民间从来不是被动的,可能与主流话语和精英话语合谋,达成自我的叙述。只有对当下错综复杂的文化现象进行辩证分析理性思辨,才能激活传统文化的生命力,而不是把传统变成今天的资源、工具或武器。传统应当是今天文化的自然生长和有机组成部分,只有像敬畏生命那样敬畏传统,才能对传统形成良好的判断力。本课题基于对20世纪以来一系列民间艺术、民俗事项的形成、流变过程进行田野考察和文化批判,通过对苏北地方文化具体个案的解剖,分析现代性与审美现代性、传统文化与民俗主义的话语冲突,梳理传统文化现代流变的轨迹,深描主导这些流变现象背后的深层次文化主导因素和建构逻辑,希望对地方现代文化身份的建构得出一个全面而客观的结论。

本课题从以下六个方面展开研究：

第一，从社会学、审美人类学、现实文化实践等几个层面对现代"民间"的复杂内涵予以深入分析。在大一统的中国传统文化格局中，民间文化与传统文化处于相对和谐的关系中。自现代性侵入中国以来，原来自由自在的民间遂成为一个不同势力争夺、建构的场域，充满了张力与冲突。知识分子话语、意识形态话语、民间自己的话语，在这个场域建构了不同的民间，互相交叠、遮蔽、冲突，形成了一个多层次、复数的民间。在这个场域中，现代性视阈的民间和意识形态话语的民间形成了不同向度的民间，合力形塑了流动性、边界不定的民间。必须从传统的本质主义身份论转到相对主义文化立场，才能对现代复合型文化身份进行合理的解析。

第二，从中国现代文化实践进程来看，在不同的历史语境里对文化身份的理解形成了不同的理念，其中存在巨大的差异。现代文化领导机构的建立意味着现代性对民间文化的领导与统合。文化馆既是启蒙主义的产物，也是实现现代性和审美现代性的权力机构。作为具有中国特色的现代文化体制的领导者和运作机构，在中国现代性进程中，文化馆一直起着领导并组织实践文化行动的重要功能。文化机构对民间文化的收编与改造、地方文化形象塑造等方面起着决定性的作用。地方文化形象在现代文化传播中如何表征都是由文化领导机构决定的。这部分内容在充分肯定现代文化实践巨大的历史进步性和合理性的同时，着重对民间文化的多层次"复数"文化意义进行分析。

第三，在强调国家文化软实力的全球化背景下，非物质文化遗产保护成为"发明"传统的新路径，地方文化资源的挖掘、保护被提到了与经济发展同等重要的日程上。地方文化资源的利用、民俗传统的"再发明"就是这个背景的产物。现代性、审美现代性、民间这三个不同的视域，决定了民间文化的不同价值，从不同目的对民间文化资源进行的保护、利用产生了不同的结果，造成了事实上民间文化的分裂、流变、重构。这部分内容以戏曲、民间绘画、金湖县现代节庆及电影文本、皂河龙王庙会为个案，尤其针对淮剧的苏北模式与上海模式、江苏省三个城市的庙会现状进行田野考察，通过个案考察，分析其中的演变路径，深描文化的现实生存和发展逻辑。对其中包含的积极和消极的层面进行分析，寻找意义阐释与文化保护的结合点。

第四，民间在 20 世纪虽然已经不复是一个完整自为的世界，但仍然是一个多层次的、藏污纳垢的多元化复合体,具有一定的主体性。陈思和认为,庞大混杂的现代文化系统里始终存在着一个"民间的隐形结构","国家意识形态对民间文化进行改造和利用的结果,仅仅在文本的外在形式上获得了胜利(即故事内容),但在隐形结构(即艺术审美精神)中实际上服从了民间意识的摆布",而这个"民间的隐形结构""一般并不以自身的显形形式独立地表达出来,而是在与时代思潮的汇合中寻找替代物。它往往依托了时代主流意识形态的显形形式,隐晦地表达",但尽管隐晦,"只要它存在,即能转化为惹人喜爱的艺术因素,散发出艺术魅力。"①"民间隐形结构"即强大的文化主体生命力和自我修复、改造功能。民间在作为他者被塑造、改造的同时,从来没有沉默,一直在言说,在顽强地重新建构自我,寻找自我的价值。民间生活世界的建构既包含着现代民族国家对民间空间的改造,也包含着在大众消费文化功利性目的追求下对自我的遗忘。其中交织着多重因素,既有塑造,也有被动的遮蔽与有意的遗忘。苏北既是现实地理空间中的苏北,更是多重话语形塑的苏北。相对于苏南,它是粗犷野蛮、经济落后的苏北,然而又是充满传统文化生命力的、极具经济增长潜力的苏北。它保存了传统文化养育的美好人性,经常被用作对现代性展开批判的文化资源和理想的文化乌托邦。知识话语体系里的苏北,被赋予了想象的文化特质,寄托了不同的审美理想,以此展开对现代性多重复杂向度的考量。这部分内容以王安忆的苏北文学文本和里下河文学流派的汪曾祺、毕飞宇、朱辉、刘仁前、鲁敏、苏北(人名)、严苏的文本、叶炜的"新乡土小说"文本、周洁冰的《苏北女人》女性系列文本、谢宏军的绘画文本、王洪军的"个人方式"纪录片文本为个案,分析现代苏北形象的多元特征和文化特质,梳理地方文化的多元混合内涵和现代撕裂转型。

第五,淮安城市空间变迁研究。这部分内容以不同历史时期淮安的城市中心、城市文理脉络变迁为对象,分析淮安如何从生机勃勃的城市有机体,演变为文化本源含混、失去自我的千城一面,膨胀的城市空间与流失的人群形成了巨大的反差,俨然构成了这个城市发展话语的"刺点""伤疤"。现代城市的不以人的意志为转移的命运体现了实践理性与审美理性的冲突,变动不居的城市空间正是"后现代性空间叙事"权力话语的产物。

第六,一般认为,新知识生产范式建构的知识体系是一种地方性幻觉,是一

---

① 陈思和:《民间的浮沉:从抗战到文革文学史的一个解释》,王晓明主编:《批评空间的开创:二十世纪中国文学研究》,上海:东方出版中心,1998 年,第 210—238 页。

种"世界中的图像"。这部分在前文系列文本具体分析解读的基础上进行传统文化与民俗主义文化符号比较研究,分析传统社会的身份认同与民俗主义主导下的现代文化空间、文化身份符号结构、生产逻辑的差异,归纳现代文化符号的再生产路径,分析现代文化身份认同的逻辑即"凝聚性结构",寻找当代中国审美文化的"感觉结构"。这部分以大运河入选世界文化遗产名录、淮安市着力打造大运河文化带示范区"淮安样板",建设现代运河文化,讲述运河故事为对象,阐释论证运河文化的本体、内涵、功能、文化符号编码秘密和路径、文化再生产逻辑。

　　文化身份是人类的价值观念通过社会实践在时空中的具体实现。现代民族国家的文化身份只能在现代性、全球化交织的系统中得到确立。乔纳森·弗里德曼把全球化定义为是一个"关于那些有全球性特征的意义的赋予过程"。激进的全球化是一把双刃剑,既导致了严重的文化同质化,同时也加剧了文化乡愁的泛起和不同文化之间的冲突。文化身份的建构是现代多重语境中复杂的张力、纠葛、聚合、共时的后果。文化认同可能是虚构的文化话语,不一定具有本真性(authenticity),但是文化伟大的功能正在于其永远具有凝聚力、意识形态、积极意志和创造世界的能量,表征了真实的历史和价值观念。文化学原理认为,相同的历史认同一般可能生成相同的历史秩序和政治宇宙观,文化实践凝聚的符号既是集体记忆的延续,也与现实社会制度构成了隐喻关系。本课题的研究以文化学原理为基石,希望通过对苏北文化场域的深入分析,描绘出苏北复杂斑斓的现代文化身份。通过批判现代性对民间文化、地方文化、边缘文化的压制,自觉建构地方文化主体,树立文化自信,使不同的文化形态在文化世界的秩序中各安其位。

第一章　近现代史上的苏北

"现代性"是指大约在 17 世纪出现却在其后不同程度地在世界范围内产生影响的社会生活或组织模式。

——吉登斯

所谓现代性是相对于前现代性而言的:前现代性将人性置于对自然性和神性的从属地位,而发源于文艺复兴时期的现代性则使人从世界体系中凸现出来,把人当作征服—认知—观照着的主体,所以,现代性的核心是人的主体性,弘扬人的主体性乃是现代性理论家的共同特征。

——王晓华

只有当此在是将来的,它才能本真地是曾在。曾在以某种方式源自将来。

——海德格尔

"城市化语境下的地方文化身份建构与话语表征研究"这个研究专题,包含了几个方面的内容:现代性、审美现代性、文化、身份、话语表征,内涵错综复杂,在不同的学科领域有着不同的指向。只有在近现代中国这个特殊的历史时间和现代性与传统社会重构这个特殊的空间里,它们才有可能交织起来,生成一个复杂的体系。我们需要一步步厘清它们的内涵和变化轨迹,才有可能接近研究目标。

第一节　历史上"苏北"概念的形成

无论历史上还是现在,从经济总量上看,以长江为界,经济大省江苏从南宋以来都处于南富北穷的不平衡状态。长江以北的苏北地区大体上可以划分为两部分,黄河、淮河之间的区域称为黄淮地区,淮河、长江之间称为江淮地区。苏北不仅是一个固定的地理人文空间,更是现代性语境里融经济评价、文化发展综合指标评价、幸福感受、文化身份建构于一体的动态变化的范畴,具有多重复杂内涵。

从地域文化层面看,江苏可以分为中原文化、江淮文化、吴文化三个板块。徐州、宿迁、连云港三个城市,按纬度划分已经属于北方,文化上属于中原文化,形成了偏向于粗犷、豪放、雄浑的"大风歌"气质的徐海文化区域。淮河流域和里下河区域地处"吴尾楚头",形成了融秀美和奔放于一体的南北混合、中和平衡的"淮扬菜"文化特征,是为江淮文化区域。位于长江入海口北岸,与苏州、上海隔江相望的南通市,因为历史上曾经有大量吴地移民流入,文化中有相当的"含吴量",是以属于吴文化区域。

中华文明有史以来,一直到南宋建炎二年(公元 1128 年)之前相当长的一段时间里,今天中国版图上的苏北都是全国数得上的富庶之地。"走千走万,不如淮河两岸"就是形象生动的写照。黄淮农业区作为全国粮食主产区繁衍了众多人口,农业经济发达,孕育了丰厚的地方文化。"长江两岸种大米,淮河两岸米麦丰""江淮熟,天下足",淮河流域当是名副其实的居"天下之中",帝国的经济中心。北宋政治家李觏从国家政治高度高屋建瓴地指出,"当今天下根本在于江淮,天下无江淮不能以足用,江淮无天下自可以为国。"一语道出了其举足轻重的政治地位。苏北一直以来与中原文化保持着紧密联系,或者可以说,其本身就是中原文化的一部分。而中原文化在南宋偏安东南一隅之前,一直是中国最先进的文化。地处"吴头楚尾"的江淮文化区域更是吸取南北方文化优长于一身。苏北优越的农业生产环境使得它在农耕时代居于国家经济文化排行榜前列。

上古时期,以今天淮安市域为中心的苏北地跨古淮河两岸,气候温和,地势平缓,没有山地阻隔和后来连绵不绝的淮河水患,自然条件优越,利于人类生存,出现了著名的下草湾新人和青莲岗文化。夏、商、周时期逐渐形成的"淮夷""徐夷"部族遂聚居于此地,形成了最早的人类文明。夷者,人背弓也,"蠢夷方率伐东国,东典东侯,夷方",因此,《礼记·王制》云:"东方曰夷",明显是中原文明对东方未归化的"低级"异族文化的指称。商朝后期和春秋时期,帝国发起了东征,淮河流域逐渐接受了中原文明。鲁国对夷人"变其俗,革其礼",齐国"因其俗,简其礼","夷方"逐渐融合于华夏文明。淮河在中国文明史上占有举足轻重的地位,秦岭淮河地理分界线既是华夏风水线,也是文化分界线。"四渎"之一的"淮,始于大复,潜流地中,见于阳口",处于南北地理和气候过渡带,文化上处于南北过渡区域,从而形成了多元化文化。春秋战国时期,曾经先后分属吴、越、楚诸国,秦时分属泗水郡、东海郡,西汉时期大体属临淮郡。随着黄河流域人口的不断流入,带来了先进的文化,淮南国、东海国的繁华不下于中原地区。东汉时期,这里分属下邳国和广陵郡。早在秦汉时期,苏北境内的先民就利用丰富的自然资源"以渔盐为业",形成了秦时的高邮亭,西汉时期的盐渎、射阳、平安、高邮、海陵等县。春秋时期,地处太湖流域的吴国从楚地偷师水利技术,夫差治下的吴民"举锸如云",修筑邗沟,沟通江淮,辅以卧薪尝胆,方得一雪前耻以成霸业。《史记》云:"夫自淮北沛、陈、汝南、南郡,此西楚也。其俗剽疾,易发怒,地薄,寡于集聚","楚人剽疾,愿上无与楚人争锋","楚兵剽轻,难与争锋"。太史公认为,楚人其民性"剽疾"。到了《后汉书》则这样评价淮夷诸族群:"夷者,柢也,言仁而好生,万物柢地而出。故天性柔顺,易以道御,至有君子,不死之国焉。"表现出十足的"柢"气质,即"水性",文化"基因"上的顺应性、韧性、变通性,因而得以"不死",生生不息。"剽疾"和"柢"的柔顺成为楚人族群的双重社会人格特征。从地理环境上看,苏北基本上属于低地平原,与同属于淮河流域的安徽大别山丘陵形成了西高东低的鲜明区别。这就使得江淮地区在水系结构上呈现出极端不稳定的状态,形成了"地上河"淮河和"悬湖"洪泽湖,以及里下河洼地这些地理"奇观"。随着农业技术的发展,黄淮、江淮地区形成了先进的农耕文化,贾思勰的《齐民要术》就是对当时北方的农业技术进行全面总结的集大成者。隋唐五代时期,帝国政府在苏北大力兴修水利,以堰、塘、泾因势利导,组织开垦湖滨荒地,围湖造田,"江淮之间,旷土尽辟",推广种植占城稻,成为经济文化发达地区。而同一时期的江南地区还处于"不耕而种"的低级阶段,农耕文化远未发展成熟,乃至于不得生民,饥荒频繁爆发。《史记·货殖列传》记载:"楚越之地,地广人稀,饭稻羹鱼,或火耕而水耨,果隋蠃蛤。"江南虽然土地广阔,但是发展迟缓,吴民的生产水平并不高,收获有限。对比富庶的江北,性格剽悍急躁的吴人只有流浪到江对岸的黄淮地区讨食,被勤劳先进的江北人戏称为"啙窳",意为尚未开化的懒惰、得过且过之徒。从三国时期开始,东吴大力开发经营江南,人口逐渐繁衍。东晋时期北方大量人口进入江南,带来了先进的农耕技术,江南特殊的地理环境形成了自己独特的农业生产体系,逐渐成为新的粮食主产区。明代大学士邱浚的《大学衍义补》云:"韩愈谓'赋出天下而江南居十九。'今以观之,浙江东西又居江南十九,而松、常、嘉、湖五郡又居两浙十九也……谚有之曰:'苏湖熟,天下足。'"《苏州嘉兴屯田纪绩颂并序》云："故嘉禾一穰,江淮为之康;嘉禾一歉,江淮为之俭。"是谓"嘉兴熟,江淮足"。这些无不道出了江南农业后来居上、逐渐在全国占据举足轻重地位的事实。邱浚同时也注意到了大运河漕运给苏北带来的繁华,感叹"唐时'扬一益二',是天下繁华地,扬州为最,其地阛阓人烟之盛,视淮阴反若不及焉,有感书此"。他的"十里朱旗两岸舟,夜深歌舞几曾休?扬州千载繁华景,移在西湖嘴上头",描绘了一幅繁荣的大运河畔城市商业图景。

历史行进到南宋建炎二年(公元 1128 年),由于宋金对峙,为阻金人南下,被迫人为破坏了黄河堤岸,黄河于河南滑州决口南下,后来占据淮河河道近七百年,对淮河水系的流域生态环境造成了长久巨大的毁灭性破坏,以至于最终形成了千里黄泛区。由于这场天灾,黄淮地区的社会经济状况发生了根本改变,与后起的江南地区不再处于同一地位。以后的近千年里,这种情况也没有发生根本性的改变,经济文化秩序一直处于周期性的崩溃循环中。从那以后,历史上黄河多次决口,最终彻底改变了苏北的经济结构和社会环境,昔日的鱼米之乡沦为盐碱地、"洪水走廊"、经济洼地,百业俱废。据《明史》《清史稿》记载,自明朝开国以来,到清朝咸丰时期,仅仅这两个朝代,黄河在苏北溃决的次数分别达到惊心动魄的 45 次和 47 次,基本上每三年一次。每次都是灭顶之灾,惨绝人寰。频繁发生的水灾导致种植业逐渐崩溃,只能依靠徐州的采矿业和两淮地区传统的盐业、河工、漕运业支撑着社会经济。

除了黄河水患对苏北经济社会状况产生巨大影响之外,大运河漕运的兴废也对苏北的经济有着举足轻重的影响。从永乐十三年(公元 1415 年)起,明朝政府疏通了京杭运河各个河段,通过内陆运河运粮,正式开启了大运河漕运,大运河从此成为连通江南与北方的交通命脉。据《辞海》释:漕运者,水道运粮也。因此,保证漕运安全成为帝国最大的政治。随着大运河商业的发展,运河沿线城市逐渐繁荣富庶。大运河连接起中国南北方,既是历史给予苏北的机遇,也是赋予苏北的历史使命。苏北的命运从此就与大运河紧紧地连在了一起。漕运总督府置于今淮安区,淮安古称山阳,《山阳遗志》记载:"南来漕船……姻娅眷属咸送至淮,过淮后方作欢而别。凡随船来者,丛集于淮北馆水亭",反映了南船北马交通枢纽的盛况。

但是,运河最大的隐患在山东段的"会通河",在黄河日积月累的冲刷下泥沙堆积,地势逐渐增高,很容易被黄河冲毁淤塞。黄河"平时之水,沙居其六,一入伏秋,沙居其八"。又由于黄河挟带的大量泥沙,导致苏北地区水系大面积淤塞,洪灾发生频率逐年增加。"一方面,由于出水不畅,积水长期漫洄地表,泥沙落淤于河床湖底,淤浅了河道,淤缩了湖泊;另一方面,河湖的淤浅又使洪水排泄更为不畅,反过来进一步加速河湖的淤垫,如此恶性循环,推动着里下河地区自然环境的不断演化。"[①]明清政府为了保证首都安全,为了保漕运,更为了保护围绕河运系统业已形成的庞大利益集团,把治理黄河的目标定为保护大运河,而不是控制洪涝。就这样放任黄河南下夺淮,把黄河水引向了广袤的黄淮平原。为了达到这一目的,明朝中期于黄河北岸修建"太行堤",彻底断绝了黄河北流的通道,黄河水完全向南,原野漫漶,城郭倾圮,房舍荡然,一泄无余地流入淮河河道。咸丰五年(公元1855年),黄河在今河南兰考附近再次决口改道,重新北流入海。这次黄河决口冲垮了运河山东段,漕运被迫改为海运。此后河运逐年衰退,到光绪二十七年(1901年),内河漕运彻底废止,扬州、淮阴等运河沿线城市逐渐衰落。

在大运河商业兴起、运河沿线城市逐渐繁荣富庶的同时,1684年,清政府开放海禁,民间海运迅速发展,漕运船只逐渐改由海路北上。因为海运价格低廉,相对于漕运具有明显的价格竞争优势,顾炎武认为,"漕河视陆运之费省十三四,海运视河运之费者省十七八。"上海顺势逐渐兴起,成为新的运输网络龙头。1730年,江苏省更是把苏松道道台衙门从苏州迁往上海,以便于征收日渐增长的赋税。1842年,《南京条约》把上海辟为"五口通商"口岸之一。随着上海的开埠通商,高速度的"洋火轮"驶入了长江,外国资本大量涌入,带来了崭新的资本主义生产方式。以上海为核心,现代性逐渐向苏南辐射,工业带从上海核心圈沿着交通干线向苏南延伸。1898年至1912年,淞沪、沪宁、沪杭甬、津浦线相继建成,长江三角洲以"速度"连在了一起。速度是现代性的标志,意味着时空的分裂和空间的压缩。江南地区就这样逐渐步入了现代性进程,把苏北甩在身后。

从唐宋以来就"苏湖熟,天下足""衣被天下"的江南地区,在各种有利因素的合力作用下经济文化日益发达,走在了全国前列。众多世家大族聚居繁衍,文风茂盛,科第兴盛,明清两代进士占全国一半以上。民国以来,随着"上海特别市"的设立和南京成为国家政治中心,政治经济影响力辐射所到的苏南地区,更是率先发展资本主义工商业,无锡成为中国粮食机器加工、棉纺织制造等现代轻工业生产中心,苏州由于巨大的财富积累,形成畸形繁荣的消费文化中心。

---

① 彭安玉:《苏北平原里下河地区自然环境变迁:从桑麻披绿到渠沟淤塞》,《中国农史》,2006年第1期。

　　而与此形成鲜明对比的是,随着黄河的改道和内河漕运的式微,经济上强烈依赖运河航运的苏北又长期陷入了洪水的威胁中。水患兵灾造成人口流离失所,由于近代以来国力式微,战乱频仍,再加上 1906、1911、1921、1931 年,苏北发生了几次特大洪水,生灵涂炭,民不聊生,流离失所的难民大量涌入苏南和上海。晁错《论贵粟疏》云:"不农则不地著,不地著则轻乡离家。"苏北经济急剧衰落,沦为政府不再治理、任其自生自灭的"泄洪区",传统的乡村权威和中央治理二元社会结构逐渐崩溃,成为逃荒流民的输出地,苏北人被迫成为进入上海的第二大移民集团,最远流亡到汉口,形成一个无法破解的死循环。特别是 1931 年,长江流域发生特大洪水,江淮并涨,大运河水利年久失修,一触即溃,苏北平原沦为泽国,哀鸿遍野,三百多万民众失去家园,一百四十余万灾民被迫流往上海。其中以水灾最严重的里下河地区的扬州和盐城两地为主,聚居在当时最落后的闸北区、普陀区、杨浦区、虹口区,与来自浙江省宁波等地的移民杂居,成为现代上海市民的重要组成部分,构成了现代社会学和文化族群意义上的上海苏北人群体。

　　1949 年以后,新中国人民政府治理了严重的淮河水患,广袤的江淮平原人均耕地面积达 1.2 亩,远远超过了江苏省 0.9 亩的平均水平,因此,苏北被定位为农业生产基地,成为江苏省的"粮仓"。在国家工业化时期的农产品剪刀差政策影响下,输出农产品的苏北与作为工业生产基地的苏南的经济差距人为得越来越大,不再有历史上"走千走万,不如淮河两岸"的农业社会的繁华,社会结构发生了根本改变。广袤的苏北平原河湖交错,城镇星罗棋布,却一直没有铁路线,这意味着苏北一直处于现代性体系之外。直到 21 世纪,长新线才把苏北与北京、苏南连接起来,苏北才得以进入现代性的空间。

　　由于这些历史原因,苏南地区的经济文化长期以来在全国一直处于领先地位,苏北与苏南之间的贫富差距越来越大。苏北移民自发地从经济文化落后的苏北家乡流入江南经济发达地区。由于经济地位的巨大差异,处于强势的苏南文化对苏北人群体施以文化污名化,"刚波宁"(江北人)、"苏北赤佬"和"罗宋瘪三"(流亡的白俄)一样,都是上海人眼里的低劣文化层次人群。苏北人成了贫穷落后、野蛮没有文化的代名词,苏北成为外在于苏南的另一个世界。王安忆的上海文本里,扬州保姆、垃圾行业工人组成了上海人眼里的苏北人形象,"扬州保姆""苏北女人""淮扬大班",诸如此类的称谓比比皆是。王安忆虽然并没有贬义,但是"苏北人"仍然是上海这个城市的"他者"。著名的样板戏《海港》源出淮剧《海港的早晨》,表现的也是码头工人这个苏北人群体。有意思的是,虽然王安忆以民粹主义的眼光"同情地理解"着苏北人,《海港》在工农兵趣味主导文化的时代让码头工人当了一次国家主人公。但是,这不恰恰正反映了上海人骨子里居高临下的文化优越感吗? 苏北人以颠倒的镜像印证了上海本土海派文化主体地位的不可动摇。苏北人群体在中外文化交融的海派高等"贵族"文化中明显处于弱势地位,在苏南文化空间里很难保留自己的本土文化。根据文化学原理,一种文化在文化交流机制中如果处于微弱、不对等的状态,也就很难吸收涵化对方的文化,印证了"于是,这个新的对象——符码、标记系统,或标记与符码的生产系统——就成为研究一种整体的导引,它更大地越过那些更早的系统,即狭隘政治(象征行为)的,和社会的(阶级话语和意识形态元),以及我们在这个词的更广意义上所说的历史系统。这里的有机化的联合体就是马克思主义传统所指的'生产方式'"①。

　　苏北的积贫积弱不是一天形成的。由于经济文化的巨大差异,苏北人群向苏南的自发性流入一直在持续进行中。根据有关资料统计,时至 2000 年,江苏省内流动人口的数量仍然是省际人口流动数量的三倍。苏南每四个外地人,其中就有三个苏北人。苏南城市化的水平是苏北的 2 倍,经济总量和人口数量更是遥遥领先数倍于苏北。2020 年的统计数据显示,苏州市人口净流入率为71.28%,无锡市为 46.61%,常州市为 36.52%,南京市为 31.23%。与之形成鲜明对比的是,淮安市为-19.28%,徐州市为-12.8%,连云港为-13.93%,盐城市为-17.62%,宿迁市为-15.92%。这一组触目惊心的数据,难道真的应验了所谓的"高铁一通,人去楼空"吗?

　　总体来看,地理概念上的苏北、苏南以长江为界线,文化上的苏北涵盖了中原文化、江淮文化、吴文化,其中江淮文化占主要地位。近代以来,随着"流动的现代性"(鲍曼语)对传统农业社会的逐渐侵蚀,苏北人群体大规模向苏南流动,随之必然会发生地域文化边界的流动,从而动摇了苏北文化本体。今天的以GDP 划分苏南苏北,更是现代经济理性决定论的产物。苏北各市虽然在全国经济总量名列前茅,然而在长三角地区一比较,地位尴尬高下立现。今天的苏北凹地事实上是江南经济文化视域中建构的苏北。文化作为人类生产意义的表意实践,本来只有不同类型的区别而无所谓高下优劣之分。然而在现代性文化的强势打压下,苏北在现代性的焦虑中逐渐偏离了自己的本源,急于克隆苏南的"先

① 弗・詹姆逊:《快感:文化与政治》,王逢振等译,北京:中国社会科学出版社,1998 年,第 79 页。

进"文化。改革开放以来,随着现代性进程的加剧,大众文化、商业文化兴起,传统文化领域的边界也发生了流动。苏北地方文化的边界、内涵处于动态中,各种异文化因素的介入导致苏北文化生成了一个多向度的多面体。这是我们研究的基础和前提。"苏北"已经不再是一个客观的地域,而是一个经济高地里的另类,是富裕的现代性苏南的遗忘之地。只有把苏北放在历史的纵向与现代的横向交织的坐标系里,我们才有可能得出接近于事实的结论。

第二节　现代性与审美现代性

以上我们对苏北、苏南地理人文的分析主要是基于中国农业传统社会的基本特征,如空间的封闭性,地域、血缘、村落的决定性,土地、时间与人的生活的关系,既是存在意义上的也是社会学意义上的共同体。费孝通先生经过对中国社会形态的长期研究,在《乡土中国》里把这种传统社会的组织结构和文化脉络命名为"乡土中国"。"'土'指的是土地、社、农业和守土意识,'乡'指的是群、故乡和具体的时空坐落。"①由于这些总体性因素,延续了两千年的漫长传统社会里,生活近乎永恒不变。农业社会时代,生活空间体现了身体与自然的联结关系,时间对生活的影响很小。1840 年以来,随着中国被动地进入世界现代性进程,这个永恒的价值共同体被打破了,"苏北"这个地理空间发生了社会和文化意义上的位移。

"现代性"是一个极其宏大复杂的理论范畴,不同学科对它的内涵阐释也很不一致。安托瓦纳·贡巴尼翁(Antoine Compagnon)认为:〔 modernus 〕一词刚出现时,还不涉及时间问题。古代与现代的区别并不体现在时间上;两者的区别是完全而且绝对的,那就是古希腊罗马文化与中世纪的 hic et nunc,即"当场并立刻"之间的区别;这是理想与现实的冲突。今天——但波德莱尔已经发现了这一现象——现代很快就过时了,它与落伍、即与昨天的现代、与已过时的一切的对立,比与作为无时间性的古典的对立更甚:时间加速了。但是,这一加速过程很久以前就开始了。②

---

① 费孝通:《乡土中国:生育制度》,北京:北京大学出版社,1998 年,第 10 页。
② 安托瓦纳·贡巴尼翁:《现代性的五个悖论》,许钧译,北京:商务印书馆,2005 年,第 10 页。

　　从语源上看,"现代"起源于拉丁语词 modernus,意为"昨天的",指已经结束、完成的状态,引申为历史上过去的、被超越的事物,相对于当下正在进行的"今天的"状态。这个词最早出现于公元五世纪,罗马帝国已经进入衰亡时期,陈旧的意识形态不再具有生命力和支配力,基督教逐渐开始兴起、传播。任何一种新意识形态都以新的时间观开始新的纪元,基督教也不例外。新时间观念赋予"新"与"旧"截然的断裂和完全"异质"的特性,"时间"的"当下性"(presentness)被突出,意指永恒的进行、流动的状态。"现代"建构了一种全新的敞开观念,面向未来,与中世纪封闭的时间观念形成了鲜明的对立,被赋予合理性和优先权。启蒙主义时期,启蒙理性赋予"现代"新异特质。后来被合法化,现代性成为不可逆转的线性时间概念,构成了紧张的现代性时间结构。一般认为,现代性作为一个哲学观念,既是一种关于时间的文化,也是对历史时间化的总体化(totalizing temporalization of history),又是一种对时间的历史化,它通过不断地产生"新异"(the new)特质而进行自我否定,同时对过去的"陈旧"予以历史化、传统化。这个观念体现了人类社会形态从传统向现代的巨大转变。"现代性"(modernity)指向自启蒙主义以来"新"的世界体系生成的时代,是被启蒙理性赋予了永久进步性、合目的性、不可逆转性、持续发展等特质的时间观念。葛兰西、卢卡契等思想家认为,现代性产生了一种新的意识形态霸权——技术理性,它构成了近代社会文化的总体性。强大的技术理性从极端的主客二元对立思维模式出发,把人类置于不断进步的历史战车上,以价值观念看待大自然。一切被视为可剥夺、利用的资源,在这个意义上,自然已经死亡。这是人类存在状况的隐喻。整个社会也以经济理性模式运行,人最终成为人的手段而不是目的。

　　以技术革命为特征的现代社会,出于工具理性的本能,"天然"地成为规训社会的强大总体性,生活既是科学与技术的发源地,科学技术却又成为生活唯一的归宿,就这样形成了一个巨大的双向动态循环的"死结",在"生活—科学—技术—生活"中永不停息地转圈。刘小枫分析了现代社会的特征,认为:"现代现象是人类有'史'以来在社会的政治—经济制度、知识理念体系和个体—群体心性结构及其相应的文化制度方面发生的全方位秩序的转型。它体现为一个极富偶在性的历史过程,迄今还不能说已经终止。"①"现代性不仅是一场社会文化的转变,环境、制度、艺术的基本概念及形式的转变,不仅是所有知识事务的转变,而

---

① 刘小枫:《现代性社会理论绪论》,上海:上海三联书店,1998 年,第 3 页。

根本上是人本身的转变,是人的身体、欲望、心灵和精神的内在构造本身的转变,不仅是人的实际生存的转变,更是人的生存标尺的转变。"①现代人的形成意味着人的形而上学品质或实质性本质的解体,人只能被视为各种自然生理和历史社会因素的总和。② 思想家西美尔、舍勒等把现代性视为人类生存方式和心理精神的全面转型。吉登斯(Anthony Giddens)从文化身份本源上提出了本体性安全(ontological security)与存在(being)问题。由于"现代性以前所未有的方式,把我们抛离了所有类型的社会秩序的轨道,从而形成了其生活形态"③。前现代社会是经历过"持久而真正的共同生活"、具有传统的自然感情、紧密相连的人类交往有机集合体,滕尼斯描述为"以亲密情感、道德承诺、社会凝聚力以及长时间延续存在的"④前现代社会共同体形态,每个成员是一个"真实的与有机的生命",具有自己的"本质意志"。因为"前现代的信任环境是由亲缘关系、地点上的地域化小区、宗教宇宙观和传统所营造的,而现代的信任关系是由友谊或隐秘的个人关系、抽象体系、以未来为取向的非实在的模式来建立的"⑤。而包括资本流动、信息流动、技术流动、组织性互动的流动、象征的流动等而构造起来的"流动的现代性"分裂了共同体的基石——时间和空间,所以吉登斯认为,在前现代社会,空间和地点总是一致的,因为对大多数人来说,在大多数情况下,社会生活的空间维度总是受"在场"支配,即地域性活动支配的,所以在前现代社会没有我们今天的空间概念。⑥ 现代性问题归根结底是一个空间问题,是吉登斯和梅洛-庞蒂意义上的、主体与空间互相构造、相互归属,空间是权力话语和社会关系的隐喻。如果说村落构成了传统社会的空间,世代定居的村民构成了宗族关系的血缘共同体;无限扩张的城市就构成了现代社会的空间,漂泊不定的大众(mass)构成了城市里孤立的"原子"。

然而,共同体虽然演变成为现代社会,成分庞杂的社会却又不那么简单。历史从来都是混杂多元的,"现代性"从诞生的那一天起内部就隐藏着绝对的矛盾和分裂。卡林内斯库认为,存在着两种截然不同的现代性,"可以肯定的是,在

---

① 刘小枫:《现代性社会理论绪论》,上海:上海三联书店,1998 年,第 19 页。
② 同上,第 20 页。
③ 吉登斯:《现代性的后果》,田禾译,南京:译林出版社,2000 年,第 4 页。
④ 汪民安:《现代性》,桂林:广西师范大学出版社,2005 年,第 131 页。
⑤ 吉登斯:《现代性的后果》,田禾译,南京:译林出版社,2000 年,第 88 页。
⑥ 吉登斯:《社会的构成》,李康、李猛译,北京:生活·读书·新知三联书店,1998 年,第 79 页。

19 世纪前半期的某个时刻,在作为西方文明史一个阶段的现代性同作为美学概念的现代性之间发生了无法弥合的分裂。(作为文明史阶段的现代性是科学技术进步、工业革命和资本主义带来的全面经济社会变化的产物。)从此以后,两种现代性之间一直充满不可化解的敌意……"①前一个现代性指的是作为社会总体性的现代性,在工具理性主导下以直线进步的历史观推动社会生产力飞速向前进,这个进程永远处于"现在进行时态",无穷无尽没有终点。后一个现代性又被称为审美现代性,指的是在巨大时代潮流碾压下的个体在空前的焦虑中对自我的建构和时代的反思。这一对矛盾的现代性贯穿着整个现代社会的历史进程,现代主义艺术以审美现代性批判反思了现代性。从来没有一个时代拥有这样巨大的历史合理性,也从来没有一个时代对个体造成这样巨大的压迫和分裂。"现代感受性的特征是一种急迫而痛苦的差距感,该差距存在于经验与意识及用经验的强烈感受来补充理性意识的欲望之间,那么,这本身就标明了经验对意识必要而无法逃避的依赖。而且,反之也是如此。经验与自我认识之间每一分裂本身都产生于认识或自我认识的形式中。"②在这种紧张分裂中,现代个体成了厄普代克笔下的"兔子",永远惊慌失措疲于奔命,永远行走在主体分裂和寻找自我的路上。

西方社会现代性的发展经历了一个漫长完整的历史进程,两种现代性的冲突也是近代社会发展到一定阶段的产物。现代中国的社会形态完全不同于西方。原发的现代性在西方具有相当的历史合理性,中国这种后发型的现代性则意味着传统文化的艰难转型和两种文化的尖锐冲突。被动地进入全球化现代性进程的中国经历了数次跨越式发展,将西方数个世纪的现代性经历折叠压缩在了很短的时间,出现了不成熟或者"早熟"的征象。如果我们把研究视线拉回到中国现代性源起的语境,就会发现审美现代性跨文化传播和交流的有意"误读"。在西方语境里,启蒙主要以理性主义的兴起为特征,启蒙几乎与理性同义,形成了"启蒙理性"。而审美主义是理性主义充分发展之后,作为启蒙理性进一步发展的必然结果,审美现代性既是对启蒙现代性的深刻反思,也是某种意义上的延续和反叛。"无利害性"是西方审美现代性的起点,康德把审美的知觉方式是否涉及功利性,作为区分审美与非审美的基本尺度。西方美学由此建立了审美自

① 马泰·卡林内斯库:《现代性的五副面孔》,顾爱彬、李瑞华译,北京:商务印书馆,2002 年,第 48 页。
② 史蒂文·康纳:《后现代主义文化》,北京:商务印书馆,2002 年,第 10 页。

律、艺术乌托邦的庞大理想帝国,审美世界成为功利社会的"飞地",实现"为艺术而艺术"的理想。这一设计一直是西方美学的核心。

反观中国,新文化运动时期的思想文化界精英急于借西方文化资源改造中国文化,目的是解决中国现实问题。而中国并没有产生像西方的现代性、审美现代性的现实土壤和思想基础,因此,西方现代性意义上的审美观念在中国知识界接受过程中发生了本土化变形。这是一种有意的"误读"。原本以修正、颠覆启蒙理性为宗旨的审美现代性,在中国却成为从感性、情感方面重建国民性、启发国人心智、重建国人道德的社会性工具。所以,在中国的现代语境里,审美现代性与启蒙理性不仅不矛盾,反而相互协同,共同致力于启蒙理性。率先引进康德的审美"无利害性"的王国维把这个命题解读为"遂使吾人忘利害之念,而以精神之全力沉浸于此对象之形式中",理想的主体审美知觉方式就转变为客观的美的对象或审美自身的"先天"功能,"自动"作用于审美主体,进而形成一种高尚纯粹的情感,影响整个人生。由此,王国维把传统的视文艺为"经国之大业"改造成"经人之大业",以中国传统的艺术求"善"的功能改变了审美现代性,形成了特有的中国式的审美功利主义,契合了中国迫切需要改造国民性的实际状况,为蔡元培、鲁迅、朱光潜等人所接受。朱光潜把"审美无利害性"翻译为"无所为而为",把审美直观变成"无所为而为的玩索"或"无所为而为的观赏"(disinterested contemplation)。从王国维开始的审美功利主义不同于传统的"文以载道",而是以人为本,人不再是手段,而是目的,又具有鲜明的现代人文精神,后来的"为人生的文学"走的就是这条路。但是审美功利主义对审美的独立性产生了巨大影响,在中国艺术的各个领域皆有不同的表现。现代性与审美现代性就这样纠缠在一起,形成了中国现代美学的特殊样貌。

中国艰难的现代性转型工程前无古人,学者们追根溯源筚路蓝缕。张光直先生研究了中国传统文化的本源性,认为中国文明之所以不同于西方文明,形成一种"连续性"的文明,意识形态是一种关键性的治理机制。"我们说过中国文明的特点是它是在一个整体性的宇宙形成论的框架里创造出来的,但我们的意思并不是把意识形态作为前进的主要动力。中国文明,以及其他相似文明的产生的特征,是在这个生产过程中,意识形态作为重新调整社会经济关系以产生文明所必需的财富所集中的一个重要工具……在这个意义上,那个亚美基层的联系性的宇宙观本身便成为使统治者能够操纵劳动力并能够把人类和他的自然资源之间的关系加以重新安排的意识形态体系。"①正因为中国社会转型时期特殊的语境，现代性开启的同时也开启了诸多人文学科，如民俗学、人类学等。新文化运动时期，北京大学率先发起"歌谣学运动"、妙峰山庙会考察等，试图挖掘民间文化的价值，重建民族精神。后来的文化领导权对民间艺术的改造征用，一直延续到当下的讲述中国故事，都表现出现代性内部的矛盾冲突。而文化现代性（cultural modernity）是伴随着启蒙运动、工业革命而产生的强烈紧迫的文化自觉。它全面推动人类进入新的文化创造时代，对现代人的实践行为和思维方式进行全面反思。现代中国的文化实践贯穿了这种文化现代性精神。

　　但是，在后现代社会强大的消费逻辑已经统治了整个社会的今天，审美世界已然丧失了作为功利社会的"飞地"的拯救功能，由于"商品的逻辑得到了普及，如今不仅支配着劳动进程和物质产品，而且支配着整个文化、性欲、人际关系，以至个体的幻象和冲动。一切都由这一逻辑决定着，这不仅在于一切功能、一切需求都被具体化、被操纵为利益的话语，而且在于一个更为深刻的方面，即一切都被戏剧化了，也就是说，被展现、挑动、被编排为形象、符号和可消费的范型"②。中国从文明初始就独有的礼乐文化传统与商业意识形态一经结合，"刻奇"（kitsch）③现象遍布以"展示"为核心的旅游文化，以消费为目的的文化产业，文化与现实之间的距离完全消失，文化价值转换为经济价值。无论先进的苏南还是后起的苏北，都被卷入到了这个发展逻辑中。在苏北由乡土社会进入到现代社会的进程里，传统社会形态既有快速瓦解消失的趋势，也保留了相当多的"历史残留物"。在现代性、官方、民间多种力量的作用博弈中，既有现代城市空间的建构，也有新民俗的形成，更有主流话语对民间话语的征用、编码与有意识的"遗忘"和"发明"等，体现了"现代性的程度取决于空间与地方的脱离再融入空间的时间层面"④。诸如此类的现象形成了当代极其复杂多重的文化实践。后发展的中国因为幅员辽阔，发展速度不同，形成了多重现代性与前现代、后现代并

---

① 张光直：《中国青铜时代》，北京：生活·读书·新知三联书店，1999年，第492—493页。
② 波德里亚：《消费社会》，刘成富、全志刚译，南京：南京大学出版社，2001年，第225页。
③ Kitsch：kitsch语出德语，《牛津英语词典》解释为：矫揉作样且自命不凡而实无价值之事物。《柯林斯英英词典》解释为：迎合流行趣味，沉溺情感、哗众取宠、华而不实的低劣文艺作品。一般指近代以来随着都市化兴起的大众文化的形式和审美趣味。一开始译为"媚俗"，现在一般音译为"刻奇"，作为当代审美文化现象，具有复杂的审美内涵。参考张法：《美学导论》（第三版），北京：中国人民大学出版社，2011年，第169—173页。
④ 吉登斯：《现代性的后果》，田禾译，南京：译林出版社，2000年，第249页。

存的场景,苏北与苏南就好像处于不同的时空,形成了极富内涵的文化文本。当下千篇一律的城市化、旅游文化、大众文化、消费文化摧毁了传统的有机文化,前现代一城一面的空间地方特色、数种地方戏曲、千姿百态的民俗为代表的社区共同体身份不再,被复制性的千城一面所取代,地方文化身份岌岌可危。比如苏北淮安的城市空间变迁、民间文化流变、作为民俗文化的庙会在现代社会的再"嵌入"、金湖地方文化符号的编码与再生产、知识话语体系里的苏北文化文本编码、淮剧在不同空间的生产与传播、博里农民画与中国农民画的共同性和地方性的消失等,都表征了苏北传统文化身份的流失以及重塑文化身份的焦虑。

　　然而,我们也不用过于悲观。在各种文化边界趋向于流动的当下,维特根斯坦的"用法即意义"原则给我们以重要启迪。维特根斯坦认为,一直以来人们习惯于用同样的概念来描述事物,并误以为存在着事物的共同本质,这实际上是一种本质主义的幻觉,是由语言的家族相似所导致的,根本不存在什么共同的本质。"我想不出比'家族相似'更好的说法来表达这些相似性的特征;因为家族成员之间各种各样的相似性:如身材、相貌、眼睛的颜色、步态、禀性,等等,也以同样的方式重叠和交叉——我要说:'各种游戏'形成了家族。"[1]这种思维把语言与世界的对应关系转换成了语境关系,取消了本质性规定,以"家族相似"取代了固定不变的本质。对传统文化也可以做如是观。同样地,吉登斯认为,历史进行到当下的全球化语境里,"现代"意味着一种统一的全球化新秩序,给所有个体都带来强烈的感官与意识上的冲击。这种现代性虽然被视为一种"后传统"的秩序,但是"作为秩序保证的传统和习惯并没有被理性知识的必然性所代替";而是恰恰相反,传统被内化为现代性的一部分,这些留在历史层累当中的"失去的世界"将长久地作用于我们的生活,进入到新传统的建构中,传统的固态、保守的结构进而变得流动且开放。这就是"流动"的现代性。加达默尔认为,理解传统是一个将自身置入其中的过程,但这种置入并不是一个个性置入另一个个性,也不是另一个人受制于我们自己制定的标准,"而总是意味着向一个更高的普遍性范畴的提升,这种普遍性不仅克服了我们自己的个别性,而且克服了那个他人的个别性。'视域'这个概念本身就表示了这一点,因为它表达了进行理解的人必须要有的卓越的宽广视界。获得一个视域,这总是意味着,我们学会了超出近在咫

① 维特根斯坦:《哲学研究》,汤潮、范光棣译,北京:生活·读书·新知三联书店,1992 年,第 46 页。

尺的东西去观看,但这不是为了避而不见这种东西,而是为了在一个更大的整体中按照一个更正确的尺度去更好地观看这种东西。"这样,就能够"在理解过程中产生一种真正的视域融合"①。这些深层次的文化交流逻辑在苏北文化文本生产过程中都有所体现。金惠敏认为,在中国乃至东亚儒家文化圈,凝聚社会、构建民族身份的功能从来都不是由西方的逻辑、知识的百科全书而是由历史和神话来承担的。中国当代林林总总的文化实践都是"讲述中国故事"的努力,以当代文化话语塑造民族身份。

　　传统的本质主义身份观认为,身份是一个民族"稳定、不变和连续的指涉和意义框架",是一种集体无意识,人们因此在自己民族的历史传统中获得源源不断的生命本源。快速流动的现代社会里,身体与空间的固定性被打破,身份处于不断流动、不断重新建立认同的过程中,处于与多种非我族类的异己的话语关系中,因而没有永恒的、固定的身份。本尼迪克特·安德森研究了现代民族国家意识形态的形成过程,认为现代国家作为一套话语表征系统,同样是通过无数不同层面甚至彼此矛盾的文化想象,最终被塑造出来。通过建立历史传统、空间和制度等多层面的文化话语体系,从而创建出一套稳定的心理归属感和共同体符号系统,这就是现代意义上的国家。"当然,通过想象创建的符号系统不是随意的、虚构的,它只是借想象的力量建构起来的,想象是多民族创建国家认同的重要方式和渠道。"②全球化语境下,任何自我都不再是单一性的自我,如果我们承认"认同主要是自我的认同,自我认同又主要表现为身份认同和人格认同。说到底,这就是我们应当如何在历史中为自己找到'归属的标记'"③。这个原理同样可以运用在地方身份的认同建构上。

　　走过了一个多世纪现代性道路的中国,经历了无数次激进主义与保守主义的文化博弈,从"一边倒"的无奈到"独立自主、自力更生"的探索,才终于确立了"道路自信、理论自信、制度自信、文化自信"的四个自信原则,这是在"变化着的同一"过程中对现代中国民族国家身份的自我认同。地方文化身份认同建构同样经历了这个过程。我们将以苏北现代发展史上的一些文化现象为例,进行社会学、审美人类学、民俗学分析,以期在实证分析的基础上厘清文化发展逻辑,对

---

① 加达默尔:《真理与方法》上卷,洪汉鼎译,上海:上海译文出版社,1999 年,第 391—392、394 页。

② ANDERSON B. *Imagined Communities: Reflections on the Origin and Spread of Nationalism* [M]. London: Verso, 2006.

③ 周宪:《文化现代性与美学问题》,北京:中国人民大学出版社,2005 年,第 43 页。

苏北文化身份的建构进行文化批判和反思。我们有基于田野的实证研究,但更多的是对产生现象的文化逻辑展开分析批判。以期通过解剖文化标本厘清当代文化话语的生产逻辑,分析中国文化领导权实现的路径。

第二章　城市空间的改造与重构

空间是实现社会改造的强有力的手段。

——勒·柯布西耶

筑造不只是获得栖居的手段和途径,筑造本身就已经是一种栖居。

筑造从不构成这个"空间"。既不直接地构成,也不间接地构成。

——海德格尔

建筑者,集众材而成者也。凡材品质之精粗,形式之曲直,皆有影响于吾人之感情。

——蔡元培

第一节　现代空间理论的历史与发展[①]

　　人类对空间的认识经历了一个逐渐发展的、由浅入深的过程。中国的原始文化思维里,先民把自我投射于万物,将对象予以人格化而产生认知,对身处其中的空间的认识自然也不例外。一部瑰丽烂漫的《山海经》提供了先民认识自然、言说世界的范本。日本民俗学家伊藤清司把《山海经》中的空间分为内部世界和外部世界。前者指人类的生活空间,与之相对的则是外部世界,二者相对独立、互为依存。内部世界为人类所用,体现了上古时代人类基于生存本能,首先认识到的只能是空间的实用性、物理性、功能性,进而才认识到空间的辩证性。而外部世界既是人类繁衍依存之所在,又囿于当时先民的物质实践和精神思维能力,只能为"怪力乱神"所主宰。因此,山川木石都是超自然的、异己的存在,异

---

① 本节内容以《诗意的空间——人性建筑的审美性质分析》为题发表于《宁夏社会科学》2010 年第 5 期。这里有修改。

于为自我所认识的内部世界。卡西尔在哲学意义上把空间分为知觉空间、神话空间和抽象空间,空间从单一的物理空间上升为解读社会关系和文化形态的路径之一。他认为神话空间更接近知觉空间,在认知形态上与抽象空间形成了对立,是一种特殊的空间构架,"借助这个构架,空间同化了最不相同的因素,并使它们彼此可以比较,使它们以某种方式彼此相似。"[①]卡西尔从文化分析的层面归纳了人类神话思维出于对空间知觉的相似律,具有可感性、直观性。

随着人类抽象思维能力的发展,对空间的认识进一步深化。古希腊的毕达哥拉斯在发现了"数"的抽象性时,也发现了"虚空"的抽象性,"毕达哥拉斯学派也主张有虚空存在,并且认为虚空是由无限的呼吸(作为吸入虚空)进入宇宙,它把自然物区分了开来,仿佛虚空是顺次相接的诸自然物之间的一种分离者和区分者;而这首先表现在数里,因为虚空把数的自然物区分了开来。"[②]虚空的这种本源性体现了"人是万物的尺度"的思维模式,以人为中心,虚空作为客体又抽象地外在于人。历史进入到理性文化形成的轴心时代,亚里士多德认为,空间既是一个几何学概念,又具有物理性质,附属于实体,所以不存在真正的虚空。历史进入到启蒙时代,康德在近代物理学的基础上认为,人先天所具有的感性直观形式赋予空间以秩序性,所以空间只是外感官的形式或者是外感官的一种延伸。这条线索证明,"空间"在西方知识体系里一直是科学认识的对象,兼具有"客观性"和形而上性。

老子的生命哲学建立于东方存在论智慧之上,他在《道德经》中对空间进行了本源性阐述:"道大,天大,地大,人亦大,域中有四大,而人居其一焉。""埏埴以为器,当其无,有器之用,凿户牖以为室,当其无,有室之用,故有之以为利,无之以为用。""天地之间,其犹橐籥乎? 虚而不屈,动而愈出。""无"的空间是建立在"有"的"器"之上的,只有"无"方有"室"之用,"无"是空间的目的和规定。

在对空间辩证理解的基础上,中国文化形成了一种"超"空间概念:

> 上下四方曰宇,古往今来曰宙。——《尸子》
> 有实而无乎处者宇也,有长而无乎剽者宙也。——《庄子》
> 宇,舟车所极覆也。下覆为宇,上奠为宙。——《说文解字》

---

① 卡西尔:《神话思维》,黄龙保、周振选译,北京:中国社会科学出版社,1992年,第97页。
② 亚里士多德:《物理学》,徐开来译,北京:中国人民大学出版社,2003年,第97页。

这是中华文明初始时期对宇宙秩序的体认,试图以理性对自己所在的世界予以领悟和理解。这种对宇宙秩序的原初性发自内心的敬畏,形成了中国空间文化的源头。

当人类的物质生产能力和精神认识水平发展到一定阶段时,城市诞生了。"筑城以卫君,造郭以守民",这个为民众提供安身立命场所的人造空间,以深远持久的方式改变了自然,塑造了不同于村落形态的人群聚居的社会性空间,是"舟车所极覆也"的宇宙空间模式的扩展,精神意义上的存在性空间。

在对宇宙秩序产生了存在性体认的基础上,中华文明对城市的认识也日益深入。《周礼·考工记》云:"匠人营国,方九里,旁三门;国中九经九纬,经涂九轨;左祖右社,面朝后市。"这种形制是古代城市的典范,包括四组相互联系的要素:城垣方正;中轴对称;道路笔直;王宫及重要建筑居核心地带且坐北朝南,其他建筑各居其位,分布四周左右。"规生矩,矩生方,方生正",这个主从有序、高低有别的城市格局,形成了一个具象化的宇宙秩序空间。《管子·乘马》云:"凡立国都,非于大山之下,必于广川之上。高毋近旱,而水用足;下毋近水,而沟防省。因天材,就地利,故城郭不必中规矩,道路不必中准绳。"这些都是祖先们在营建都城实践中总结的宝贵经验,那就是立足于现有的自然条件,因地制宜,因势利导,创造合目的性的第二自然。"法天象地"成为中国建筑的核心原则,体现了中国传统文化"天人合一"的传统以及人与自然相亲相和的伦理追求。

城市是人类出于政治、军事、定居、交易的需要而形成的固定空间。由此可以肯定,东西方城市的历史应当和人类的文明史一样漫长,而不是像我们曾经想象的那样,先有游牧、种植生产形态,以后才能产生定居形态。由于受生产力发展水平的限制,直到晚近才发生人口大量迁移集中到城市居住,距今也不过只有两个世纪左右。直到公元1800年,城市人口也仅占世界总人口的2%。西方近代由于技术改进引发了工业革命,生产率的飞速提高、农业经济价值的贬值使得农民失去了土地,背井离乡成为产业工人,大量积聚于城市。这是城市化初期,对建筑的需求急剧膨胀,而资本出于趋利的本能,又把建筑的实用功能发挥到了极致。这种功能性城市化的结果是把城市变成了一个怪物,不利于人生存的、吞吃人的本性的怪物。在狄更斯对伦敦,雨果、巴尔扎克对巴黎的文学描绘中都再现了这个历史过程。同一时期,恩格斯对伦敦做了经济学、社会学考察,波德莱尔以记者和诗人的敏感对巴黎的内脏进行了扫描。他们得出的结论是:这两个城市都是不适于人居住的。"伦敦人为了创造充满他们城市的一切文明奇迹,不得不牺牲他们的人类本性的优良特点……这种街道的拥挤中已经包含着某种丑恶的、违反人性的东西。"①"1848 年以后,巴黎几乎不适于人居住了。铁路网的不断扩张……促进了交通,加快了城市人口的增长。人们局促在狭窄、肮脏、弯曲的街道上,只能挤作一团,因为别无选择。"(波德莱尔语)而汽车等交通工具的问世,更在相当程度上剥夺了市民与城市空间的相互作用和紧密联系,减少了城市文化的活力,改变了原有街道在城市中的价值和作用,使市民失去了赖以自慰的人性空间。

　　技术从来都是一把双刃剑,工业革命虽然给城市人居环境带来前所未有的现实困境,但是随之而来的政治、经济、社会的重大变革,又催生了城市规划学和现代建筑学的问世。1817 年,在最早城市化的英国,欧文提出了"新协和村理想方案",探索建构理想的城市生活空间;1898 年,霍华德在欧文的基础上进一步提出了田园城市理论,引发了一战后的新伦敦城市规划运动和一系列的新城市运动。1869 年,法国学者海格尔首次提出了生态学概念,把传统的动植物研究领域从单一孤立的状态扩展到人与环境空间的相互关系研究。他认为,人与空间都是自然生态的有机组成部分,应当和谐共存共同发展。这种观点限制了人的主体的无限扩张,开启了生态主义的源头,具有划时代的意义和强烈的警醒作用。

　　虽然学者们对建筑空间有了相当的认识,然而空间巨大的现代城市毕竟完全不同于功能单一、人口数量稀少的古代城市,对它的探索走过了一条非常曲折的道路。从 20 世纪开始,随着第一次世界大战的结束,欧洲又发生了一次巨大的社会变动,农村、城镇人口大规模地积聚于城市,城市化速度加快,形成了一批超大城市,出现了现代意义上的大众(the mass)。为了解决人与空间的尖锐矛盾,1933 年,国际现代建筑协会制订了城市规划大纲,形成了现代建筑学派的功能主义观念,延续了早期城市化的偏向于实用的功能。随之诞生了一批机械化、标准化的新城市,钢筋、混凝土森林取代了多样化的老城。城市里的人虽然有了居住空间,然而问题非但没有解决,人居环境反而更加恶化。这种新建筑仅仅强调了人的使用功能即实用物理空间,却忽视了人的精神空间,将人文世界与物质

① 恩格斯:《英国工人阶级状况》,《马克思恩格斯全集》第 2 卷,北京:人民出版社,1981 年,第 303—304 页。

世界分离,加剧了现代人的精神异化。

上个世纪 70 年代以来,人们对环境、城市空间的认识逐步发生了变化,对现代建筑运动进行了反思。1977 年,英国的查尔斯·詹克斯在《后现代建筑语言》中第一次把 city space 转换成 town space,目光终于转向了"人",主体意义上的、活动着的"人",与海德格尔的"筑居"具有同样的含义。海德格尔后期转向中国的老子哲学,他研究了古德语中"建筑"一词的起源,发现"建筑"关涉人的存在。当代哲学对空间问题的探问,体现了这个时代对人类存在状况的深刻反思。梁思成先生对建筑有一个言简意赅的表述:人类盖的房子,为了解决他们生活上"住"的问题。这里的"住"一语中的,涵盖了人生命中的一切,只有"人"才是"人"的最终目的。建筑中的人,应当是"人"在"建筑"中。建筑是人的生理、物理、心理、伦理、精神的外延和归宿,而不仅仅是片面的、客体的、被动的、外在于人的冰冷的客观空间,人与建筑空间应该形成一种有机的一体关系。德国美学家鲁道夫·阿恩海姆深受海德格尔的存在论思想影响,汲取了老子的东方生命智慧,把有形的建筑物视为"阳形"之"有",围绕着建筑的外部空间为"阴形"之"无",阴阳二者构成互余、互补、互逆的有机体。这是建立在存在论基础上的空间双向性理论。彭一刚先生的《建筑空间组合论》延续了这种观点,把建筑实体和外部空间比作工业铸造中的模子和铸件,二者互为镶嵌,非此即彼。外部空间与建筑物本身是一对辨证关系:外部空间是建筑物实体的延续,构成与建筑物相融合的更广阔丰富的空间。这些认识都体现了老子的宇宙论智慧对现代城市规划理论的重大方法论意义,可见大道至简,终于返回了城市为"人"之"筑居"的本源意义。

在漫长的城市化道路上,东西方文化终于不约而同地认识到:城市空间是由建筑物的实体空间及其街道、广场、公园等延伸空间共同构成的,城市化归根到底是一个铸造城市实体环境的空间模式和社会的虚体空间模式的过程。这种新的空间就是场所。场所不再把人与建筑主客二分,而是强调特定的人和特定的环境之间的关系。"西方学术界以场所的概念替代传统的空间概念,是历史发展中的一个重要飞跃。"①曾繁仁从东西方文化比较的高度阐释了这一深刻变化。他认为,从生态文化的发展史来看,中国传统文化中生成的生态文化是一种原生性文化。这种"族群原初性文化"是中华先民基于原始形态的农耕文化而形成的亲和自然的文化形态。而西方文化中近代以来形成的生态文化是一种反思型的

---

① 沈玉麟:《外国城市建设历史》,北京:中国建筑工业出版社,1989 年,第 117 页。

后生性文化,这种反思恰恰体现了从认识论到存在论的巨大变化。正是在这个意义上,亨利·列斐伏尔(Henir Lefebvre)认为,"空间是通过人类主体的有意识活动而产生","是物质的、精神的、社会的一个整体"。"任何一个社会,任何一种生产方式,都会生产出自己的空间。社会空间包含着生产关系和再生产关系,并赋予这些关系以合适的场所。"

在场所理论建构的基础上,希腊哲学家、城市规划学者萨迪亚斯基于对建筑发展史的深刻认识,从哲学的高度总结了影响人类聚居的五个元素和五种力。五个元素是:自然(人作为个体)、社会(人作为集体)、网络(公路、铁路、电报、电话)、遮蔽物(人类赖以生活、工作、游戏的遮挡风雨的场所)、环境;五种力是:经济、社会、政治、技术、文化。这些元素和力以不同的组合方式影响着城市构成,也影响着人类的生活方式。

城市作为人类最伟大的创造之一,永远以不断变化的方式表现着人类丰富多彩和永无止境的创造活动。城市设计的本质在于表现人和空间的关系,追求尺度上的平衡。建筑是城市的有机组成部分,是组成城市环境的重要界面,建筑形态和群体构成了城市的主体和轮廓线。现代建筑大师勒·柯布西耶在"场所"的意义上指出:建筑艺术是造型东西;轮廓线是纯粹精神的创造,它需要具有造型艺术家的眼光。场所是人与空间高度融合的产物,是意象在空间的实现。在西方美学体系中,意象是最高的审美层次。建筑学家凯文·林奇在《城市意象》中首创了空间形态评价标准,归纳出城市意象五要素:

道路:街道、公路、林间小径,提供了观察者移动的路线;

边界:不同发展地区的边缘地带,如河岸、围墙,高层建筑群形成的开阔空间的边界,也是线性要素;

区域:具有相似特征的地段,是一种二维的面状空间要素,人一旦进入,会产生进入"内部"的亲切体验;

节点:城市广场、道路交叉口等;

标志:高大的公共建筑物、纪念碑、树木等,是人们体验外部空间的重要参考物,属于点状要素。

空间形态里的点、线、面的组合技术仅仅是一种构成空间的手段,而不是割裂"人"的感知的目的。凯文·林奇的城市空间形态分析注重城市意象和图式,沟通了西方长期割裂的主客体关系,返回了存在论意义上的以人为本,以人的目的、活动规律、自由发展为基础,创造人性化的生存空间。"环境印象是观察者与他的环境之间两向过程的产物。环境提示了特征和关系,观察者——以他很大的适应能力和目的——选择、组织然后赋予所见物以一定的意义。这样形成的印象限定并强调了所见物,并且印象本身在不断交织的过程中,对照经过过滤的感觉输入而得以检验。"①这种印象和意义就是人的心理空间对环境空间的一种呼应,也就是对自我主体的肯定。只有心理空间的"无"和环境空间的"无"相统一,现代人在现代环境中才能自由和谐地发展,形成充分尊重个人空间前提下的"室内空间→区域空间→城市空间"系统,而不是像功能性时代那样完全相反。

凯文·林奇的城市空间形态分析理论建立在对现代城市空间的深入研究和大量的公众心理观察调查基础上,包含了区域认同、生态系统、环境容量、景观感受、气象因素、空间形状、时间、人的行为等要素,具有很强的现实指导意义。飞速城市化的中国,需要深入思考社会、文化、历史、情感等隐性要素,它们才是构成城市空间的决定因素,才能在今天的城市规划、环境创造中发挥作用。

作为后起的发展中国家,截止到 2020 年,我国的城镇化率已经达到惊人的63.89%。西方国家几百年走过的城市化历程,我们快速压缩在了短短几十年。除了共同经历的城市病之外,城市建设中还出现了大量因本土文化与现代性冲突而引发的"水土不服"的"排异性"问题。中西方文化根源不同,城市发展历史有巨大差异,现代城市的"人—空间—文化"的矛盾更为突出。只有人性的、文化的空间才是人性场所。中国城市建设史上有许多优秀的文化遗产。我们的祖先在生命智慧论指导下,在开展辨方经野、开物土疆、建州府城等空间行为时,从来都是以"人事"为中心,形成了风水意象、堪舆等围绕"人"的感觉的话语,其中就包括了景观组织、生态平衡、文化结构等因素。北京的城市空间表征了中华民族独特的空间伦理文化秩序,苏州城市更是人文规划的成功典范。从城市区域选择开拓到建造空间,从园林建筑的规划到建筑小品细部的设置,无不体现了城市—园林—建筑的文化秩序。空间秩序反映了传统文化的智慧和精华,意境则更体现了中华民族审美理想的最高追求。中国古代名邑无一不是"诗中有画,画中有诗"的人工与自然融合的产物。当然,凯文·林奇的城市认知基于西方的哲学智慧和城市发展史,并不完全适用于中国。比如在中国的城市空间结构中,"中心""里""坊"是重要的社区认同元素,具有相当的伦理意

① 凯文·林奇:《城市的印象》,项秉仁译,北京:中国建筑工业出版社,1990 年,第 144 页。

义和文化心理建构意义。而在西方城市中，教堂通常才是城市的标志，具有核心精神价值。我们应当汲取其中有益的成分，如城市肌理、心理空间、古城意象等，才能既延续中国传统的城市文化秩序，又在新的历史条件下和谐有序地发展城市空间。

1990年，著名科学家钱学森先生在对生态系统深刻反思的基础上，高屋建瓴地提出了"山水城市"的概念。他把我国城市发展分为四个阶段：一、一般的城市；二、园林城市，如杭州、南京；三、山水园林城市，如正在建设的重庆、武汉、常熟；四、山水城市。山水城市是具有山水空间和人文传统的城市，是理性的人居环境。在山水地形骨架的自然资源和围绕山水生成的人文资源基础上，通过合理的干预保护，最大限度地发挥城市的诗意栖居功能，为人居创造健康、舒适、自由的环境。当然城市自然条件各有差异，城市文脉各有千秋，应当因地制宜。水乡建成水上城市，平原建成园林城市。淮安作为独具特色的"四水浮一城"的平原城市，在全国绝无仅有，已经成功地建成了国家园林城市。钱先生认为，山水园林城市是21世纪城市的理想模式。这里的"山水园林"表征了人类的理想家园，具有深刻的哲学反思和乌托邦意义。"润万物者，莫润乎水。终万物始万物者，莫盛乎艮"（《易·说卦》）。山水不仅是人类生存必不可少的物质实体，也是人类精神寄托的场所。儒家以山水比德，道家理论则是"中国宇宙论之创始者"（张岱年语），中国古典文化语境里的诗词、戏曲、小说、绘画、音乐等艺术形式无一不和山水有着密切的联系。至于以山水实体空间建造为宗旨的园林，在秦汉时期，已经开始了以人工有意识地模拟自然环境的尝试，是中国园林思维的雏形。魏晋时期出现了著名的金谷园等文人园林。到了唐宋时期，园林已经形成了一套成熟的诗意的表现性空间符号，建筑实用性功能与园林空间的审美功能得到了和谐的平衡统一，白居易的庐山草堂、柳宗元的浣花溪草堂、王维的辋川别业就是典范。明清时期，随着社会物质财富的积累和造园技术的提升，形成了古典园林艺术的高峰，建成的苏州园林一直保留至今。位于城市中的园林与居住生活的环境更为密切、统一，是名副其实的"宅园"，对空间序列、空间组合的整体性、和谐性的深刻认识形成了一套完整的理论。模仿自然的中国园林，追求"虽由人作，宛自天开"，建构出"一峰则太华千寻，一勺则江湖万里"的虚实相生的意境，采用了借景、对景、隔景、分景、叠山、理水等技术手法，在物理上对空间进行重新组织，知觉上有意扩大心理空间，"因借""体宜"是园林设计的宗旨和美学追求。所以，中国园林"不是同几何、三角所构成的西洋的透视学的空间，而是阴阳明暗高低起伏所构成的节奏化了的空间"①。"人们不得不最终认为西方园林仅仅悦目,中国园林则意在悦心;一是信奉力量标杆,另一则推崇理解传递。归根到底,这是一种精神相对物质的问题。"②可以说山水园林模式是中国城市空间文化的精华。我国现有的绝大部分城市是历史文化城市,它们之所以一直具有生命力,根本原因就在于符合中国人的人居理想。当然,古典山水园林城市毕竟是农业社会的产物,明显不符合今天的工业社会、人口增长和材料技术发展的现实。未来的山水园林城市应当是在新的历史条件下,对中国城市文化传统的合理继承与发展,这与"以人为本"的生态城市理念也是一致的。俞孔坚认为,"通过城市设计,可以把好山好水好风光融入城市,统筹空间形态,提升生态服务功能,保护和延续城市历史文脉,增强城市吸引力和软实力。"③美国建筑学者莫森·莫斯塔在《生态都市主义》中提出"将城市看作一个生态系统"的理念,把山水、生物、绿道、都市农园、公园体系等视为同一个生态系统,具有不同的生态功能,在城市这个复杂的生态系统中共同完成对城市的生态营造。这些都是对今天城市发展的深刻见解。

从古代到今天,城市永远是人们理想生活方式的现实形态,更寄托了人们对未来生活的向往。国际建筑联合会第十四次会议宣言指出:经济规划、城市规划、城市设计和建筑设计的共同目标应当是探索并满足人的各种需求。城市的活力就在于城市中活动着的人。如果说古代城市建设的目的是在相对单一的环境里实现天人合一的理想,今天的城市则要在复杂的自然和人工环境里做到情境统一,生态和谐。只有这样,才能在今天的社会发展形势下实现高层次的天人合一,诗意地安栖在大地上。正是在这个意义上,德国美学家韦尔施认为,建筑是社会学和哲学的重要载体,具有强大的社会治理功能和审美功能,承载着人们对空间的反思和对理想家园的追求,是人类文化的空间表征。空间永远不仅仅是物理的空间,而是哲学的、存在的、反思的、文化的意义空间,不仅仅承载了人类的肉体,更承载着人类漂泊不羁的灵魂。

---

① 宗白华:《中国诗画中的空间意识》,《美学散步》,上海:上海人民出版社,1996 年,第 68 页。
② 童寯:《东南园墅》,北京:中国建筑工业出版社,1989 年,第 46 页。
③ 李慧、邱玥:《从城市规划到城市设计——"千城一面"困局的源头治理之道》,《光明日报》,2017 年 04 月 26 日,05 版。

第二节　淮安城市化进程中的空间重构分析①

随着大规模城市化进程的发展,进步、乡愁、拆迁、保护这样一些关键词浮现出来,它们既昭示着城市化内部的一系列紧张关系,也表征了这个时代的欲望和焦虑。当连根拔起的粗暴拆迁消除了城市漫长生长的历史,当感性的"乡愁"一词成为社会性思潮,甚至温情脉脉地进入了国家关于城市化建设的文件,传统文化的保留与现代性之间的张力冲突问题就成了一个核心问题。位于苏北地域中心的淮安市,其城市空间改造就是现代性背景下城市空间建构和传统文化的再生产逻辑的产物,为我们提供了一个现代空间分析的样本。

淮安市位于淮河中下游,苏北平原腹地,下辖清江浦、淮安、洪泽、淮阴四区,涟水、盱眙、金湖三县,总面积一万余平方公里。2020年末,人口数量为四百五十余万人。京杭大运河、淮沭新河、苏北灌溉总渠、淮河入江水道和入海水道、古黄河、盐河、古淮河纵贯横穿交织境内,洪泽湖、白马湖、高邮湖像三颗明珠镶嵌在江淮腹地。淮安市是江淮流域人类古文化的发源地之一,文化带上处于"吴尾楚头",是一个典型的临河流而建的、历史层层累积的平原城市。

淮安于秦时置县,迄今为止已有2200多年的历史。上古时期,今淮安市域地跨古淮河两岸,夏、商、周时期,"淮夷""徐夷"聚居于此地,今境内留存有著名的青莲岗文化遗址。到了春秋战国时期,先后分属吴、越、楚国,秦时分属泗水郡、东海郡,西汉时期属临淮郡,东汉至南北朝时期分属下邳国和广陵郡。查阅淮安历史,周敬王三十四年,吴王夫差首开邗沟,沟通江、淮,经由泗水北上争霸,邗沟入淮处末口在今淮安境。先秦两汉时期,淮阴城、泗口镇和北辰镇成为长江、河济、中原之绾毂,淮阴故城居中策应,故形成了地缘和文化上的"襟吴带楚"关联性。秦汉时期,淮阴故城逐渐成为淮、泗水下游的经济文化中心,《史记·淮阴侯列传》上,先有淮阴,后有淮安之地名。(当代因为文化旅游的兴起,发生了争夺"篡改"地名和历史的所谓"新发明的传统"行为。)魏晋南北朝时期,因为长期战乱,这一带置所变动频仍。《南齐书》记载:"北兖州,镇淮阴。《地理志》云淮

① 本节内容以《城市化进程中传统文化的记忆或重建——以江苏省淮安市为例》为题发表于《内蒙古艺术学院学报》2019年第4期。这里有修改。

阴县属临淮郡,《郡国志》属下邳国,《晋太康地记》属广陵郡。穆帝永和中……'淮阴旧镇,地形都要,水陆交通,易以观衅。沃野有开殖之利,方舟运漕,无他屯阻。'乃营立城池。"武帝永明七年,因"今虽创制淮阴,而阳平一郡,州无实土,寄山阳境内",乃置东平郡,"寿张割山阳官渎以西三百户置,淮安割直渎、破釜塘以东,淮阴镇下流杂一百户置。"①"淮安"之名始见于史籍。宋绍定元年撤销楚州,山阳县升为淮安军,改淮安军为淮安州。元、明、清三朝,先后设置淮安路、淮安府。明、清时期曾是漕运枢纽、盐运要冲,驻有漕运总督府、江南河道总督府,与苏州、杭州、扬州并称运河沿线的"四大都市",享有"中国运河之都"的美誉。历史进入民国,1914 年,裁撤淮安府,恢复山阳县名。后改置道,市境基本上属于淮扬道。1927 年撤道,1932 年设淮阴行政督察区,1948 年 12 月,苏北全境解放,成立淮阴专区。1983 年,区改市,成为淮阴市,1987 年,淮安县升级为县级淮安市,隶属淮阴市,1996 年 8 月宿迁、泗阳、沭阳、泗洪 4 县(市)析出,成立省辖宿迁市。2001 年 2 月,淮阴市更名淮安市,原县级淮安市撤市,成立楚州区,2017 年楚州区更名淮安区。这些是淮安市建置沿革的大略情况。

农业社会时代,与淮安城市命运息息相关的事件主要有:

隋炀帝大业元年,征发河南、淮北诸郡百余万人开挖通济渠,自中原的洛阳至泗州城(大约在今天盱眙县城西),连接了谷、洛、黄、汴诸河和淮河。征发淮南十余万人改道、取直邗沟。通济渠和邗沟形成了最早的大运河段,联通了中原和江南,奠定了后来清江浦城市的基础。今天大运河穿越淮安全境,总长近 300 里。

明永乐元年(1403),"命瑄充总兵官,总督海运",平江伯陈瑄(1365—1433),有明一代著名水利学家,明代漕运制度的开创者,"三十余年北京漕运之劳,尤克尽心"。陈瑄长于治水,明永乐十三年(1415 年),他发现漕船至淮安新城(河下)盘五坝入淮,颇有风急天高之险。遂在宋代乔维岳开凿的沙河故道上继续凿渠 20 里,建清江浦五闸,形成了城市里的运河,沿着运河形成"清江浦"。漕运需要大量漕船,陈瑄设清江督造船厂,清江浦成为全国漕船制造中心,建成平底浅船三千余艘。至永乐十三年,里河漕运数量达五百万石,统领各处一百七十余卫。清江浦大码头的繁华为后来清江市的兴起奠定了基础。

自宋代以来黄河屡次夺淮,加之清江浦向北地势逐渐高峻,大运河水势险

---

① 萧子显:《南齐书》卷十四,志第六,州郡上。

峻不利于行舟。于是行旅凡由南向北,至清江浦石码头舍舟登陆,至王家营换乘车马;由北向南,至王家营下车马渡黄河,至石码头登舟。雍正六年始建石码头,石码头、王家营一并成为"南船北马"的交通枢纽,时人盛誉为"九省通衢"。王家营形成了骡马大街,商户号、驿馆、寺庙、镖局鳞次栉比的繁华集市,成为"淮北重镇,冠盖之冲"。康熙南巡经过此地,留下了《晚经淮阴》:淮水笼烟夜色横,楼鸦不定树头鸣。红灯十里帆樯满,风送前舟奏乐声。坐馆于清江浦的蒲松龄,留下了《暮宿王家营》:长河万里泻回环,箫鼓楼船碧汉间。尽道五更宜早渡,平明风起浪如山。这些记录让我们得以窥见大运河水运繁盛时期,王家营之一斑。

隋唐五代时期,还没有发生后来的黄河夺淮入海,淮安建置较稳定,大抵淮北属泗州,淮南属楚州,经济持续发展繁荣。楚州、泗州成为运河沿线的两座全国性名城,楚州更被白居易誉为"淮水东南第一州",这个美好的意象从此频繁地出现在文学作品中,颇类似于明清时期的文化江南意象,承载了农业社会的圆满富庶最高理想。

白居易·《赠楚州郭使君》

淮水东南第一州,山围雉堞月当楼。

黄金印绶悬腰底,白雪歌诗落笔头。

笑看儿童骑竹马,醉携宾客上仙舟。

当家美事堆身上,何啻林宗与细侯?

刘禹锡·《淮阴行》

簇簇淮阴市,竹楼缘岸上。好日起樯竿,乌飞惊五两。

今日转船头,金乌指西北。烟波与春草,千里同一色。

船头大铜镮,摩挲光阵阵。早早使风来,沙头一眼认。

何物令侬羡,美郎船尾燕。衔泥趁樯竿,宿食长相见。

隔浦望行船,头昂尾憹憹。无奈晚来时,清淮春浪软。

许浑·《淮阴阻风寄呈楚州韦中丞》

垂钓京江欲白头,江鱼堪钓却西游。

刘伶台下稻花晚,韩信庙前枫叶秋。

淮月未明先倚槛,海云初起更维舟。

河桥有酒无人醉,独上高城望庾楼。

宋之问·《初宿淮口》

一

孤舟汴河水,去国情无已。

晚泊投楚乡,明月清淮里。

二

汴河东泻路穷兹,洛阳西顾日增悲。

夜闻楚歌思欲断,况值淮南木落时。

杨士奇·《发淮安》

岸蓼疏红水荇青,茨菰花白小如萍。

双鬟短袖惭人见,背立船头自采菱。

蔡昂·《淮阴曲》

淮浦高楼笋入天,楼前贾客常纷然。

歌钟饮博十户九,吴甗不美江南船。

可能因为自古以来“橘逾淮为枳”的知识误解所造成的南北方文化认知差异的缘故,“每淮水盛时,西风激浪,白波如山,淮扬数百里中,公私惶惶,莫敢安枕者,数百年矣”。淮河的变动预示着风水背后的天道,牵动着农业社会敏感的神经。居于淮河之阴的淮安总是给古人以落木萧萧、流栖不定的悲伤感。这种情绪在明代姚广孝的《淮安揽古》中达到了高潮。这首诗完整地表征了淮安的地缘文化和历史变迁,成为现代淮安的城市文化名片。

姚广孝·《淮安揽古》

襟吴带楚客多游,壮丽东南第一州。

屏列江山随地转,练铺淮水际天浮。

城头鼓劲惊乌鹊,坝口帆开起白鸥。

胯下英雄今不见,淡烟斜日使人愁。

明清时期,随着大运河水运的繁盛,清江浦逐渐成为城市中心,扼河、漕、盐、榷、驿机杼,进入鼎盛时期,消费兴旺,呈现畸形的繁荣,与扬州、苏州、杭州并称运河沿线“四大都市”。建于明永乐 13 年的清江浦大闸口老街成为城市空间的“风水龙脉”,花街、牛行街、都天庙前街、荷花池古街区、明清商业一条街、洪门街、七道湾古街区，十里东长街、越河街、同庆街共同构成了围绕着大运河的清江浦城市空间。因为明清时期总漕的地位与封疆大吏相埒，淮城成为总漕机关所在地，俨如省会，冠盖云集。乾隆四十年，清江浦人口数达 54 万，高于同一时期的大城市汉口、南京的人口，成为地方行政、文化和消费中心。又因为保护大运河漕运兼治理黄河，河道总督驻陛于此，和漕运总督号称"天下九督，淮居其二"，风头一时无两，是江苏中北部的政治、经济、军事中心。官办的府学、县学和民间的书院、义学、社学同时兴盛，仅淮安、清江浦两地，就有书院近 20 所。清江浦的盛况，在《三言两拍》《金瓶梅》《西游记》《水浒传》等文本中都有所反映。

历史进入到近代，随着西方异文化的强势入侵，中国传统社会形态发生了剧烈变迁。先进的技术和生产力，从根本上改变了历史发展进程。同治十一年（1872 年），因为黄河决口泛滥，大运河漕运终于废弃，呼应时代需求而起的轮船招商局承包了江南漕粮运输，海运遂取代了河运，运河沿线四大城市逐渐衰落。随着近代邮电业的兴起，驿传也退出了历史舞台。宣统三年（1911 年），贯穿南北的大动脉津浦铁路通车，以现代高速度把延续了几百年繁华的"南船北马"彻底变成了历史。作为强大传统文化记忆的"高光"部分，"南船北马"文化意象从此余音袅袅不绝如缕，作为传统的碎片和残余漂浮在现代淮安城市文化主体建构中。据这一年的官方史志记载，清江浦人口大量流出，锐减至不足 10 万。

既然这座傍水的城市兴于交通也衰于交通，见识了先进技术的淮安人开始发展近代交通事业。从光绪二十三年（1897 年）六月开始，英、美、法、日等国的"和丰""顺昌和记""永兴利""福运""泰昌"等轮船公司募集轮船数十只，开航清江浦至镇江，取代了传统的人工帆樯。十九世纪末，清廷曾经计划筹建清江浦至北京的铁路。因为国力匮乏，直到辛亥年清廷覆灭，清江到杨庄一段才勉强通车，也主要用于盐运。随着铁路的兴起，淮安引进了近代工业。光绪二十四年，候补道员邓佐廷创办了第一家近代工业企业——南洋广机利公司，最盛时有织机 200 张余，"大募山东流民，教之纺织"，因为劳动力廉价，质量好，名盛一时，以至于"过王营者必闻机杼声，言王营物产者必言土布"。南京商人刘少甫开设大丰面粉厂，聘请英国人海底深为工程师，改进机器磨粉机，产品行销两淮、镇江、南京、上海等埠，品质一时间号称领大江南北之冠，在南京举办的南洋劝业会上被评为第二位。北洋政府统治时期，第一次世界大战造成中国工业短暂繁荣，淮安府官办了农事试验场、第四工场，商办了增新祥蛋厂，兴修公路。

随着科举制度的废除，兴起了江北师范学堂、江北农林学堂、淮安府中学堂等新式学校。光绪三十二年,最早翻译法国启蒙思想家孟德斯鸠《论法的精神》的学者张相文,出任江北师范学堂教务长。淮安府下辖的淮阴、淮安等县,民国元年拥有初等教育学校八十余所,到了 1921 年,增加到五百余所,十年间飞速增长了六倍。

1887 年,美南长老会的传教士赛兆祥(著名作家赛珍珠之父)、林嘉善被委派到清江浦,在东门口慈云寺开设了全城第一家西医诊所,几年后正式挂牌"仁慈医院",后来又在老坝口鸡笼巷、同庆街盖了钟楼和教堂,连同医院一共占地八十亩,其鼎盛时期曾经是长老会全球最大的医院。医院、钟楼、教堂的建立,意味着城市空间的改变,也意味着另一种异质文化的进入,对身体和意识形态的改造构成了一对隐喻关系。抗日战争初期,随着首都南京的沦陷,1937—1939 年间,淮阴因为地处江北,一度成为江苏省临时省会。太平洋战争爆发后,仁慈医院的美籍人员被迫回国,医院更名为淮阴医院。随着新四军抗日活动的展开,苏皖边区政府也曾经驻跸淮阴。

经过一个多世纪的"生长",现代淮安城市空间大致定型,大致可以勾勒为两个环状带:形成了以里运河为中心的沿河型城市,东西花街、老坝口、慈云寺、清真寺、仁慈医院、文庙、漕运总督府、关帝庙、八面佛广场构成了城市空间新旧节点,1949 年之后的地区政府、总工会、百货公司、邮政局、照相馆、人民剧院、和平电影院等现代城市符号也集中分布在这里,新兴的化工厂、纺织厂、钢铁厂、化纤厂等现代工业临水分布在外运河一带。实验小学、老坝口小学、第二中学、淮阴中学建在漕运总督府、关帝庙、文庙、清真寺构成的老文化带上,延续、扩展了文化空间。"文化大革命"时期,八面佛广场被改造成忠字塔,主体是各个不同历史时期的毛主席雕塑,成为六七十年代的城市地标和中心,也是北圩门及城北一带的地理中心,又是城市的北大门。清江商场、建筑设计研究院、农科所、汽车站、市第一人民医院、解放军 82 医院、地区师范专科学校、清江中学、清江拖拉机厂、淮阴拖拉机厂这些后起的现代单位,呈环形依次向北扩展。城市重心依然集中在里、外大运河带,呈东西狭长形分布,1、2 二路公交车贯穿南北。整个城市脉络基本上延续了老城格局,比较简单清晰,以城市人的生活为中心组织的生产、生活、文化消费多重功能合一。城市道路主要有:轮埠路、圩北路、越河街、桑园路、螺蛳坝、宝塔桥,沿袭保留了旧地名。市区第一次扩展后,具有新时代气息的路名有:淮海路、人民路、解放路、健康路、红卫桥、若飞桥、勤政路、长江路、北京路、上海路,其中东西、南北两条淮海路构成了城市主干道。新型城市空间有:革命新村、繁荣新村、北京新村，都是随着城市扩大征用农村土地改造而成。旧时代的漕运总督府被改造成清晏园，私家园林楚秀园改造成城市公园。这一时期，城市化发展比较缓慢，旧城市文理得以保留，新旧城市之间空间符号和实用功能相对平衡，文化脉络生长"年轮"比较清晰。

进入新世纪的第一年——2001年2月，省辖淮阴市更名为淮安市，原县级淮安市撤市立楚州区，原淮阴县撤县立淮阴区。这项改革的目的是在行政管理体制上有利于苏北腹地中心城市的建设和发展。而事实上是因为原县级淮安市是周恩来总理的故乡，省辖淮阴市更名淮安市，就巧妙地"变身"为总理故乡。这种更名意味着一种政治资源，更意味着新一轮城市化运动的动力不同于从前。

这一轮"强"城市化首先体现在空间的扩大和城市体量的扩张。政府部门规划了淮安市—淮安县（楚州区）—淮阴县的"三淮一体"，淮安县、淮阴县改成市辖行政区，原来的淮海路连接了淮阴区和市区，新建的翔宇大道连接了三个市区。市政府提出了"包容天下，崛起江淮"的口号，"包容"继承了历史上的"居天下之中"思维，"崛起"明显地表达了"落后"的现代性焦虑。（事实上今天的淮安在地理空间上不再"居天下之中"，经济上更没有优势，这是某种有意的文化误读。）铁路、飞机场、国内最长的城市轨道交通陆续建成投入使用，城市快速路和高架路也陆续建成。2015年前后，洪泽县改成市辖行政区，中国五大淡水湖之一的洪泽湖和江苏省七大湖之一的白马湖成为城市内湖，高铁2020年底实现通车。

伴随着城市体量的急速扩张，淮安城市空间经历了天翻地覆的大规模改造。从1998年开始，随着明武宗落水处的"跃龙池"被填埋，清江浦东门安澜门仅存的城墙根基被拆除，谢铁骊谢冰岩故居、李一氓住宅、陈白尘故居、陈潘二公祠、王叔相故居、普应寺、苏皖边区政府华中银行旧址、林默予故居、王瑶卿故居、左宝贵夫人楼、观音庵、苏皖边区六地委办公楼、中央华中分局旧址宿舍楼、越河街、同庆街、三范故居、福隆庙、越河街、青龙庵、程莘农故居被拆除或者易地重建，建成了崭新的明清商业一条街和大量"新"名人故居。旧街区迅速消失，崛起了新型城市空间：大运河文化广场，大运河流经的城市段进行美化亮化，成为城市风光带，承德路、深圳路、海口路、三亚路、翔宇大道、经济开发区、清河新区、生态新城、绿地、恒大名都、加州城、威尼斯水城、罗马皇宫、万达广场……与全国城市化进程同步建成的这些新城市空间（连命名都高度一致），终于把古旧小巧、"落后保守"的历史名城淮安变成了千城一面、缺乏辨识度的中国无数当代城市中的一个。

　　在现代节庆和文化创意思维主导下,政府部门策划了一系列节庆文化活动:主打淮扬菜的淮安美食文化节,在成功举办了十多年后于 2018 年又进一步发展成淮安国际食品博览会,2022 年成功申创世界"美食之都";以推广江淮地区农产品为核心的中国稻米博览会;台商投资高峰论坛;刚刚申报成功、第一次举办的 2019 中国龙舟公开赛,2021 年 6 月,首届淮河华商大会,等等。通过这些现代节庆活动,逐步把淮安从一个曾经具有鲜明地方文化特色的小城市,塑造成为具有现代城市特质的新形象。

　　现代文化创意的目的是产业化。为了实现产业化,就必须最大程度地利用好现有文化资源。文化资源、历史遗产的稀缺性成了重中之重。根据史籍上对清江浦开埠和康熙、乾隆南巡的记载,有关专家"考察"了历史遗迹,"还原复制"了御码头、南船北马、浦楼、榷关、南北地理分界线标志,打造了"清江浦 1415"文化产业园,建造了老舍茶馆,"再现"了清江浦当年的盛况。根据张相文先生首创的秦岭淮河地理分界线理论,政府和民间彼此心照不宣地"一拍即合",在废黄河(事实上是黄河夺淮入海故道。因为这个名字不吉利,今命名为古淮河,从源头上"重写"了历史,可能导致产生某种知识性错误。)上建成了中国南北地理分界线标志;与大运河沿线城市联合申报"运河之都"……所有这些行为都使淮安的文化含量大增,为争取成为旅游目的地增添了砝码。正如布迪厄所言:社会空间是由人的行动场域所组成的,我们在观察社会空间的时候,首先必须看到建构这些社会空间的区分化原则,把这些原则当成观察社会空间的基础。①

　　纵观整个城市的空间扩张、区分和文化符号再生产过程,我们发现,这些现代文化生产行为恰恰印证了艾瑞克·霍布斯鲍姆(Eric Hobsbawm)的"发明的传统"理论。霍布斯鲍姆认为,当代社会对古代传统的诉求从源起上说是最近出现的,表面看来或者声称是古老的"传统"有时是在某个活动或很短时期内被"发明"出来。"被发明的传统"(invented tradition)意味着一整套通常由已被公开或私下接受的规则所控制的实践活动,具有一种仪式或象征特性,试图通过重复来灌输一定的价值和行为规范,而且必然暗含与过去的连续性。实际上,在任何可能的地方,人们往往会努力与一个适宜的历史过去确立连续性……然而,就这样一种指涉过去而言,"发明的"传统之特性在于它的这种连续性很大程度上是虚构的。简言之,这些传统乃是对新情境的一种回应,这些新情境采取了参照旧情

---

① 高宣扬:《布迪厄的社会理论》,上海:同济大学出版社,2006 年,第 136—137 页。

境的方式,或者说,它们以某种准义务式的重复来确立自己的过去。① 周宪这样阐释霍布斯鲍姆的文化语境理论:其一,传统是自觉地加以"发明的",因此它带有某种"虚构性";其二,传统的"发明"是对当代变化了的情境的一种必然回应,是根据当下的变化了的社会文化情境的需要努力建立起连续性;其三,这种与过去的连续性是有选择性的,那就是寻找"一种适宜的历史过去";其四,"发明的传统"是通过自动的意指、准义务式的重复等方式实现的。② "发明的传统"即现代民俗主义,是后现代语境中一种文化阐释和再生产的逻辑。德国民俗学家汉斯·莫泽和赫尔曼·鲍辛格认为,这种"二手性地对民俗文化的继承与演出"脱离了文化的原生环境,出于一定目的在新的时空脉络下予以重置,获得新的功能。文化传统作为象征形式对共同体的建构具有认同作用,节庆仪式、纪念碑、博物馆都具有这些功能。我们发现,一般来说,当文化主体处于失落状态时,这种"辉煌的过去"和"连续性"显得尤为重要,以这种形式来唤醒主体。南北地理分界线、南船北马标志、大运河南北交通大动脉、运河之都等,这些过去曾经的身份与今天落后的淮安连接起来,似乎必然有一个鲍德里亚意义上的明天的辉煌。

在后现代的今天,流动的多元文化对曾经单一性的地方文化造成了巨大冲击,维护地方文化本源性的积极意义就显得格外重要。因为中国长期以来处于文化一元化的传统社会形态,作为儒家主流文化的大传统在社会中形成了自己独特的传播路径。由于中国幅员辽阔,不同地域的不同族群具有不同的生活状态,大传统在传播中又形成了很多根脉深厚的文化的小传统,包括民间文化、民间艺术、民间礼俗和民间信仰,这些文化形式维系着共同的社会价值观念。当下,这些近乎湮灭的传统文化突然像遗留物一样被打捞出来,修改包装后以平面化、无深度、碎片化的形式进入旅游文化和大众文化中。虽然这些行为可能篡改了历史或者民间文化的本来面目,然而,克罗齐关于历史话语的生产理论认为:"一切历史都是当代史",历史都是在阐释中连续的,历史的接受过程就是一部阐释史。这些行为未尝不可以看作是传统文化在大众旅游、大众传媒的时代以另一种形式对地方文化记忆进行的保护和传播。产业化也是一种文化再生产的路径,虽然由于偏重商业价值即"眼球经济",导致传统文化的内涵可能有所遗失或者偏移。权力意志和经济意识形态使得民俗文化脱离了原生语境,以仪式的形

---

① E·霍布斯鲍姆,T·兰格:《传统的发明》,顾杭、庞冠群译,南京:译林出版社,2004 年,第 2 页。
② 周宪:《文学与认同》,《文学评论》,2006 年第 6 期。

式进行表演,对民俗文化进行了功利性利用。在全球化语境下,地域空间被纳入时间的序列,地域的文化变迁成为地域历史叙述的重要表征。当代地方文化史就这样被建构了。

2016 年 10 月 27 日,《法制日报》报道:淮安市为打造"总理童年仿古街区"拆文物建筑。

整个事件经历了长达数年的拉锯。2009 年 3 月 18 日,淮安市文物局将围绕着"周恩来总理童年读书处"周边的三元巷民居、千霞旧书屋、西长西街清代民居、周氏祠堂、泗阳公馆、程家巷民居、义顺巷民居、人民剧场等不同历史时期的八处建筑列入不可移动文物名单,于其中的千霞旧书屋举行了第三次全国文物普查不可移动文物挂牌仪式,共认定不可移动文物共五大类 117 处。然而,随着城市开发建设的加速进行,仅仅过了七年,2016 年,这八处"不可移动文物"中的六处,就在老城开发改造中永久消失。最有讽刺意味的是,当年举行挂牌仪式的千霞旧书屋竟然也未能幸免。关于被拆除的具体时间、拆除主体以及是否依法审批等核心问题,有关部门一概"不得而知"。仅存的义顺巷民居和泗阳公馆,是在产权人的拼命奔走抗争和媒体的介入下才得以暂时保留,但是已经遭到严重毁损,命运岌岌可危。

针对这桩事件,中国生物多样性保护与绿色发展基金会于 2016 年 3 月发起环境公益诉讼,认为相关行政机关涉嫌实施侵权行为。[①]

这起"非典型"事件体现了传统文化保护与现代性大潮的博弈,鹿死谁手一目了然。政府部门作为不同的实践行为主体,在不同语境出于不同的功利性意愿,做出了矛盾的行为。强调文物保护,就把旧建筑列入不可移动文物名单;一旦城市土地商业开发,一切旧建筑立刻失去了价值。这只是全国层出不穷的类似事件中的小小浪花,没有任何一方是赢家。人们的记忆里,会想起 1950 年代,梁思成关于保护北京城墙和修改北京城市规划的建言,以及朱偰为保护文化南京而付出的悲壮努力和结局。然而,在强大的现代性洪流里,这种清醒的声音实在太微弱了。真实性和完整性是传统建筑的核心价值,而文化产业遵循的是商业逻辑,历史文化保护属于文化部门,城市发展属于建设部门,形成了强势的拆与微弱的反拆之间的拉锯战。最后的结局一般是传统建筑被拆毁,软弱而没有

---

① 关于拆除的具体报道,详见余瀛波:《周总理童年读书处多处文物被拆除》,《法制日报》,2016 年 10 月 27 日。

处罚权的文化部门赢得了道德制高点,强势的建设部门赢得了土地开发权,谁也不是最后的赢家。由于现代社会结构的改变,导致了城市空间和人文空间的改变,拆迁是大势所趋,具有必然性与历史合理性。由于现代性的合法化,政府主导的空间改造必然赢得政治正义和伦理正义。

经过大规模的城市飞速拆除与重建,淮安城市空间高楼林立,新潮小区覆盖(renew)了旧空间,现代城市空间和设施建设完整。然而,城市上千年生长年轮积淀的文脉消失了,虚火旺盛,文理紊乱,严重缺钙,好像激素催生的少年,崭新得仿佛刚刚诞生,没有了任何历史和沧桑,变成了一个过目即忘、平淡无奇得没有一丝地方文化特点的、"平均化"了的城市。只有周恩来童年读书处、清晏园、苏皖边区政府、关帝庙、慈云寺等一批 20 世纪的建筑物相对保留完整,圩北路、越河街、桑园路、螺蛳坝、宝塔桥、军营路仅仅保留了地名,也算是为日新月异的城市留下了一点过去的痕迹。这些痕迹在追求进步的规划中风雨飘摇,不知道在未来的城市化大潮里还能保留多久。淮安从小巧玲珑、独具特色的"四水浮一城",变成了"三淮一体"的空间巨无霸。两个大湖距离城市很远,洪泽区距离主城区竟然有 50 公里之遥。正如冯骥才先生在"何去何从——中国传统村落国际高峰论坛"上所言:"我们把 660 个城市基本变成一个样子,只用了 20 年时间。这是中国人对自己文化的悲剧,也是对自己文化的无知。"他表达了摧枯拉朽的城市化运动对传统城市文化造成巨大破坏的愤怒。香港建筑学者谢辰生先生更悲观地认为:从上世纪 90 年代城市化建设开始,中国内地对文物的破坏一直没有停止过,其严重程度甚至超过了十年动乱时期。

当古老的北京日新月异,城市空间面目全非之后,人们只有在《城南旧事》《骆驼祥子》《茶馆》中才能寻找到业已消失的老北京的痕迹。姜文以《阳光灿烂的日子》保留了青春记忆中的北京,1960 年代的胡同、大院、自行车、水塔、蓝天鸽哨;北岛以《城门开》在纸上重新建构了记忆中的北京,"复活"了 1950 年代的城墙、野塘、王府、四合院。《淮安日报》副刊名"洪泽湖",《淮海晚报》副刊名"石码头","淮安网"名"淮水安澜"。以羊羊有草为代表的一批民间不知名的网络作家写作了大量网文,打捞了珍珠般散落的淮安民间文化、传说、民俗。既是珍贵的口述史,又是民间为保护地方文化而付出的自觉行动,同时也是一次成功的民间文化记忆主导的建构行动。苏宁的《平民之城》和刘季的《清江浦》,分别以他者和自我叙事,深情抚摸着城市脉搏,记录了这片土地上的烟火人生、生死歌哭。徐则臣的"花街"作品系列进一步探入文化深处,把花街、大运河的人文历史予以审美的升华。这些文本重新建构了文化淮安,在虚构的空间里以审美意象延续了城市文脉。

　　然而,吊诡的是,自从八面佛广场被改造成忠字塔、忠字塔又被拆除之后,虽然城市空间经过了多次改造,这里却始终不再能形成新的城市中心。这既是一个隐喻,也是这座城市当下的镜像。它既失去了物理空间的中心地位,也失去了文化的中心地位,更严重的是,失去了在市民心理上的空间中心地位。这些表象事实上是城市文化传统严重损毁、中断造成的后遗症,可能产生相当长时间的负面影响。王杰认为,中国现代文化生产具有"双核"引擎,一个是传统文化,一个是红色文化。淮安的城市空间重构恰恰是既毁掉了传统文化,也毁掉了红色记忆,所谓的新城市文化只是一穷二白的无源之水、无本之木。本土电影《牵手》,以淮扬菜文化为中心,虚构一位台北女孩回故乡淮安寻根,偶遇淮扬菜大师,结识、相爱,最终浪漫牵手的故事。这部跨越两岸的"传奇"由淮安本土演员曹哲、熊化冰参演。河下古镇、清河新区生态园、淮扬菜博物馆、漕运博物馆、吴承恩故居、周恩来纪念馆、大运河广场等新建的风景地标构成故事背景。《牵手》的确是一个"传奇",但更像一个"意淫"的白日梦,凸显了对现代性的极度渴望和焦虑。按照拉康的观点,所有的镜像都指向缺失了主体的幻象,是"主体借以超越其能力的成熟度的幻象中的躯体的完整形式是以格式塔方式获得的,也就是说在一种外在性中获得的"①。"主格之'我'不知疲倦地倾注于凝结一个不可能被凝结的主体性过程,倾注于将凝固性引入人类欲望这一变动不居的领域。"②埃里克森(Erik H. Erikson)认为,现代主体建构在虚幻的"同一性"上,只不过"是自我把一切自居作用与力比多的变化,与先天遗传形成的自然倾向,与在社会各种角色提供的机会进行整合的这种能力的自然增长的历程"③。淮安所建构的这些现代性想象中恰恰缺失了自我,只能是一系列光怪陆离的现代性碎片拼贴成的幻象,既 kitsch 又 camp。这个缺乏投资吸引力、缺乏旅游文化资源的中等城市,人口已经连续数年处于净流出状态,2018 年的人口只有五百六十万,到了 2022 年只剩下四百五十万。基础工业发展不振,缺乏新兴产业,就业疲软,房地产严重过剩,收入增长缓慢,消费低迷,发展动力不足。一个丢失了历史又缺乏生命

---

① 拉康:《拉康选集》,褚孝泉译,北京:生活·读书·新知三联出版社,2001 年,第 91 页。
② 玛尔考姆·波微:《拉康》,牛宏宝、陈喜贵译,北京:昆仑出版社,1999 年,第 28 页。
③ 转引自赫根汉:《人格心理学导论》,海口:海南人民出版社,1988 年,第 162 页。

力的城市，它的自我到底在哪里？

由于工业化社会的生产生活方式和工具理性价值取向，打破了地域文化个性赖以生存的空间界限和文化界限，造成了不同于传统社会的文化生产传播方式。西方建筑话语作为强势文化一统天下，全球化更是把西方的价值观带到城市规划领域，造成了城市空间和形态的全球化。在这个剧烈急速的城市化历程中，我们多年积累的城市记忆逐渐消失，所谓的现代都市文明摧枯拉朽，传统、亲和的人性化市镇形态迅速瓦解。"千城一面"的城市景观已经成为令人痛心的现实，每个城市都与其他城市相似，长了一张共同的"网红脸"，地方文化特征逐渐消失。传统文化价值被抽离于现代社会，只以工具理性立场摘取了传统文化的形式，所以才不断地发生着拆除真建筑、重建仿古建筑的喜剧。建设大城市体现了现代性的速度和空间追求，仿古体现了文化产业目的追求，经济理性无一不是它们的内驱力。在现代性的价值理性和现代性焦虑的语境下，大卫·哈维深刻批判了使"空间作为一个整体，进入了现代资本主义的生产模式：它被利用来生产剩余价值"的发展模式。他以马克思的"空间在时间里湮没"揭示了现代性的本质，呼吁展开人性空间修复（the spatial fix）。涂尔干指出，空间是特定社会组织形式的投射，它依附于社会而存在。城市作为生产要素进入资本大生产的链条中，从根本上改变了城市空间的人化特征，城市走向了人的反面。亨利·列斐伏尔（Henir Lefebvre）尖锐地批判道："任何一个社会，任何一种生产方式，都会生产出自己的空间。社会空间包含着生产关系和再生产关系，并赋予这些关系以合适的场所。""工具性的空间，首先进行的是一种普遍化的隔离，这就是群体的、功能的和地点的隔离。普遍化的隔离使得普通民众，尤其是工人在空间中被重新安排，被驱赶到了边缘空间。"①这些批判都穿透了巨大的物理空间，透视出空间与资本、权力的关系。在现代科学技术推动下，世界进入了复制时代，城市空间被快速复制粘贴，规划图好像从电脑里下载的同一个模式，没有任何地方文化特点，失去了本雅明所推崇的古典美学的"光晕"，进而失去了自己的历史文化根基。复制时代的城市，古典文化的碎片与流行文化因子以一种奇异的方式合为一体，融后现代的 kitsch 和 camp 于一体，无价值的内涵以一种过度装饰的形式隆重地表现出来，可谓是本雅明深刻批判的巴洛克"废墟"。这即是现代人的悲剧，更是现代城市的悲剧。

---

① 亨利·勒菲弗：《空间与政治》（第二版），李春译，上海：上海人民出版社，2007年，第150页。

正因为失去了文化本源,城市这个经历了上千年历史而缓慢生长起来的有机体逐渐趋于枯竭,失去了生命力,进而失去了自我。传统农业社会的空间作为封闭的存在性空间,体现了身体与自然的紧密联结,人与人之间伦理的亲密联结,时间节律与空间、人的生活的同一。在城市化进程中,空间的封闭性被打破,虽然实现了空间位移的快速性、多样性,然而,固定的空间隐喻着永恒的家园,更意味着人与世界的内在同一。当代城市空间无限延伸拓展时,人的同一性也就被不断流动的空间解构了。永恒性一旦变得支离破碎,人与世界也就不再认同,人和城市都失去了自我。

政府部门作为实践主体,出于实践理性追求着现代性目标。文化发展属于审美理性的范围,城市化进程中的进退失据,恰恰体现了现代性与审美现代性的冲突。无论是保护传统文化空间还是建设新型城市空间,都出于实践主体对现代化城市图景的不同想象。变动不居的城市化正是"后现代性空间叙事"权力话语的产物。

如何在城市建设中取得传统与现代性的平衡,经历了漫长城市化历程的国家有很多值得总结的经验教训。简·雅各布斯在《美国大城市的死与生》中把城市规划学视为人文科学而不是自然科学,认为规划是一个不同人群的政治协调过程,城市空间应当是民主的产物。城市不仅仅是分工和产业化的再组织,也是破坏性、功能性的规划。城市是复杂的社会、文化、经济因素相交织的产物,多元化、包容性构成了城市宝贵的"社会资本"。只有从日常生活实践出发,才能发现城市立足的根基。她痛斥那种只从经济理性出发、却缺乏对"人"的理解的"科学"规划为伪科学。这些见解都凸显了空间温暖的人文性、文化性,对我们保护传统文化与建设新城市的实践具有深刻的启示。

第三节　新兴城市经济-文化空间——万达广场分析

万达广场作为新兴的城市综合建筑形式,走过了二十多年的历程,经历了四代空间发展演变史。无论是最早的单店、组合店,遍布全国的城市综合体还是最新的"万达城",无一不是以现代建筑技术为支撑,创造出了体量巨大的人造空间。这种空间以现代人日益扩张的欲望重构了天地,从根本上改变了人与自然的关系。更隐秘的是,在丰富的商品包围中,现代人真实的需求被引诱而起的消费欲望所取代,悄悄地丧失了自我主体性而不自知。万达已经不仅仅是一个新兴城市建筑空间,它既是现代性的产物,本身又成为现代性的表征,构成了一个极其复杂的现代社会文化现象,对它进行文化分析很有紧迫性和必要性。

著名的商业大鳄"万达"已经遍布中国许多城市,触角伸向了世界。

上个世纪末,大连万达广场初次呈现在世人面前。那是一座名副其实的现代水泥广场,提供了一个城市公共活动空间,没有社会阶层区隔,没有围墙,也没有设置最低消费限制,一律身份平等。它的标志是足球雕塑,万达足球队的代码。当时企业刚刚与文化连接,买下冠名权,姿势很僵硬,仅仅把商品与对象嫁接起来而已,还没有形成文化产业的观念。早期的万达广场类似于全国造城运动中新兴时髦的广场,功能单一,从一开始就没有把地方文化内涵与建筑空间结合起来,难以令人留下印象和回味。之后在万达帝国扩张的过程中仍然延续了这种空间功能性思维。

经历了二十多年的发展,万达广场已从第一代的单一性店铺、第二代的多样组合性店铺,进化到了第三代——城市建筑综合体。按照万达集团的构想,城市综合体作为独创的商业地产模式,由大型商业中心、室内外商业步行街、五星级酒店、商务酒店、写字楼、公寓小区等构成超大型建筑集群,集购物、休闲、餐饮、文化、娱乐等多种功能于一体,形成新型的独立超大商圈空间。在中等城市,万达广场就是唯一的城市商业中心。

万达已经入驻淮安。这个城市按照目前的划分,属于三线城市,级别是地级市。城市位于大运河两岸的苏北平原。明清时期曾经是漕运总督部院和河道总督部院所在地,有过短暂的辉煌,声色犬马,冠盖云集。只不过没有像秦淮河那样盛极一时,当然这一切与它相对薄弱的经济基础和不甚发达的市民文化有密切关系。这个城市的特别之处是有四条河流自北向南穿过城区,分别是盐河、古黄河、里运河、大运河,被称为"四水浮一城",名副其实的漂在水上的城市。这既是鲜明的特点,也是城市致命的隐患,故古代有"纸糊的淮阴"之说,但同时也造就了它特有的水文化,把它与其他城市鲜明地区别开来。2012年,在城市东部,淮安市、淮阴县、淮安区交界处,所谓的城乡接合部,最暧昧不清、流动人员混杂的地方,拔地而起建起了巨大的万达广场建筑群。城市行政中心(健康东、西路)、商业中心(淮海东路)的交会点就是万达广场。万达体量巨大,像一艘巨轮,但是设计得很轻盈。它的两翼呈双手邀请姿势,半开放的空间里圈了一个数量巨大的建筑群。围绕着万达,新开辟了三条城市主干道,有十五条公交线路通过万达,唯一的城市有轨电车线路经过万达,万达还设计了庞大的一千五百余个车位的双层地下停车场。如果加上公寓和酒店,的确构成了一个密集的超级城市建筑群。

本雅明曾经细致地分析了 19 世纪的巴黎拱廊街。他的基本观点大致可以归纳为:商品经济社会决定了它相应的文化符号体系,这个体系构筑了一个梦幻世界,梦幻世界形成了消费无意识。而拱廊街把这个梦幻世界变成了现实。拱廊街集中了所有 19 世纪"豪华工业的新发明":钢架玻璃顶棚,大理石地坪,先进的煤气灯,街道两侧排列着无数高雅豪华的商店。拱廊街既是高端奢侈品交易中心,也是建筑技术与艺术结合的现代性表征。除了实体空间的拱廊街,还有当时新兴的城市通俗艺术形式——透景画(俗称西洋景),也是技术与艺术结合的产物。透景画最初的目的是把自然风景引入城市生活,后来当城市也日益美化,发展成活动背景,它就成了一种虚拟的梦幻形式。新兴的世界博览会则是"膜拜商品的圣地",展示了新技术的伟大和神奇,让资产阶级们的欲望和梦幻变得真实可见。中产阶级的居室凭借着新材料、新技术实现了舒适化、人性化、个性化,同时也与工作场所有效地区隔开来,貌似最大程度地实现了人的自由。同一时代的左拉、马克思都对这种资产阶级工业革命的产物进行了猛烈的批判。本雅明在他们的理论基础上,从美学层面深刻地批判了拱廊街的二重性:它的本质是永恒的商品世界,意识形态性质是集体无意识沉睡的空间。

本雅明借助于《资本论》的商品二重性价值理论分析了十九世纪资本主义社会经济基础上形成的社会文化形态,展开了视野广阔的社会文化研究,给我们以深刻的启迪。我们尝试以自己的经验,对万达这个现代城市的庞然大物进行一番文化解读。

按照城市政治经济等级划分和商业布局,万达在不同城市的定位是不一样的。在三线以下城市,"万达广场就是城市中心",与周边配套的五星级酒店、商业住宅区以及各种自营业态一起,万达将拥有全球最大的综合实体商业人流。2014 年 10 月,万达建成了第一百家万达广场,由此跻身全球最大的商业不动产公司。按照万达的规划,到 2015 年建成一百四十个万达广场,平均每个广场引流两千万人,一年有超过二十亿人次进入万达广场。或者说,每个城市的绝大部分商业人流,目的地将是万达。

淮安万达广场一楼,有 A、B、C、D、E 五个入口,设计成国际流行与生活精品汇聚地,除了大型的乐购超市仓库、孩子王、万达百货、国美电器(已经关闭,改成更吸引客流量的宜家生活广场）、ZARA 以外，共计有四十五家商铺，分布在三条室内步行街上。二楼设计成快乐潮流时尚聚集地，共计有四十八家店铺，孩子王、万达百货、国美电器延伸到二楼，乐购超市开在二楼。三楼设计成经典特色美食，共计有三十一家店铺，还有大玩家游乐场、万达国际影城、大歌星 KTV、金仕堡健身中心，万达百货曾经延伸到三楼，在实体商业不景气的背景下已经关门转租。

按照万达的双边市场 O2O 的"旺场"商业心理学逻辑，万达精心设计了一个"诱惑"万达、商户与用户三角关系稳定运作的核心纽带。用企业策划术语来说，就是适应线下零售与服务业态进化的大趋势，实现商业地产的数字化升级，构建一个结合游戏元素、折扣服务以及以地理为核心的生态圈。万达这个平台提供了一个"智慧广场"，目的是吸引和"黏住"用户，实现商业利润最大化。

这意味着上帝之手布下了一个迷局。万达广场的智慧布局通过 Wi-Fi 连接上用户手机，顾客就被"黏住"了。由于信息高速公路的双向性，用户的个人信息、爱好、隐私等就此进入了一个庞大的数据分析系统。根据万达精密的调研报告，客流属性统计显示，客户 80% 以上为 35 岁以下的年轻人，以 20—35 岁的年龄段为主，月收入在七、八千元，基本属于年轻时尚的白领。那些低头族不知不觉地进入了这个精心设计的商业圈套，免费 Wi-Fi 不动声色地提升了 10% 的客流量。

低头族们的手机里悄悄地被"免费"植入了周边商家的信息，比如地理位置、折扣优惠等。用户触屏，"签到"，跳出 portal 页面，显示出各种优惠服务。如果还没有加入万达商业俱乐部，通过 Wi-Fi 登录手机号，自动成为万达会员，提供各种积分和优惠等信息。这其实是广告惯常使用的说服加诱惑技法，老一套的意识形态质询（inter pellation）方式。与前资本主义时代不同的是，在大数据时代的分享模式的引导下，顾客为了 foursquare 颁发的勋章与折扣奖励，无意识地进行了积极分享。

到这里，我们发现，万达广场事实上包含两个广场，一个是实体的，顾客身体在场的万达广场空间；一个是看不见的、虚拟的万达广场，就在顾客的手掌里。顾客貌似是它的主人，但是顾客却一切听从它温柔的召唤，被这种甜蜜的暴力（sweet violence）捆绑了。

这个看不见的、虚拟的万达广场，无论叫做 foursquare，或者 O2O，还是万汇APP 也好，它的功能只有一个，就是"从用户思维出发"满足消费者"你是否更懂我"的无意识心理。这个出发点在买方市场的今天,看上去极其体贴和人性化。为了"最了解你",万达以大数据技术收集和优化用户画像,技术团队整合了美国Aruba networks 等公司的顶尖技术能力,室内导航精准度控制在 5 米,顾客的行为完全处于无主体的透明状态,没有任何隐私。顾客掌中的 Wi-Fi 就是一部监控仪,有效而忠实地现场实录着主人的行为轨迹,主人却浑然不知。通过连续的数据积累和分析,后台逐步对用户的偏好分析做到较细的颗粒度,也就是精准的用户画像(这些商业专业术语,比现实主义还要精确)。于是客户的签到频率、客户群人口分布、高频率客户数据等,共同构成了巨大的用户数据库。万达自主设计推出的万汇 APP,实际上是一个智能综合分析数据库,它一直在后台运行着,集成了用户的所有消费信息数据,根据主人的消费习惯、频率、数量、品牌偏好等进行综合"画脸"。当然它也为主人提供服务,具有查询车位、室内导航等智能服务功能。顾客所有的需要,通过这个"一卡通"全部完成。

在信息时代,信息就是生产力。由于低头族们已经掌握了足够的商品信息,他们貌似完全可以自主行动。比如恋爱中的年轻人,一般的行为无非是吃、玩、逛街,消磨时间。万达设计了"逛街+吃饭+看电影"的长链条联合促销,"相约砂锅+《风声》+任意商家折上折优惠券",打六折。针对刚刚毕业入职的男孩,他们工资有限,公司工作劳累,去万达通常是为了吃饭吐槽放松,再添置一些廉价的换季衣物。男孩们比较懒,不想多逛街。万达揣摩了这种顾客的心理,设计了持必胜客消费小票去优衣库,两家搞联合促销。针对母子顾客的不同需求,万达把屈臣氏"无意"地放在一楼最方便的入口处,旁边就是中式的粉客来、味千拉面,西式的麦当劳、肯德基、星巴克、必胜客,统一规定:顾客持屈臣氏小票再次消费将享受最大折扣。这些餐饮店旁边坐落着阿迪达斯、耐克、七匹狼运动专卖店,正是这个年龄的孩子光顾最多的地方。也有一些用户的偏好摇摆不定,貌似既时尚又保守,既节约又挥霍。既购买雅戈尔甩卖品,也消费手工定制的最新潮男装。针对这种情况(电脑可能也有把不准脉搏的时候,毕竟感性的"人"比按程序设定的机器更复杂无规律),万达自有杀手锏——推送深度折扣,比如贝纳川男装 1—2 折的爆款低折扣。面对这些超级价值信息,顾客即使再有定力,可能也很难控制自己的消费欲望。

在以上这些例子中,我们发现了一个致命的共同点——空心人现象。鲍德里亚在马克思揭示的商品隐蔽性秘密的基础上,深入分析了商品特有的疯狂魔力。他认为,在远远超出十九世纪的、极度丰富的物包围着人的今天,现代商业社会形成了一套更加隐蔽的编码原则,巧妙地构筑了"物体系"的天罗地网,将所有的社会成员一网打尽。在这个庞大的人造体系中,"被消费的东西,永远不是物品,而是关系本身——它既被指涉又是缺席,既被包括又被排除——在物品构成的系列中,自我消费的是关系的理念,而系列便是呈现它。关系不再为人所真实体验:它在一个记号——物中抽象而出,并且自我消解,在它之中自我消费。"①无孔不入的商业对世界进行了巧妙的包装,各种各样的广告(主要是新兴的消费主义话语和重新编码的意识形态话语)和精心杜撰的文化符号(主要是貌似高雅实质媚俗的、能指不断延伸、所指不断抽空的大众文化符号)包围了我们,商业社会本身已经成了一个无主体的结构,作为主体的人只是资本自我增值的资源。在这种诱惑下,人的自由意志趋于消失,变成了非理性的消费动物,徒有上帝身份的空心人。消费变成了劳动过程的延续,主体趋于同一化,丰富性、差异性逐渐消失,个体主观体验也发生了同一、变易。

正因为如此,客户才会惊喜地产生强烈的认同感:我所需要的,万达都已经想到了。顾客永远不会知道,看不见的上帝已经把他牢牢握在手心。每个顾客在一个卖场的消费选择基本限定在 20 个以内,数据库系统早就做了精准分析。针对他的可能行为,还有设计好的精准推送,所以,"让顾客再来"不费吹灰之力就实现了,"无头脑"的他一定会被"召回",至于复购率的提升,根本没有任何疑问。顾客虽然是在场的,他的自我主体却是缺席的;上帝是不在场的,统治一切的"大他者"却是永远在场的。基于商业目的的信息技术就是那个"大他者",取代了宗教信仰的上帝,更深层次地控制了现代人的主体。

万达广场一楼,有 A、B、C、D、E 五个入口,是一个完全封闭的巨大室内空间,又是一个幻觉空间。因为极度相似,很容易使顾客迷路。各间店铺里发出不同的添加剂味道,如傣妹火锅、法国蓝燕烧烤、各种"原汤原味"的拉面、过桥米线、东北人家、金陵鸭血粉丝,混杂在一起,再加上广场上(每两条街道的连接处构成一个室内广场)震耳欲聋的音乐,各个店铺的促销声,形成了极其嘈杂喧嚣高分贝的商业空间。五个门都设计成双层,挂上了透明软玻璃,以保证空调良好的运行效果。三条巨大的室内街道屋顶上,覆盖的是透明的新型建筑材料,看得见日月星辰。然而,污浊的空气,穿透屋顶的烈日,无不令人头昏脑涨,不知身在何处。这种设计好像汽车的天窗,或者中国园林的花窗,似乎

---

① 鲍德里亚:《物体系》,林志明译,上海:上海世纪出版集团,2001 年,第 224 页。

起到了借景的功能。然而,那些高可及顶的塑料椰子树、棕榈树,加上塑料隔离带里的人工沙滩,又给人一种滑稽、卡通的感觉,无一不在提醒你,这是一个"假"的空间。冬天,室内外冰火两重天,室温22℃;梅雨连绵的时节,一排排水桶在透明天棚下理直气壮、哗啦哗啦地接着水,冷气温度非常低。万达采用了最先进的材料和设计,却造出了这样一个既不完美、也不"科学",更不人性化,荒诞可笑的空间。

　　多年前,白先勇在《树犹如此》中,对芝加哥医院的巨大建筑群进行了精彩的描写。那个水蛭般的白色古怪"超"空间令人晕头转向,一模一样的冰冷建筑构成了拒人于千里之外的卡夫卡式迷宫。各种诡异的仪器、闪烁不定的红黄绿色信号、嘀嘀嘀的机械电子声音混杂在一起,只会加剧病人的焦虑和恐惧心理,而不能给人以任何舒缓和安慰。于坚以诗人的直觉,对飞机场不可理喻的空调低温和全世界的标准化飞机场做了深刻的穿透。机场巨大的中央空调控制系统的温度指标是经过科学实验得出的,是航空公司管理指标的一个组成部分。当空调被科学控制的时候,空调就成了太阳。然而问题在于,空调是人自己创造的,是人自我控制世界的产物之一,当然应当"时易事移",是可以调整温度的。人如果不能适应这种科学的设计,就只能质问,为什么自己的身体这么不"科学"呢?世界上所有的飞机场看上去都出自同一个设计师同一个建筑公司,好像某种患着洁癖的庞然大物,空间按照一个科学的统一标准切分得井井有条。这个空间没有大地上的那种脏乱差,也没有大地上的历史,它是按照物理数学化学材料学空气动力学等原理设计建造的,与人的存在没有任何关系。在这个空间里,物>人,物先于人的存在而存在,物散发着物理之光,人是被当作物设计的,必须符合物的标准。科学、技术、数据是飞机场唯一的真理,语言、仪式、诗歌、舞蹈、音乐、绘画的模糊、朦胧、混沌、暧昧在这个空间是不存在的,是科学必须祛魅的对象。① 正如鲍曼(Zygmunt Bauman)所言,"现代性的基础工程应该是寻求社会的秩序和纯净","对混合的恐惧反映出人们对分离的痴迷……现代智识和实践的核心框架是对立的——更确切地说,是二元对立的"②。"整个知识体系被划分为'纯知识'和'不纯知识'",构成了一对隐喻。现代社会为了建立秩序性,将

---

① 详见于坚:《将空调关小一点》(来源:http://blog.sina.com.cn/s/blog_4889207c0102vaf7.html. 2008年9月19日)。

② 艾伦·普劳特:《童年的未来——对儿童的跨学科研究》,华桦译,上海:上海社会科学院出版社,2014年,第39页。

社会生活分割为许多相互分离的主题,最根本的就是自然与文化的分离。我们在万达,只不过重复着他们在芝加哥和飞机场的体验。

如果说拱廊街是权力的象征,是资产阶级意识形态的产物,是技术的胜利,是现代性的表征,那么只能说万达广场是现代性进一步统治全社会的符号,是商业意识形态的巨大胜利。一个多世纪过去了,现代性挟雷霆万钧之力,消灭了旧世界,使"一切神圣的东西都烟消云散了"。

从前我们是怎么理解现代性的呢?这里我们把万达广场和半个世纪前的百货公司做个比较。百货公司是国营单位,一般是现代城市里最大、最显眼的新公共商业建筑。如果是老上海的旧商业企业,如先施公司、施施公司等,属于资产阶级性质,必须加以改造。去掉花哨的霓虹灯、广告,镶嵌上红五角星,好像政府办公机关。当然国营性质的确代表了国家,具有真理性、唯一性。百货公司里的拼花水磨石地面,一般采用中国传统吉祥图案,如西番莲、幸运草、方胜、卍字不到头之类,象征着企业的万年桩基。出售的商品几乎囊括了生活中衣食住行的一切。"住"是指房子里的家具日用品,"行"是指自行车,都是当时的奢侈品和耐用消费品,而不是指今天的不动产和私人汽车。最权威的是营业员和坐在"神龛"里的收银员,他们决定着物品卖不卖给顾客、卖什么、卖多少。从字形上看,"卖"是霸权的,"买"是乞求的。"买"和"卖"是两个不同的阶层,冰冷的玻璃柜台,还有营业员身后的货架区隔了这两个阶层。他们还公然用装聋作哑不予理睬、互相大声快意聊天等行为以表示对顾客的轻视,或者明目张胆地对不同"等级"的顾客给予不同的待遇。这里恐怕不能仅仅看作售货员个人道德层面的问题,而是由于物质分配的不公平、不同人群的社会特权、社会地位引发的社会矛盾的具体表现。计划经济、物资匮乏背景下的卖方市场,决定了不同人群的社会分层。"国营"既代表唯一性,也代表对国家的信任。商品不会有任何品质问题,不会缺斤少两,不会虚浮地夸大其词,更不会以次充好。当然,购买商品的满足感和幸福感也会延续很久。那时候除了食品,所有的日用品都是耐用消费品,是真正意义上的耐用。顾客使用着它,它就对主体有意义——时间越长,实用价值和情感价值就越大。商品的使用价值与价值是一体的,虽然商品作为符号也有身份区隔的意义,但是远远不像今天这样有云泥之别。最关键的一点在于,顾客是在场的,他购买的物品是必需品,而不是出于被控制胁迫的心理,所以他的主体是真实存在的。

经济学家萨缪尔曾经提出一个关于幸福的公式:幸福＝效用/欲望,实际生活水平为效用,对生活水平的期望值为欲望。把百货公司时代和万达时代相比较,我们发现,因为欲望这个分母今天急剧膨胀了,所以幸福指数在物质充裕的今天只会越来越低。经济学上还有一条原理,当商品满足了一般生活需要后,广告对激发购买欲所起的作用是决定性的。正是在这个意义上,鲍德里亚把现代商业广告定义为神话,广告这个大众媒介伪造了一种消费总体性,以编码原则取代了真实性,广告超越了真和伪的界限,它只引导你满怀希望,去消费吧,只有不断消费,才能自我实现。① 个体主观体验正是在这里发生了变易。所以,在万达,顾客的幸福永远在下一次。正像王安忆描写的那样,顾客拿着一大堆优惠券进去,再换取更多的优惠券出来,身心疲惫却又无比兴奋地计划着在有效期之前再去消费掉它们。在撕毁了最后一张优惠券后,他提着一大堆不需要的商品出来,最终失去了快乐,忘记了初衷,也失去了自我。鲍曼里亚在描述消费社会的个体消费活动时指出:"这里起作用的不再是欲望,甚至也不是'品位'或特别爱好,而是被一种扩散了的牵挂挑动起来的普遍好奇——这便是'娱乐道德',其中充满了自娱的绝对命令,即深入开发能使自我兴奋、享受、满意的一切可能性。"②

1987 年,美国摄影家芭芭拉•克鲁拉创作了一幅作品《无题》,一只手展示着一张信用卡,上面是鲜艳的红字:I Shop therefour I Am(我买故我在)。它颠覆了笛卡尔的理性主义观念,理性决定的主体让位于 shop(汉语形象夸张地翻译为"血拼")这个行为,这种看上去快乐、自由的现代生活方式统治了每个人,无意识状态的欲望和本能被激活,进而被编码,商业社会意识形态以新的创世神话把具体的个人"构成"了"主体":意识形态是通过我称之为询唤(interpellation)或呼叫(hailing)以及按照日常最琐碎的警察(或其他人)呼叫"喂! 喂!"的方向可以想象的那种非常精密的操作,利用在个人当中"招募"(recruits)主体(招募所有的个人)或者把个人"改造"(transforms)成主体(改造所有的个人)的这一种方式来"行动"(acts)或"功能作用"(functions)的。③ 可见无论什么时代,意识形态都有一套有效的话语修辞系统,成功地统治我们的生活、身体、无意识领域。物资匮乏的年代,控制必要欲望的节俭被提倡为美德;到了"物体系"社会,消费

---

① 详见让•鲍德里亚:《消费社会》,刘成富、全志钢译,南京:南京大学出版社,2006 年,第 95—98 页。
② 让•波德里亚:《消费社会》,刘成富、全志刚译,南京:南京大学出版社,2001 年,第 71—72 页。
③ 阿尔都塞:《列宁与哲学》,台湾远流出版公司,1990 年,第 192 页。

主义把生活水平最高化作为个人成就的目标贯彻在日常生活里。从这个角度看，商业机构毫无疑问已经成为国家机器的重要组成部分，消费无意识成为当代统治性的意识形态。有学者以买遍全球的中国大妈表征中国的经济崛起，意味着物质匮乏的精神膨胀时代已经过去，消费行为的全球化成为当代神话，广告对所有人成功催眠。

万达广场的每一层空间都经过了"体贴入微"的精心设计。上文中的几个例子仅仅是冰山一角，它们无一不是经过各种数据模型层层分析统计，以达到利润最大化为目标，温柔地呼唤顾客，不动声色地绑架他们。无论实体空间和虚拟空间，线上和线下，万达已经与天猫联手，把体验经济与电商优势结合起来，全方位无死角地统治了我们的物质和精神生活。万达超前地认识到，消费社会里，消费类、服务类、创新类公司将成为未来经济的主导，在满足了"胃"的要求后，下一步就是精神方面的需求，也就是体验经济阶段，尤其是伴随着电子产品成长的这一代人。万达成功地顺应了这个发展趋势。万达商业帝国虽然表面上还是传统的体验业态，然而根据我们以上的分析，O2O 模式非常有效地延长了服务时间，并且，岂止是延长顾客的停留时间，它已经从根本上完全控制了顾客。更深一层地，它从顾客的内心出发，激发了所谓的极客消费、价值观认同、可参与感、游戏化等新新人类的消费诉求。表面上看，O2O 虽然只是技术手段，却又超越了技术，而技术从来都意味着人与世界的关系的改变，从来都意味着新的意识形态。Foursquare 最核心的秘密就是把虚拟社区与现实商业世界打通，实质上控制了顾客这个行为主体。依靠这种完全为顾客着想的"用户思维"模式，2014 年万达电商会员达到了三千万人，未来三年内计划发展到一亿。如果把那些不使用智能手机的儿童和老年人排除在外，这个"电子人口"的比例是非常惊人的。

前现代社会里一直统一的世界就在这里发生了深刻的分裂。伽达默尔认为，体验是一种与生命、生存、生活紧密相关的经历，具有直接性、整体性，"生命就是在体验中所表现的东西"，"所有被经历的东西都是自我经历物，而且一同组成该经历物的意义，即所有被经历的东西都属于这个自我的统一体，因而包含了一种不可调换、不可替代的与这个生命整体的关联"。"如果某物被称之为体验，或者作为一种体验被评价，那么该物通过它的意义而被聚集成一个统一的意义整体。"①由此可见,体验具有使得人之所以是人、回到人的本源的重要意义,起了抵御现代理性、建构人的完整性的作用。而所谓的大审美经济时代,产品和服务超越了实用功能,与审美、体验连接起来,审美和体验变成了可以购买的商品。2002 年,大审美经济学者卡尼曼获得诺贝尔经济学奖。他认为,最美好的生活应该是使人产生完整的愉快体验的生活。而这个"完整的愉快体验"是能付费购买的。伽达默尔的自我主体被卡尼曼的消费主体悄悄地替换了。商品匮乏时代的百货公司,商品承载着中国人真实的需求,也盛放着梦想和幸福。今天的万达,商品只是一个消费符号,不再表述真实的需求。在这个过剩的时代,无论人的欲望被无限放大或阉割,都不再表征人本身,我们已经失去了自我主体。在消费至上时代,广告和商品交织成的市场就这样自然地对公共空间进行了暴力侵犯(invasion),在话语上施行了符号暴力(symbolic violence),从而实现了商业文化霸权。

商业帝国的扩张是没有边际的。根据万达的规划,万达必须未雨绸缪,由房地产、商业向文化业转型。因为房地产行业是一个阶段行业,当城市化率达到 80%,自有住房率超过 80% 的时候,房地产市场就会萎缩。计划到 2020 年,万达文化集团的收入将达到八百亿元,进入世界文化企业前十强。2012 年成立的万达文化旅游规划研究院策划了被业界称为万达第四代升级产品的"万达城",将是一个集室内外主题公园、秀场、滑雪场、酒店群、万达城等更复杂、更多功能业态,融合了文化、旅游、商业和高科技的"惊世"之作。这个"惊世"之作更是体量惊人的"巨无霸",它消灭了所有以往的城市历史,让我们对城市的一切想象黯然失色。万达签约了十二个文化旅游城项目或旅游度假区项目,第一个建成的武汉中央文化区总建筑面积超过六十五万平方米。这个巨大的人造物完全不同于古典时代的人性化的城市,这种新城市空间没有庙宇和教堂,没有历史,所有的一切都是数字化的、科学规划的,没有给心灵留下任何一块角落,有的只是心灵鸡汤和各种所谓教育艺术培训——当然都是商业化的,精心计算的。

万达文化旅游规划研究院设计的万达城,"是万达首创的文化、旅游与商业的融合模式"。按照一般关于文化的定义,除了物质层面的创造外,文化偏重于精神意义层面的发现、创造,也就是价值的创造。这种新型城市文化将提供什么

① 伽达默尔:《真理与方法》上卷,上海:上海译文出版社,1999 年,第 77、85、83 页。

价值呢？城市文化学者们倾向于认为,购物中心是当代城市资本力量的表征,购物活动是当代最大的也是仅存的公共活动(还有像瘟疫一样在全世界泛滥的商业性旅游),至于传承了上千年的民俗节日和各种宗教活动,在现代科学之光的普照下已经名存实亡,或者也被商业化,成为所谓的文化产业。这个活动已经像马克思所批判的商品一样具有了神性。至于上帝,还是那个神秘的、无处不在的资本。那么多富裕的中国人千里迢迢去海外,就是奔着这两个目标去的。资本主义社会化大生产塑造了谋取利润最大化的理性经济人,消费社会把对于物的最大拥有作为成功的标志,人就成了非理性消费动物。这是更深层次的异化。这种消费社会时代才出现的文化与现实之间距离消失的反常现象,波德里亚归纳为"先验性的终结"。"商品的逻辑得到了普及,如今不仅支配着劳动进程和物质产品,而且支配着整个文化、性欲、人际关系,以至个体的幻象和冲动。一切都由这一逻辑决定着,这不仅在于一切功能、一切需求都被具体化、被操纵为利益的话语,而且在于一个更为深刻的方面,即一切都被戏剧化了,也就是说,被展现、挑动、被编排为形象、符号和可消费的范型。""消费并不是普罗米修斯式的,而是享乐主义的,逆退的。它的过程不再是劳动和超越的过程,而是吸收符号及被符号吸收的过程。""正如马尔库塞所说,它的特征表现为先验性的终结。"因为强大的商品逻辑统领了所有的社会领域,"在当代秩序中不再存在使人可以遭遇自己或好或坏影像的镜子或镜面,存在的只是玻璃橱窗——消费的几何场所,在那里个体不再反思自己,而是沉浸到对不断增多的物品/符号的凝视中去,沉浸到社会地位能指秩序中去等等。在那里他不再反思自己、他沉浸其中并在其中被取消。"①由于没有二元建构,因此也不存在本来意义上的"同一""同一主体"和"同一之相异性",当然也不存在本来意义上的异化。"消费游戏渐渐地取代了同一性的悲剧。"②

　　淮安的第三代万达城市综合体已经无比巨大,在这个人造世界里,没有大自然的一年四季风霜雨雪,没有昼夜之分,一切都可以消费娱乐,无论是口腹之欲还是娱乐游戏,物质的还是精神的。如果一个顾客住在万达公寓,他所在的公司又在万达某个办公楼,那么他的工作和生活就在万达里面了,足不出户一切都包括了。升级版的第四代"万达城",更是将当代人的全部城市生活提前精心设计

① 让·波德里亚:《消费社会》,刘成富、全志刚译,南京:南京大学出版社2001年,第226页。
② 同上书,第227页。

了。城市空间就是全部生活世界，无论虚拟的还是实在的。文化、旅游这些精神层面的活动被所谓的人工设施和高科技所取代，极客消费体验替换了本雅明的古典美学的光晕效应。

王晓明认为，这种城市化是以人的欲望为最高意志，重构了天地，目的只有一个，功利；与美国城市学家詹姆斯特拉菲尔的"科技改变城市面貌，欲望则铸造城市的品格"不谋而合。这种"超"空间不是为人的存在而设计的，只是一个不断自动升级的机械游戏，没有"人"的无机性空间，只有一个目的——利润，无论它包装成什么文化形态，它永远都是工具理性的产物。如果万达广场表征了未来城市文化的发展方向，那么这个方向是可怕的，是反自然反人性的。在后现代的今天，我们应该在反思前现代社会留下的问题的基础上，重新探索人与自然空间的关系。

一切还在进行。淮安万达已经关闭了万达百货和乐购大卖场，因为利润不达标。它们被改造成了各式各样的教育培训机构和健身娱乐中心，实体店让位于电商，符合 90 后的消费诉求，并且将通过教育培训和环境的潜移默化，规训出90 后的下一代。

第四节　淮安区的重建与保护分析

生活在发展，城市也在发展，现实中的人永远生活在历史和当下中，城市建设和改造也面临着这个问题。淮安区古称山阳，东晋时期建城，已有一千五百多年历史。明清时期，淮安集漕运总督、淮北盐运司、淮关督等府衙于一地，冠盖云集，"俨然省会"，境内有多处历史文化遗迹，有丰富的运河文化资源。古镇淮楼是宋朝建筑，位于古城中心，构成城市空间节点和文化标志。随着时间的推移，它化作城市肌理的一部分，形成了淮安商贸文化中心。由于街道、建筑还是在古城格局上发展的，已经不适应今天的经济和交通状况，表现在建筑年久失修、街道破败、交通堵塞上，严重影响了城市环境，降低了生活质量。

近年来，许多城市结合老城区改造，进而建设城市广场，探索出了一条新思路。这样既有效地降低了老城区的建筑密度，调整了建筑类型结构，又提高了环境质量。在尊重历史、保护文化遗产的基础上，淮安区以古镇淮楼为中心，修建了现代城市市民广场。把广场定位为古城的标志性建筑，形成开放共享的城市客厅,既构成当代城市的重要景观,同时又兼具了交通、商业、经济等功能。具体设计规划为:在保护周恩来总理故居、总督漕运部院、楚元王庙、韩侯祠、淮安府署、上坂街商业建筑群等历史文化古迹的基础上,将平面轮廓设计为梯形,这样既保证了广场外形完整,又使广场中轴线与镇淮楼、总督漕运部院中轴线相重合。梯形同方正呆板的矩形相比也更有灵性,亲切宜人。空间分为动静两区,南部动区正对古镇淮楼,周围是繁华的商业街道。因为南部动区地形高于镇淮楼路,故设计为下沉式广场,以求得与镇淮楼路在尺度上接近,同时将台阶设计为半圆形,既人性化,又增加了亲和力。北部静区布置草坪、灌木,中心设钟亭,内置金代大钟,与镇淮楼遥相呼应。镇淮楼旧时为鼓楼,内置明代铜鼓。大钟铜鼓喻晨钟暮鼓,承载着淮安的厚重历史。钟亭北设半圆游廊,为整个广场空间的视觉尽头做了一个空间提示。钟亭南设旌表柱列,记勒地方历史名人、胜迹。用绿水带连接南北动静两区,高大乔木分隔空间。

　　总起来看,淮安古镇淮楼市民广场的设计建设既吸收了先进的现代生态景观设计理念,又保留了传统城市意象,延续了城市文化记忆。我国古代的城市广场一般多为围合性质,城市里的园林规模也比较有限,私密性强。今天的城市广场已变成开放性、共享性建筑,兼具节点、交通、绿化、人性空间功能,如果还沿袭传统的园林设计思路就不能适应当下的语境。现代城市空间巨大,功能复杂,组织利用现有资源与生态环境的平衡是生态景观设计要考虑的问题。古镇淮楼市民广场南北跨度 300 米,东西跨度 700 米,面积 3 万平方米,构成要素包括了平面、立体、历史、绿化、雕塑、理水、小品、灯饰、亭、廊,又吸收了园林的构架、借景、分隔手段,还以围而不合的半圆游廊保留了传统城市围合的意象。

　　建筑大师波特曼认为,“建筑是为了人,而不是为了物”,“人的相互作用和交往是城市存在的基本依据”。梁思成先生有过类似表述:中国有很多房子,却没有一处建筑。这些观点高屋建瓴,可谓点中了建筑的目的和历史。人类的生存空间由原始人基于生存本能的实用空间,发展到以形态构成、视觉原理、现代科技和文化生活为依托的功能空间,今天人们追求的是社会、文化、科技、生态多元平衡发展的人性空间。只有在这样的空间里,人才能实现自我,自由发展。正是在这个意义上,联合国教科文组织的《宣布人类口头和非物质遗产代表作条例》这样定义“文化空间”:“一个集中了民间和传统文化活动的地点,但也被确定为一般以某一周期(周期、季节、同程表等)或是以一时间为特点的一段时间,这段时间和这一地点的存在取决于按传统方式进行的文化活动本身的存在。”“我们保持回忆的方式,是把它们和我们周围的物质环境联系起来。我们的记忆若要重现,那么我们所必须关注的,正是那些被我们占据的、不断步步回溯总可以参与其中,随时能够重构的社会空间。"①这样的"空间"才是"人"的"场所",也正是未来城市的发展方向。

---

① 保罗·康纳顿:《社会如何记忆》,纳日碧力戈译,上海:上海人民出版社,2000 年,第 37 页。

第三章 现代性视域下对民间的"发现" 与现代文化领导机构的建立

共同体的社会凝聚和文化传承作用表现在：一是本能的中意——作为由社区成员发展起来的集体的欲望冲动感觉和理念的总体的表现；二是惯习——作为通过实际锻炼的反复的正面的经验和印象的总体的表现；第三便是记忆——重复有的放矢和良好的活动的能力。

——斐迪南·滕尼斯

我们这个时代就是一个新时期的降生和过渡的时代。人们的精神已经跟他旧日的生活与观念世界决裂，正使旧日的一切葬入于过去而着手进行他的自我改造。

——哈贝马斯

第一节 现代性的建立与民间的被"发现"

近代以来，由于西方现代性的强势入侵，使得传统的小农经济结构逐渐解体，而经济基础的改变导致中国的社会结构逐渐开始转型，这是中国现代性的开启。传统中国城乡互哺的社会结构发生了断裂与对立，原来承担着传统文化传播的乡绅先是逐渐失去话语权，在经济时代又摇身一变成了所谓的杜赞奇式的营利性经纪人。由于原来一体化的、自然生长的传统文化从内部断裂，导致文化生成机制发生了巨变。

共同体（community）是一个社会学概念，艾瑞克·霍布斯鲍姆认为，"在过去几十年里，'共同体'这个概念从来没有像现在这样被含糊而空洞地使用着，以至于社会学意义上的共同体概念,已经很难在现实生活中找到了。"①不同学科在不同研究框架里分别赋予它以不同的意义。一开始指十八世纪以来欧洲由于工业化和城市化造成的社会结构的巨大变化,社会学者们为分析城市公共生活的复杂性、多样性,特别是因为大量人口移入城市而造成的陌生群体道德感和公共精神缺失而建构的一个分析性概念。共同体概念建立在"城市与乡村对立"②的视域里,认为共同体是一种"以亲密情感、道德承诺、社会凝聚力以及长时间延续存在的"③人类集合体。这个概念后来被很多社会学家运用。德国社会学奠基人斐迪南·滕尼斯在《共同体与社会》中详细分析了欧洲近代社会的形成轨迹。他研究了从古希腊城邦、罗马父权制国家到中世纪日耳曼封建制帝国与自由市镇并轨的历史,认为这种形态是由诸多共同体组成的,是"真实的与有机的生命"。共同体体现在三方面:血缘共同体,如家族、氏族、宗族和部族;地缘共同体,如乡村社团;精神共同体,如行会、兄弟会。形成共同体的这些关系以及由它们所构成的生活秩序与以土地为核心的物质生产紧密结合在一起,形成了不同的组织结构和活动形态。从历史逻辑出发,滕尼斯从不同的历史原型推演出了相应的衍生共同体。关于家和家族,他根据法国历史学家库朗热关于古希腊-罗马的家神崇拜与祭祀,勾勒出父权支配下的、以灶火和餐桌为中心的家族日常生活景象;关于乡村社团,他根据基尔克对中世纪日耳曼封建制下的村庄结构,归纳出领主依靠强力命令保证佃农服从,佃农们在领主的采邑或公地上共同劳作的生产-生活结构;关于精神团体,他分析了中世纪至近代早期市镇中的行会,行会里依靠师傅向徒弟传授技艺、指导人生,形成了牢固的精神纽带,从而形成了生活、精神上休戚与共的共同体。滕尼斯认为,所有的共同体形态都起源于家庭,父子、母子关系隐喻着这种"共同领会""默认一致"的秩序,构成了塑造诸共同体关系的原初要素。家庭是基本单位,家庭组成了血缘共同体,居住在一起的亲邻们组成地缘共同体,因为生活在同样的环境里,进而形成精神共同体。这些共同体的核心是"在一起",指在"对共同体相互依赖状态彼此确认的过程中形成的",是"共同体富于生命力的心灵和灵魂",更偏向于精神、情感、价值观因素而不是物质层面。这种"以亲密情感、道德承诺、社会凝聚力以及长时间延续存

---

① 参见 Eric J. Hobsbawm, *The age of extremes: A history of the world, 1914 – 1991*. Pantheon Books, 1995, pp.428.

② WILLIAMS R. *The Country and the City, 1973* [M]. London: Hogarth, 1985.

③ NISBET R. *The Sociological Tradition* [M]. Herndon: Transaction publishers, 1993:18.

在的"人类集合体正是传统农业社会里人与人之间的正常关系。这种基于主观感觉的紧密联系,是建立在共同体成员相互依赖状态确认基础之上的。确认是成员对共同体内部共享要素的认同,共享要素包括土地、历史记忆、生活方式、语言、血缘、传统文化、仪式和制度等。这种确认不是个体单纯追逐利益的合理算计,而是内部行动者归属于同一共同体的主观感觉。韦伯分析了两者之间的差别:共同体的紧密联系是"主观感觉上的","非建立社会关系本身所具有的合理性"基础上的。滕尼斯用"意志"概念归纳人的全部心理事实及主体行为,他把意志划分为两类。共同体成员的行为由"本质意志"(Wesenwille)所决定,它是一个有机体的心灵结构,自然地源于身体所处的有机体,而且处于不断生成的状态,其中的各种情感要素(包括思维)相互关联且都从属于心灵整体,并且这个心灵整体从属于更高的统一体,是一个"真实的与有机的生命",遵从道德理性。而社会成员的行为则是由"抉择意志"(Kürwille)所决定,它源于抽象的"想象的与机械的构造",遵从目的理性。

　　滕尼斯所处的时代,传统的"共同体"趋于解体。针对当时的社会形态,滕尼斯提出了"社会"概念。他认为,组成现代市民社会的成员完全不同于共同体时代的由情感、血缘等关系紧密联系的成员,而是一个个断绝了一切自然纽带的、绝对独立的个体。社会中的成员处于"原子状态",孤立的个体只具有特定的社会职能,而不再处于一个情感、价值观念的共同体,成员之间的关系是功能性的交易关系,只具有暂时性。如果说"共同体"成员处于血肉相连的有机状态,而社会中的成员彼此处于无机的"原子状态"。从这个意义上看,社会(society)代表着现代,是一个互不关联的目的功利性群体。"共同体"构成了社区(community),代表着传统,是一个有机的价值情感群体,通过重复历史记忆、固定的生活方式(Zusammenleben)、语言、血缘、传统文化、仪式等实现稳定、永恒不朽的价值观。共同体的本质意志意味着人的自然起点,通向人在成长的过程中的理智与情感的谐和,个体自身与所属的更大的统一体的情感发生联系。这两种不同的社会形态的总体性形塑了每个个体的心理、经济生活、政治秩序等领域,构筑了完全不同的世界图景。其根本差异在于:"在共同体中,尽管有种种分离,仍然保持着结合;在社会里,尽管有种种的结合,仍然保持着分离。"①根据马克思的"我们越往前追溯历史,个人,从而也是进行生产的个人,就越表现为不独

————————

① 斐迪南·滕尼斯:《共同体与社会》,林荣远译,北京:商务印书馆,1999年,第52页。

立,从属于一个较大的整体……产生这种孤立个人的观点的时代,正是具有迄今为止最发达的社会关系(从这种观点来看是一般关系)的时代"①的论述,孙德忠认为,个体的生成正是现代性的标志。"在个体对社会的依赖中,血缘、地缘等直接的、自然的因素逐渐减少,市场交换、竞争合作等间接的、社会历史的因素逐渐增加,是社会转型的实质性内容。直接的自然联系是既定的、现成的,是个人无条件从属的整体;间接的社会联系是生成性、过程性的,是人们在历史活动中创造出来的,它以个体独立性的确立和主体性的强化为前提。"②

　　早在十九世纪初,现代性曙光初现之时,滕尼斯、韦伯等已经敏锐地预见了时代的转型。席勒直觉地以"素朴的诗和感伤的诗"归纳了两种审美关系,发现人的自然感性与目的理性发生了分裂,人与世界的同一性逐渐趋于瓦解。歌德怀念浮士德精神,追求人生完整的教化历程,呼吁礼法和品德的回归,试图以道德理性重新整合社会。黑格尔把历史划分为"现代"与"古典",认为古典时代,社会的总体性体现为传统的神性,决定了人与自然、人的个体性与社会的普遍性、人的个性与其整体和谐融洽,直接、单纯、自由的神性普照与人性舒展完美渗透,灵性飞扬的诗、牧歌、英雄是古典时代的表征,他热烈地赞美古典时代为"诗的时代"。伴随着近代工商业社会的降临,在欲望和工具理性的侵蚀下,普遍的平庸性替代了独立性、个性威胁到人的完整性,"人的世俗气过分完满以致溢出人自身、甚至遮蔽了神性……"神性的社会逐渐下降,日益世俗化。正是在这个意义上,黑格尔把现代社会命名为"市民时代",悲观地预言了艺术的终结。与滕尼斯同一时代的斯宾格勒,在《西方的没落》中深入比较了农业社会与近代市民社会的区别,认为时间、土地和血缘总是与农业时代人的生命状态紧密相关的决定性因素。韦伯认为,现代社会的工具理性最终成就了一个自主的非人格化的领域,导致了意义和自由的丧失,表现出"技术系统的现代性同人的解放的现代性的悖论"③。

　　滕尼斯等为社会学理论奠定了基础。20世纪初面对社会的转型分裂,师夷"社会学"长技的中国学者们以西方社会学方法论分析中国社会运行逻辑,试图探索研究改造中国现实的路径。滕尼斯等学者的方法论对研究中国社会有重大

---

① 《马克思恩格斯全集》第46卷上,北京:人民出版社,1979年,第18页。
② 孙德忠:《现代性的双重路径　科学文化与资本逻辑的现代性关联》,《光明日报》,2015年04月15日14版。
③ 汪民安:《现代性》,桂林:广西师范大学出版社,2005年,第131页。

启迪。鉴于中国社会特殊的"东方亚细亚"共同体形态,我们认为在文化研究领域产生巨大影响的法国历史年鉴学派提出的"长时段、大范围"可能适用于研究中国文化。历史年鉴学派认为人类社会的政治体制和一部分社会制度经常因为革命或暴力干预而发生中断,然而人们的物质和精神生活,即狭义的民间文化生活却一天也没有中断。这种延续性使民间文化相对于官方文化来看,表现为一种更加稳定的连续体,这种连续体一般能够反映社会心理、生活结构、文化结构,有着稳定的感情结构。虽然连续之中也有转型和变化,但延续性是它的基本属性。家庭或家族作为传统文化再生产的重要单位,又具有更大的稳定性。民间文化应该是一个更能打动人心且更能产生普世性价值的领域,这些"更高地悬浮在空中意识形态的领域"(恩格斯语)为我们观察社会变迁提供了比较好的视角。

　　社会学理论引进中国之时,正值中国社会面临"三千年未有之大变局"。知识阶层以强烈的社会紧迫感思考中国问题,挖掘中国文化自身的价值以对抗现代性。梁启超在日本横滨主编《新民丛报》,鼓吹启蒙以使民"新"。1913 年 12 月,周树人在教育部《编纂处月刊》上发表《意见书》,最先提出成立民俗研究会的建议,"当立国民文术研究会,以理各地歌谣、俚谚、传说、童话等;详其意宜,辨其特性,又发挥而光大之,并以辅翼教育。"热衷于西方话语的新文化运动的知识精英们,蔡元培、胡适、刘半农、周作人、茅盾、郑振铎等,在北京的《晨报副镌》、上海的《妇女杂志》上呼吁重视研究民间文学。1920 年 12 月,沈兼士、周作人、钱玄同倡议成立北京大学歌谣研究会。1925 年成立的"中央研究院",设立了专门分支机构搜集研究民间文学,意味着现代民族国家对民间价值的"再发现"。知识分子们站在启蒙的立场,以文化领导者的姿态对民间文学的价值予以认识,意味着主导文化与基础文化的交流。一开始出于挖掘民间文化的意义、树立民族文化自信心的目的,后来随着现代性的日益扩张,主导文化试图实现文化领导权,民间文化在新的语境里以民间的智慧顽强生存,在博弈中互相嵌入,描绘了复杂的现代文化地图。

　　传统中国被费孝通先生表述为"乡土中国","土"指的是土地、社、农业和守土意识,"乡"指的是群、故乡和具体的时空坐落。农民以土地为生,以农为业,安土重迁,儒家文化统治下的农业社会重义轻利,与追逐利润的资本主义构成了天然的敌对关系。而资产阶级革命的目标正是现代性,无论工业化还是城市化,发展进步的基础都是建立在乡村社会的解体、农民阶级的消失上。这条所谓人类文明的必由之路以永不停息的进步宣告了历史的合法性,现代性以宏大叙事浩浩荡荡地成为世界潮流。这个逐渐侵蚀传统乡村的过程事实上是农业文明向现代文明转化的过程，引发了革命、进步与传统、保守的尖锐矛盾。现代性天然地具有进攻性、紧张性，与传统农业社会的内源性、自律性、长久性的自我循环机制形成了剧烈冲突。中国社会的转型引发了知识分子们对现代性的反思。鲁迅等作家虽然以新文学的形式表达了对进步的欢呼向往，却又在其后的乡土文学中不停地回望传统，表现出复杂的心态。钟敬文先生通过对中国社会历史逻辑的深入考察分析，于1930年代提出了"民俗"思想，"民俗，即民间风俗，指一个国家或民族中广大民众所创造、享用和传承的生活文化。"①钟敬文在现代性语境下审视传统文化，认为现代性的目的论虽然构成了一套宏大叙事，然而民族民间意识形态价值观并没有停滞自身的历史创造，现代性的总体叙事不仅仅是单一性的，传统文化、民间文化总是以另外的方式顽强地生存。同一时期梁漱溟等知识分子投身于乡村建设运动，在实践中寻找探索农民在现代性日益扩张的压迫下如何在土地上生存，如何最大程度地保持乡土社会的有机性。所以"乡土"不仅是人生活的物质家园，更是人的精神依存。"民间"概念发展至今，随着研究的深入，已经被约定俗成地界定为"文学和文化意义"上的民间，即在现代语境下，以民间为审美对象时，民间至少包含两层含义：一是指民间文学、民俗形式、仪式制度等可以通过语言文字或物质遗存可观可感的文化形态；二是民间的信仰伦理、认知逻辑、稳态的历史传统等深层次的、无形的心理和精神内容，在政治意识形态、知识分子精英文化、大众通俗文化、民族文化传统等众多文化要素或形态之间，展现了复杂的张力关系。②

改革开放的时代，在现代性和非物质文化遗产的双重背景下，国家层面上对现代性的反思，对传统文化的重视保护，现实实践中"文化搭台经济唱戏"与非物质文化遗产认定传承之间的暗潮汹涌，反映出更加深刻的矛盾。在全球化语境里，民族国家强烈的政治经济诉求与风起云涌的民族主义意识形态互为表里，传统文化和民间文化符号被"挪移"借用，改造为意识形态符号，成为表征中国的文化话语。从这个层面看传统文化就是国家意识形态。在经济理性主义指导下，传统文化内涵可能被抽空，碎片化符号化，以遗产、资源甚至民俗主义的形式表征地方，在实现经济目的的同时也传播了另一种文化话语。民间文化在中国现

---

① 钟敬文主编：《民俗学概论》，上海：上海文艺出版社，1998年，第1页。
② 王光东：《20世纪中国文学与民间文化》，上海：复旦大学出版社，2007年，第1—2页。

代复杂多变的政治经济环境里为了寻找自己的生存空间,通过变换叙述策略以与官方的现代性诉求之间达成某种默契。双方既在各自的利益上表述了自我,又利用对方的资源完成了自我的表述。

正因为中国当代的社会经济文化如此复杂,钟敬文先生在现实文化实践的基础上提出了"民间文化"和"三层文化"的观点。他发展了1930年代的民俗思想,把"民间文化"与"生活文化"概念相呼应,从整个民族文化的高度对民俗学的研究对象做了概括,具有比"民俗"更开阔的包容性。"三层文化"把中国传统文化分成上层文化、下层文化以及中间层三大干流,三者之间存在着既相互排除又相互交融的关系。张法先生对中国古代审美文化进行了深入研究,认为"传统审美形态分为四类:朝廷、士人、民间、市民。中国最广大的是乡村,但民间美学没有形成独立的形态,它为朝廷、士人、市民美学提供基础,同时又依附于这三者,并且通过它们表现出来"①。

这两种观点都把文化视为一个流动的系统。可以说从现代性开启以来,现代国家形成过程中现代性、民族国家意识、民间意识三者之间的边界一直处于流动中,这几种性质不同而又互相关联的话语系统导致原来处于剩余文化地位的民间文化经常变换位置。由于当代文化处于一个多种因素合力作用的"场",民间文化不再具有自律性,传统文化不再处于内生性的自然变迁状态。随着消费社会的到来,民间文化的自我主体性逐渐丧失,面临着价值重构,成为"他者"共享的文化,民间文化的"有用"成分在现代语境中进入了民族、国家、世界层面。学术界终于发现,现代性虽然是一套目的论的宏大叙述话语,但是仍然存在"裂隙",民间的地方性叙事在总体话语中作为边缘化的"他者",并没有因为现代性的压制而自觉消亡,相反地,现代性的强大同质性与民间文化顽强的差异性同时共存,形成了多声部合唱的多元文化体系。

在传统文化逐渐消解、文化日益碎片化的后现代,吉登斯的现代文化建构理论揭示了社区记忆与人的行为选择之间的关系。他认为:"社区记忆"的延续体现为"实践意识"对人们社会行为的支配,所谓实践意识指的是行动者在社会生活的具体情境中无需明言就知道如何进行的那些意识,对于这些意识,行动者不能给出直接的话语表达,而是只做不说。② 可见强大的文化传统在形塑了个体

---

① 张法:《中国美学史》,成都:四川出版集团,四川人民出版社,2006年,第292页。
② 吉登斯:《社会的构成》,李猛、李康译,北京:生活・读书・新知三联书店,1998年,第42页。

的同时也形塑了社会,相对性的文化主体处于建构中。

第二节   现代文化领导机构的建立①

20世纪初,随着老大帝国从东方亚细亚生产方式的农业社会被迫进入了世界性的现代化进程,启蒙话语也展开了现代性建构。文化馆就是启蒙运动的产物,在现代性进程中有着重要作用。作为中国现代文化体制的一部分,它在不同历史时期的定位、作用迥然不同,同时也参与或者反作用于文化建构,有必要对其进行深入分析。

伴随着西学引进中国,中国学人开始被动地接受异域文化。王国维在东西方文化类型宏观比较的高度上,对中国文化的价值观念进行了反思。在《论哲学家与美术家之天职》中,他这样评价传统文化的价值:披我中国之哲学史,凡哲学家无不欲兼为政治家者,斯可异已……岂独哲学家而已,诗人亦然……至诗人之无此抱负者,与夫小说、戏曲、图画、音乐诸家,皆以侏儒、倡优自处,世亦以侏儒、倡优畜之。所谓"诗外尚有事在""一命为文人便无足观",我国人之金科玉律也。呜呼,美术之无独立之价值也久矣!此无怪历代诗人,多托于忠君爱国、劝善惩恶之意,以自解免,而纯粹美术上之著述,往往受世之迫害而无人为之昭雪者也。此亦我国哲学、美术不发达之一原因也。② 王国维比较了中—西、古—今的文化价值来源和意义,认为传统文化依附于政治伦理,现代社会特殊的语境造成了文化的"脱域"现象,使得文化产生了自己的相对独立性和自律性,文化的功利性和非功利性形成了特别的生产场域。这段话预言了文化生产的社会"效益"将是现代社会的重大文化现象。

1912年,中华民国建立,蔡元培先生出任教育总长。以他为代表的启蒙主义者从启蒙立场出发,"民权、民智、民识"成为知识阶层关注的核心,认为隐藏在"民间"的旧观念必须经过改造才能拯救民间,途径是通过教育进行文化改造,重建民间意识形态。他在就职演说中第一次明确提出了社会教育问题,认为社会

---

① 本节内容以《从现代性的建构到后现代的交融——现代文化馆的性质、功能流变分析》为题发表于《内蒙古大学艺术学院学报》2017年第1期。这里有修改。

② 姚淦铭、王燕编:《王国维文集》(第三卷),北京:中国文史出版社,1997年,第6页。

教育分成两种:一曰社会教育含有普通教育之性质者,二曰社会教育含有专门之性质者。基于这个认识,他对教育部进行了改革,把普通教育司、实业教育司合并为普通教育司,保留专门教育司,另外设立社会教育司,专门管理通俗教育和图书博物。这三个司分别对应于基础教育、适应现代社会分工的专业教育、审美教育。他同时设立通俗教育研究会,分为小说、戏曲、讲演三股,对这些历来不上大雅之堂的所谓"通俗艺术"进行研究。他认为:讲演能转移风气,而听者未必皆有兴会。小说之功,仅能收之粗通文义之人。故二者所收效果,均不若戏剧之大。戏剧之有关风化,人所共认。盖剧中所装点之各种人物,其语言动作,无一不适合世人思想之程度。故舞台之描摹,最易感人。且在我国旧剧之白口,均为普通语言,听之者绝无隔膜之弊。未受教育之人,因戏剧而受感触者,恒较敏锐。[①] 他根据自己对欧洲教育长期的深入考察、思考,特别关注了新兴的电影、美术馆、博物院、展览会、科学器械陈列所等艺术形式和公共机构,认为它们都是开发民智、增进道德的重要手段。这些观点与梁启超先生的"新民思想"、鲁迅先生的"拯救国民性"的现代性思想是一致的。蔡元培先生针对中国传统文化不同于西方宗教文化的特点,提出了"以美育代宗教"的思想。他认为审美具有"兴会"的特质,一旦作用于人的情感,寓教于乐,就能够实现人格的提升,净化心灵,从而实现审美之善,也就是"无目的的合目的性",实现提高国民整体素质的目标。

蔡元培先生接受了德国启蒙思想家莱辛《美育书简》的思想,强调审美活动的特质和审美社会功能的实现,却忽略了审美活动非功利性的一面。这一点在中国的现代性过程中一直忽隐忽现地存在着,有其历史必然性和负面作用。同时蔡元培等启蒙主义者们预设了一个目标,教育和审美的目的是功利性的,并且这个功利性具有历史合理性和必然性,却忽视了审美的虚灵性、乌托邦性。这一偏差在后来的中国现代性实践进程中付出了巨大的代价。

1915 年,民国政府在南京设立了江苏省立通俗教育馆,这是现代史上第一个官办群众教育文化机构,标志着社会审美活动的社会化、体制化,目的是"增进民众知识,提高民众娱乐,改善民众生活,促进文化事业之发达",具有鲜明的启蒙色彩。随着各个省立通俗教育馆的建立,1931 年,民国政府在全国范围内展开了"新生活运动",通过办新民阅报所、通俗演讲所、扫盲识字班、通俗图书馆等

---

① 蔡元培:《蔡元培全集》(第二卷),北京:中华书局,1984 年,第 494—495 页。

文化机构向民众传播新文化,推广新生活方式。后来这些机构逐渐制度化,定名为"民众教育馆",成为国家文化教育机构的组成部分。陶行知先生的平民教育活动、梁漱溟先生的乡村建设实践、晏阳初先生的民众教育"四大建设"目标,都出于类似的思维,在思想上关心的是怎样变革乡村。中国共产党在井冈山时期就进行了民间文学收集、整理活动,陕甘宁边区时期提出了"整顿、改造、充实、提高和适当发展"的方针,边区政府于 1940 年 11 月 10 日颁发了《民众教育馆组织规程》,把民众教育馆定位为"开展政策宣传、进行业余文化教育、培训工农兵通讯员、辅导群众文娱活动"等,征用了秧歌、剪纸等民间话语形式,借以表征新意识形态。民间文化建构被"简化",民间立场被替换,以功利性的宣传、灌输取代了理性启蒙,并且日益与主流意识形态合而为一。1955 年,民众教育馆被命名为群众艺术馆,无可置疑地成为"党的事业的一部分"(列宁语),功能是"时事宣传、识字教育、图书借阅"。在后来长期的计划经济时代,这种社会教育和文化启蒙起着非常重要的作用。1980 年代之后,随着市场经济的变革和意识形态的松动,它的功能被调整为"适应和满足社会(群众)日益增长的文化娱乐的需要","娱教于乐"中,"乐"的成分逐渐扩大,"宣传教育"的功能仍然存在,但是"文化"的范围急剧扩张了。文化的内涵、功能正是在这里发生了深刻的变化,对体制化的文化馆也必须予以重新认识、定位。

至此,我们接触到了问题的本质:什么是文化? 文化的功能是什么?

中国古代对文化进行了这样的阐释:"《贲》'亨',柔来而文刚,故'亨'。分,刚上而文柔,故'小利有攸往'。刚柔交错,天文也。文明以止,人文也。观乎天文,以察时变。观乎人文,以化成天下。"[①]"文"出自"文身"这个行为、仪式,是自然的人化和人的文化化。文化是人之所以成为人的标志,是一种主体的精神性行为,具有象征性、符号化的特征。文化的意义在于价值,"文化者,人类心能所开释出来之有价值的共业也。"(梁启超语)文化一旦体现为制度,就具有了形塑人的强大社会功能。

晚近兴起的英国文化唯物主义已经蔚为大观,文化研究也成为显学。代表人物雷蒙德·威廉斯认为,作为英文中最复杂的词汇之一:"文化"这个词的意涵可以不断被扩大,其所指涉的是全面的生活方式,包括文学与艺术,也包括各种机制与日常行为等实践活动;文化不是抽象的概念,它由各个阶级共同参与、创

---

① 高亨:《周易大传今注》,北京:清华大学出版社,2010 年,第 169 页。

造与建构而成,绝非少数精英的专利。① 在现代性进程中,"文化"经历了一个由宗教神圣文化逐渐世俗化、功利化的过程,由于社会的分化,不同国家、不同时期、不同文化、不同社会经济团体的创造构成了"复数的文化"。作为传统文化一部分的"民间文化"对新兴的抽象理性主义和"无人情味"的"物质性"文化具有强烈的批判、抵制作用。"文化"以及由"文化"分解出的"次文化"等"语义簇"的社会学、人类学内涵也在稳定、持续地扩大。② 雷蒙德·威廉斯面对大众文化的兴起,把马克思主义的唯物主义扩大为文化唯物主义,强调文化对社会的建构作用,重新"发现"了传统文化的感性力量,对压制性的工具理性文化有批判作用,不同文化之间构成了复杂的张力关系。雷蒙德·威廉斯的理论对我们分析中国现代文化制度的发展有重要参考意义。

通过对以上观点进行分析比较,我们发现,文化的内涵与文化的功能在不同的时代是截然不同的。在社会形态单一、发展缓慢的古典时代,文化的内涵相对固定,具有价值观认同、增强社会凝聚力的作用。宋濂的"天地之间,万物有条理而不紊乱者,莫不文"与章炳麟的"孔子称尧舜焕乎有文章,盖君臣、朝廷、尊卑、贵贱之序,车舆、衣服、宫室、饮食、嫁娶、丧祭之分,谓之文;八风从律,百度得数,谓之章。文章者,礼乐之殊称也"。虽然相隔了几百年,维护的是同样的儒家人文观念,章炳麟面对"三千年未有之大变局",幻想着以传统的礼乐观念抵抗现代性的入侵。殊不知,"流动的现代性"(鲍曼)造成了社会各个阶层的快速变化,大一统的文化分裂成了"复数的文化",不同领域、层次的文化之间形成了复杂的领导、被领导的关系。由于现代性分化的特点,每个文化领域都有充分的自洽性,文化分化成了不同的领域和不同的层次(次文化,亚文化),文化不再像古代社会那样,作为强大的力量发挥同一的建构作用了。面对复杂的文化层次,雷蒙德·威廉斯提出了三种文化的理论,把文化划分为主导文化、剩余文化、新兴文化,它们之间存在着复杂的关系,构成了各种合力的"场",争夺文化领导权。

从延安时代起,以《在延安文艺座谈会上的讲话》精神为指导,群众教育馆(文化馆)就成为主导文化传播的大渠道,并且成功地改造、同化了其他文化,如民间文化、市民文化、民俗文化。民间文化形式之一的年画被改造成了新年画,

---

① 雷蒙德·威廉斯:《关键词——文化与社会的词汇》,刘建基译,北京:生活·读书·新知三联书店,2005年,译者导读,第2页。
② 详见雷蒙德·威廉斯:《关键词——文化与社会的词汇》,刘建基译,北京:生活·读书·新知三联书店,2005年,Culture(文化)词条,第101—109页。

市民文化形式之一的美人月份牌也被改造成了新年画,民俗文化形式之一的庙
会被改造成了物资交流会,基本上去除了祭祀、敬畏等功能,成为主导文化的组
成部分。由于中国亚细亚生产方式的特殊性,作为文化表现形式之一的意识形
态一直发挥着重要的治理功能。在中国现代性转型的过程中,中国共产党人作
为受压迫和边缘化群体的代言人,把马克思主义美学向人类学和社会学方面进
行阐释,有意"忽略"了审美的非功利性意义,现代性压倒了审美现代性。所以,
"在以农耕自然经济为主体的社会结构向现代化发展的过程,现代化的诉求既是
作为改造半殖民地半封建社会的强大力量,又是作为对现代性和资本主义制度
和资产阶级文化的抵抗和批判力量被引进和介绍到中国来。在政治上,马克思
主义与中国革命实践相结合,在实践中走出了一条中国模式的社会主义革命和
建设的道路。在美学上,由于马克思主义美学的特殊性,也由于马克思主义美学
与社会革命的复杂关系,特别是由于中国文化问题的复杂矛盾性,马克思主义美
学的中国化进程呈现出更多的矛盾和困难。上层建筑与经济基础的关系在中国
社会的现代化过程中呈现出多层次叠合性的复杂现象。因此,中国的马克思主
义美学一方面呈现出种种'早熟的'征象,跨越了'审美的'和'形式的'自律性美
学阶段,从一开始就强调表征和阐释人民大众审美经验的'文化经验',毛泽东的
《在延安文艺座谈会上的讲话》是这种特征的明显标志;另一方面,中国马克思主
义美学在理论的系统化和学理化阐释方面,又表现出某种不成熟,近年来关于
'审美意识形态'的论争就是这种现象的一种表现。"①从延安时期制订的"二为"
方向到1956年的"双百"方针,都是这种抵抗、批判、改造意志的体现。新中国成
立后,随着各级文化馆的建立,从省(市)文化馆,到市、县文化馆,乡镇文化站、街
道社区文化中心,村、居委会文化室等,织成了一张密密的传播主导文化的网络。
根据文化部的统计资料,截止到1996年,全国城乡有2841个县级文化馆,38181
个乡镇级文化站,全国的文化馆有14万员工。在政府主导下,这个多层次的文
化领导、传播体系,依托行政体制架构,传播主流价值观念,发展社会文化。

　　1992年,整个社会开始向市场经济转型。文化部适应形势,修订了《群众艺
术馆、文化馆管理办法》,把文化馆的性质调整为"国家设立的全民所有制文化事
业机构。是开展社会教育、普及科学文化知识、组织辅导群众文化艺术(娱乐)活
动的综合性文化事业单位和活动场所"。文化馆的社会功能调整为"更贴近基层

---

① 王杰:《中国马克思主义美学的基本问题与理论模式》,《文艺研究》,2008年第1期,第19页。

人民群众多样化的文化需求,更突出地承载着社会主义核心价值体系建设要求,更充分地体现出党和政府的价值追求,是建设和传播主流意识形态的重要渠道,是增进基层群众的文化认同、政治认同、国家认同和民族认同的重要抓手,是维护和实现人民群众基本文化权益、满足人民群众基本文化需求、加强我国社会主义基层文化建设和推行社会教化的主渠道"。中国特有的群众文化的美学内涵与马克思主义美学具有同一性和审美精神同构性。正是基于这些功能,我们发现,无论是 1980 年代的《中国谚语集成》《中国歌谣集成》《中国民间舞蹈集成》等十部中国民族民间文艺集成志书的普查、编纂和研究,还是 2003 年中国民族民间文化保护工程的正式启动,以及 2005 年国务院办公厅《关于加强非物质文化遗产保护的意见》颁发以来非物质文化遗产保护工作的全面开展和 21 世纪以来在"文化搭台,经济唱戏"思路主导下出现的大规模兴办地方文化节庆行为,文化馆作为文化活动领导主体和常设机构,无一不体现着国家的在场。这种政府领导下的文化部门行为,体现了主流意识形态意志。它们被纳入了现代性民族国家的体制格局,虽然具有历史的合理性和必然性,但是由于它们本身没有"裂隙",也就失去了创造的活力。

2004 年 8 月颁布的《文化馆管理办法》,具体规定了文化馆指导参与地方文化建设的主要工作:

(一)举办各类展览、讲座、培训等,普及科学文化知识,开展社会教育,提高群众文化素质,促进当地精神文明建设。

(二)组织开展丰富多彩的、群众喜闻乐见的文化活动;开展流动文化服务;指导群众业余文艺团队建设,辅导和培训群众文艺骨干。

(三)组织并指导群众文艺创作,开展群众文化工作理论研究。

(四)收集、整理、研究非物质文化遗产,开展非物质文化遗产的普查、展示、宣传活动,指导传承人开展传习活动。

(五)建成全国文化信息资源共享工程基层服务点,开展数字文化信息服务。

(六)指导下一级文化馆(文化站、社区文化中心)工作,为下一级文化馆(文化站、社区文化中心)培训人员,并向下一级文化馆(文化站、社区文化中心)配送文化资源和文化服务。

(七)指导本地区老年文化、老年教育、少儿文化工作。

(八)开展对外民间文化交流。

核心任务是传播主流意识形态,建设群众文艺,保护传统文化,从历史(非物质文化遗产)到当下,从老年到少儿,建构覆盖全社会的文化传播之网。

相比较而言,西方的现代性历程完全不同于中国,经历了神权宗教社会逐渐世俗化、社会文化逐渐分层,形成了越来越大的开放空间的过程。从 18 世纪开始,在欧洲,报纸和小说作为新话语形式建构了民族国家想象共同体。随着媒体的兴起,期刊、广播、电视推出了丰富多样的大众文化形式,也造就了日益广大的民主自治空间。关于这个问题,已经有大量的研究,如伊恩·瓦特的《小说的兴起》,托尼·班尼特的《文化　历史　习性》,雷蒙德·威廉斯的《漫长的革命》,等等。这些"复数的文化"造成了雷蒙德·威廉斯指出的文化内涵的扩大,文化功能的变迁,必须不断地重新定义文化。

然而,中国的情况更为复杂。1980 年代初,通俗文化刚刚进入大陆,北京崇文区文化馆率先组织了北京市青少年霹雳舞大赛,还有北京朝阳区文化馆、天津和平区文化宫等,也组织了类似的活动。当时从美国传入的迪斯科、霹雳舞等属于青少年反抗既有社会体制的亚文化,这种边缘文化很明显地对立于主流文化。虽然在中国当时的语境里,它们仅仅具有娱乐、释放、狂欢性,但是却传出了社会开放、文化转型的气息。与此同时,文化馆纷纷开办歌舞厅、录像厅。样板戏剧团或者文工团刚刚转型不久,才恢复了表演古装戏,这时迅速调整以适应市场,模仿表演港台流行歌舞。这些都冲击了固有的意识形态堤坝,引发了政府的文化管制。邓丽君的靡靡之音与改革开放的激越抒情合成了二重奏,说明经济体制改革引发了相应的文化变革。文化馆面对新的文化生态,已经悄悄地突破了它原来的定位,开始开拓新的文化空间,虽然还完全处于体制的监控下,这个过程还很漫长。十一届三中全会以后,作为建设社会主义精神文明的主阵地和社区精神文明建设的标志,文化馆的建设被列入各级政府的议事日程,各级政府加大投资进行文化基础设施建设。同时对文化馆的社会功能进行了重新定位,把各项专业艺术技能都视作"资源",服务于整个社会。虽然这些认识仍旧是基于工具理性的功能性认识,但是无论如何意识形态的大一统性开始松弛。

市场经济大潮下,按照工具理性的价值论思维,文化仅仅是媒介,"文化搭台,经济唱戏"在中国对现代性追求的语境里具有相当的必然性与合理性。撇开这个观念的合理内涵,作为文化审美柔性的一面终于强劲地显示出来。1980 年代,知识界要打破艺术是政治的传声筒的僵硬格局,首先"发现"了民间,然而民众作为民间的主体却并不呼应,民俗似乎只是精英文化群体想象的产物。新世纪以来,当民俗产业化与国家经济体制高度认同时,民俗就表现为"盛世歌舞"式的主导文化。当非物质文化遗产保护作为国家政府行为进行落实时,民俗作为文化资源,更作为经济资源表现为"地方认同",与国家认同剥离开来。文化馆虽然自身处于体制内部,面对这个复杂的现实却表现出了相当的灵活性和务实性。"社区认同""社会生活共同体"对应了非公有制经济的兴起和"公共安全体系"的建立,可见经济基础的变革相应的导致了文化形态的变革。文化馆社会服务功能的确立标志着社区文化体系取代了大一统、体制化的文化体系。

对照这一时期的政策调整,我们发现,从 2002 年国务院转发文化部、国家计委、财政部《关于进一步加强基层文化建设的指导意见》起,指出基层文化建设要坚持以政府为主导,鼓励社会力量参与基层文化建设,各级政府要认真解决基层文化设施场所、设备、经费等方面的问题,意味着领导层认识到了基层文化建设的社会历史地位和群众文化活动的意义。2008 年的十六届四中全会,把文化馆列入公益性事业单位,国家给予经费保证。2009 年的十六届五中全会和中共中央、国务院《关于深化文化体制改革的若干意见》,提出了"构建公共文化服务体系"的改革目标。2010 年的十七届五中全会强调政府管理转向社会管理,2011 年的十七届六中全会指出:文化越来越成为民族凝聚力和创造力的重要源泉、越来越成为综合国力竞争的重要因素、越来越成为经济社会发展的重要支撑,丰富精神文化生活越来越成为我国人民的热切愿望。这条清晰的线索显示,社会由政府主导型向社会主导型转化,"经济中心论"向"文化大发展大繁荣"转化,文化首次提升到政治、经济、社会发展的战略高度,成为与综合国力对应的"软实力",可见整个社会由对现代性的迫切追求转到了对文化的追求。对应着联合国教科文组织 1998 年在《文化政策促进发展行动计划》中提出的:"发展最终应以文化概念来定义,文化的繁荣是发展的最高目标"。这个认识可谓是来得太迟了。

然而在中国特殊的现代性语境里,问题从来不那么简单。由于"上层建筑与经济基础的关系在中国社会的现代化过程中呈现出多层次叠合性的复杂现象",文化的非功利性在社会功能面前是经常被忽略的。当中央进行事业单位改革,就公益性事业单位的保留取舍征求意见,让各部委用十六个字概括拟保留的公益事业单位的独特功能,如果不能体现其不可替代性,就一律不予保留。文化部对文化馆的定性是:"开展群众文化活动,实行社会审美教育",延续了启蒙功能。这十六字的表述得到了中央的认可,虽然仍旧是从"组织"和"教育"这些硬指标方面考虑的。随着市场经济的进一步发展,社会转型,贫富分化加剧,文化的意识形态治理功能又被突出地强调起来。前文化部长孙家正在《和谐社会构建中的文化责任》中把文化馆的社会功能提高到实现强、弱势群体文化利益均衡的历史责任的高度,强调要发挥群众文化"对人们思想的引领和启迪作用、对人们精神的抚慰和激励作用、对社会矛盾的疏导和缓解作用,对全民族的亲和与凝聚作用"。这些功能事实上在大众文化和主旋律文化中表现得特别突出,尤其是小品、电影、电视剧、流行音乐的编码、话语组织方面,都被整合在"群众文化"这个体系内,从情感层次体现了对弱势群体的关怀。

高层和基层同时在进行文化转型的探索。2005 年 5 月 27 日,《人民日报》发表了陈原先生的《从群众文化走向公共文化》,介绍了北京朝阳区文化馆的改革实践经验,加载了《文化馆也要与时俱进》的编者按。文中提出了"以公共文化取代群众文化"的观点,从新的历史维度对中国社会文化的发展现状进行了分析。文章认为主导文化不再是意识形态大一统框架下的群众文化,文化应当具有全社会相对的通约性、交流性、公共性、多元性,处于现实生成中的文化是具有自由创造活力的,不应该是僵死的、制度化的。这篇文章引发了巨大争议,反对的声音中很多竟然来自文化馆内部。从体制的角度,他们认为文化馆组织的群众文化是 1949 年以来国家文化工作的财富、积累、体制和框架,是意识形态得以统一的保证和制度。这种思维承袭的仍旧是宣传的思路。

我们需要再次回到"文化"这个词的本源,它指涉的是全面的生活方式,包括文学与艺术,也包括各种机制与日常行为等实践活动;文化不是抽象的概念,它由各个阶级共同参与、创造与建构而成,绝非少数精英的专利。英国人类学家爱德华·泰勒在 21 世纪的语境里对文化作了全新的定义:"文化,就其在民族志中的广义而言,是一个复合的整体,它包含知识、信仰、艺术、道德、法律、习俗和个人作为社会成员所必需的其他能力及习惯。"泰勒把文化看成一个集合体,是一种创造价值的活动,体现为人类创造的一整套规范的结构和功能的统一,包含各种价值观。在开放的意义上文化就是现实意义的生成和编码,不应当狭义地理解为主流意识形态。文化馆是计划经济和国家文化体制的产物,体制内有十四万员工。今天城乡的二元对立已经打破,技术复制时代,互联网虚拟空间导致文化快速传播流动,文化发展日益多元化,文化的边界趋向于缩小,新兴的社区取代了原来的城市、乡村。社区不仅仅是一个生活物理空间,更是一个文化交往的空间和场所,是一个民主的空间,市民的空间。多元文化在这里交融,新兴文化显示出强劲的生命力,代替了原来的民俗文化、民间文化、主流文化。如各种山寨晚会、涂鸦艺术、草台班子、网络新艺术形式、都市新民俗、新生活方式无一不是社区自发的文化,虽然参差不齐,藏污纳垢,却显示了迫切的文化需求和强烈的创造力。这才是基层文化的生态,文化应当反映这样鲜活的人生。长期以来为了实现文化领导权而进行的全面普及文化运动事实上是从启蒙的视角同化、重构了民间文化,创造了诸如农民画、新民歌、新秧歌这样的新民间艺术,这些仍然是文化馆今后长时期的任务。文化馆是具有鲜明的中国特色的文化体制,体制化适应大一统的意识形态结构,具有创造文化、整合社会的功能。今天文化馆作为政府全额投入的公益性事业单位,已经认识到了公共文化的重要性,僵硬的体制是不能适应市场和新文化空间的,应当以"混合体制"的形式二元化发展。既完成宣传和建构任务,又面向基层,为社区文化提供平台,适当引导和服务,关注新的文化现象,如洋节中国化问题、流动群体娱乐方式、民俗断裂、继承问题,才能面对真实的人生百态,激活文化的生命力,为多元文化发展提供真正的支撑作用,体现文化的关爱和整合力量。

今天的各个文化领域,无论官方的,边缘的,亚文化的,剩余文化的(习俗、年节等),大众文化的,新兴文化的,共同构成了一个合力的"场",充满了张力。任何文化形态都是一个自洽的"场",同时又处于多元文化激荡中,呈现出多层次叠合性的复杂现象。"在后现代语境中,不同文化类型之间的堡垒正在消除,一是美学领域已开始向理论思辨领域、道德实践领域扩张;二是文化不再刻意与社会相分离;三是'文化经济'的出现意味着文化与生产、消费以及商业性运行机制之间分化的消除;四是在文化符号中能指与所指之间分化的消除,例如在广告中,所指浮上了能指,指涉物浮上了意象。"①

文化对时代的深刻影响,最终的意义就在于对生活世界的价值建构。在今天这个日益碎片化、多元化的时代,任何文化都不能构成大一统的文化,新兴的文化一定是具有相当的活力和合理性,也一定是具有多元性的。既然文化的大繁荣大发展已经成为国策,文化在今天构建软实力的要求比哪个时代都迫切,我们更有必要检视自己的文化观,调整文化体制,才能真正激发文化的生命力。正如斯图尔特·霍尔(Stuart Hall)所言:"国家永远致力于使整个社会(包括市民社会)关系的集合遵从于或者服从于社会发展的必然需求。它形成了调和文化

---

① S.拉什著,高飞乐译:《后现代主义:一种社会学的阐释》,《国外社会科学文摘》2000年第1期,第32—33页。

机构和阶级关系的主要力量之一,将它们纳入特定的格局并总合进一种特别的支配战略中去。"①国家层面上文化政策的调整,意味着这个特定格局的形成和各方面利益的最大化,这也符合和谐社会的发展理念。"开展群众文化活动,实行社会审美教育"是审美现代性的真正实现。

文化馆作为文化领导机构和行政部门在完成文化工程的同时试图实现文化领导权,描绘中国当代文化地图。然而,由于马克思主义中国化的复杂性,中国当代社会复杂多变的政治语境和经济环境、官方民间不断游移的边界,使得文化领导权的实现与民间智慧的博弈一直贯穿了当代文化发展的各个阶段,在庙会、戏剧、农民画、文化产业、城市空间改造诸方面都有不同程度的体现,构成了当代文化的多声道协奏。各种力量的介入,使得当代文化面目斑驳复杂,可以说从来没有一个时代像现在这样在大一统的文化下面暗流汹涌。

前文我们已经分析了淮安的城市空间变迁。空间是现代性的表征,空间变迁引发人与世界之间关系的变迁,继而引发感觉、认识的变迁,在审美、价值观、自我认同方面发生变更。这些都可以归纳为文化的变化。下面各章节将针对苏北各种类型的文化文本予以分析,以寻找当代文化的发展路径,归纳其中的发展逻辑。

---

① 陶东风主编:《文化研究精粹读本》,北京:中国人民大学出版社,2006 年,第 261 页。

第四章　传统庙会的民俗功能在现代空间中的嵌入流变研究

风俗之端,始于至微,搏之而无物,察之而无形,听之而无声;然一二人倡之,千百人和之,人与人相接,人与人相续,又踵而行之,及其既成,虽其极陋甚弊者,举国之人,习以为常;上智所不能察,大力所不能挽,严刑峻法所不能变。夫事有是,有非,有美,有恶;旁观者,或一览而知之,而彼国称之为礼,沿之为俗,乃至举国之人,辗转沈锢于其中,而莫能少越,则习之圈人也大矣!

——黄遵宪

从主观上讲,它们表达了作者的文人情思;从客观上讲,它们又传达了在社会历史急剧变动的时期,人们对安定的民俗生活的回忆和眷恋,以及通过叙述民俗社会所抒发的对理想社会模式的想象。因此,中国的民俗学,从来都是中国人用自己的眼睛、心灵、情感、人生经历和学理知识来创造的学问,是中国人自己在描述自己的民俗志。

——钟敬文

民众创造、传承的文化没有全部被纳入到既有的文人视野之中,而所有的文人文化也不一定都要经过生活层面的过滤。很多精英的思想老百姓并不了解,反之,老百姓的思想也不一定被精英们了解,它们之间毕竟有着一定的隔膜,所以文化分层理论才是有意义的……但是我认为所有文化只要成为传统,它就或多或少地在生活层面有所表现。

——刘铁梁

第一节　传统庙会与现代庙会

庙会是中国特有的民俗文化事象,具有悠久的历史。近代西方民俗学引进中国之后,学者们从不同向度对庙会这一复杂的民俗事象进行了研究。1920 年代,顾颉刚先生率先带领北京大学师生调查了京西妙峰山朝山进香的风俗,旨在"到民间去",发掘民众信仰的正向价值,以树立民族自信心。1949 年后,由于主流意识形态对西方现代性的全盘接受,庙会活动作为封建迷信行为被打压,在很长一段时间里销声匿迹,直到改革开放后才逐渐恢复。

1979 年版的《辞海》,"庙会"释文如下:

> 亦称"庙市"。中国的市集形式之一。唐代已经存在。在寺庙节日或规定日期举行,一般设在寺庙内或其附近,故称庙会。《北平风俗类征·市肆》引《妙香室丛话》:"京师隆福寺,每月九日,百货云集,谓之庙会。"这一历史上遗留下来的市集形式,解放后在有些地区仍被利用,对交流城乡物资,满足人民需要有一定的作用。

这个释文对庙会的历史、功能方面做了整理。因为特殊的历史语境,当时庙会作为真实的民俗活动还没有得到恢复,所以留有很多空白等待阐释。

一般认为,庙会由古代的宗庙制度演化而来,最早源自古代的"社祭"活动。《说文解字》释"社":"地主也,从示、土。"《说文》释"示":"神事也。凡示之属皆从示。神至切,古文示。"《说文》释"土":"地之吐生物者也。"《荀子·礼论》:"故社,祭社也。注:社,土神。"《国语·鲁语》(上):"故祀以为社。注:社,后土之神也。"《周礼》云:"二十五家为社。"可见"社"从一开始就表征了一种地缘方面的关联。社的标志最初是上面涂着血的一束茅草,意指通过流血占有了这片土地,与土地上的一切共在。在漫长的历史进程中,这束涂着血的茅草血腥味慢慢褪去,演化为土地上生长的社树,喻指一个有机的、时间性的存在。无论茅草还是社树,作为象征符号,都指向土地的占有与围绕庙宇所形成的乡村聚落的存在。马歇尔·萨林斯认为,文化符号的建构原则基于"利用自然所获得的满足以及人们之间的利益关系,都是通过象征符号系统建构起来的,象征符号系统具有它们自己的逻辑或内在的结构。对于人类而言,并不存在未经过文化建构的纯粹的自然本质、纯粹的需要、纯粹的利益或纯粹的物质力量。这并不是说没有生态学或生物学上的制约,而是说文化表达了人类对自然的所有认知"①。会,聚也。通过周期性重复的隆重祭祀活动进而形成集体记忆,以达到社区认同,形成地缘共同体。祭祀是庙会的本质属性,终极目的是导向信仰。庙会是以社区庙宇这个特定的神圣空间为中心,在特定的时间里以约定俗成的神物、话语、参与者组织的、以祭祀为核心的行为。唐朝以后,随着城市空间的扩展,市民数量越来越多,市民文化逐渐兴起,娱乐和商业活动也融入了庙会活动中,庙会活动内容越来越丰富,经过漫长时间的积淀,形成了地方特有的民俗事象,属于地方文化小传统,构成了地方文化记忆。庙会民俗活动形成了神圣与世俗、祭祀与祈福、欲望与狂欢等多声部重奏的、中国特有的、生活世界与神祇世界别具特色的交流与融合,是具有生产意义的表意实践,体现了文化的"能动性"(agency),具有审美人类学意义。

庙会的构成要素主要包括神灵传说、庙宇建筑、庙首、神媒、信众、香烛、纸炮、请神送神、烧香念佛、磕头跪拜、许愿还愿、抽签算卦、鼓声、香烟、庙戏、庙市等。信众以祭祀神灵为核心,在直觉与心灵完形形式引导下按照惯例和规则组织有意义的行为,最终走向"无"的境界。按照神学家巴尔塔萨的理论,形而上的神(上帝)是不可遇的,只能具体化为现实中的人在与对象的互动中与神的相遇,相遇的核心是人与神之光相遇。无论是人在对象上遇到了神之光还是神之光进入了人之心灵,客体都以此具有了"神"的意义,变成了神学意义上的形象。② 人在神光的照耀下处于"无我""自失"的陶醉状态,"身现凡夫事,内照自分明"。无论是庄子的"块然独立以其形立,纷而封哉,一以是终",还是以"我们精神的双目","通过观照清楚地"认识客体,客体即"神"以"神圣的形象奥秘""成为肉身之道",人在这种明显不同于日常生活的宗教活动中都进入了迷狂、幻觉、梦境状态。这就是庙会祭祀活动的终极目的和意义所在。

传统农业社会中的庙会民俗活动按照"年"的频率循环轮回进行,这种特有的社区集体行为,无论对生活在其中的群体还是个体都产生着巨大的形塑作用,

① 马歇尔·萨林斯:《甜蜜的悲哀》,王铭铭、胡宗泽译,北京:生活·读书·新知三联书店,1997 年,第 64 页。
② 张法:《美学导论》(第三版),北京:中国人民大学出版社,2011 年,第 67—69 页。

具有社群建构功能。法国社会学家莫里斯·哈布瓦赫认为,记忆不仅是一种个体心理行为,更是一种社会行为。个体只有通过社会化才能形成个体记忆,社会化过程积淀为"集体记忆"。哈布瓦赫认为,集体记忆是某一群体特有的行为或事件,反映了对集体同一性的认知,通过不断叙述进而重建历史意象。不同的时代,集体会自觉调整意象,以与变化的社会主导思想达成一致。通过重新建构叙述话语和展开叙述行为,重建新的记忆,"有意"遗忘或者覆盖另一些记忆,以此延续巩固群体凝聚力。所以社区的历史就是共同体对特定历史情境作出的选择性记忆与叙述的结果,因此记忆和叙述文本处于不断地建构和重构中。德国学者阿达莱·阿斯曼在文化史研究的基础上进一步发展了哈布瓦赫的观点,提出了"文化记忆"(shared memories)概念。他从文化体系中抽象出一个"凝聚性结构",即历史事件积淀而成的文化意象。通过经常性的叙述得以"激活",其隐喻的意义与当下发生了关联,过去被予以传统化并得以保留到现在。凝聚性结构意象包括创世神话和真实历史事件,形成一套特定的符号系统,隐喻着传统价值体系和行为准则,使集体成员产生归属感,进而认同所在集体的身份。从存在论意义上讲,即从曾经的事件(to be something)中抽象出永恒的存在性意义(being),每年举行的仪式正是为了确定这个永恒的意义。庙会的文化空间对民俗文化传承起着重要作用,而节日和仪式构成了文化记忆的主要重现、传承形式。庙会祭祀活动一般都是神诞日,固定下来形成了公共节日。社区通过神圣祭祀仪式的一系列活动,对地方社会秩序进行建构,文化记忆作为总体性决定了社会结构和价值观,通过全员参与的大规模文化交流实践,规训了每一个集体成员。

正因为庙会的意义层次如此丰富,我们才发现,围绕着庙会的百姓生活世界,是一个人神共在的、活泼泼的、永恒的精神世界。中国古代典籍一般用"风俗"一词指称这个世界。东汉应劭的《风俗通义》云:"风者,天气有寒煖,地形有险易,水泉有美恶,草木有刚柔也。俗者,含血之类,像之而生,故言语歌讴异声,鼓舞动作殊形,或直或邪,或善或淫也。"把"风"理解为拟人化、整体性的自然环境,"俗"理解为此环境中生人对自然的情感反应,同样是整体性的,构成了相互对应关系。所谓的风土人情,一方水土养一方人,风作为物质基础决定了俗,俗即社会生活方式,地方民众的总体性生活世界,像植物适应环境那样自然而然。有学者认为,俗即"俗人所欲",是由情感、欲望与信仰主导的活动。中国哲人一直把性、心、情、志、意看作一个整体,而不是像西人那样对知、情、意作几何式的机械划分，彼此永远分裂。"含血""像之而生"，像那棵生机勃勃的社树一样生动地体现了衍生于"风"中的"俗"的有机性、一体性，也体现了"立象以尽意"的中国式感性、直觉思维。"天时地利"都属于"风"，"人和"正是"俗"追求的结果，更是人活动的产物。"风"与"气""道"一样在中国文化中都是很大的范畴，它们既是本源性的元概念，又具有极其复杂的多重意义和功能。《礼记·王制》："陈诗以观民风。"《荀子·王制》："论礼乐，正身行，广教化，美风俗，兼覆而调一之，辟公之事也。"风以化成天下、气化宇宙、道行天下，这些在在皆是的中国文化的建构功能，隐形地体现为柔性的化导、浸润、流布、风行，体现了实现儒家"美政"理想的有效途径。美好的政治制度漫漶于民众的生活世界，如风如水，没有对立和强制，实践理性与道德理性融为一体，在日常生活实践中自然而然实现了"道"。继承了王阳明心学理论的泰州学派就提倡通过形而下的"百姓日用"而通达大道。从这个意义上看，知识阶层的"践履""禅宗""悟道"与百姓的生活世界事实上没有什么价值观念的区隔。如"气之动物，物之感人"，天、地、神灵、动植物的情感都体现着"民风"和"天人感应"，也对应着时代的变迁。这是一个美好和谐的世界。这种社会生活自然地实现了国家制度、政治理想与日常生活的一体性，不同于西方社会学所设定的"国家与社会"二元框架，而是从生活实践与现实逻辑中去理解人类社会结构。由此可见民俗是古典社会重要的社会治理资源，作为一种补遗式的正式制度影响着政治。与 S. 拉什的"在未开化社会，文化和社会尚未分化，宗教及其仪式的的确确是社会的重要组成部分，神圣是内在于世俗之中的"①的观点不谋而合。张士闪认为，"在传统中国的复杂社会系统中，礼俗互动奠定了国家政治设计与整体社会运行的基础，并在五四以来的现代民族国家建构中有所延续。"②中国文化中的"文"首先是自然之文，取"鸟兽之文与地之宜"，人创造的文化，目的是"以通神明之德，以类万物之情"，同时也具有了存在论意义。南宋楼钥认为，风俗的重大价值就在于"国家之气，全在风俗；风俗之本，实系纪纲"③。清朝黄中坚认为，"天下之事，有视之若无关于重轻，而实为安危存亡所寄者，风俗是也。"④风俗的文化整合意义决定了其具有意识形态功能，在现

① S. 拉什著，高飞乐译：《后现代主义：一种社会学的阐释》，《国外社会科学文摘》2000 年第 1 期，第 32—33 页。
② 张士闪：《礼俗互动与中国社会研究》，《民俗研究》2016 年第 6 期。
③ 楼钥：《攻媿集·论风俗纪纲》，上海：商务印书馆，1935 年，第 360 页。
④ 黄中坚：《蓄斋集·卷五》，《四库未收书辑刊捌辑·贰拾柒册》，北京：北京出版社，2000 年，第 151 页。

代民族国家时代仍然起着重要作用。

总起来看,农业时代的风俗反映了社区成员生活的地理环境、社会生产、社会关系与行动心理,构成了他们的总体性生活世界,形成了地方性知识综合体系。庙会是其中重要的组成部分。正是在这个意义上,陈勤建把庙会归纳为:庙会是民众日常生活世界中活态的、间发的、周期性的民俗事象,是在特定地域,尤其是在可让渡、转换的家与庙等共享空间中生发、传承,由特定人群组织,以敬拜神灵为核心,私密性与开放性兼具,有着节庆色彩的群体性活动和心灵图景,是底层信众在家庙相互让渡的空间践行的人神一体的宗教——乡土宗教——的集中呈现,是日常生活的延续,而非断裂。岳永逸把庙会功能归纳为:"乡村庙会与人们的精神生活、社会组织、经济交往、道德教育、审美娱乐、农耕生产等密切相关。""庙会是关系到人生仪礼、家庭伦理、历史记忆、群体认同、交往技艺和审美认知的精神性存在。"[1]庙会就是这种传统的兼实体性精神性于一体的公共文化,把日常娱乐、节日剧场化表演和各种民间仪式融为一体,具有强化社区认同、形成公共舆论与公共道德规范等重要社会治理功能。

当农业社会向现代社会转型,先是改革出台家庭联产承包责任制,后来市场经济兴起,农民进城务工。随着生活空间和生活节奏的改变,导致农民经济上的合作越来越少,各种民俗事务也可能以经济支付的方式去解决。农村社会裂变为相互疏离的原子状态,私人空间与公共空间逐渐断裂,共同体认同日趋衰弱,传统公共性道德规范倾向于解体。主流意识形态在不同历史时期出于不同的目的,对民间生活世界和价值系统予以了不同程度的割裂,如破四旧、集体主义、唯物主义信仰等,导致传统信仰和伦理道德缺失。经济社会里农村价值观念过度世俗化理性化,与官方在非物质文化遗产思维下重新"恢复"传统民俗文化的需求下,民俗的保留、发展呈现出复杂的路径和逻辑,甚至发生了互相嵌入的状况。有必要从学理上予以阐释清厘。

---

[1] 陈勤建:《当代语境下庙会文化空间整体保护及重构——以上海龙华庙会及宁波梁祝庙会等为研究对象》,《西北民族研究》,2016 年第 3 期。

第二节 皂河安澜龙王庙会考察[①]

皂河镇坐落于江苏省宿迁市宿城区湖滨新城,北临骆马湖,南濒古黄河,是一座具有近四百年历史的水乡文化古镇。全镇总面积二百五十多平方公里,其中水域面积就占了90%以上,是名副其实的水镇。皂河发源于山东郯城的墨河,向南汇入京杭大运河,因水底沉积物作用,土色发黑,故名皂河。明孝帝弘治八年(1495年),黄河于今天河南省兰封县铜瓦乡决口,滚滚黄水于皂河镇汇入运河,从此皂河地方水患不断。为祈求神灵护佑,当地百姓在皂河镇南首建了一座"大王老爷庙",把正月初九这个"阳"到极致的日子定为祭日,希望以此来压住水的极"阴",祈求风调雨顺皂河安澜。康熙十九年(1680年),河道总督靳辅在旧皂河开建码头,皂河镇从此成为宿迁西北部经济贸易中心和水陆交通枢纽。

清朝初期,康熙六次南巡经皂河镇,发现水患依然严重。为了保地方安澜,造福百姓,康熙帝宣旨,在皂河镇南首敕建安澜龙王庙,遂逐渐取代了民间原来的"大王老爷庙"。后来历经了康熙、雍正、乾隆年间数次扩建,扩大到相当规模。乾隆年间,乾隆南巡途经皂河镇,曾经五次把龙王庙作为行宫,并且亲自祭祀,焚香敬佛,祭拜龙王。以此告诫百姓,只有诚心祭祀龙王,敬奉先帝,才能保佑地方安居乐业,永远平安。由于这种特别的官方背景,祭祀活动的民间色彩和官方色彩逐渐合一,影响力日益扩大。因为皂河镇地处经济贸易中心和水陆交通枢纽位置,祭祀活动又逐渐加入了商品贸易和各地民俗娱乐活动,内容逐渐丰富,规模也越来越大,最终形成了以祭祀龙王和颂圣为核心的庙会。庙会日期正在正月,又兼具了节庆狂欢的性质。按照张法对中国古代文化类型的划分,传统文化形态分为四类:朝廷、士人、民间、市民。中国最广大的是乡村,但民间美学没有形成独立的形态,它为朝廷、士人、市民美学提供基础,同时又依附于这三者,并且通过它们表现出来。[②] 民间文化作为母体,与处于高位的朝廷文化、士人文化有着共同的价值观内核,所以它们不但不矛盾,恰恰是相互补充、循环进而形成

[①] 本节内容以《庙会功能的演变与传统文化现代性转变的关系研究——以江苏省三个城市为例》为题发表于《内蒙古大学艺术学院学报》2016年第1期。这里有修改。

[②] 张法:《中国美学史》,成都:四川出版集团,四川人民出版社,2006年,第292页。

了良性发展。皂河安澜龙王庙会就处于朝廷文化与民间文化的交集上,价值观相一致,大、小文化传统相互包容共生。这就是庙会之所以流传二百多年而不衰的核心价值所在。加达默尔认为,节日之所以具有重要的人类学意义,正因为它构成了独特的时间结构,使人们从沉重的存在之"烦"和"繁"中解脱出来,感受命运的相通,激活生命体验和时间体验。节日庆典"只有在变迁和重返过程中它才具有它的存在"①,"观赏者的存在是由他'在那里的同在'(Dabeisein)所规定的……同在就是参与(Teilhabe)。"②

从功能上看,皂河安澜龙王庙会有明确的主祀神灵,信众广泛,商品交易、娱乐狂欢功能完备,并且由皂河镇向周围扩展,流布于宿迁市及邻近的安徽、山东、河南三省毗邻县市,号称"苏北三十六处香火盛会之首"。根据刘铁梁先生以"地界""份"等要素对庙会的分类,皂河安澜龙王庙会当属于地区中心型,是典型的社区乡土宗教,对社区信仰和认同起着重要作用。如今的皂河镇保留有大量文物古迹、遗址、遗存、传说,如安澜龙王庙兼乾隆行宫、陈家大院、合善堂、奶奶庙等明清建筑,还有庙会、柳琴戏等活态文化遗存。1983年,安澜龙王庙暨乾隆行宫被列入省级文物保护单位,2001年6月成为全国重点文物保护单位。2006年,皂河古镇安澜龙王庙会被列入省级非物质文化遗产。

传统的皂河安澜龙王庙会从正月初八开始,延续三天。以仪式"乾隆銮驾巡游"打头,庙会正式开场。"乾隆銮驾巡游"模仿还原了当时皂河安澜龙王庙执仗人员恭迎皇帝的巡游和隆重的祭祀龙王大典。接下来进行的庙会活动依次有:街东香火会围街巡游、朝山祭祀、花船、花车、舞龙、杂耍、扬琴、柳琴、苏北大鼓、民间说唱等一套约定俗成的祭祀程序和民间艺术表演,涉及很多风俗、礼仪。"銮驾巡游"仪式初八到初十共三次,初九是"正日子"。因为建国后皂河和大运河早已经治理成功,不再发生水患,又因为1950年代以来以反对封建迷信之名对庙会等类似活动的管制,导致庙会信众群体发生了断代。现在组织祭祀的香火会会头已步入老年,祭祀活动的主要群体也是老年人,可以看作是一种世代延续下来的文化记忆行为。龙王庙行宫建筑群布局严整,端肃宏阔,轴线分明,双重围墙保存完好,有着皇家建筑和宗教建筑的特点,当地号称"小故宫"。整个建筑群为四院三进合院北方官式建筑,从南至北分别是:禅门、钟楼、鼓楼、御碑亭、

① 加达默尔:《真理与方法》上卷,洪汉鼎译,上海:上海译文出版社,1999年,第160页。
② 同上书,第161页。

怡殿、东走廊房、西走廊房、龙王殿、灵关殿、禹王殿、东宫、西宫等,构成了一个完整的神圣空间。最南端有一座古戏楼,额枋上悬挂"奏平成"鎏金匾一块,上下门悬有"阳春""白雪"金匾各一块。庙会期间,古戏楼通常上演地方戏柳琴戏,剧目有:《小姑贤》《墙头记》《马古驴换妻》,演绎家庭和睦、换妻成家大团圆的故事,有着节庆戏一贯的大团圆、劝善、插科打诨、轻喜剧的特点。柳琴戏属于秧歌小戏系统中的拉魂腔,流布于山东、安徽等淮河流域邻近地区,以淮北方言表演,高亢,粗犷,悲而不伤,通常缀着"光明"的结尾,体现了民间善恶报应的价值观。

出了龙王庙行宫,还有两处必去的地方。一是合善堂,建于清光绪二十年,是市级文物保护单位。这里有前后两进院落,占地面积1500平方米。正堂中供奉观世音菩萨,后堂供奉释迦牟尼,是本土宗教中慈悲的象征。来合善堂上香后再往功德箱里捐善款,饮一杯"善茶",意味着来年功德圆满,也是新年祈福的重要活动。二是财神庙,是一座保存较好的清代庙宇,虽然不大,但香火很旺,因为有一座号称能"吸金"的"神龟"。"神龟"石质,趺于院中的水池里,水意味着流动的财富。传说只要用钱币砸中龟,这一年里就会有财运,很灵验的。因此新年伊始,人们都要试试手气。根据我们在现场的观察,在龙王庙祭祀上香的人数和后面两处地方上香的人数相比较,后面两处明显得民众数量更多,而且各个年龄段都有分布,祈福上香的表情、行为也更加虔诚。民众们敬奉财神、祈求降福、赐财保佑身体安康的求全心理一览无余。今天的商业社会已经完全不同于农业社会,整体不确定性因素明显增加,各种社会保障体系还很不完备,无法预测的意外、风险都可能对人生、家庭的美满造成伤害。因此社会民众本能地祈福求善,把不确定的意外交给神明。这是一种发自内心的信任,对神明护佑由信任进而信仰。信仰的核心价值是人言之信,人以话语表达对神圣的"天"的无条件的信任,以生命去交付。"天"在民间话语体系里就意象化为各种神灵。今天,现代理性社会的信任体系建立在社会保障和信用制度上,是一种人为的、抽象性、制度性的信任,完全不同于对神的信任。由此我们认为,信仰文化仍然有着巨大的社会价值和心理安慰价值。有学者把传统庙会的社会建构功能归纳为:对民众具有神圣感化性、世俗惠恩性、开放解调性,获得狂欢节般的参与感觉。庙宇中供奉的神灵偶像,庄重肃穆的空间,隆重庄严的仪式,使参与者在虔诚、"自失"的心理中达到了高峰体验,超凡脱俗,净化了心灵。世俗惠恩性的众生平等具有人性的温暖,弥补了现代社会理性制度的冰冷,是现实中的理性世界难以满足和替代的,在科学普及的今天对一般民众仍然具有价值,由此建构了一个良性的文化心理场。在工具理性主导社会价值观的当下，许愿还愿，扶助他人，"仁"的心理有利于和谐社会的建设，这也是庙会在今天仍然存在的重要价值和意义。

　　皂河安澜龙王庙会的民俗活动贯穿着百姓对幸福、团圆、财富的向往，以及对礼、义、仁、天、地的信仰，属于农业时代主流价值体系和民间价值系统，构成了庙会活动的核心。庙会作为民俗行为，除了精神信仰活动，实际功能是多方面的，包括世俗欲望层面的游、玩、吃、看、娱乐、热闹，还有情感交流和商品买卖。从前，年轻男女爱趁赶庙会的时候见面，庙会也是走亲戚、联络感情的好时候，是农业社会重要的社交空间。今天，四方信众和游客在拥挤热闹的人流中欣赏地方传统民间手工艺，有草编、米粒刻字、根雕、糖人等，品尝地方传统美食，有银鱼、青虾、红心鸭蛋、乾隆贡酥、赵家糁汤等，还有各种生活用品、服装、玩具、植物花木、小宠物、药材、煎饼等。邻近的山东、河南、安徽的流动庙会行会民间艺人们展示了精彩的技艺，"木刀木剑红缨枪、桃猴玉兔青竹蟒、剪纸雕刻拨浪鼓、糖人泥哨小花棒"。庙会上传统经典的地方小吃有蒸米糕、麦芽糖、冰糖葫芦等，时兴的有韩国炒年糕、西藏青稞饼、清蒸梭子蟹、卤肉卷、现熬椰奶、内蒙古烤肉、台湾一口蟹、印度飞饼、韩国酱汁铁板豆腐、大连铁板鱿鱼等。这些现象已经不同于传统时代空间封闭的地方性传统庙会，也是与时俱进、全球一体化、"流动的现代性"的表现。商品的多样化显示了庙会的开放性，打破了从前的神性和封闭的地方性。信众和游客的混杂也表现了现代社会语境里庙会的开放性、主题的多层次性、混杂性。

　　延续三天的皂河安澜龙王庙会，正月初九才是"正日子"。这几年据政府相关部门统计，每年参与人数都在六十万人左右。接下来还有正月十五元宵节庙会，情况也差不多。到这个时候，热闹的春节才算是依依不舍地结束了。

　　事实上，考察皂河安澜龙王庙会并对其文化性质进行分析是令我们困惑的。今天的皂河安澜龙王庙会已经变成了一个多重文化叠加复合、互相"嵌入"的现代性和民俗性的混合体。地方部门根据现代旅游经济发展思路，借着皂河古镇安澜龙王庙会晋身省级非物质文化遗产之"势"，把这个民间传统的民俗活动悄悄地向由机构组织的、经济理性主导的特色旅游活动转变。这个转变又分为近期目标和长远目标。从 2013 年开始，皂河龙王庙会就"扩容"成为文化旅游周，日期提前到初五，延续至六天。原来的"銮驾巡游"仪式只有初八到初十共三次，现在则调整为初一到十五每天都巡游一次。现代科学理性去除了仪式的神圣性和神秘性，旅游大众化时代又把它变成了一项表演性的娱乐活动。以前，"銮驾巡游"由龙王庙行宫柳琴戏剧团承担表演任务,有近百人参加。最近几年情况有所变化,主要由民间性质的"皂河古庙会夕阳红民间艺术团"组织表演。艺术团成员一般维持在 20 多人,平均年龄 60 岁左右。仪式表演活动需要近百人,其余的都是热爱这一民俗活动的市民自发"主动"加入的。他们还表演舞狮、舞龙、旱船、大头娃娃、吉祥物等庙会民俗节目,根据参加表演的场次数量获取相应的报酬。

在"紫气东来降祥瑞,金羊报喜迎春来"的氛围里,"皂河安澜龙王庙会文化旅游周"热闹地开场了,从初五到初十,柳琴戏表演、祭财神、"乾隆出行"(由"銮驾巡游"演变而来)、花灯展等形式多样的表演性的民俗活动成为吸引游客的看点。旅游策划部门根据历史上曾经有过的记载新建了仿古建筑"下江南大观园"和安澜桥,游客凭桥可登高远望骆马湖。新"发现""挖掘"并修缮了"古迹"陈家大院,这个建筑群始建于清朝嘉庆年间,是宿迁目前规模最大的古民居。陈家大院占地 6 亩,呈北方回廊式结构,共有房屋 66 间,建筑面积 1500 平方米,有着从清朝到民国到新中国的复杂演变史,提供给民众关于豪门恩怨的想象空间。"整旧如旧"的通圣街,这条街贯穿南北,一直是皂河的商业中心,建筑大多建于 20 世纪 80 年代,砖瓦结构平房,最高的建筑是三层的影剧院。街上的店铺大都是二十年以上历史的"老店",很多店主都已经年近花甲。老旧的"镜店""大众浴池""大众电器修理店"里,老人们慢悠悠地做着生意,展示着"绝门"手艺。在似乎静止的时光里,难得的保留了"活态"的旧生活空间,满足了快速发展的社会里人们的怀旧心理,也满足了关于灵晕消逝时代的想象。台湾学者蔡明达、许立群对民俗主义大潮里层出不穷的"地方老街"进行了样本分析,提出一种测量怀旧乡愁情绪的数字化量表,认为人们对"地方老街"的想象中混杂了温暖、精美、感触、休闲和历史感等五种情怀,建构了一种丧失性的乡愁叙事话语。通圣街、行宫路、人民路共同构成了封闭的旅游景区,也构成了一个现代旅游文化空间。可见,这些地方文化遗产一旦变成旅游资源,就被赋予了经济价值和展示意义。

以上的转变还仅仅是近期目标,旨在提升庙会的民俗内涵、文化品位、知名度和影响力,打造全新的皂河镇旅游文化品牌。应该说这个目标正在实现中,长远目标正在规划进行。2013 年 5 月 14 日,由携程集团和古镇网在上海联合举办的"文化古镇、智慧论坛"上,皂河镇荣获"2012 年最纯净生态古镇"称号。有了这块招牌,政府部门制定了"借势文化优势,规避自身不足,把握历史机遇,转化外部挑战"的发展策略,以大运河文化遗产长廊构建和苏北旅游新三角的崛起为契机，迎合古镇旅游和湖泊旅游的开发热潮，通过差异性、创新性旅游大项目的开发，转换外部挑战，力争把皂河古镇构筑为国家级历史文化名镇品牌。镇政府把古镇开发旅游项目向全国招标，北京达沃斯巅峰旅游规划设计院拔了头筹，做了一个庞大的《宿迁皂河古镇旅游区总体规划》。在这个旅游商品规划里，以乾隆行宫为代表的皇家文化、以皂河庙会为代表的民俗文化，以骆马湖、古黄河、古今大运河历史人文为代表的水文化被整合起来，打造成骆马湖文化制高点。核心理念是：立足于区域旅游发展格局中的古镇与两河一湖，由"皂河古镇"转变为"龙运皂河、皇家水镇"，实现皂河古镇旅游开发经济效应和文化效应双赢，将皂河龙王庙会打造成华东乃至全国具有相当知名度的、重大民俗节庆活动。

到这里我们发现，传统的民俗文化已经悄悄地变身为以当代旅游节庆文化为主导的多重复合文化，现代性是这个转变的推手。"庙会"虽然还保留着民俗符号外表，但是神圣性消失，内涵被挪移、置换。现代科学理性对仪式的神圣性进行了祛魅，把它转换成了一个游戏形式，民俗的本真性发生了悬置、混杂现象。民间话语不再主导民俗行为，传统民间文化的再生产机制发生了改变。现代旅游热、节庆热、古镇文化热等因素以及经济理性诉求共同促成了这一转变，类似的例子在全国还有很多。传统民间文化变成了现代旅游文化，也许在政府主导的、快速剧烈的城市化进程中，民间文化只能以这样的方式存在。①

从"皂河安澜龙王庙会"变身为"皂河安澜龙王庙会文化旅游周"开始，庙会活动组织的主体事实上发生了变化，"民"悄悄地被抽空，部分被取代了。"民间"相对于"官方"，"民众"形成了社会基本群体，"民俗"形成了民众的意识形态和生活方式，与"官方"有一定距离，有各自的空间。皂河庙会所在地的宿迁市宿城区区长作为最高行政领导，直接负责庙会的各项工作。文化部门仍然把皂河庙会的性质定位为群众自发性的民俗活动，但是对庙会的合法性进行一定限制引导和"必要"的改造，这就巧妙地避免了可能引发的管制责任，把文化部门的作用限定在组织、引导、管理功能上。庙会功能定位为：展示深厚的地方历史文化，打造宿城文化名片，提高宿城知名度和美誉度，"更祥和、更繁荣、更平安、更文明"是总要求。在这个主题引导下各个行政部门详细制定各项工作预案，提前安排统筹庙会聚集点，营造宣传氛围，确保庙会活动安全有序进行，以适应城市空间的

---

① 参考周星：《古村镇在当代中国社会的"再发现"》，《乡土生活的逻辑》，北京：北京大学出版社，2011年，第249—259页。

发展变化和人流的巨大扩展,"保障人民群众庙会安全"。既然庙会的性质已经转变为现代旅游文化性质,自然顺理成章地按照产业运营模式进行。为了保证庙会活动的安全有序进行,政府部门精心规划,做了大量宣传造势工作。相关信息在中国江苏网、宿迁网、《宿迁日报》等媒体上反复传播。各个相关部门做了充分预案,如道路布点、安全保卫、车辆分流等,对相关路段进行交通管制,提前反复通告,临时抽调上千警力全程监控,保证安全。契合现代城市商业发展形势,把庙会商业活动设置在原来就很热闹的马陵路商圈,增加了人气。同时对临时商业区域进行规范划分,各种商品分类汇聚,既方便了游客,也便于管理。庙会的运作资金主要由政府扶持,盈利收入来自于景区门票、戏曲表演、民俗仪式表演、摊位竞拍等。

当皂河安澜龙王庙会扩容成了文化旅游周,庙会的地理空间和文化空间都发生了变化,性质发生了多重叠合。祭祀神灵作为原生乡土社会隆重的社区仪式虽然还保留着,但是从大部分香客和游客都来自于周边地区来看,灵性信仰已经不再是核心内容。除了虔诚的老年香客之外,为社区民众祈福也不再是主要内容。求善求全求财在民间所有的神灵信仰那里都是关注核心,所以倒是吸引了很多年轻人和外地民众。除了当地民众对龙王庙历史和銮驾巡游仪式理解并投入之外,游客基本上是出于现代旅游"看"的目的。即使抱有了解的愿望,大部分也是出于对民俗知识的兴趣,谈不上深度信仰。传统庙会的祭祀核心发生了空心化现象。旅游这个因素作为文化的"主因"(the dominate)导致传统庙会社区空间向着现代公共文化空间发生转变。根据施坚雅的市场体系理论,皂河庙会事实上成为地方中心地。

现代旅游理论和文化消费理论认为,作为旅游目的地的地方是一个"高密度的流动性关系的集合体,其间充斥着无休止的人与物质的跨界流动及其网络关系过程"[①],已经完全不同于传统的封闭自足的社区,现代地方作为被欲望想象支配的目的地,是一个实体空间和各种观念组合的文化景观,由多重因素交织生成的自然、人文的社会环境集合体,形成了具有视觉吸引力的文化象征符号。从消费社会文化性质分析来看,旅游者已经彻底成为"感觉追寻者和经历采集者,他们与世界的关系主要是美学上的关系,他们把世界视为感觉的食粮,即各种可

---

① 陈晓亮、蔡晓梅、朱竑:《基于"地方场域"视角的中国旅游研究反思》,《地理研究》,2019 年第 11 期,第 258 页。

能经历的策源地"①。现代旅游行为把人与世界的关系由存在性的体验转换为表象性的"凝视"性的经验。这是一场"诗性的语言学革命",精神上的满足更多的来自验证而不是体验。约翰·厄里(John Urry)的"旅游凝视"理论认为,吸引旅游者凝视(gaze)的地方景观正是旅游者想要凝视的,所有那些你看见的正是你想看见的,"只是把作为符号的符号让我们消费。"②

根据新芝加哥学派克拉克、西尔的场景理论,场景具有三重含义:一是"对特定活动的共同兴趣",二是"特定地点的特质",三是地点的"美学意义"。对比格式塔学派的整合知觉理论,"场景作为地点(place)的美学视角"提供了"各种要素以某种总体的形式出现"的美学体验。③ 这种"观看"纯粹是美学意义的,是一种被事先预设了目的的再—现(re-presentation)。在旅游语境里,由于旅游者外在于对象,这种行为的意义只能以主客体分立的形式作为知识被—呈现(re-presented)出来。然而,由于这里消失了对象的自我呈现(present),"美感的世界纯粹是意象世界",只是一个机械的被"看见"(Vor-stellung)的过程。而美学的核心就在于心灵之眼对世界的"照亮""澄明","心不自心,因色故有","象如日,创化万物,明朗万物",所以现代旅游行为只能是打卡复制,仍然处于存在之外,没有民俗生活的具身性,丧失了本雅明最珍惜的体验价值。旅游空间生产了地方文化意义、现代旅游"凝视"体验意义、消费意义,所有的活动都呈现出生产性、展示性的现代特质。

然而,另一种现象也很有意思。由于地方的大力投入、造势宣传,加上现代媒体的传播效应,据统计,每年的游客数量都相当可观。游客们观赏了"乾隆出行"仪式,游览新"发现"的"古迹"陈家大院和"整旧如旧"的通圣街,在仿古建筑"下江南大观园"里想象乾隆时代的盛景,在新建的安澜桥凭栏远眺骆马湖。他们可能在多大程度上把这些知识当成真实的"历史"去接受呢? 会以为呈现在眼前的是"原生态"的民间文化吗? 政府部门出于发展和政绩的需要,利用"新发明的传统"对民间文化重新组织了另一种话语,以这种途径"保护"了民间文化,同时也开发了旅游市场。根据我们的走访和观察,发现当地民众对此抱有双重心

① 齐格蒙特·鲍曼:《全球化——人类的后果》,郭国良、徐建华译,北京:商务印书馆,2009 年,第 91—92 页。
② 让·鲍德里亚:《消费社会》,刘成富、全志钢译,南京:南京大学出版社,2006 年,第 9 页。
③ 高小康:《社群、媒介与场景:非物质文化遗产活化三要素》,"中国非物质文化遗产"微信公众号。ID: gh_600f4e277bfb.

态：传统的皂河安澜龙王庙会从正月初八开始，在延续三天的"老"庙会日子里，一切行为按照"老规矩"来，不能走样，否则就不"灵验"。出了这三天，到文化旅游周这个非神圣时间里，就按照"公家"的规矩来，为游客表演"没有社区的社区仪式"(communal ritual without community)，参加各种民俗表演都有报酬。可以说在传统庙会的三天里，庙会虽然也具有表演性，但是仍然保留着相当成分的神圣性，信众和游客混杂在一起。三天之后，庙会变身为文化旅游周，所有的仪式转换为景观化的表演。当地居民对游客很热情，按照"说明书"上的知识和政府的培训给游客介绍，非常乐意展现那种游客们想象的淳朴、"原生态"的民俗文化。当游客们发现了一个保留着过去生活的"活化石"，不仅安慰了自己的身心，满足了对另一个空间的想象，并且由衷地认为这个旅游活动"物有所值"。也就是说，"老"庙会的祭祀仪式是真实的，信仰也是真实的。当传统的皂河安澜龙王庙会变成了皂河安澜龙王庙会文化旅游周时，时间不再是神圣性的时间，空间也从神性的龙王庙行宫变成了现代旅游景区，神圣性的祭祀变成了娱乐性的表演。民俗文化既保留了价值的本真性，又表现出抽空本真价值的娱乐性、复制性。周星认为，"事实上，就民众的在地实践来看，很多场景下，人们多是把他们能够为游客提供服务的民'俗'项目和自己的日常生活加以区隔，以便维护生活不受游客的过多骚扰。"①这也是具象的地方性抽象整合为民族国家象征意象的过程，形成了一套新叙事话语，证明了"农民与国家的关系得以改变，由封闭的自然村民转变为开放的国家公民……农民作为国家的阶级基础，成为国家平等的公民，由此突破了传统的地域—村落界限，与外部国家政治生活发生着愈来愈多的交往"②。

　　地方乡土知识在这种复杂叠合的语境里将以怎样的话语传承呢？当民间自身的精神、物质生活需要和市场的需要、实践理性的推手同时作用于民俗文化时，民俗会呈现怎样的面貌呢？皂河安澜龙王庙会文化旅游周作为现代商业行为，混杂了传统祭祀、民俗形式、地方知识、现代商业文化、旅游想象空间，民间则以自己的智慧在政府主导的文化空间里游走。刘铁梁认为，借助庙会的开放性，村落（即地方社区）能够与外部世界和上层各级权力进行非正式却广泛的交流与对话。古代社会如此，今天也一样。在这种混合中，双方构成了一个开放性的场

---

① 周星：《"农家乐"与民俗主义》，《中原文化研究》，2016 年第 4 期。
② 徐勇：《非均衡的中国政治：城市与乡村的比较》，北京：中国广播电视出版社，1992 年，第 411 页。

域,形成了一个地方权力关系枢纽,混合了神圣价值与世俗欲望,形成了一种"微政治"机制。通过礼俗之间的互动而规范、引导民众的生活,一直是中国社会的重要特征。借助于这个路径,民间祭祀仪式合法地达成,政府变成了实际主办方即"国家赞助人"。虽然时时体现着国家的在场,但是在官方、民间双方的共谋下,各自都达成了自己的愿望。两套话语体系巧妙地共存,形成了具有中国特色的政治诗学话语。庙会既是民俗的体现,又成为地方经济发展、传统文化的表征。传统庙会活动里,"看"庙会、"挤"庙会,人挤人看热闹是庙会的重要功能之一。人挤人说明社区人丁兴旺,正月里人流越拥挤越红火,是一种强烈的社区认同和集体心理暗示,产生一家人般的亲切感。今天的热闹则是出于商业人气,虽然也能零星接受一些地方知识(这种"知识"很大程度上是根据民俗主义生产出来的一套虚构话语),但是却不可能产生认同感。传统民俗碎片化地内嵌于流动的现代性中,在多重因素、动力影响下寻找发展空间,民俗本身也处于流动变化中。现代国家意识形态就这样巧妙地嵌入民间,把粗野、祭祀的民俗予以国家化、神圣化、文物化、文化化,形成了一套既政治正确,又保留传统符号体系的修辞话语,既具有文化遗产本真价值,又具有当代文化的展示价值。于是,这种热闹红火的庙会场景形成了官方与信众、游客、资本共同的狂欢,同时也强化了民俗的文化化、社区共同体凝聚力。传统庙会作为民俗事象有一定的生发、传承的内在规律,也有着强大的惯性和与时俱进的自我调适能力。目前庙会的这些变化显然是由于外在因素影响造成的,而不是出于内生性变化。法国社会学家布尔迪厄(Pierre Bourdieu)认为,文化资本存在三种形式:具体的状态、客观的状态和体制的状态。传统皂河安澜龙王庙会在具体语境里一直处于流变中,形成了行政体制领导下的商业、旅游、民俗混杂的客观状态,在政府主导下变身为文化旅游周,合法地成为当代大众旅游文化的组成部分。证明了"正因为礼与俗既有差异性,又有同一性,所以在历史的过程中,'礼俗'才联结为一个专门词语,耦合成中国文化中一个特有的系统,形成了独具特色的社会礼俗,在社会生活中发挥着极其重要的功能"①。从另一个角度证明,大众旅游时代的凝视也可能产生地方认同,通过"凝视"而建立共同体验、共情机制、共同体,这是神性祛魅(enchantment)的现代社会里"没有仪式的仪式",仍然产生崇高。

　　皂河安澜龙王庙会的地理空间和文化空间都发生了变化,体现了现代节庆

---

① 冯建民:《科举制度对中国传统礼俗的影响及启示》,《南京邮电大学学报》,2010 年第 3 期。

的文化空间再生产性质,是一种失去了内涵的挪移,呈现出传统民俗的碎片化、表象化。传统社会里,庙会自然地就是生活的一部分,今天,生活越来越丧失了主体性,沦为庞大的总体性链条上的齿轮。正如吉登斯所指出的,"并不是说要把一种欲望或者一种功能,定位在一个已经存在的空间中,而是相反,要将社会活动空间化。"①再一次证明了空间生产的现代性。"在城市化进程中,乡村很多时候成为旅游的风景,但风景恰是权力与地方话语的表达,而非纯粹的自然景象。从18世纪兴起于英国的乡村旅游已然如此。当下美丽乡村建设也涉及大量的乡土景观,在景观构建中'博物馆'意义突出。博物馆在'文化展示'中,既有对地域知识的'重新编码',也形成了'他者'眼中的'民俗'传统。在文化凝视中,博物馆成为地方性知识的展演与当地'民俗认同'的空间展示。"②

　　传统的恢复来自于多种动力,按照英国文化学者雷蒙德·威廉斯的理论,任何社会阶段文化的构成绝不是单一的,文化形态按照地位和功能的不同,划分为主导文化、残余文化、新兴文化,它们在现代社会里彼此交错"嵌入",构成错综复杂的关系。"在真实可信的历史分析中,最有必要的是应当在每个阶段上都认识到那存在于特定的、有效的主导之内或之外的各种运动、各种倾向之间的复杂关系。有必要考察一番它们是如何同整个文化过程而不是仅仅同特定的抽象的主导体系发生联系的。"古典社会时期,朝廷、士人文化作为主导文化统领着民间、市民文化,整个社会文化基本上形成了一个整体,残余文化、新兴文化的成分很少。到了现代社会,现代理性文化成为社会主导文化,民间文化作为过去时代的残余文化被政府部门以保护民间文化的口号予以遗产化、商业化、价值凝固、抽空,以商业和保护的路径榫合、交融到主导文化中,民间和政府各取所需,都参与了当代文化的狂欢,民间自身也巧妙地演变成了主导文化的一部分。乌丙安指出:"在传统民俗文化圈与现代产业文化圈的交叉、互渗、冲突、嫁接中,深入探索民俗传承的负载者群体及其有代表性的民俗传人,有重要的文化史意义和开创未来新型民俗文化的应用价值。"③我们发现,现代文化的复制再生产功能在民俗的民间自发性、市场商业需求、政府政绩需求的合力作用下得以实现。对现代性语境中民俗的内涵、层次、意义、功能的流变有待深入地考察、研究。

---

① 亨利·勒菲弗:《空间与政治》(第二版),李春译,上海:上海人民出版社,2007年,第148页。
② 毛巧晖:《博物馆是切片、标本,建构他者的文化身份》,《暨南学报》,2019年第4期。
③ 乌丙安:《民俗学原理》,长春:长春出版社,2014年,第201页。

第三节   江苏省部分地区的庙会被取消

"正月过年,二月赶会,三月种田。"民间自发形成的庙会民俗,通常是春节的延续,也是以自然节气的规律性变化为取向,与天地自然融为一体的天人之情在民间的生动表现,正是在这个意义上庙会才被称为民俗文化的"活化石"。"小年"过后的二月,正是庙会最集中的时段。民间把整个正月都视为春节,虽然时令到了二月,春意融融,但是农忙还没有开始,人们还想把春节的欢乐延续下去,所以各地的庙会络绎不绝,比如著名的温州"拦街福",北京怀柔的"敛巧饭"。

然而,据 2015 年 3 月 18 日《新华日报》报道,南京市栖霞区相关部门发布通告,取消龙潭、栖霞、西岗三街镇的八场庙会。与此同时,玄武、江宁、浦口三个区也通告取消庙会,也就是说加上江宁的南京七个区,除了著名的夫子庙灯会,庙会几乎全部销声匿迹了。

细细追踪起来,这些庙会的起源不外乎是祭祀祈福。位于栖霞区燕子矶的关帝庙,位于龙潭区的娘娘观,位于浦口的兜率寺,都在长江边,都与祭祀龙王有关。在年节祭祀的同时祈福,也游玩热闹,这正符合庙会的一般特征。在交通不便、生活闭塞的时代,各个地方长期以来形成了很多富于地方特征的民俗活动,如栖霞山的摄山观龙灯和龙王山的元宵祭拜,最早可以溯源到明代,有五百多年的历史,属于典型的地方性知识传统。施坚雅对中国华北农村集市进行了深入考察研究,认为具有周期性、流动性特征的骡马大会实质上是中国的基层市场,其结构是构成中国社会长期稳定性与文明特征的经济体系和社会文化体系。[①]

关于取消庙会,相关管理部门解释为:庙会是农耕社会的产物,与城市化进程南辕北辙。农民拆迁后"洗脚上楼",传统的庙会空间自然消失。如果转到集贸市场和主干道,可能造成交通混乱。从前的庙会活动中,大宗农资、生产生活资料交易是重头戏,如今农民的身份变了,这些就不再需要了。当下庙会上的小商品和食品很大程度上属于假冒伪劣产品,处于工商管理的盲区。来自安徽、河南、山东的流动庙会行会组织,根据各地的皇历赶庙会,可能难以监管而造成大量的交通管理、卫生、城管、治安问题。草台班子也不再表演民俗,而是表演山

---

① 施坚雅:《中国农村的市场和社会结构》,北京:中国社会科学出版社,1998 年,第 5—70 页。

寨、色情节目。一旦造成不良后果，有关部门难辞其咎，干脆就把庙会禁止了。

无独有偶，据2015年5月13日"人民网"报道，今天是农历三月二十五，按多年的习俗，江苏省南通市通州区兴仁镇庙会应该在这一天热热闹闹开幕。但是5月初，兴仁镇人民政府宣布"永久性取消"兴仁镇庙会，原因是"受条件限制，人多拥挤存在交通和安全隐患。"

查询相关资料，兴仁镇始建于唐朝，已经有上千年历史，兴仁庙会起源于清朝。兴仁镇北坐落着一座东岳庙，据庙碑记载，东岳庙始建于清乾隆五十九年，建成于嘉庆三年。庙中供奉一尊"元帅"塑像，是一位保佑护卫地方平安的大神，每年农历三月二十五日是神主日。庙会已有长达二百余年的历史。东岳庙会有一套完整的祭祀仪式：庞大的头牌锣、龙凤彩旗队、锣鼓队、高跷队、跳判队、马叉队、蚌壳精、花篮队、肉香队、大锣大鼓队、伞盖队、如意香队、丝竹乐队、龙灯队等为前导，轿队护卫着"元帅"的神船队隆重出巡。在旗牌和大锣的引导下，士绅乡董代表地方民众对"元帅"和"太太"的小行身跪献祭菜，最多的时候达到十八张宴桌。兴仁镇庙会既有明确的主祀神灵，有隆重完整的祭祀仪式，又是热闹的集市，还有丰富的民俗娱乐活动。这个仪式既有对天地、神灵崇敬的神秘性和神圣性，又充满了世俗的娱乐游戏气氛，这种社区乡土宗教可谓是集中地反映了社区信仰，构成地方民间文化小传统的核心。三月庙会的时间节点正值南方四夏大忙即将来临之际，是农民紧张忙碌前的放松，难得的闲暇。六月二十九日的兴仁城隍庙会是巫公盛会，又称"孝神盛会"，起源于纪念一位巫姓孝子。巫子经历了逆子变孝子的过程，成为民间道德训诫的范例，类似于《除三害》里的周处。清乾隆二年兴仁城隍庙扩建，在新大殿上设了巫公祠，从此兴仁城隍庙会流传不绝。兴仁城隍庙会仪式具有强烈的内省和道德教化功能，能够引发民众自省，叩问天地良心。这正是它作为传统文化遗产最可宝贵的本真性，也是它作为仪式的高峰体验的价值所在。随着时代的演变，庙会的形式、内涵也有所改变。新中国成立后，在打击封建迷信的形势下，庙会被去除了祭祀仪式的同时，也去除了神圣性，去除了祈福禳灾、敬畏自然、道德训诫等最核心的功能，转换为农业生产资料交流和农副产品交易，曾经一度更名为物资交流会。文化部门试图以这种方式保留民俗文化记忆，却在意识形态和工具理性的主导下以实际功利性取代了神性。而庙会一旦去神化、去圣化，内涵也就被抽空了。有意思的是，即使在特殊的十年时期，庙会也没有被明文禁止，可见地方文化记忆具有强大的文化建构力量和传承惯性。1990年代以来，随着意识形态空间的松弛，民间社会逐步扩大，近年来这两个庙会集祭神、娱乐、商品交易于一体,每次有十多万群众参加。随着现代交通条件的便利,两个庙会的影响地域也逐渐扩大,庙会活动民众聚集地段主要在洋兴公路和兴中路,绵延约四公里,形成了目前南通市规模最大的民俗活动。

这样一个有历史、有信仰、有正面价值导向的民俗活动,应该是现代社会可资汲取的宝贵精神财富。却被兴仁镇政府无任何征兆地宣布取消,造成了民间的强烈反应,网上舆论迅速发酵,甚至以严厉的措辞指责有关部门"懒政怠政"。兴仁镇相关负责人接受了人民网采访,认为站在政府管理的角度看,取消庙会是吸取上海新年踩踏事件的教训,出于对群众生命财产安全考虑,应当得到理解拥护。具体到兴仁庙会的情况,主要原因大体上还是假冒伪劣商品多、交通管理困难、扰乱了正常生活生产秩序,有安全隐患,卫生、治安压力大,绿化破坏严重,表演低俗,等等。并且以兴仁镇两届人大代表已经做了充分调研为依据,认为传统意义上的看戏祭神的庙会演变成了赶大集,只具有商品交易的功能。在商品买卖非常方便的今天,庙会已经没有了存在的必要。镇政府曾经在4月份组织了人大代表、教师、公务员和"部分群众"召开座谈会,最终做出取消庙会的决定。同时也通过张贴公告、分发通知等形式进行了广泛告知。政府部门认为自己已经尽到了责任,做足了功课,有理有据。但是群众不认可政府的决定,感情上对庙会不能割舍,认为自己"被代表"了,庙会具有强烈的南通地域民间文化认同性,是南通人的共同乡土回忆。一纸通告过于草率,完全是政府单方面的行为,伤害了民众的感情。认为政府"无视农民的精神文化需求","砸了传统手艺人的饭碗"。

作为民俗重要表现形式的庙会,在江苏省的不同地区,生存现状迥然有别。在信息产业高速发展、科学昌盛的现代社会,庙会到底还有没有存在的空间和必要? 政府应当取什么样的态度和措施? 这些问题需要我们深入思考。

第四节　庙会嵌入现代社会中的转型与流变

反观南京的一系列庙会和南通的兴仁庙会被取消,无论从经济效应还是文化效应上看,相关部门的举措都是不合适的。南京的相关区政府把庙会定位为"色情、低俗、低档",兴仁镇政府认为,"传统文化有精华也有糟粕,要敢于扬弃,时间会证明一切的。"从性质和功能上把民间文化与"先进"的现代主流文化对立起来。其实,庙会作为民间文化传统,从它诞生的那一天起,可以说就是草野的、荤味的、狂放的,是众声喧哗的释放和热闹。刘锡诚认为,民俗文化"其实并非一个很小的传统,反倒是一个很大的传统",西方文化人类学者认为的精英文化是大传统的观点不一定适合于研究中国文化。民俗文化与自给自足的农业生产方式、手工业生产方式相适应,与几千年形成的中国家族社会和人伦社会结构相适应,并且在漫长的发展演变过程中,逐渐融汇和附会了许多文化涵义,带上了农耕生产方式和家族人伦制度的特点。所以中国的民俗文化精神是生生不息、自强不息、天人合一。① 可以说民俗文化的世俗性、神秘性、神圣性与主流文化是完全一致的,主流价值观在民俗文化中得到了很好的传播,民俗文化具有对传统认同的重要功能,这也是民俗文化的最大价值,与今天的和谐社会理论也是一致的。西方文化学者也注意到了这个问题,英国马克思主义学者托尼·班尼特的《文化　历史　习性》认为,习俗有强大的治理功能,对西方近代市民社会的形成有重要作用。而我们的政府部门却把民间文化与主流文化对立起来,认识不到它重要的娱乐和教化功能,这是很可惜的。民俗作为强大的传统,有传承性和心理暗示性,公序良俗起着强大的道德伦理"软"作用,尤其是在我们这样一个世俗社会里。民众的文化记忆是长久的,珍贵的,需要好好加以保护,才能使文化传统延续下去。网友们的吐槽:"兴仁庙会是我童年的记忆和永远的怀念,取消了,太伤我对故乡的情怀了";"这么多年的活动就这么没了,心里也觉得空荡荡的。"都表达了这样的心理。

其实如果仔细考量政府部门的理由和举措,就会发现民众对政府"懒政怠政""无视农民的精神文化需求"的指责有相当的合理性。现代社会城市交通安全问题日益复杂,政府不愿意承担组织管理、安全责任,难道就干脆一禁了之?至于镇政府以两届人大代表的调研为依据,组织人大代表、教师、公务员和"部分群众"举行座谈会,可以说更是一个无视民意的行为。乡镇是典型的血缘宗亲圈层化的"熟人社会",现代社会治理必须充分借助于宗法血缘圈层文化特有的情感协调功能,才能提升基层治理能力。而这些"群众"是体制内的成员,他们所在的"单位"本身就是现代性的组成部分,而作为庙会参与者主体的广大民众是草

---

① 刘锡诚:《民俗文化是一条滔滔巨流》(来源:中国艺术人类学网。http://www. artanthropology. com/show. aspx? id = 2068&cid = 80. 2019 年 11 月 12 日)。

野的,民间的,没有"单位"的,只有他们才有权力决定庙会的举办取舍。再说仅仅二十余人的座谈会也完全不能代表十万民众。

政府部门从主流文化的立场,批评庙会上的山寨、色情表演。无非是以大众文化的末流代替了民间文化中"荤"的部分,事实上它们的功能是相似的。如果没有了民歌、民间小戏表演,大众文化理所当然就占据了民间文化的空间。传统的民间文化领域,"荤"占了相当大的比重,与大众文化的欲望表达殊途同归。而民间从来就是一个众声喧哗的领域,无需过分地净化,更不应该把这些现象看作洪水猛兽。无论是交通安全问题还是民俗表演的"颜色",都可以通过规范、引导加以管理,当然更需要政府踏踏实实的调研和巨大的行政资源投入。

与此同时,同样是在南京,随着大众旅游而兴起的国际"慢城"高淳,从正月开始,举办了多场庙会,各种民间艺术如古戏台、黄梅戏、大马灯、跳五猖等上演了三百多场。当地文化部门认为,民俗文化是一个重要的空间,应当用好这个空间,才能避免沦为行商和草台班子的领地。他们对传统民俗艺术进行"去粗存精",经过去"荤"化、精致化、雅化的文化再生产,粗鲁的民俗就变成了旅游表演仪式。可是在游客眼里,这种新奇的民俗因为"陌生化",可能相对而言还属于"原汁原味"的。高淳区政府对民俗艺术采取了"拿来主义"立场,与宿迁皂河安澜龙王庙会文化旅游周相比较,仪式化、空心化、表演化得更彻底。

2015 年 6 月 16 日,针对兴仁镇庙会被"永久性取消"事件,人民网发表评论文章,批评镇政府"因噎废食"、行政不作为。随后,镇政府进行了反思,表示:可在适当的时候恢复兴仁镇庙会活动。

其实,兴仁镇周边有丰富的人文历史资源,如香光寺景区、中国乒乓球通州训练基地,等等。政府部门如果结合兴仁镇庙会活动进行认真策划,应当能够转换成有经济价值、展示价值的现代旅游资源。

时间还在继续。2019 年 3 月,扬州市高邮县级市雷厉风行,一个月内拆除了 5911 座土地庙。相关部门的解释是:土地庙属于违章建筑,必须还原为绿化用地。号召民众移风易俗,全县建成无庙村。道教协会认为,在土地庙里组织祭祀活动不合法,属于"违章经营",建议民众去三清宫祭祀。在基本上已经空心化、老弱病残为主要留守人群的乡村,民间对全县建成无庙村的行为并没有表现出强烈的情绪反应。百姓认为,土地庙只建在地边角,几乎没有占地,谈不上是什么违章建筑。况且土地庙里只进行家庭祭祀活动,很少举行过大规模的集体宗教活动。面对突如其来的拆除行为,老百姓们没有采取任何对抗行动,只"请"

回了自家的土地公神像,供在菜地或者树下。老人们祭了一辈子土地公公,觉得那就是自己的"家神",况且三清宫属于道教庙宇,全县只有一座三清宫,去那里祭祀既不现实,也"错位"了。如果一定要说这种宗教行为不合法,但是显然符合民情民意。

遍布农村山野的小小土地神,乃是管理最小地面的神仙,一般是里社的标志物,象征着地界,如同古代的社树,表征着人与土地的亲密关系。因为大地的厚德载物,民间尊其为"地母"。又因为人们一直认为自然地理环境具有灵性,是本地的生命力即"地脉",阳刚气的神灵应该是土地神,又称"土地爷""社神",掌管子嗣繁衍,"土地灵则虎豹不入境",能保地面平安,少生灾患。土地庙又称土地公庙、伯公庙、福德庙,苏北地区的土地庙一般以青砖砌就,前堂刻有"土中生白玉,地内有黄金","白玉""黄金"直白地表达了农民对土地价值的真诚认知和浓厚情感。农历二月初二土地爷生日,民间以猪头、鸡蛋、米饭等供奉,以求五谷丰登,一般在祭奠、破土之前先祭拜土地神。每个月初一、十五,民众去土地庙许愿,保一方平安。高邮一直有在土地庙举行丧葬仪式的民俗,"凡人始死时,家人必以芦席稻草圈于本村土地祠旁,男左女右,何谓之铺堂。铺堂之后,家人则按中晚两餐,准备饭一盂,菜两盘,送至祠堂所设之鬼域",以"纸桥、纸船、纸马,抬至土地祠中,声称土地暂放死者,随其回归,谓之招魂看戏"。土地神信仰作为地方民俗为民众提供了心灵慰藉,在这个基础上形成了有悠久历史的"圣堂庙会"。

小小的家庙凝聚着农业社会里人们对土地的深厚情感,对大地的敬畏。政府部门这种极端的行为恰恰反映出对民间文化极端缺乏理解。为政临民者,能不慎乎?

当传统文化被视为旅游资源时,此起彼伏的庙会被"发明"出来就不奇怪了。除了宿迁皂河安澜龙王庙会文化旅游周之外,在苏北,还有徐州邳县的土山关帝庙会,连云港海州白虎山庙会暨一带一路非遗文化展示会,宿迁沭阳圆觉禅林第一届庙会等。都是根据野史传说对"新发现的传统"予以发扬光大,重点在以民俗主义为指导,推动旅游文化产业化发展。

在中国经济最发达的华东地区,苏北处于经济相对落后的地位。在现代性焦虑驱动下,苏北搭上了发展的快车。传统民俗文化在多重因素影响下生成了新的文化话语,主导文化也藉此实现了文化领导权,主流文化与民俗文化、旅游文化互相嵌入,边际逐渐交融,生成了复杂的、开放性的现代文化空间。原生的本土话语系统由于"流动的现代性",由于旅游文化的商业性,逐渐规范化、空心化、同质化。由于主导文化的强势统一同化性、不同文化要素的博弈，传统民俗文化的未来发展趋势如何，还是一个需要长期考察研究的问题。

当代中国社会，由于经济发展和人文发展存在的严重不平衡，导致社会各个阶层之间可能存在着对立，柔性的人文空间能够缓解这种对立。民俗作为传统文化的重要组成部分，应该是一个大力发展、强化的空间。西方由相沿成习的结构性与机械性的规则"惯习"走向自治，仍然是制度的、理性的社会。中国特有的民俗不同于西方的习俗，一直强调情感的因素和民间自我调节的因素，庙会就是民间的狂欢。现代社会里，因为多重因素的侵入，使得传统庙会的空间发生了重构，可能以政府主体取代了民间主体，造成民俗功能悬置，表演娱乐、商业功能突出，单一化的民间文化变成了多重文化的复合体。

事实上，所有曾经拥有自己历史传统的社会形态在向现代转型的过程中，都出现过这样的现象。20世纪60年代，西方国家正经历着高速工业化，传统文化面临生存危机。德国一些学者提出了民俗主义概念，指某种民俗事项脱离了原来的生存时空，原有的宗教神圣内涵抽空，纪念功能减弱，为了商业旅游目的而包装改造多次再现，甚至不惜伪造民俗，层出不穷的"新发明的传统"就是这样诞生的。民俗主义是现代商业社会的产物，对民俗的价值进行了分解利用，以工具理性替代了价值理性，重构了民间文化的当代语境。可以认为民俗主义纯粹是知识的再建构，与主体体验没有任何关系。相对于民俗主义的是生活形态的民俗即所谓的原生态。为了在快速流变的现代社会里保护原生态民俗，非物质文化遗产运动大兴。非物质文化遗产把活生生的现实生活实践遗产化、标本化、固定化，民俗主义则提取了民俗的外壳予以空心化、表演化。正因为原有的生存空间不复存在，才出现了这种割裂的现象。非遗希望藉此保留可能消失的民俗，然而一旦遗产化固定化形式化也就不再保留本真。至于民俗主义更是流动的现代性中特有的文化现象。然而，在经济理性主导下，"伪民俗"反而可能以另一种方式增强了地方民众的共同体意识，并且可能作为地方性知识得到传承。从文化创意的角度看这恰恰是最有价值的创新点。

传统庙会就这样嵌入了现代文化空间，自身也成为流动的现代性的组成部分，一种复合型的民俗文化形式正在生成，有可能构成新的现代公共文化空间。

正因为现代社会文化的多层次性和交融性，布尔迪厄提出了"文化资本"和"文化场域"概念，把文化放在具体场域中考察其价值，"文化资本"与"场域"在现代性语境中构成了动态的互文关系。在康德意义上的纯艺术领域，文化生产依照"文化资本""文化场域"的自主性原则运行,艺术保持着自律性。然而,当历史的车轮进入了消费社会时代,文化资本只有转化为经济资本才有持续发展的可能。文化资本虽然还保留着相对独立的文化价值,却匍匐在经济价值的神权下苟延残喘。文化行为与经济行为之间只有保持一定的张力,文化才可能不会彻底地沦为经济和权力关系的副产品。从文化资本层面看,五显财神信仰被供奉在现代庙会的神龛上,不正是社会民众的价值观和文化资本体制化的集中体现吗? 五显财神信仰的大张旗鼓公开化,也意味着权力与俗众认同的合一,赋予了五显财神信仰正当合法的身份。

在当代中国传统与现代交融、社会急速转型的语境里,文化就这样以前所未有的混杂状态,黏附着历史和外来文化的碎片,裹挟着各种文化残余,泥沙俱下,在喧嚣与骚动中滚滚向前,形成了新形态。韦伯认为,文化认同是一种主观信念(subjective belief),以对族群历史的主观"共同记忆"(shared memories)为前提,这种"共同记忆"决定了群体文化认同的心态。全球化语境下的当代中国,仍然需要建构新的文化认同。

第五章　知识话语建构的苏北文本研究

我为集体的浓密物质、那晦涩的、执拗的、坚持的另一个自然所包围,但我至少被分配了一个区域,可以自由活动,关心我的身心健康,享受一个运转正常的有机体的幸福,在活物中间生气勃勃。不过,当我不得不成为我自己的避难所,躲避文明的压力时,那个为我们大家(包括我自己)所藏匿的世界,那另一个自然就慢慢爬到我的身上来,不断提醒我,我的独特性不过是个幻觉,即使在这里,在我自己的圈子里,我也化成了一个数码。

——米沃什

第一节　文学文本中的苏北

前文我们对苏北进行了文化区域划分,大体上可分为以徐州为中心的中原文化,以扬州、淮安、盐城、泰州为中心的江淮文化和南通小部分吴文化区域。关于苏北社会空间的文学描绘,学术界一般认为,代表江淮文化的"里下河作家群"和代表中原文化的"新乡土写作"作家群体的作品比较典型,达到了审美、民俗和表现社会现实的高度。下面我们分别对这两种文本予以分析。

地理名词"里下河"不是一条河流的名字,而是由四条水系构成的一个地域空间。西接里运河,东牵串场河,北至苏北灌溉总渠,南至老通扬运河的里河与下河之间是为"里下河"。"里"和"下"都道出了地貌的特殊性。这里处于长江与淮河之间最低洼的地带,四周高、中间低,状如锅底,每到夏季,频频发生龙卷风和水患。里下河凹地河湖相连,水网密布,兼洪水走廊和鱼米之乡于一身,体现了变幻莫测的"水无常性"。"里下河"地区包括扬州、泰州、盐城、南通等城市,具体到县区,有扬州的高邮、宝应,泰州的兴化、姜堰,盐城的盐都、东台、阜宁、建湖和南通的海安等。历史上,这里"无舟楫不行"的地理环境相对封闭,形成了"自古昭阳好避兵"的趋利避害、崇尚文化的务实观念,而"水势回绕,风气之秀,发为人文科目之盛",形成了以海盐文化和运河文化为滋养,以泰州学派为思想圭臬的生机勃勃的里下河文化,构成了一个儒道释兼容、生生不息、开放包容的价值体系,世世代代形塑着这一方水土上的恣恣民众。

　　一般认为,晚明之际形成的泰州学派,是中国思想史上第一个启蒙学派。创始人王艮,原名王银,生于明宪宗成化十九年(1483),卒于世宗嘉靖二十八年(1549),字汝止,号心斋,泰州安丰场人(今东台县),世称心斋先生。王艮"弱冠,先生父结使沿商,往来齐鲁间。已,又业医。然皆弗竟"。他出身于低微的"灶籍",从正德十五年(1520)开始拜师王阳明,一直到去世。他的研学又不局限于心学,在学习过程中每每"逢人质义",最终上承老庄和《淮南子》的自然"无为"思想,以王阳明的心学理念为核心,从"心本"走向"身本",一反程朱理学"存天理灭人欲"对人性的压制,对"百姓日用"的意义予以了充分肯定。王艮的《鳅鳝赋》《复初说》《明哲保身论》《乐学歌》《天理良知说》,建构了完整的心学思想体系。心学致力于主体的觉醒,追求"良知致""知行合一",而主体觉醒的前提就是对被礼教重重压制的生活和身体的解放。"人有困于贫而冻馁其身者,则亦失其本而非学也";"不以老幼贵贱贤愚,人人皆可以为圣人";"是非之心,不滤而知,不待学而能,是故谓之良知。是乃天命之性,吾心之本体自然明明觉者也";"若能向里求,见得自己心体,即无时无处不是此道"。泰州学派继承了心学的思想内涵,认为"百姓日用"是人类顺应本然天性而为的全部生存生活实践,只有首先肯定形而下的生活,才能脚踏实地地阐释生活的意义,这就是"以身为本"的"淮南格物论"的核心。"安身"即爱身、尊身、保身,"身"指血肉和感性生命,僵硬的"天理"正因为凌空蹈虚地以先验的抽象理念"规范"了生动活泼、永远发展变化着的生活,才日益自我僵化,实际上拒绝了生命的主动,也不能阐释现实生活。王艮的"止至善者,安身也。安身者,立天下之大本也"[①],把身体上升到"道"的地位,"身"与"道"辩证地相统一,"身与道原是一件,圣人以道济天下,是至尊者道也。人能宏道,是至尊者身也。尊身不尊道,不谓之尊道;尊道不尊身,不谓之尊道"[②]。辩证地阐释了身体与道的关系。泰州学派鼎盛时期,信众熙熙,乃至于

---

① 黄宗羲:《明儒学案》,沈芝盈点校,北京:中华书局,1985 年,第 711 页。
② 同上书,第 725 页。

"上自师保公卿、下逮士庶樵陶农吏","满街都是圣人",产生了巨大的社会影响。正是在日常生活无穷无尽周而复始的重复中,生活的意义自现而明,向着真理敞开,"道在屎溺中","百姓日用即道",自然而然地展现着大道真理。日常生活从来就不仅仅是物质基础的再生产和人类自身的再生产,更是意义的再生产。在肯定形而下的日常生活的基础上,泰州学派关注肉身人欲与物我之间的和谐,探索百姓的生存生活如何升华为审美实践行动,最终复归为自身和外物共同趋近完美之境的过程,由此构建了一个活泼泼的物我天地间动态和谐的关系体系。王艮的《鳅鳝赋》阐述了"良知致"和"身本论"的起源:"'吾与同类并育于天地之间,得非若鳅鳝之同育于此乎!吾闻大丈夫以天地万物为一体,为天地立心,为生命立命,几不在兹乎!'遂思整车束装,慨然有周流四方之志。"泰州学派的美学观念或可视为古典中国式的"日常生活审美化",把传统美学中一直处于次要从属地位、备受轻视的物质本体、平民主体和实践行动等层面,提到了前所未有的高度,形成了一种中国式的平民美学和人道主义。明清之际正值新的社会生产关系萌芽,针对物质财富的迅速增长与人的日益膨胀的欲望、人的精神生活贫困之间如何平衡这个紧迫的时代问题,程朱理学苍白的压制欲望理论显然已经不足以阐释人性与社会的紧张关系。朱熹在《论语集注》中引范氏语云:"物各止其所,而天下之理得矣。故君子所思不出其位,而君臣上下大小皆得其职也。"仍然以一套僵化之"理"维护变化的生活秩序。泰州学派对此予以了深入思考,对后世思想产生了重大影响,更蕴含着建构和谐的"人—社会—自然"整体生态模式的内涵。归有光、文震亨、沈复的"艺术化生活"实践就是泰州学派理论的生动体现。

20世纪80年代初,汪曾祺挟小说《受戒》《大淖记事》回归文坛,石破天惊,当时的评论界称为"民族文化派"小说。他长期浸淫于中国传统文化,师承沈从文的"浸透了淳朴现实主义精神"的民间视角,继承了中国笔记小说的传统,构建了一幅醇厚美好的"作为抒情诗的散文化小说"的文学图景。笔记小说最大的特点是,叙述者与叙述对象之间保持冷峻的距离,形成了一种貌似"不在场"的叙述,以"删繁就简三秋树"的白描而摄对象之灵光。"白描"是中国艺术的核心范畴,突出中国艺术流动的"线性"生命特征,完全不同于西方艺术的块状典型形式,和"意境"一起构成了中国艺术的本体。"线性"即宇宙心灵主导的生命之线,遵循生命自身的节奏。汪曾祺的叙述大多是回忆体,他的文本明显地与当下时空拉开距离,经过沉淀,去掉了"烟火气"。大多描写半个世纪前,苏北高邮那座灰蒙蒙的小城,引车卖浆者五行八作,平民百姓普通的日常生活,偷情,守节,生老病死,呻吟歌哭,每个偶然里平淡、忧伤、快乐的人生。这些事件缺乏所谓的情节性,没有以"天地间无可逃脱的严密的逻辑"去统合事件,就像生活流那样滚滚向前。即使那些故事时间相对较长的《王四海的黄昏》《八千岁》《异禀》,也同样没有一条明确的"最高行动主线",谁知道明天会怎么样呢? 谁能把握变幻莫测的命运呢? 由松散的事件连接成的文本好像杂乱无章的生活本身,谁也无法预测规划人生,没有一个高高在上的、全知全能的上帝,推动文本前行的只有沉默的时间。汪曾祺认为,这种"散文化小说不大能容纳过于严肃、严峻的思想","是抒情诗,不是史诗,它的美是阴柔美,喜剧美,作用是滋润,不是治疗","这类作者大都是性情温和的人,不想对这世界做拷问和怀疑"①。相对于传统笔记体小说,现代文学开创了宏大的史诗体,致力于典型环境里的典型人物塑造。这种来自于西方的文学理念先验性地以上帝的视角预设了社会发展规律,文学文本只是为了验证这个规律,情节由严密的逻辑所决定,人物性格、命运发展必然符合这个真理,由此使文学达到了形而上的史诗性、真理性。这种"为人生的文学"行进了半个多世纪后,已经高度僵化,形成了一套庸俗现实主义文艺观念,以一种模式机械刻板地反映现实。随着改革开放时代的到来,文艺观念发生了变革。那一套庸俗现实主义,曾经认为颠扑不破的"真理",被证明并不是文学的唯一范式,更不能反映生活的本真,史诗性的宏大叙事遭遇了怀疑。汪曾祺重拾传统,反复试验,提炼出了"日常生活诗意化"这一审美特质,草蛇灰线伏脉千里地接续上了泰州学派的人生哲学和京派文学传统。汪曾祺虽然长期接受现代西方文学的滋养,但他更多的是主动浸淫在深厚的中国传统文化里。生活在现代社会的汪曾祺,自觉地融合古今中外文化传统,经过长期努力实践,把中国传统的松散的"纵向式"笔记小说发展成了一种特别的文体,以勾连小说与时代、人物与历史的"抒情考古学"②方法,编织了"八十年代的中国人的各种感情的一个总和"③。从 20 世纪 40 年代甫一开始文学创作,他一直在思考小说本体问题。在《短篇小说的本质》里,他认为:"至少我们希望短篇小说能够吸收诗、戏剧、散文一切长处,而仍旧是一个它应当是的东西,一个短篇小说。""一个短篇小说,是一种思索

---

① 汪曾祺:《汪曾祺访谈录》,《汪曾祺全集》(11),北京:人民文学出版社,2019 年,第 425 页。
② 均见汪曾祺:《抒情考古学》,《北京晚报》,1994 年 7 月 14 日。
③ 汪曾祺:《关于〈受戒〉》,《小说选刊》,1981 年第 2 期。

方式,一种情感形态,是人类智慧的一种模样。"他追求"气氛即人物","我一直以为短篇小说应该有一点散文诗的成份,把散文、诗融入小说……小说的散文化似乎是世界小说的一种(不是唯一的)趋势"。"宁可一个短篇小说像诗,像散文,像戏,什么也不像也行,可是不愿意它太像个小说","在叙事中抒情,用抒情的笔触叙事"。"全篇每一个地方都应浸透人物的色彩","希望能做到融奇崛于平淡,纳外来于传统,不今不古,不中不西。""让我(凭空)编出个人物、编出个故事出来,我没这本事。"①事实上伟大的《红楼梦》就是"日常生活诗意化"这一传统的集大成者,从流水不腐的日常生活中提炼人性的蜕变和人生的意义,而不是把人物、情节压缩在典型环境这个虚构的框架里。致力于描绘行云流水般在在皆是的精雕细琢的生活,又予以诗意化和哲理化,可视为中国本土叙事文学的写作法则。只有当"作者不是上帝,什么都知道"、不再处于高高在上的启蒙者位置时,文学才是作者与读者平等地坐下来,心平气和地"谈谈生活",这就又接续上了史传、笔记小说的传统。这种"后回忆体"文本的最后,作者所表达的仅仅是一点人生的感慨,虽然无可挽回,却哀而不怨。由笔记体发展而来的章回体小说也是如此,虽然叙述时间变长,事件繁多复杂了,然而事件的组织、进行永远围绕着永恒的"天道"而轮回循环。"许多无意义的诗都是有意义的。我们不当于诗的表面意义上寻求意义,而应该结合时代背景,于无意义中感受其意义。"②汪曾祺提出了独特的小说观念,"戏剧的结构像建筑,小说的结构像树"。"戏剧的结构是比较外在的、理智的。写戏总要有介绍人物,矛盾冲突、高潮,多少是强迫读者(观众)接受这些东西的。戏剧是愚弄。""小说不是这样。一棵树是不会事先想到怎样长一个枝子,一片叶子,再长的。它就是这样长出来了。然而这一个枝子,这一片叶子,这样长,又都是有道理的。从来没有两个树枝、两片树叶是长在一个空间的。""小说的结构是更内在的,更自然的。"他称之为"节奏",无迹可求,"但常行于所当行,止于所不可不止","写小说就是要把一件平平淡淡的事说得很有情致(世界上哪有许多惊心动魄的事呢)"。那些"惊心动魄的事"就是宏大叙事的史诗,与他以"悠闲与精细"的心态捕捉的人间温暖自然不可同日而语。③ 那些几十年前的小事之所以历历在目,是因为汪曾祺处于"无事在身,并无事在心,

---

① 参考汪曾祺:《汪曾祺访谈录》,《汪曾祺全集》(11),北京:人民文学出版社,2019年,第426页。
② 汪曾祺:《无意义诗》,《汪曾祺全集》(10),北京:人民文学出版社,2019年,第439页。
③ 汪曾祺:《小说该怎么写》,《天津文艺》,1982年第1期。

水边林下,悠然忘我,诗从此境流出,那得不佳"。(徐增:《而庵诗话》)当他回到了"纯粹的自我","虚一而静"时,人性美就悄然而生了。这就是汪曾祺对文学、人生的理解,永远去发现爱的暖意和人性的光辉,是他的美学理想,也是我们理解和进入里下河文学的路径。

从汪曾祺的人生经历看,他虽然继承了新文化传统,但他身上似乎更多地保留了传统文化的成分,形成了独特的士大夫文人的闲适趣味文化立场。正是在这个意义上,他被称为"最后一位士大夫",引领了80年代中期的"民族文化派"潮流。他在《自报家门》《随遇而安》《我的创作生涯》《文章杂事》《认识到的没有认识的自己》《汪曾祺选集·自序》《汪曾祺小品·自序》等夫子自道里,多次表达了自己的人生观和文学观。"我的朴素的信念是:人类是有希望的,中国是会好起来的。我自觉地想要对读者产生一点影响的,也正是这点朴素的信念。我的作品不是悲剧。我的作品缺乏崇高的、悲壮的美。我所追求的不是深刻,而是和谐。这是一个作家的气质所决定的,不能勉强。""我没有那么多失落感、孤独感、荒谬感、绝望感。我写不出卡夫卡的《变形记》那样痛苦的作品,我认为中国也不具备产生那样的作品的条件。"①"我的小说大都带有一点抒情色彩,因此,我曾自称是一个通俗抒情诗人,称我的现实主义为抒情现实主义。我的小说有一些优美的东西,可以使人得到安慰,得到温暖。"②"写写小品文,对宇宙万汇,胡思乱想一气,可以感觉到自己像个人似的活着,感到自己的存在。"③传统社会里,芸芸众生的生活遵循着亘古的天道,以俗人之欲通向天道,形成了优美和谐的中国古典文化特质。"夫民函五常之性,系水土之情,风俗因是而成,声音本之而异。"④汪曾祺对这一点有清醒的认识,"我以为风俗是一个民族集体创作的生活抒情诗"⑤。"风俗中保留一个民族的常绿的童心,并对这种童心加以圣化。风俗使一个民族永不衰老。风俗是民族感情的重要的组成部分。"⑥西方由于人与世界一直处于认识、对立的关系模式,发展到了近代,因为主体知识理性的扩张,就产生了崇高。这是一种新型主体,以精神的扩张战胜对象,由敌对的痛感转为

① 汪曾祺:《随遇而安》,北京:京华出版社,2006年,第281页。
② 同上书,第289页。
③ 同上书,第302页。
④ 汪国垣:《近代诗派与地域》《汪辟疆文集》,上海:上海古籍出版社,1988年,第291页。
⑤ 汪曾祺:《晚翠文谈》,杭州:浙江文艺出版社,1988年,第12页。
⑥ 同上书,第108页。

胜利的快感,是典型的现代审美类型,所以又称为近代崇高。汪曾祺虽然是现代人,接受了那个时代最好的教育,但是造化弄人,他一直没能做自己最喜欢的事,还弄了一段时间看上去最现代的样板戏。然而环境一宽松,他立刻回到了自己持守的文化立场,那就是中国社会仍然需要和谐、美好,文化应当"兼容并纳,不今不古","在文风上,我是更有意识地写得平淡……我愿意把平淡和奇崛结合起来。我追求的不是深刻,而是和谐"。以沈从文的话来说,即"创造一点纯粹的诗,与生活不相粘附的诗"。在《使这个世界更加诗化》中,他呼吁把生活予以"诗"化,"收放之间,精神相挽",以微笑面对生命中的苦难和伤痕,以大自然和人性、人情的力量拯救自我。这正是道家的智慧,生命的智慧。在"诗"的温情笼罩下,他重新"发现"了一直被知识界视为乌烟瘴气、藏污纳垢的市井。由于非教化性和价值观念的混杂性,使得市井游走在主流社会和黑社会的边缘,成为梁山"英雄"快意人生的世界。汪曾祺以现代人道主义视域,赋予市井社会以"人"的价值。"'市井小说'没有史诗,所写的都是小人小事。'市井小说'里没有'英雄',写的都是极其平凡的人。'市井小说'嘛,都是'芸芸众生'。芸芸众生,大量存在,中国有多少城市,有多少市民?他们也都是人。既然是人,就应该对他们注视,从'人'的角度对他们的生活观察、思考、表现。"汪曾祺心怀大悲悯、大敬意,把温润仁爱的市井生活表现出来,以人性美照亮灰色的世界。

在激进的现代性进程中,传统文化经常被用作抵抗现代性的资源,经久不衰历久弥新。"近年还出现'文化小说'的提法,这也是相当模糊的概念。所谓'文化小说',据我的观察,不外是:1.小说注意描写中国的风俗,把人物放置在一定的风俗化环境中活动;2.表现了当代中国的普通人的心理结构中潜在的传统文化的影响——比如老庄的顺乎自然的恬静境界,孔子的'仁恕'思想。"①这是他对中国式小说的定位,他文本里那些庄子式的人物,有着庖丁解牛般的绝技和境界,日子过得充满诗意。汪曾祺的文化趣味作为古典文化的余响,提醒我们传统文化的价值所在。他的那些"本心自明,皎如白日"的老中国的儿女们,散发着朴素的人性光辉。汪曾祺追求的是真正的"回到现实主义,回到民族主义",他的文本才是我们孜孜以求的"中国故事"。

作为文体家和文化大家,汪曾祺在当代文化史上有着承前启后、破旧立新的重要意义。汪曾祺的文本虽然"小",却又无比的"大",融汇了古今文化传统,打

---

① 汪曾祺:《汪曾祺全集》第6卷,北京:北京师范大学出版社,第361页。

通了中西文化藩篱,融现代性、民族性为一体,以文人的立场主动吸收和"雅"化民间文化,形成了典型的中国叙事话语。他的写作包罗万象,雅至最高学府,俗至三教九流,虽然吉光片羽,却又汪洋恣肆光怪陆离。他汲取的文化资源极其庞大惊人,一向"闲来无事乱翻书","翻"过《世说新语》《荆楚岁时记》《一岁货声》《东京梦华录》《岭表录异》《岭外代答》《十驾斋养心录》《植物名实图考》《梦溪笔谈》《容斋随笔》《震川集》,五四新文学、阿左林、伍尔芙的文本。融民俗文化、两晋六朝的风流和明清散文的性灵追求、五四文学"人"的解放为一体,追求"散文化小说"和把散文"写得平淡一点,自然一点,'家常'一点"。汪曾祺曾经高度评价好友林斤澜的创作,认为他独具特色地形成了"自己的思想,自己的感情,自己的语言,自己的叙述方式"。这个评论其实也适用于他本人。

汪曾祺是一个有自觉意识的作家,对自己的创作有清醒的定位。"我写不出多少作品,写不出大作品,写不出有分量、有气魄、雄辩、华丽的论文。""我永远只是一个小品作家。我写的一切,都是小品。"①所谓小品即短篇小说,因为"只熟悉这样一种的思维方式"。他对创作取阿左林式的态度:"他是一个沉思的、回忆的、静观的作家。他特别擅长于描写安静,描写在安静的回忆中的人物的心理的潜微的变化。他的小说的戏剧性是觉察不出的戏剧性。他的'意识流'是明澈的,覆盖着清凉的阴影,不是芜杂的,纷乱的。热情的恬淡,入世的隐逸。"②他以自觉的"边缘化"姿态,像沈从文、废名、孙犁,"满是人间烟火味,而无半点逐利心",创造了一个灿烂的纯美、非功利性的美好世界。

中国 20 世纪激进的现代性过程中,我们曾经急于求成,丢失了那么多民族传统文化,生搬硬套了那么多西方文化,造成的毁灭传统和食洋不化是触目惊心的。80 年代的新语境里,汪曾祺以知识分子的立场进行反思,恢复了自我精神的独立性,进行了自我身份的重构。他的重构途径是借他人之酒以浇自己块垒,借靳彝甫、高北溟、王淡人、季匐民这些有着传统"士大夫"气息的现代人重新"发现"了传统文化的价值,以构成"八十年代的中国人的各种感情的一个总和"。这个总和就是回到传统,回到民族文化立场,重新阐释传统文化的价值。"礼失求诸野",借助民间重建社会秩序和理想。这个立场使得他接续了京派文化的传统,把乡村予以审美化、乌托邦化,寄托了自己儒道互补的文化理想。汪曾祺是

---

① 汪曾祺:《晚翠文谈·序》,《晚翠文谈》,杭州:浙江文艺出版社,1988 年,第 2 页。
② 汪曾祺:《谈风格》,《晚翠文谈》,杭州:浙江文艺出版社,1988 年,第 104 页。

生活在现代社会的"古人",他的价值观、文化观是保守的、向后看的,他的文本具有重要的文化价值、审美价值、文体价值。

汪曾祺之后,生长于里下河的作家群体以"汪曾祺式书写"登上文坛,他们的文本体现了典型的文学地理特点,以地域文学创作为中心逐渐形成了里下河作家群。有学者认为,"里下河文学流派是一个'正在成长中'的流派,里下河地区的众多作家在创作上表现出同一审美属性或倾向,虽然没有自觉地提出文学主张,也没有刊物,但是却有代表性的作家,从文学的多样性来讲,里下河文学无论作为流派,还是作为作家群,作为创作整体现象,其文学意义与文学史价值同样重要"①。主要作品有:毕飞宇的《平原》《玉米》系列、《哺乳期的女人》,刘仁前的《香河》《浮城》《残月》"香河"三部曲,刘春龙的《垛上》,顾坚的《元红》《青果》,庞余亮的《薄荷》《有的人》《小先生》《小虫子》,曹学林的《船之魅》,朱辉的《白驹》《视线有多长》《要你好看》,罗望子的《暧昧》,钱国怀的《南瓜花》,沈光宇的《水性杨花》,顾维萍的《水香》,李景文的《烟花三月》,周荣池的《一个人的平原》《草木故园》《村庄的真相》散文系列和"李光荣"长篇小说系列,鲁敏的"东坝"小说系列等。无论是毕飞宇的王家庄,朱辉的白驹,刘仁前的香河,刘春龙的荷城县垛上,庞余亮的阳楚县三汊港,周荣池的南角墩,还是鲁敏的东坝,都多方面地表现了里下河乡土社会独特的社会空间和"人"的状况。

2013年,《文艺报》、江苏省作家协会、泰州市文联等单位联合举办了第一届"里下河文学流派"研讨会,正式提出"里下河文学流派"的概念。三个不同层级的单位联合成立了中国里下河文学研究中心。陆续出版作家丛书36册,创办《里下河文学》年刊,连续举办了六届研讨会,对里下河文学流派的本体生成、文本变迁、文化版图、师承传统、审美内涵、文化价值、美学特征进行了阐释。"里下河文学流派"获得了广泛认同,成为中国文学版图上一个独特的、不可或缺的存在。

前现代社会时期,每个"地方"都是封闭的地方,地方文化是一种自在自为的、相对独立的存在,具有鲜明的特征。古代先贤们一直关注到地方文化生成与性质问题。如《孔子家语》云:"坚土之人刚,弱土之人柔,墟土之人大,沙土之人细,息土之人美,(土毛)土之人丑。"李淦的《燕翼篇·气性》将天下分为三大文化区域:"地气风土异宜,人性亦因而迥异。以大概论之,天下分三道焉:北直、山

---

① 周卫彬:《关于里下河文学流派的几个关键点》,《里下河文学年刊》,2016年刊。

东、山西、河南、陕西为一道,通谓之北人;江南、浙江、江西、福建、湖广为一道,谓之东南人;四川、广东、广西、云南、贵州为一道,谓之西南人。北地多陆少水,人性质直,气强壮,习于骑射,惮于乘舟,其俗俭朴而近于好义,其失也鄙,或愚蠢而暴悍。东南多水少陆,人性敏,气弱,工于为文,狎波涛,苦鞍马,其俗繁华而近于好礼,其失也浮,抑轻薄而侈靡。西南多水多陆,人性精巧,气柔脆,与瑶侗苗蛮黎蜒等类杂处,其俗尚鬼,好斗而近于智,其失也狡,或诡谲而善变。"①"天地之气,各以方殊,而人亦因之。南方山水蕴藉而萦纡,人生其间得气之正者,为温润和雅,其偏者则轻佻浮薄;北方山水奇杰而雄厚,人生其间得气之正者,为刚健爽直,其偏者则粗厉强横。此自然之理也。"②"多水少陆"的里下河,"水"是这片水土上生活的构成要素,"水"集生活经验、审美意象和生存智慧于一体,"化"在生活里,抽象成一个地方文化精神的"总和"。《老子》言:"上善若水。水善利万物而不争,处众人之所恶,故几于道。居善地,心善渊,与善仁,言善信,正善治,事善能,动善时。夫唯不争,故无尤。"生活在淮河流域的庄子,那一部汪洋恣肆的《庄子》里有无数"水"的意象。"人莫鉴于流水而鉴于止水","万川归之,不知何时止而不盈;尾闾泄之,不知何时而不虚"。至高无上的"玄水"就是至高无上的智慧。"水"的柔性,水的不确定性,水患的无常性,养成了生民既逆来顺受、又无比坚韧的生命观。正如汪曾祺所言:"我的家乡是一个水乡,我是在水边长大的,耳目之所接,无非是水。水影响了我的性格,也影响了我作品的风格。"③"水"的柔性决定了人与世界之间没有剧烈的冲突,形成了一种"温情"的接纳。然而,里下河的"锅底洼"地势使得这里长期饱受黄河夺淮的水灾之苦,南宋时期黄河夺淮的天降水患,更是把这片富庶的土地变成了灾难不止的贫困地区。但是,这种人与自然的对立,在中国哲学里因为人与自然的存在性关系,反而转换为对自然大化和人生命运的认识,"因此不是一个决裂和拼搏的问题,而是一个理解和顺应的问题。但理解并不能改变其敌对性,从而也不能改变自身的悲态。但因有理解,有对大化命运的理性确认,而使悲带上了柔顺性,成为悲态"④。"水"的哲学性质和中国人对"天"的敬畏,使得人与自然不具有冲突性,而是转换为细腻、

---

① 李淦:《燕翼篇·气性》,张潮辑《檀几丛书》二集,康熙刊本。
② 沈宗骞:《芥舟学画编·论山水》,俞剑华:《中国古代画论类编》,北京:人民美术出版社,2004年,第780页。
③ 汪曾祺:《随遇而安》,北京:京华出版社,2006年,第18页。
④ 张法:《美学导论》(第三版),北京:中国人民大学出版社,2015年,第144页。

温婉、节制、冲淡的悲态心理,形成了温柔敦厚、恬淡内敛的美学风格。文化学理论认为,"由于传播作用,经过一个时期,彼此相邻的社会的文化就有了越来越多的共同之处。相邻或相近社会文化的趋同倾向造成某些地域中文化的相似性,称之为'文化区'。"①里下河地区处于南北方文化交接地域的特殊地理位置,使得这里形成了不偏不倚、中庸雅正的地方文化传统。汪曾祺把这种精神质地称为"抒情现实主义"。泰州学派秉持的"百姓日用"是人类顺应本然天性而进行的全部生存生活实践观念,形成了里下河地区特别的地方文化。费瑟斯通认为,"通常来说,地方文化都被认为是与全球相对的一种特殊存在。它经常被认为是一个相对较小、存在边界的空间,生活在其中的个体经营着一种日常的、面对面的关系。日常文化的自然性、习惯性和重复性受到重视,每个人都是实践的主体。针对居民群体和物质环境(空间安排、建筑物、自然条件等)的常用知识库也是相对固定的;它在时间的流逝中延续下来,而且还有可能包含着将人们维系在同一个地方、同一种过去感之上的仪式、象征和庆典。"②这就是汪曾祺一直致力于创造的"日常生活诗意化",就是里下河作家文本里比比皆是的充满烟火气息的乡土民俗文化,创造的"盛满水意和诗意的土地"。正因为"百姓日用即道",日常生活本身就充满了意义,直接构成了里下河人的生存结构,没有什么先验的理性主义本质观来归纳、指导人生,生活就是人生的内在真理与秩序。而"作家一旦进入现实的体验,一旦运用现实的体验作为写作的材料,就无法摆脱本土文化对自己骨血的渗透"③。由于生活向真理敞开,民间成为文学主体,以民间立场进行话语叙述,日常生活成为社会历史的本体和小说的生活基础,具有穿越时代的、最为恒常的动力,最终实现了日常生活审美化,以温暖的传统文化情怀在乡土时空变迁中关注人的命运,挖掘人性美,悲天悯人,升华为"这一切真是一个圣境"的乡土空间。因此里下河文学具有人本主义地理学意义,从"人—地关系"方面探索关于地理存在的美学反应。

因为里下河文学流派需要借助民间重建社会秩序和理想,在艺术上常常表现为以浪漫主义美学观对农耕社会生活进行静态的抒情式描绘。因为农业文明

① 罗伯特·F·墨菲:《文化和社会人类学引论》,王卓君、吕廼基译,北京:商务印书馆,1991 年,第 251 页。
② 迈克·费瑟斯通:《消解文化——全球化、后现代主义与认同》,杨渝东译,北京:北京大学出版社,2009 年,第 127 页。
③ 贺雄飞主编:《守望灵魂》,北京:中华工商联合出版社,2000 年,第 256 页。

浸淫于自然,经过长久积淀,成为民族文化心理,常常表现为农夫渔樵、风土田园、溪流、牧歌、炊烟,乡土、乡亲、乡音,乡土风俗等意象,试图塑造一种永恒美好的文化理想。里下河文学的社会时空一般是乡土小邑,以风俗画、风情画、风物画的社会肌理展开田园牧歌式的描写。刘仁前的《楚水风物》就是一部兴化地方"风物志",对里下河地区的风物、习俗、文化、历史掌故等进行了汪曾祺式的人文描绘,《香河》更是以对民俗淋漓尽致的描写被誉为"里下河风俗的全息图"。庞余亮自觉地以"小"的生命常态仰望世界,"小"既是乡村空间的小,也是审美之"小",以平等的姿态追溯审视童年和青春,在《小先生》和《小虫子》里接续了现代文学贤善与性灵的传统,建构了一座爱与美的纸上课堂和操场。李明官的《范家村手札》对村落寻常的空间坐落、植物草木、坝头河坎、沟沿渠畔进行了"静物"描绘,像一幅幅中国折枝花卉图,一个个精美的盆景,带着天籁般的乡土气息,"悬置"于激进的现代性之外。

但是,乡土社会毕竟正经历着解体和转型的阵痛,由于"流动的现代性"造成的"液态""软"空间,地方性特点逐渐消失,"城"与"乡"之间的界限也越来越模糊。里下河作家群坚守乡土文化立场,在时代的变迁里不断拓展乡土文化精神,重塑乡土文化价值,对里下河乡土精神进行了再造与重新界定,赋予了新的内涵。里下河文学书写作为敞开的话语体系,以大量作家的辉煌的成就,成为中国当代文学创作的一个集居高地。"里下河文学流派不能只是在文学内部封闭的命名和'传统再造',而是应该是主动积极的'文学空间的生产'。"①这种文学空间的生产使得"文化的地域特征愈益鲜明、文学的地域色彩日益突出、文学的地域传统也愈益为人们所自觉"②。

1987年,刘仁前模仿汪曾祺,从《故里人物三记》开笔,开始了对里下河生活的书写。陈建功在第一时间敏锐地"嗅"出了文本的"汪味","这位作者的另一点可贵之处是,他开始意识到,要写出'味儿'来了。比如作品中那远距离的叙事态度,不是确实有了一种冷隽的观照的'味儿'吗……我想,这都不是随意为之的。这里面渗透着作者对一种叙事调子的追求。不过,这种叙事调子怎样才能更加独树一帜,以区别于汪曾祺先生的某些小说呢? 大概这也是作者正在思索的突

---

① 萧雅、魏斌:《关于里下河文学流派的几个关键词》,《泰州日报》,2019年11月25日。
② 蒋寅:《清代诗学与地域文学传统的建构》,《文史知识》,2007年第10期。

破方向吧?"①这种"冷隽的观照的'味儿'",就是同为里下河先贤的刘熙载所主张的"愿言蹑清风,高举寻吾契",即审美距离和话语蕴藉。可以说刘仁前的创作虽然从模仿起步,但是因为"悟"透了汪曾祺,所以从一开始就站在了反思的审美高位。几年后,他的《楚水风物》更浸透了汪曾祺的《故乡的食物》的味道,把"菱""高瓜""河蚌""毛鱼""麻雀""野鸭""糖团""春卷""连根菜"等六十三件稀松平常的生活物事以土到极致的方言俗字命名,写得充满趣味而又淡泊隽永,耐人咀嚼、回味无穷。因为刘仁前从汪曾祺文本中发现了一个核心秘密,就是追求生活的意义,意义即文化,即价值。而意义是通过反思、回味升华出来的,正是在一代代人的生活积累中,"物"向人敞开了真理的通道。于是每一件物上都层层叠叠累积了无数"人"生活的痕迹,形成了典故。而这一个个"故"之所以能够成为"典",就因为它们既已经成为历史,也仍然活在当下,是活泼泼的生活和文化。无论是《菱》《高瓜》《荸荠·茨菇》还是《河藕》,一个个司空见惯的水乡吃食,刘仁前都从历史、名人书写和自己亲历入手,娓娓道来。杨万里的诗、李时珍《本草纲目》的相关记载、唐诗人郑愔、刘禹锡的《采菱行》、南北朝徐勉的《采菱曲》、郁达夫和藕的传说、"追节"民俗、《周礼》中的"高瓜"、李白《宿五松山下荀媪家》的"雕胡饭"、儿时一望无际的茭白丛、张潮《江南行》和杨士奇《发淮安》中的茨菰、历代诗歌里关于粽子的描写、卖粽箬的女人,纷至沓来目不暇接。这里绝不是什么掉书袋或者炫耀生活知识,而是以生活物事为引子,以情感串起岁月的彩珠,生活真实和历史真实一下就打通了。文化人眼中的"物事"与民间生活的"风",就这样打开了生活知识和文化知识之间的通道,构成地方性知识的总和,发出文化之"味"。刘仁前的出发点仍然是感慨和回味,感慨平凡的"物事"上曾经凝聚着的那么多美好时光的逝去。平常之物之所以称为"风物",应劭的《风俗通义》云:"风者,天气有寒煖,地形有险易,水泉有美恶,草木有刚柔也。俗者,含血之类,像之而生,故言语歌讴异声,鼓舞动作殊形,或直或邪,或善或淫也。""风"与"楚水"一起构成了文化环境,因为有了"人"的活动才形成文化小传统。E. 希尔斯认为,传统"是人们在过去创造、践行或信仰的某种事物,或者说,人们相信它曾经存在,曾经被实行或被人们所信仰"②。"从某个方面来看,一种传统的界限就是由其信仰共同体界定的拥护者集体的界限;从另个方面来看,传统的界限又是

---

① 陈建功:《读后信笔》,《中国青年》,1987 年第 5 期。
② E. 希尔斯:《论传统》,傅铿、吕乐译,上海:上海人民出版社,1991 年,第 15 页。

象征建构的界限。"①"人们会把传统当做理所当然的东西加以接受,并认为去实行或去相信传统是人们应该做的惟一合理之事。"②刘仁前的文化书写意义在于以经验真实重构世界,这样就接续上了沈从文、汪曾祺的京派文学传统,"文学的散文承担着责任,就是要通过书写探测、探讨,能够真实地穿透陈陈相因的东西,真实地书写自身,书写这个世界。在这个意义上说,散文是承担着先锋的、探索的责任"③。《楚水风物》记忆、收藏了里下河的生活史,这些"风物"与里下河之"人"之间建立了存在意义上的关系,正如本雅明所言:"在最高的意义上说,收藏者的态度是一种继承人的态度。""同对象建立最深刻的联系的方式是拥有这个对象。"④

　　关于刘仁前的《香河》,出版社的"内容简介"这样介绍:"书中的主人公叫柳春雨,作者既讲述了他的父辈,也描写了他的子女。但这一切并不重要,故事既没有惊涛骇浪,也没有悬疑惊悚,重要的是这一方沃土,村民们的世俗生活构成了小说的主线,既有衣、食、住、行、生、老、病、死、婚、丧、嫁、娶、悲、欢、离、合,也有礼、义、廉、耻、忠、信、恕、仁、孝、悌、贞、节,写得饱满,精彩。"⑤《香河》以乡村生活的日常叙事为中心,全景式地描绘了乡土里下河社会"香河"的民俗风情,香河村日复一日的生老病死、喜怒哀乐鲜活生动,俨然成了小说的主人公,建立在这些凡俗琐碎的日常生活之上的价值观才是作家追求的核心,才是生活永恒坚实的大地。赵本夫盛誉《香河》为"一部里下河兴化版的《边城》",有学者认为《香河》正是符合汪曾祺理想的长篇小说,完成了汪曾祺未竟的愿望。继《香河》之后,随着社会进一步经济理性化,刘仁前对里下河社会生活的思考进一步深入,继续创作了《浮城》和《残月》,构成了完整的《香河三部曲》。《香河》展开的是后"文革"背景下的里下河叙述,《浮城》和《残月》进入到了当下,直面地方性被打破后,多元化、传统文化破碎转型的里下河世界。但是文本核心仍然围绕着民间,是汪曾祺最热衷于探索的"当代中国的普通人的心理结构中潜在的传统文化的影响——比如老庄的顺乎自然的恬静境界,孔子的'仁恕'思想"。

　　甫一打开《香河》,浓郁的里下河兴化水乡气息扑面而来,整个文本通篇都采

① E. 希尔斯:《论传统》,傅铿、吕乐译,上海:上海人民出版社,1991年,第352页。
② 同上书,第19页。
③ 李敬泽:《面对散文书写的难度》,《福建日报》,2017年12月26日。
④ 瓦尔特·本雅明:《单行道》,北京:北京师范大学出版社,2020年,第157页。
⑤ 刘仁前:《香河》,北京:人民文学出版社,2010年,封面折页。

用了兴化方言口语,好像热气腾腾的生活永不停息地汩汩流淌。兴化方言属于
江淮方言系统下的通泰片,是难度仅次于吴方言的亚吴方言,一向难以与外界沟
通,似乎以这种方式保留了一个"不足与外人道也"的小世界。方言事实上属于
言语,是一种非公共性的语言,因为不能规范化、书面化或者"雅"驯化,所以一直
被排斥在大传统之外,是地方小传统最明显的表征。"雅"到极致的文言虽然一
直掌控着文化领导权,却也以一成不变的僵化失去了对现实的表征能力和生命
力。而生龙活虎的方言一直顽强地表征着存在,凸显还未被大一统文化同化的
自我,那个民间本真的、活泼泼的存在。一旦把方言保留在书面文本上变成"字
话",就具有了神圣性,意味着把隐匿在普通话屏障后面的民间暗夜彰显出来,表
达个体鲜活的生命感受。正是这些独特的个体聚合起来,形成了顽强的小传统,
才能抗拒坚硬的大传统。生活赋予语言以生命,语言与事实、与生命、与生活之
间有着多重复杂关系,只有活泼的言语才能表现出隐藏在大一统语言下个体的
生命内蕴。如果说文言、普通话意味着文化统治霸权,是官方意识形态的强制性
统一,那么方言就意味着民间意识形态的运行逻辑,是民间沉默的反抗和强大的
自我主体。方言在民间的绝对主导地位彰显了民间的生存智慧,这一点在毕飞
宇的《平原》里也有生动的表现。里下河亘古不变的农耕生活与方言构成了内在
对应的生命秩序和真理,从这个意义上看,方言绝不仅仅只限于构成《香河》的叙
述工具和修辞,而是话语,是强大的、活着的地域文化传统在言说,方言形塑了文
本的有机本体。刘仁前一直坚持民间文化立场,他关于方言的思考也印证了这
一点:"里下河一带,特别是兴化的方言土语、民间歌谣,我有一种由衷的喜好。
家乡话,构成了我打造'香河'这个文学地理的语言基调……"①可以说没有兴化
方言,就没有《香河》,活色生香的方言使得刘仁前的文本成为"有根性的写作"。
文言和书面语作为传统精英文化的象征,一直压制着民间社会的声音。很多深
入民间、了解民间智慧、持有民间立场的知识分子们都在反思这个问题,韩少功
创作于1990年代的《马桥词典》就完全让民间出场,自由言说,把马桥的"疯言疯
语"变成庄严的"典",恢复了马桥民间的主体和尊严。《香河》在内在精神和民间
立场上非常接近《马桥词典》,在形式上,因为里下河地处南北方文化交接地带,
形成了温润的风土特质,没有像"楚狂人"韩少功那样走得那么远。楚地因为远

---

① 汪政:《用文学为故乡作传——评刘仁前长篇小说〈香河〉、〈浮城〉》(来源:里下河文学网 http://www.
lxhwx. cn/2641. html. 2016 年 12 月 12 日)。

离中原主流文化,形成了特有的"骚人风致",民间的力量极其强悍。位于吴头楚尾的里下河地区,"楚风"一经中原文化的融合,变成了温润的"楚水",形成了平淡中和的鲜明地域历史文化形态,而有别于任何其他地域文化。

《香河》最大的特点是发展了沈从文、汪曾祺的文化小说观念,并且进一步推进,把风物、风情、民俗变成了叙述红线和推动力。《香河》没有采用文人话语叙事,而是采用了民间叙述话语,比汪曾祺的士大夫化的民间更彻底,叙述者自我干脆退出,让民间自己发声。沈从文、汪曾祺的文本里,民俗的流动意味着时间的流动,形成了叙述经线,民俗节日、节庆即时间的节点,在时间节点上的人的行动构成叙述纬线,经纬线交织,形成了活泼泼的生动世界,就是沈从文的野性的湘西,汪曾祺的"礼不下庶人"的高邮小邑。那种到处弥漫的气味、氛围,构成了一个在在充满前尘往事、云烟朦胧的、令人心醉神迷的美好世界,一个"圣境"。小世界一旦敞开,湘西、高邮就成为故事的行动者,萧红的《呼兰河传》也是这样,地域成为叙述主体,裹挟、推动着小世界里的人和事件向前。这种平面的、如水一般漫漶的叙述不就构成了中国传统小说叙述的民族特点吗? 这也是沈从文、汪曾祺孜孜以求的、融合了新文化特质的"新"小说叙述形式。因为种种原因,汪曾祺没有把他的高邮审美世界进一步扩大,发展为长篇小说。而我们知道,长篇小说具有史诗性,只有审美形式成熟、社会生活容量巨大、叙述时间跨度漫长的长篇小说的诞生才意味着流派的形成。刘仁前作为里下河文学流派的领军人物,接续了沈从文、汪曾祺的美学理想,"挖掘了香河,展示了香河",香河世界寄托了他对里下河故乡的满腔深情和美好愿景。《香河三部曲》塑造的"香河"人文地理空间,在漫长的时间里经历了大世界的起起伏伏,却始终如一地保留着强大的民间自我。"香"在中国文化中具有神圣性,"香"通过神圣的仪式,味道弥散以达到至高无上之"天","河"具有时间的流动性和永恒无上的智慧性,所以"香河"是一个隐喻,一条施洗之河,是生命母体、道德母体、智慧母体,充满了中国文化意味。"香河"的生命力和净化力源源不断,取之不尽用之不竭,是香河文化的源泉,是香河人生命力的源泉。里下河水域作为一个"人"生活于其中的"小世界"(戴维·洛奇语,他的一部小说就命名为《小世界》),它的滋润、流动、暴虐、无常,反映在人对自身命运的感悟上,它与人是一体的。所以"香河"内化为里下河水域的地母,既养育着这片土地上的芸芸众生,更具有伟大的神性,使这里的生活充满了神圣性。虽然香河的时间就是中国当代的政治时间,然而香河人仍然固执地生活在老祖宗的农历和大自然的节气里,那才是他们的生活节律和生命时间,"劳者歌其事",亦农亦渔的农事和生老病死、婚嫁喜丧构成了他们"生活的总和"。形塑那个时代全部生活的最大因素当然是政治,然而大于天的政治却似乎对这里的生活没有产生什么影响,以"上面"传下来的几套变来变去的普通话标语口号糊弄了事。人们一面以普通话学着上面的口号,一面以方言过着自己亘古不变的日子,两者之间保持着微妙的张力和平衡。日常生活与治理社会的政治形成了绝妙的讽刺。毕飞宇的《平原》里也有这样的两套话语系统,民间以自己与生俱来的生存智慧自如地在政治和生活之间转换。香河人永远是自己生活的主人,而不会成为什么"革命人"。刘仁前的写作立场与属于反思文学的《芙蓉镇》截然相反,书写的是民间的真实生活。如果说政治就是主流意识形态,那么人伦、民俗永远是民间的最大"政治",是超越了时空的、永恒的醇厚优美的人性。"香河"既是里下河的地理人文社会环境,又构成了一个象征体系,是里下河文化精神的隐喻。刘仁前把香河的历史风云变幻和地理的沧海桑田表现在香河的形象上,地理真实和情感真实的香河,阴晴圆缺或风急天高像一年四季那样自然更替,时而平缓时而急湍、或波澜起伏或静水深流、或凝滞不前或一泻如注,构成了香河形象的形式和内涵,与同样是书写河流的张承志的《北方的河》形成了鲜明的对比。《北方的河》里的五条大河被抽象化象征化,承载着重重意义,成为知识分子重构民族精神的表征,属于崇高的宏大抒情话语,体现了现代性文化统一体霸权对地方性的解构。《香河》里,虚构的香河既真实又一直处于生命的生长变换中,是民间渺小自我的呻吟呢喃。刘仁前的书写立足于民间,与同一时期宏大的知识分子启蒙立场一比较,显得过于保守和后退。从沈从文、废名、萧红、汪曾祺、韩少功、刘仁前的写作实践看,民间立场一直与启蒙立场并存,构成了一条隐形线索。在宏大话语逐渐退出之后,上升到明显地位,刘仁前的写作就是一个证明。他的文本重新"发现"了自然,"发现"了民间,充满情感的地域成为一个有机本体,生生不息。这也是对小说形式美学的贡献。从某种意义上讲刘仁前也和汪曾祺一样,是一位有创新精神的文体家。

由于刘仁前对乡土文化流逝的悲悯立场,《香河》把里下河地区的风俗风情劳动等生活全部一网打尽,带着淡淡的哀愁,为正在逝去的生活献上了一曲无尽的挽歌。因为里下河叙述主体的有机体性质,有学者认为,《香河》整个文本呈现出"蓬勃的、野生的、自在的生命力,发散着'思无邪'式的烂漫情致和原生态美感,彰显一种可喜的混沌性、自足性、圆融性"。刘仁前是乡土世界的传承者和守望者,香河世界充满着芬芳醉人的俗世温情,风俗史和人情史交织成了地方史,构成了和谐的小世界。

《香河》里的"香河"前现代时期,香河基本上处于农业社会的自在状态,政治因素对乡村社会的影响微乎其微。到了《浮城》和《残月》里,这个时代最强大的经济因素进入了平静的乡村,由于外部世界的入侵,打破了乡村社会的平衡。无论人与人,还是人与自然之间,被激活的、不断扩张的欲望引发了人性的挣扎纠结和命运的躁动。文学表现空间从乡村转移到里下河地区都市,官场、商场、情场形成了新的生活场域。在都市这个开放性的世界里,由于小邑与乡土社会的天然联系,乡土经验、童年经验、乡村伦理仍然主导着人性的"善"。所以人物的官场沉浮和情感纠葛,仍然折射着乡村伦理对人性的影响。人物的进退得失、上下浮沉,无不纠结着重重欲望,叩问着传统社会养成的淳朴人性。乡村子民一旦走出了香河小世界,文化脐带断裂,缺失了香河乡土文化神性的滋养,新的精神源头还来不及建立,精神世界就失去平衡而陷入残缺,乡土人性处于蜕变中。由于乡村伦理宽广、深厚的人性底蕴和社会形塑功能,文化地域性、共同性与深刻性之间构成了复杂多重的关系。在人物设计上,既无"至善"也无"至恶",就是生活里有瑕疵与个性的平平常常的小人物。刘仁前接续了汪曾祺的文化立场,温情地再现乡土社会,体现生动丰富、永恒的人性。所以即使是《香河》里的文革时期,人物也没有单一化为政治动物,《浮城》和《残月》的改革开放时期,人物也没有沦为经济动物,仍然保留着丰富的人性。虽然必须直面人性裂变、困境、挣扎与守望,但是刘仁前仍然只给出温和的提醒,而不是上升到人性恶的批判层次。有人批评刘仁前的文本缺乏福克纳、马尔克斯那样对人性的深层次的观照,缺乏应有的批判性和期待性。其实这恰恰是由刘仁前的书写立场所决定的,或者更进一步地看,是由中国的文化逻辑决定的。中国文化中道德之"天"的永恒性,悲天悯人地决定了对人性只进行温和的善意弥补,而不是进行激烈峻急的现代性反思和批判。《残月》结尾,柳安然的去世彻底结束了上一个时代,大铁驳船与待建的大桥意味着香河村将连接上外面的世界。一个离去,一个新生,这一对巨大的隐喻预示着田园牧歌的消失。《香河三部曲》从《香河》的农事诗式抒情到《浮城》冷峻的城市写实,诗意已经逐渐消失,再到《残月》的冷静批判,构成了一个历史理性逐渐上升、审美光晕逐渐消散的过程,反映了刘仁前对汪曾祺小说的继承与突破。《浮城》获得施耐庵文学奖,颁奖辞认为,"刘仁前的《浮城》是他乡土写作之旅的延续,他再次用他的'香河'叙事完整地呈现了以乡规民俗为依托的小传统下安全而自足地运行的'乡土中国'。作品不仅在后乡土社会为人们留下了具有实证意义与方志价值的苏中平原水乡的典型风俗画,而且揭示了中国农村生存与发展的路径依赖、社会结构和政治生态。作家对地方的执着书写显示了一种来自传统的知识自觉与历史思维,他对地方的生活化、细节化、个体化、传奇化和情感化的美学处理证明了新的'微观地方史'的可能性。"刘仁前的书写是中国传统的"志"式书写,以美学和文献方式凸现地域文化的独特性。在中国浩如烟海的地方志、志人式书写里都保留了完整的生活记忆,也就保留了地方文化传统和地方经验。在现代性话语日益强势的今天,地方的想象、书写和记忆保留了乡土社会文化标本,以抵抗现代性的侵蚀。

《香河三部曲》时间跨度长达半个多世纪,写出了柳家四代人的命运变迁,农村、乡镇、小城市的转型,农耕文明的溃败凋零,经济社会精神的残缺。主题是无法承载的时代之痛,以地方志书写的形式建构了里下河小世界的史诗。然而,这种史诗不同于西方的典型环境里的典型人物,刘仁前以沈从文的"田园叙事"的文化立场进入当代话语现场,他的书写是一种"反现代性"的现代性。

刘仁前的《香河》系列书写了乡村社会转型的纠结,故乡兴化化身为"楚县",漂浮在流动的现代性世界上。同是兴化籍的毕飞宇,打造了"王家庄"文学王国,从残酷的存在主义层面,对人性和欲望展开了深刻的剖析。如果说刘仁前始终以温情的眼光看待人性,对故乡的沦陷持着悲悯的情怀,那么毕飞宇则以峻急犀利的目光无情地撕开了乡村人情社会的面纱,把人的命运置于权力话语下进行极限追问。刘仁前的书写延续了京派文学传统,毕飞宇的书写转换为现代主义立场。《玉米》《玉秀》《玉秧》《地球上的王家庄》短篇小说系列和长篇小说《平原》,围绕着王家庄的乡村日常生活展开了既不动声色、却又触目惊心的描写。温馨而日复一日、貌似永远不变的生活却是在无处不在的权力统治下进行的,人与人之间的社会关系、感情、爱情都取决于权力这只看不见的手。在权力的摆弄下,人出于对最低生存的强烈欲望,不自觉地走向了自己的反面。通过对最基层的乡村社会生活的描写,作家对中国社会的权力本位特征进行了洞穿,写出了人性的荒谬,撕破了前现代乡村熟人社会温情脉脉的面纱。"……在我心中,第一重要的是人,人的舒展,人的自由,人的神圣不可侵犯的尊严,人物欲望","我对人、人的命运、人与人的关系更感兴趣……"①这就表现了存在意义上的生存困境,人性层面的疼痛。"在生存和发展的权利面前,表现出我们内心的勇敢、力量

---

① 吴俊:《毕飞宇研究资料》,北京:人民文学出版社,2016 年,第 505 页。

和尊严,这才是人性最大的高尚。"①这是毕飞宇文本的深度和力量。王家庄超越了王家庄,像卡夫卡的城堡,上升为"地球上的王家庄",抽象出苏北平原农业社会的特质。在对王家庄进行了历历在目的工笔细描之后,毕飞宇的思考深入到了集体记忆下的乡村生活脉络,把乡村小人物的日常生活悲剧上升到叩问历史和现实、探究命运的高度。这就是厚重的《平原》。

> 麦子黄了,大地再也不像大地了,它得到了鼓舞,精气神一下子提升上来了。在田垄与田垄之间,在村落与村落之间,在风车与风车、槐树与槐树之间,绵延不断的麦田与六月的阳光交相辉映,到处洋溢的都是刺眼的金光。太阳在天上,但六月的麦田更像太阳,密密匝匝的麦芒宛如千丝万缕的阳光。阳光普照,大地一片灿烂,壮丽而又辉煌。这是苏北的大地,没有高的山,深的水,它平平整整,一望无际,同时也就一览无余。麦田里没有风,有的只是一阵又一阵的热浪。热浪有些香,这厚实的、宽阔的芬芳是泥土的召唤,该开镰了。是的,麦子黄了,该开镰了。②

> 河面上的稻船走远了,河面上的波光凝重起来,在满天的星光下面无声地闪烁。毕竟是秋天了,一些虫子在叫,空旷而又开阔的苍穹安静了。吴蔓玲和端方顶着满天的星光,在往回走……夜色顿时就妩媚起来。黑得有点润,有了光滑的、却又是毛茸茸的表面,有了开放的姿态,可以用手摸的。说妩媚都不为过了。③

《平原》淋漓尽致地书写了乡村诗意丰沛的呼吸,生命的妩媚多姿,苏北平原大地上活泼泼的生命共同体。平原的生命逻辑就是农事的循环,是人类生活最恒常单调的一面。毕飞宇对乡村的书写不是为了抒情,他文本里的田园从来没有诗意。王家庄人遵循着古老的自然律令生产生活,却总也得不到好的命运。在这看似亘古的恒常里,决定王家庄人命运的那只巨手到底在哪里? 仍然是"权力"。在权力架构里,平原成了一个深不见底的陷阱,端方像骆驼祥子一样在乡

---

① 毕飞宇:《〈青衣〉问答》,《小说月报》,2003 年第 3 期。
② 毕飞宇:《平原》,南京:江苏文艺出版社,2005 年,第 1 页。
③ 同上书,第 176 页。

村的磨道上转圈圈，挣脱不了命运的天罗地网。南京知青吴蔓玲出于对权力的渴望，拼命压制欲望，最终失去了理智，成为可笑的花痴。"平原"成为一个巨大的文化隐喻，福柯意义上的话语系统，由于权力和人性的缠绕，人陷于其中永远也无法挣脱。

毕飞宇的思考和写作是从现代主义进入的。创作《平原》之前，他经历了很长时期的先锋小说写作训练，磨砺了他看透存在本相的慧眼。他以对时代丰富深厚的历史把握和细腻的文学质地，一层层扒开了乡村社会的内里，宣告了存在的无意义，命运的不可把握。与路遥的肯定宏大历史、热爱生活的《平凡的世界》的价值观完全相反。现代主义文学因为哲学意味太过浓厚，经常陷入"反形式"的陷阱而无法卒读，也因此一直以来深受诟病。《平原》很好地弥合了思考与文学的裂隙，气象宏大，视野开阔，呈现出既智慧又民间的深厚、丰富复杂的叙事生态。以空前的深度和广度颠覆了当代作家对20世纪70年代的回忆式书写、知青叙事和农村文化的田园式想象，写出了生存之痛，还原了荒诞的年代对"人"的意义的彻底消解，鞭笞了生活对农民的不公，对命运发出了无奈的叩问，超越了苏北地理空间，迈向深不见底的永恒。毕飞宇书写的乡村，贯通了历史与现实，始终以存在哲学的维度，守望着精神和思想。毕飞宇以金钱游戏和身体交换描写欲望，在社会、政治、权力、伦理等架构上挖掘了人类深层次的精神困境，彰显了文学作为精神活动的特殊意义。他的书写穿透了破碎的现实废墟，坚守美好的诗性，以生命的疼痛抵达了存在之痛，以无我的自由之境抵达了高峰体验。

与毕飞宇的以凌厉的刀刃剔着人性的骨头、刀刀见血的凌厉书写相比，朱辉的世情写作就显得格外温和。他经常以娓娓道来的口吻慢条斯理地展开叙述，用精确的细节还原生活，精雕细刻的文本好像变成了流水账的"人民大众的起居注"。然而在这个平和的表象下深藏着作家对世道人心真相的挖掘。"起居"是生活的常态，就是细水长流的日常生活，生活的意义正是在起居里才得以升华。阿格妮丝·赫勒分析了哲学概念的日常生活基本结构和抽象图式，认为重复性的日常生活是一种重复性思维和重复性实践，在给定的规则和归类模式中展开了自在性。"如果个体要再生产出社会，他们就必须再生产出作为个体的自身。我们可以把日常生活界定为那些同时使社会再生产成为可能的个体再生产要素的集合。"①伦理即日常行为意义的再生产，通过无数次的重复形成无意识进而

---

① 阿格妮丝·赫勒:《日常生活》,重庆:重庆出版社,1990年,第3页。

实现"善"的社会价值,人伦民俗在乡村社会起着非常重要的作用。

　　出生于小城镇乡土社会的朱辉虽然长期生活在大学校园,但是青少年时期的生活记忆铸就了他的"文化自觉",使得他不停地走出象牙塔,返回乡土社会现场。朱辉深悟伦理浸润的乡村自有公道良心和人伦民俗。今天看上去严丝合缝的法治社会,却由于现代性与生俱来的不确定性,导致了主体的不确定性,给所有人带来了强烈的不安全感。朱辉以精致完美而又深刻洞察乡村转型时期社会生活的《七层宝塔》反映了他的这种忧虑和思考,获得鲁迅文学奖。唐老爹的老宅被推平了,"光溜溜的大地,已经被大路小道画成了格子,河填的填,挖的挖,像是刀豁出来那么直"①。虽然进城上了楼,可还是习惯闻鸡起床。新村楼房,方便的生活方式消失了生活的琐琐碎碎,干净得一无所有,把他熟悉的乡村日常生活也一并抹去,没有任何痕迹,好像从来没有生活过。身体闲了下来,一颗心无所寄托。唐老爹天天没抓没挠,心里空落落的。这人呐,除了吃喝拉撒睡,总还要有点别的事做做才有意思。唐老爹一向为人端方有威望,常常给别人评理。他自认为:"唐宋元明清,从古走到今,大唐律大宋律大清律,讲的就是个天地伦理。他讲了一辈子理,搬进新村才知道形势不一样了。"②桑榆郁相望,邑里多鸡鸣;晨鸡鸣邻里,群动从所务。这些古人其乐融融的生活现在却变了。这里虽还叫新村,但可真不是村了,邻里晚辈阿虎竟然连唐老爹带来的几只鸡都容不下。土路、衰草、野风交织的老村里,宝音寺被拆掉了一半。引导百姓"度一切苦厄"的照壁成为瓦砾废墟,残存的宝塔先是铃铛不翼而飞,后来连楠木匾也被偷了,曾经的"佛光普照"还能照亮人心吗? 都说这塔灵验,是个神物,差不多就是悠悠万事唯此为大。可是现在,谁还唯此为大呢? 在那些对天地无所敬畏的人眼里,一切都不过是走走过场,扬扬土迷迷眼,唯利为大。现在连地宫都被偷了,"宝塔一去不复返,白云千载空悠悠。直立千年的宝塔没了,唐老爹的腿软了,心空了"③。自古以来水无常形却有常势,天水落地流成河,世事无常也有常,如今这个"常"在哪里呢? 朱辉以深深的悲悯,刻画了城乡巨变中,乡民面对现实的茫然和无奈,表现了城市化过程中中国人感情的"最大公约数"。这个"最大公约数"就是鲁迅文学奖授奖辞指出的:"直面乡村的现代化转型,围绕生产方式和生活

---

① 朱辉:《七层宝塔》,《钟山》,2017 年第 4 期。
② 同上。
③ 同上。

形态的变化,敏锐地打开农民邻里矛盾中隐含的经济、文化、伦理向度,在典型环境中生动地刻画人物,显示了充沛的现实主义力量。"现实主义者从来都清醒地看到历史的力量和趋势,汪政正是在这个意义上充分肯定了朱辉通过精雕细琢,描绘"郡邑掌故、风土人情与乡俗民规,在战争的大格局里梳理着中国苏北乡村里下河地区的'小传统'。婚丧嫁娶,红白喜事,收徒拜师,砌屋上梁,乃至商贾农事、时令节候都与作品的人物情节有机地结合在一起,得到了生动的描写"。朱辉的白驹镇、刘仁前的香河和毕飞宇的王家庄一起,构成了鲜明的苏北文学地标。

　　"小传统"决定了乡土社会的构成和意义,构成了乡村社区生活的"基本样式"。社区是在家庭—宗族—血缘共同体里实现的,是一个有机整体,是一种"持久的和真正的共同生活",就是唐老爹念念在心的天地伦理,在陪伴着祖祖辈辈生长的宝音寺和宝塔,在不绝于耳的悠悠风铃声里,在长幼有序、邻里和睦的淳朴乡风里。上楼之后,那些闲置无用的农具,摆了几辈子的老爷柜老家什,那消失了"依依墟里烟"的"竖起来"的村庄,打破了世世代代形成的精神边界与心理认同边界,无数骇人听闻的事件麻木了人心,乡土秩序土崩瓦解。因为"在乡村,调整人际关系的规则来源于自身的生活空间,是生活空间的经验累积,与空间不可分割,对其意义的理解也需结合带有浓重地方性色彩的空间方可明了;在城市,调整人际关系的规则更多是来源于生活空间之外的普适化规则,地方色彩较淡,与生活空间存在天然的疏离感"①。"所有的物都不仅仅是单纯的器具,都有经年积淀的记忆,因而都有意义;所有的习俗都历经数代人传承,都蕴含着价值信仰,寄托着情感心愿;所有的观念准则也都承载着事理人情,并经由数代人选择、存储并传递至今。乡村记忆围绕农业生产这一核心主题开枝散叶,形成器物—制度—观念—情感的记忆链条,这种融合了系统性记忆的空间带给人的实为一种总体性的体验,而不是片段的感觉,是审美性的,更是道德性的。"②唐老爹们失去了熟悉的生活空间,空间承载的记忆发生断裂,与乡村融为一体的价值、情感、习俗、理念、社会关系网络也随之失去了根基,原来习以为常的亲密互动消失,习俗、伦理道德观念与新空间的有机融合还有待时日,令唐老爹天天感

① 杨雪云:《空间转移、记忆断裂与秩序重建——对征地拆迁安置小区农民城市融入城市的观察》,《青海民族大学学报》,2014年第4期。
② 于海:《人文空间的内涵》(来源:http://www.china.com.cn/book/txt/2009-08/17/content_18348627.htm.)。

觉空落落的生活意义需要重新建立。乡村共同体的"我群体"从内部开始疏离，又不能融入城市的"他群体"，没有了归属感，如何安身立命呢？

但是朱辉没有彻底失望，他一直强调小说的"温度"，即人性的温度。他从"人民就是我们周围的那些人，那些面临很多痛苦、辛酸、失落，遭遇很多悲欢的普通人"①的立场出发，以阿虎的毫不犹豫出手救助唐老爹的行动给我们带来了救赎的希望。希望那些经历了漫长积淀的"社区记忆"继续支配"实践意识"，从而实现乡土文化的隐性转型，建构新型城乡文明关系，重建无限的生命意义。正如何志云所言："朱辉的眼光及笔触与所谓的宏大叙事无关，却与我们熟习并早已漠然了的俗人琐事有缘……朱辉不动声色地叙述着这一切，有时携着理解，有时显出关爱，更多的则是知己知彼般的默契；他的叙述贴近对象的琐细与庸常，似乎并不在乎情节中隐含的冲突，更不刻意在那些地方停下脚来；他只关心那些与人性、人的隐秘心理相关的细节，尤其留意的，是这些细节背后蕴藏的意义……"②朱辉以漫漶的日常生活叙事，温和地、贴心贴肺体察逼近人性，深刻解剖日常生活的心理，揭示出当代人的生存状态。朱辉在《白驹》里创造了一个完整的小世界。虽然文本叙述的是几十年前的战争，目的仍然是表现里下河社会的亘古不变的民间文化，表现这个小世界里人们的生活、行为方式，世界观和宇宙观，进入世界的路径与模式，就是"人的状况"（马尔罗语）。

刘春龙的《垛上》浓墨重彩地描绘了荷城县水乡特有的地理环境和人文风貌："村庄与村庄之间尽是一块块草垛一样的土地，像是漂浮在水上，原先叫坨，又叫圪，现在人们都叫它垛田，也叫垛子。这土地很特别，大小不一，形态各异，四面环水，互不相连，据说浮坨公社有上万个垛子，也没人数过。《荷城县志》载：'境内多坨，尤以城东为最，广袤十数里。其坨或大或小，如鼋浮水，外人皆奇之。'浮坨公社即由此得名。这里的人也特别，叫垛上人。""人"浮在水上的垛子上讨生活，意味着漂浮不定没有根基，只有找到信仰方能够使自己安身立命，有定力去面对生活。于是这方水土上年复一年的湖神庙会、民间信仰和民俗仪式，那些繁琐而又神圣的渔事农事、婚丧嫁娶习俗，由一首《三十六垛上》串联起来，生生世世荡气回肠。整个文本淋漓尽致不厌其烦地反复描绘着民情风俗、社会风情，人与环境水乳交融，其实是对生于斯长于斯的里下河人旺盛生命力的赞

---

① 黄玲：《写到深处人孤独——评朱辉短篇小说集〈视线有多长〉》，《文艺报》，2016 年 5 月 2 日。
② 汪雨萌：《开拓与守候——浅论朱辉的中短篇小说》，《文艺报》，2018 年 7 月 6 日。

美,对民间社会价值观和活泼泼的生活的肯定和赞美。曹学林的《船之魅》把泰州的国家级非遗"溱潼会船"这个"世界上最大的水上庙会"工笔细描,再现在文本里。有学者把这些作品归入为 21 世纪兴起的"方志叙事"文本。"质言之,所谓'方志叙事',就是指作家化用中国传统的方志方式来观察表现乡村世界。正因为这种叙事形态往往会把自己的关注点落脚到某一个具体的村落,以一种解剖麻雀的方式对这个村落进行全方位的艺术展示,所以,我也曾经把它命名为'村落叙事'。但相比较而言,恐怕还是'方志叙事'要更为准确合理。晚近一个时期的很多乡村长篇小说中,比如贾平凹自己的《古炉》,阿来的以'机村故事'为副题的《空山》,铁凝的《笨花》,毕飞宇的《平原》,乃至于阎连科自己的《受活》等等,都突出地体现着'方志叙事'的特质。"①传统的民俗志、方志因为有强烈的情感倾向,所以经常以回忆的口吻记录民俗,史传、文学在民俗里得到了统一。从美学角度看,"方志叙事"从变动不居的生活中捕捉当下,活泼泼的每个即逝的当下无一不体现着终极的人生意义,正如苏轼诗言:若言弦上有琴声,放在匣中何不鸣? 若言声在指头上,何不于君指上听? 此在上升为永恒性的存在,天道氤氲于生生不息的人道,由此形成了中国艺术的内核。中国古典美学从来不预设一个先验的"道"去框住人生,人道即天道。"门外水流何处? 天边树绕谁家? 山色东西多少? 朝朝几度云遮?""树树皆秋色,山山唯落晖。牧童驱犊返,猎马带禽归",数不胜数的古典文本都是这样一直进行在场的书写,在现实的"人境"中蕴藏着天道,这种抒情性的意境在叙述文本中被沈从文提炼成了"圣境",把人的生活与环境一体化地水乳交融起来,而不是抽象出一个"典型环境"。从文化学层面看,百姓世俗生活中的宗教与民俗恰恰是诗意、神圣的升华,就是"日常生活诗意化"。正是由于泰州学派把视线投向百姓生活,才使得士大夫们的人生哲学不再高高在上,与鲜活的生活一样具有了生命力、穿透力。

周荣池以《草木故园》《村庄的真相》书写了高邮地区的风光、风情、民俗后,意犹未尽,又以长篇散文《一个人的平原》再一次进行了淋漓尽致的书写。在这部洋洋洒洒十八万言的文本里,他虚构了三荡河边的南角墩村庄,以儿童的视角把那里的"河流、庄台、歌声、渔事、味水、节刻、乡人、生死、回乡"融为一体,把这些"浓得化不开"的乡村天人合一的"有机生活"搬到了纸上,以此"为村庄立传",

---

① 王春林:《方志叙事与艺术形式的本土化努力——当下时代乡村小说的一种写作趋势》,《文艺报》,2015年3月6日。

堪称是毕飞宇的《平原》散文版。笔者不由得想起詹姆斯·乔伊斯的《尤利西斯》，把都柏林一条街上乱七八糟的市民生活几乎原封不动地搬到了纸上。乔伊斯感慨完整美好世界的失去，下行的世俗生活不能带来拯救的希望，他只有失望地记录下生活最不堪的一面，没有任何美好，《圣经》也不能照亮现实，恰恰成为莫大的讽刺。周荣池的心态正好相反，"我多次徒步进入以'南角墩'为代表的众多村庄，应该说这样的村庄既具有代表性，又具有普遍性，里下河众多县市、诸多村镇是独立的文化岛，又是串点成线成面的文化意蕴上的平原"。"在城镇化势头突飞猛进，尤其是我在文本中记录的许多事物消失的细节之中，我们可以留住的是一种难能可贵的情绪。""我想让自己的故乡成为更多人纸本上共同的故乡，这才是我努力追求的。"[1]他既把那些民间野史和风土人情予以审美化，又融入了自己的思考，试图在文本中进行文学、人类学、社会学的融合，进一步质问城乡关系变化中的现状与抉择，表现了自己对现实的关怀和思考。因为乡土是中国社会的根，所以周荣池怀着希望和爱去写乡村，让希望照亮城市化的现实。

随着城市化进程的发展，里下河作家走进了城市。乡土社会的价值观念在现代性城市里会如何变化呢？鲁敏的"东坝"短篇小说系列里，东坝人虽然进入了城市，心理却永远停留在了东坝。《暗疾》里，父亲尴尬难听的东坝口音阻碍着他进入南京，他们一家居住的城北地带是外来者的聚居地，黯淡混乱肮脏，简直令人怀疑那里是否还属于南京。一家人顽固地保留着东坝的饮食、口音、风俗，这并不意味着他们多么爱家乡，而是因为他们根本就没有机会进入"南京"的生活，无法使自己的生活"去东坝化"而"南京化"，南京人与东坝人虽然处于同一个时空，却奇怪地构成了两个平行的、没有任何交叉点的社区。父亲和他的同事们跟随着兵工厂迁移到这里，好像从故乡的泥土里拔出来的萝卜，带着鲜明的印记，却失去了生命力，再也不服任何水土。东坝老乡们构成的小社会虽然安慰了他们的思乡之情，却也把他们与巨大坚硬的南京区隔开来，成为外在于南京的一块"飞地"。梅小梅无论怎么努力，却始终进入不了南京人的南京，经历了无数次失望后，她的婚姻最终只能在老乡群里解决。老乡社会在南京形成了一个东坝时空，东坝悬浮在可爱又可恨的"南京"之外，近在咫尺却又遥不可及。这些日复一日的抑郁终于於成了暗疾，它既是生理性的，然而更是心理和人格的双重痼疾。父亲那总是适时而至召之即来的呕吐，姨婆的便秘，母亲的记账本，梅小梅

---

[1]　何晶:《周荣池:我愿为里下河村庄立传》,《文学报》,2020 年 4 月 9 日第 4 版。

日复一日的退货强迫症,未婚夫貌似老好人随和外表下的爆发性破坏,无一不是对自我的保护,也是对坚硬生活的无奈接受和反抗。然而,这种反抗没有任何力量,只有自虐和好笑,构成了对实在界和自我的强烈反讽。父亲的那些关于配音演员、讲"南京话"的南京人女婿的向往心理,梅小梅的在明亮富足的购物中心里貌似随心所欲的购买、退货行为等,都是他们压抑在内心深处遥不可及的白日梦,想象界的自我镜像,与灰色的现实生活形成了巨大的反差。工业化的时代巨轮把他们带进了城市,他们却始终生活在"南京"之外,无论空间还是时间,连季节都好像乱了套。他们虽然按照城市工厂的时间作息,日常生活里却又坚决地保留着农历节气节日,后一种节奏规训着他们的生活,形成了无意识,深深地刻印在他们的身体里。前一种强制性的节奏打乱了他们的生活,两种节奏使他们身心错乱压抑。悬浮在南京的"东坝"虽然是他们的社区共同体,温暖温馨,却不再是他们的乡愁,不能给他们以安慰,只是他们身上外乡人的印记,意味着"他们"是这个城市里边缘化的他者,底层人,又是故乡的放逐者,地方共同体再也无法提供庇护。在东坝社会里,他们是放松的,却又自卑而敏感。南京既是他们的理想,又是他们碰不得的心病。他们进入不了近在咫尺的南京,却也回不去他们的东坝故乡。他们成了城市社会里尴尬的一群,既失去了故乡,也进入不了现实。东坝口音像一个巨大的红字,烙入他们的身份和血液。那个深藏在身体里的无处安置的"自我"只能藏在梦境里,化为暗疾,磕磕绊绊地在灰色的日子里摸索、纠结。在《墙上的父亲》里,父亲作为自我主体的象征,干脆缺失了,永远静静地挂在墙上。王蔷和王薇的成长就这样停留在了童年,永远在寻找缺失的父亲。王蔷千回百转算了又算,最终心甘情愿地落入了油腻猥琐的狡黠温柔的老男人陷阱,把自己残缺的童年再血淋淋地复制一遍,这种残缺带来的缺乏安全感将伴随她的终生。对成年男子的性感和父女亲昵的向往构成了王蔷压在心底、永远也不能实现的欲望。王薇以永无休止的"吃"和超市里的"拿"这种低级欲望的满足获得可怜的安慰和快感。母亲在漫长的守寡岁月里幽怨而压抑,墙上的另一半成为她抱怨和倾吐的唯一对象。她在父亲不明不白的死亡那一瞬间也失去了自我,在强大的男权社会里再也没有出头之日。这个文本具有强烈的文化隐喻意义。柔软的女性文化在冰冷的工业体系社会里几乎无法存在。

然而,温暖的人情社会就这样消失了吗?鲁敏不甘心。《逝者的恩泽》以东坝镇上世俗的男女婚外同居关系为对象,对人性之善和温暖的乡土社会里合情合理的生活进行了令人信服的书写。始终没有出场的陈寅冬,把红嫂、古丽、青青、达吾提这些普通人串了起来，他们以自己的善良超越了世俗伦理，化解了因为逝去丈夫、父亲、情人而带来的仇怨。他们的生活看上去完全不合情理不可思议，却充满了人情温暖。民间那虽然贫瘠务实却又圆通、谦卑、悲悯、温柔敦厚的乡土情怀，构筑了鲁敏的"东坝"精神原乡。虽然作为乡村空间的东坝被城市放逐了，但是乡土传统顽强地存在着。鲁敏的东坝温情脉脉，完全不再是现代性视域下的"苦难、贫困、愚昧、野蛮、悲剧"意象，而是一个"日月有情、人情敦厚之所"①的乌托邦。这种民间特有的韧性接续了汪曾祺的文学传统，以浪漫主义构筑了一个精神乌托邦，重建了底层社会和价值观念，提供了另一种美好的民间生活，扭转了知识界对底层文化一贯的鄙视绝望态度。鲁敏和迟子建一样，以悲悯的情怀持久地温暖着我们冰冷的心灵。

汪曾祺领军的"民族文化派"作家群里，王安忆毫无疑问是重要的一位。在她四十余年漫长的写作生涯中，虽然写作重心和写作风格经历了多次蜕变，然而淮河流域的插队生活一直是王安忆的写作源泉，她在不同阶段对那一段生活的反复书写建构了不同的苏北。寻根文学时代的《小鲍庄》，捞渣以仁义的精神对抗人性泯灭的时代，对捞渣"烈士"身份的确认虽然是一种"误读"，却也暗合了民间传统的仁义观念。王安忆以城市知识分子的启蒙立场对愚昧落后的苏北农村社会进行了批判，对民间价值观进行了反思。然而那些曾经浸淫在乡村的青春岁月，乡村务实而坚韧的生活也使她接受了一部分民间价值观念，使得贫穷的"小鲍庄"成了那个毁灭一切传统文化的红色年代里给人以慰藉的乡愁。经济大潮和城市化大潮兴起的 1990 年代，王安忆回望乡土，进一步发展了原来的民间立场。《姊妹们》完全以审美的视角，建构了一个温暖而富有人情的桃花源。作为文本叙述者的"我"，"我"回忆里的"我们庄"有成熟的农业文明，庄台固若金汤人烟鼎盛，很有田园牧歌的味道。湖、坝、圩、闸，这些所指既是淮北地区的地貌名称，更是经过长期农耕生活经验所创造的温暖的人居环境。曾经极度贫困辛酸的插队生活经过作者漫长人生的过滤，在回忆里拉开了时空距离，完全审美化诗意化了。赶牛号子和割麦子放大刀的场景，更是把严酷的生存劳动变成了美好的回忆，升华到崇高的意义。"姊妹们"则是文本的中心，诗意的象征，在极其贫困的年代里她们有自己的审美观念，在"我"这个知识者眼里，她们的身体那么美好，竟然符合黄金分割率。无论精神还是物质上，她们虽然贫困却充满尊严，

---

① 鲁敏:《路人甲或小说家》,南京:译林出版社,2019 年,第 113 页。

神圣不可侵犯,对她们的缺点"我"终于予以了同情的理解。"我"的叙述者立场很复杂,作为城市人既不能、也不愿意融入这个世故的农业社会,但是又赞美以姊妹们为代表的美好的人性,"我们庄"成了这个冰冷的经济理性的城市化时代温暖的精神家园。在《冷土》里,来自刘庄的刘以萍向往着城市,却融入不了城市,无论学校还是单位,这个城市里所有的人,都排斥而抗拒她,她无论怎么努力改变自己,却还是与城市格格不入。当她还是刘侠子时,她是刘庄里的姊妹,自然淳朴。当她见识了外面的世界,她成了刘以萍,下决心永远离开南湖,连根拔起,和她向往的城市人结婚,后代永远变成城市人。可是在城里人的眼里她永远是乡下人,无论她付出多少努力和改变,她模仿体悟了多年而形成的一套艳俗的乡村化城市风格只是令城里人好笑,城市仍然冰冷地拒绝了她。她的婚姻和她的人生一样漂浮不定,城市的轻浮文艺味和乡村的踏实过日子高粱花子味硬被她搅在一起,让她沉迷也让她痛苦。姊妹们因为她的"酸"而排斥她,城市人因为她的"土""穷"而拒绝她,无论精神还是身体她都无家可归,无论城市还是乡村最终都成了她的"冷土",她失去了自我。

随着上海城市化进程的推进,王安忆的文化反思在进一步深化。在《临淮关》里,乡村社会作为传统文化的源头,在作家的记忆里被激活,又重新温暖起来。小杜家的香椿树成了小镇空间方位标志物,颇似古代的社树,具有神性意义。父亲老杜在熟人社会里如鱼得水,老杜的家庭在乡镇社会里的地位举足轻重。小杜生活在小镇的人情世故里,勤劳自尊矜持,婚姻生活也很美满。然而外来的上海知青始终是她生活里的阴影,无论她如何矜持地支撑着自己,居高临下的上海人一直对她予以蔑视,坚硬巨大的上海终于还是深深地伤害了她。无论在临淮关人、乡村农民还是县城人眼里,上海人的"作""先进户"都是那么浮躁做作,哗众取宠,却又建立在高高在上的上海人这个特殊的身份上,仍然充满了优越感。上海的那些所谓讲科学的医生也是可笑的,那一套医理简直是骇人听闻,至于上海人生活空间的局促拥挤更是不堪入目。最终乡村民间养育之道战胜了所谓的上海科学,小杜们在县城里继续着平静的生活。王安忆的这些"后回忆体"叙述以乡村社会的视角反观上海,对上海的所谓城市文明进行了尖锐的讽刺。在《蚌埠》里,作家没有去展开描写这个城市的历史和民俗人情,特殊年代里蚌埠温和、规矩、整洁、安静正常的生活象征着稳定的日常伦理和秩序,百货大楼、公园、星期天代表着城市生活方式和生活节奏,蚌埠安静而充满活力,给人以安慰。

上海是中国最早进入现代性的城市,大量的苏北人从民国时代就因为水患讨生活涌入了这个大都市,与上海人固有的价值观念发生了剧烈的碰撞。王安忆早期创作的《鸠占鹊巢》和新世纪的《富萍》形成了鲜明的对比。两个文本里的扬州保姆都带来了复杂的乡村社会关系,在上海人眼里啰嗦、复杂、累赘而不靠谱,简直是自寻烦恼。传统社会的靠儿孙养老那一套在他们看来根本不如自己有钱来得简单可靠。刚刚经历了十年动乱、毁灭一切传统文化的作家心有余悸,在文化启蒙立场上,她只有让小妹阿姨和她的乡村人情社会全部崩溃,鸠占鹊巢成为对乡村文化观念的巨大讽刺,意味着乡土社会的价值观念处于瓦解状态。几十年后,经济大潮兴起,作家温暖地回望贫穷又千疮百孔的五六十年代,回到苏北乡村社会,以少女的眼光重构了一个乌托邦。奶奶和孙子有情有义,上海苏北人居住的社区虽然"低下",却充满人间烟火和醇厚的乡情。他们从事着最"低级"的城市垃圾清理工作,在上海人眼里根本就不算上海人。他们虽然不能融入上海人的生活,却自成一体活得自由自在,苏州河畔柔软温暖的大地坚实可靠,好像苏北人的生命力一样强大,那么令人向往。富萍从这片大地上汲取了力量,毅然从看上去没有任何希望的、冰冷的上海站起来,建构了一个强大的自我。她虽然同样知恩图报有情有义,却不再局限于奶奶老一辈人的那种乡土社会人情世故,而是从生机勃勃的城市生活里汲取了营养,成为她自己选择的那个虽然残缺、却充满现代城市气息的家庭的顶梁柱,在上海庞大冰冷的现代城市管理制度缝隙里顽强地生存下来,传宗接代。富萍是一个现代地母形象,已经脱离了乡村大地,上海这个城市赋予了她蓬勃的生命力。如果说奶奶和孙子代表了传统社会的生活观念,在上海这种现代社会里仍然试图延续老观念,自然不免碰壁,出生于乡土社会的富萍对这种充满人情回报循环式生活的拒绝就是一个明证。而同样没有根基的富萍却从奶奶的生活里发现了现代城市的生活秘密,她毅然摆脱了乡土人情的牵绊,走向崭新的城市,崭新的生活。王安忆把她熟悉的苏北乡土社会搬到上海,思考当下越来越冰冷板结的城市,能不能接续上传统的人情社会。如果说《鸠占鹊巢》以冷峻的写实记录了乡村人际社会的崩塌,《富萍》则以浪漫的想象重建了"都市里的村庄"。《富萍》弥合了乡土社会和现代社会的裂痕,虽然是乌托邦,却有着强大的文化反思和建构意义。《富萍》还具有文本结构创新意义。虽然故事时间漫长,王安忆却巧妙地建立了散文式的松散结构,时间和事件只对于每个人物自己有意义,人物活动在意义串联的网络上,好像乡村时间那样自然、随意,行云流水舒卷自如,篇幅小巧玲珑而又生活容量丰富。人物行动虽然没有完全展开,但是仍然有充分的活动生长空间和心理变化逻辑,构成了一幅城市民间风俗画长卷,以长篇小说形式实现了汪曾祺先生的"作为抒情诗的散文化小说"的文学图景建构。

从我们上面的分析来看,里下河文本所表现的生活和人性意义已经超越了地方性、区域性文学的范畴,从而具有了文体、文化的意义。里下河地区生活着的人,他们形成的一整套特有的价值观念和民俗形塑了他们的生活,在这个意义上,"地理不是一个惰性的容器,也不是文化史'发生'的盒子,而是一种积极的力量,它弥漫整个文学的领地并对其深度塑形"①。无论把里下河文学视为抒情诗还是方志叙事,它们呈现的自然环境、民俗风情、血缘宗亲形成了一个乡土共同体,具有了永恒的乡愁。无论 20 世纪中国的政治风云如何变幻,泰州学派的思想作为里下河社会之根,顽强地形塑着这个小世界中人的行为,构成了一整套隐形民间话语。20 世纪以来,西方文学理论也不再把文学作品看作孤立的作家创造物,艾布拉姆斯把文学视为一个系统的社会活动,这个活动由作品、作家、世界、读者四个要素构成,以作品为中心,四个要素构成了整体活动及其流动过程和反馈过程。② 在这个意义上,这些里下河作品与作家、世界、读者之间构成了"互文"关系,"地方小说强调背景、人物对话和某一特定地区的社会结构和习俗,不仅得有'地方色彩',而且是影响人物的气质,他们的思维方式、感情和相互作用的重要条件"③。里下河作家群的在场写作体现了他们与乡土社会的同一性,滕尼斯认为,"共同体的社会凝聚和文化传承作用表现在:一是本能的中意——作为由社区成员发展起来的集体的欲望冲动感觉和理念的总体的表现;二是惯习——作为通过实际锻炼的反复的正面的经验和印象的总体的表现;第三便是记忆——重复有的放矢和良好的活动的能力。"④正是因为他们的乡土书写,里下河社会共同体的本真状态才得以显现。

位于苏北中部的里下河地区"作为南北文化的中间地带,的确有着与北方风骨与南方风情不同的风韵,从而成就了它的哀而不伤、乐而不淫的不卑不亢与达

① 弗兰克·莫莱蒂:《欧洲小说地图集·序言》,转引自高树博:《弗兰克·莫莱蒂的小说地图学思想》,《社会科学研究》,2016 年第 4 期。

② 艾布拉姆斯:《镜与灯——浪漫主义文论及批评传统》,郦稚牛等译,北京:北京大学出版社,2004 年,第5—6 页。

③ 张雯雯、王春林:《成长叙事、地域风情与畸形人性透视——里下河作家群长篇小说创作略论》(来源:江苏作家网,http://www.jszjw.com/wtzx/20200520/1589942950804.shtml.2015 年 11 月 16 日)。

④ 斐迪南·滕尼斯:《共同体与社会》,林荣远译,北京:商务印书馆,1999 年,第 52—54 页。

观从容"。是一片"盛满水意和诗意的土地"①。而沿着大运河再向北方的、以徐州为中心的"左齐鲁,右吴楚,面朝大海,背倚中原"的苏鲁平原一直深受中原文化影响,形成了特有的徐海文化,把雄浑瑰丽、刚柔并济、澎湃跌宕的美学风格表现得淋漓尽致。叶炜、巍然和李洁冰是其中最具有代表性的作家。

2015 年,叶炜的"乡土中国三部曲"《富矿》《后土》《福地》以史诗的形式,描述了一个苏北乡村从农耕文化到城市中国的转变,在地方书写中展开了城市文明与古老乡土文明的碰撞,试图建构关于"新乡土中国"的想象。评论家们由此提出了作家的"新乡土写作"立场,认为城乡中国之底色仍然是"乡",乡土贯穿了现代中国的整个历史。同样是在 2015 年,雷达先生认为,由"乡土中国"转向"城乡中国"是理解处于社会转型期的中国的重要范式。"新乡土写作"就是以这种"城—乡"的双重视角书写复杂的中国现状,"乡下人进城"成为文学紧迫而疼痛的时代主题。

在中国现代文学发展史上,现代性视域关注下的"乡土"一直是文学书写的母题。从鲁迅开始,中国文学汇入了世界文学现代性的主题,对故乡的寻找成为现代文学一以贯之的主题。新文学兴起了乡土小说潮流,"乡土"成为传统中国的隐喻,构建了一套关于书写乡土中国的"元话语",其后近一个世纪的乡土书写基本上都是在这个系统内进行的重复、改写、拓展、延伸。鲁迅评价乡土文学:"蹇先艾叙述过贵州,裴文中关心着榆关,凡在北京用笔写出他的胸臆来的人们,无论他自称为用主观或客观,其实往往是乡土文学。但这又非勃兰兑斯(Gbrandes)所说的'侨寓文学',侨寓的只是作者自己,却不是作者所写的文章,因此也只见隐约着乡愁,很难有异域情调来开拓读者的心胸,或者炫耀他的眼界。"②随着现代性的深入,茅盾、沈从文和老舍分别从三个途径寻找拯救之路。茅盾书写了乡村的破败和城市的陷落,现代性无力拯救中国,激进的革命现代性也不能拯救,茫茫子夜里,中国的出路在哪里? 沈从文漂泊于城市中,失望于传统道德伦理的崩坏,把希望寄托在湘西的边城乌托邦,那个失去的世界只能供奉在文学的庙宇中。老舍把希望寄托在老中国的儿女们身上,然而现代性对古老北平的破坏,也破坏了传统的人性,家园的美梦完全破灭了。中国现代知识分子

① 萧雅、魏斌:《关于里下河文学流派的几个关键词》,《泰州日报》,2019 年 11 月 25 日。
② 鲁迅:《且介亭杂文二集·〈中国新文学大系〉小说二集序》,《鲁迅全集》(第 6 卷),北京:人民文学出版社,1981 年,第 247 页。

视域中的乡土指向的是故乡,即费孝通意义上的传统中国,来自现代性的异质性文化与传统文化的矛盾构成了乡土书写的核心。作家们游离于两种文化立场之间,如果偏向于传统,就表现了乡土的乌托邦性、寓言性;如果偏向于现代性,就立足于对乡土传统的强烈批判否定。总之,在现代话语系统中乡土中国不再是文化整体意义上的传统中国,它成了各种力量各种话语的角斗场,一直处于动态的建构过程中。

1949 年之后,激进的现代性叙事迅速以"农村题材"取代了乡土文学,以宏大的家国书写取代了个人化的乡愁叙述,知识分子以现代国家立场取代了启蒙立场,而乡土社会的主体——农民却被遮蔽了,一直是不在场的。事实上从1942 年开始,以赵树理为代表的乡村书写一直以被压迫阶级的"代言体"叙述,红色经典《红旗谱》《暴风骤雨》《三里湾》《山乡巨变》《创业史》《艳阳天》都延续了这一套话语。虽然其中还残留着一些乡土意识,但是很快就被现代性同化了。

叶炜,1970 年代出生于山东省枣庄市山亭区西集镇刘庄村,长期工作生活在江苏省徐州市。这两个城市都位于苏鲁交界处,属于同一个文化区域,有着相同的地方小传统。淮河频繁的洪水泛滥严重破坏了黄淮地区的社会经济生态,只有最北部的徐州市因为地处"要兼水陆","东襟黄海,西接中原,南屏江淮,北扼齐鲁。南引邳宿,北控兖济,西扼汴泗",形成了多元化的地方文化和强悍的民风。徐州地方志云:"徐州、海州之地,地薄民贫,民性蛰悍轻剽,以武为俗,慷慨激昂,有古侠士之风;尚气节,重农事,轻商贾,弃纤巧。其民皆高大,胆力绝人,喜为剽掠,小不适意,则有飞扬跋扈之心,非止为暴而已。""乡土中国三部曲"的创作长达十年之久,以改革开放以来麻庄乡土社会几十年的溃散与复兴经历为中心,勾勒了乡土中国的历史嬗变进程。《富矿》描绘 20 世纪 80 年代,随着国营矿厂进驻麻庄,这种新的生产方式石破天惊,"富"刺激了人心,引发了欲望,更引发了乡村世态的嬗变。《后土》直面新世纪以来乡土社会濒临解体、国家进行新农村建设的现实,围绕乡村基层政治生态变化,直逼人性的蜕变。《福地》以麻庄历史为坐标,浓墨重彩地展开百年来乡土社会的历史变迁。2015 年,三部作品以"乡土中国三部曲"结集出版。《富矿》和《后土》分别入围第八九届茅盾文学奖,《富矿》作为"乡土中国三部曲"的第一部,是叶炜进行"新乡土小说"创作的第一次尝试,也是首次把创作目光投向苏北鲁南大平原。

陈卫主编的《黑蓝》中最早提到了"70 后"作家这一概念。20 世纪 70 年代到80 年代这十年间出生的作家被称为"70 后"作家,也被称为"中间代"作家。他们的成长与发展也具有时代特征。他们没有承受"50后""60后"作家所经历的沉重的历史苦难,又比"80后"作家拥有更多的乡村经验或乡村记忆,他们在青年时期通过高考和参军等多种途径离开乡村,顺利进入城市。因为这样一种主动的进入,所以不同于路遥那一代作家的痛苦挣扎,他们身上对乡村的"逃离""撕裂"意识比较淡薄。从文化身份上看,他们对乡村的认同意识大于批判意识。他们身体力行地参与了中国的城市化,他们的价值观和世界观也大多在城市定型,因此"70"后乡土作家身上的身份混杂性比较突出。乡村虽然是他们的生命之"根",但是自我却分裂为"心在乡村、身在城市、灵魂在路上"。"人这一辈子,只能扎一次生命之根,那扎根的地方就是生养你的血地……我的根永远地扎在了家乡,扎在了位于苏北鲁南的那个小村庄。"①正是由于城市化造成的城乡关系的改变,"新乡土写作"的写作姿态完全不同于前辈作家们,而是一种拉开了距离的书写,在回望中予以批判和反思。

叶炜在"乡土中国三部曲"中建构了一个"苏北鲁南"文学世界:"我觉得自己笔下的'苏北鲁南'可以代表着中国的农村,是中国农村的一个典型的标本。这个地方保留了中国乡村最原始的、最淳朴的东西,包括土地庙这些本土的乡土中国的信仰所在,在苏北鲁南都完整保存下来了。我始终觉得,相较于莫言的高密东北乡,苏北鲁南更具文化内涵,但这必须有个深入挖掘的过程,可我能力有限,但这更坚定了我继续书写的信念。因为这个地方应该成为一个内涵丰富的文化地标,对此,我坚信不疑。"②"苏北鲁南"既是叶炜的精神出发地,更是他的重生地。"麻庄"构成了"苏北鲁南"文学地标。

《富矿》以麻庄为中心,通过描绘工业进入乡村从而导致农民与土地关系逐渐变化,在欲望的诱惑下乡村发生的情感、道德和精神蜕变的社会转型历程,呼唤重建土地信仰,从而重建乡土文化。叶炜在麻庄这个文化地标里盛满了风生水起的生活。文本中那些俯拾皆是的苏北鲁南地域色彩的民歌、歌谣、童谣,如"蜜蜂和野花相爱,春风就是迷人;小伙和姑娘相爱,摔跤就是红娘……";"月姥姥,八丈高;骑白马,挎洋刀;洋刀快,切白菜;白菜老,切红袄;红袄红,切紫菱;紫菱紫,切麻籽……"等,丰富的民俗,如麻姑和蒋飞通的婚礼、二姥爷的发丧。婚

---

① 叶炜:《读懂中国人的乡愁,认识巨变中的中国——"乡土中国三部曲"〈富矿〉〈后土〉〈福地〉创作谈》,《山东青年政治学院学报》,2016年第2期。

② 夏琪:《苏北鲁南的文学考察作家生活的精神证词——关于"乡土中国三部曲"的对话》,《关东学刊》,2016年第5期。

礼程序有：提亲、测生辰八字、查皇历订婚期、置备酒席、穿红肚兜、新郎给新娘穿红袜子和鞋、嫁妆一定要男方的人亲自装车、哭嫁、闹新娘。发丧则必须亲生的后代送葬、摔火盆、喊丧、哭丧等，勾勒了苏北鲁南民间的烟火人生，人与大地的永恒的联系。

　　麻庄乡村向麻庄矿的转型，意味着农业文明向工业文明的转型。"那些密密麻麻的巷道，走也走不到头，像一个个巨大的迷宫和陷阱。咱们麻庄人每天都生活在陷阱之上。"[1]"麻姑想不明白，麻庄人这几年怎么变得如此势利了？麻庄矿没建以前，麻庄人不是这样的，那时候好像没有那么多势利的人啊。麻姑觉得有好些东西都被地底下那些黑金子带走了。"[2]叶炜认为大时代的悲剧在女性身上表现得更沉重，因此他采用了女性视角描绘这个裂变。"这些在女性身上有着更为集中的表现：一方面，留守在村庄的女性或主动或被动地走向了与传统妇女美德相违背的歧途；另一方面，从女性打工者的城市遭遇反观她们与乡村的关系，其紧张程度已经非同一般。从她们身上，可以看到当代乡土中国的症候所在。"[3]麻姑通过与蒋飞通的婚姻进入了麻庄矿，却始终无法融入。笨妮经历了无数丑陋与邪恶后，还是逃回了麻庄。她们始终是工业化麻庄矿的他者，却又嫁出了乡村麻庄，丢失了自我身份。这是她们命运悲剧的根源。经历了由迷失沉沦到灵魂净化的过程，麻姑与老来结婚，笨妮和六小一家团圆，六小的大嫂从城市回到麻庄，她们以回归乡土的方式实现了命运的轮回和人性的轮回。

　　民间是一个混杂的世界，虽然接受了儒家教化，更多的却是充满了怪力乱神。知识阶层可能不能仅仅以现代启蒙视域高高在上地批判民间的愚昧无知，因为面对无常的命运，民众除了求助于怪力乱神，还能把命运交给谁呢？文本一开始，一场意外的黑雪揭开了麻庄命运转折的序幕。命运之神官婆告诫村民："这是人祸，人祸惹怒天神，降灾于苏北，殃及麻庄。"[4]可是沉迷于欲望的人们已经自我膨胀，只把这神的预言视为疯言疯语。官婆死后，化身为花鼓重复着预言。"她微笑着，面对不远处高高耸立的矿井嘴里咕嘟着黑雪黑雪黑雪，官婆官婆官婆……"[5]在日复一日的漠视中，直到有一天，"埋花鼓的时候，立在麻庄庙

---

① 叶炜：《富矿》，西安：西安交通大学出版社，2010 年，第 2 页。

② 同上书，第 73 页。

③ 同上书，作者序言。

④ 同上书，第 2 页。

⑤ 同上书，第 64 页。

里的官婆神像倒了，神像倒塌的时候，发出轰隆一声巨响，全村的人都听到了。老人们一脸凄惶地说，这不是个好兆头，官婆是麻庄的神物是保护麻庄老小平安风调雨顺的神仙，现在她的神像倒塌了，而且偏偏在花鼓入土的时候倒掉，看样子是要出什么大事了。"①官婆为拯救麻庄而死，几十年后，又转世成麻姑拯救村庄。麻姑多次与死去的二姥爷对话，鬼神主宰着乡村的命运。叶炜以女性隐喻乡土社会的特质，以民间叙述修辞写出了对天地的敬畏，呼唤人心回归乡土。"呵！那时的日子，到处都是太阳光！"以阳光照亮幽深黑暗的巷道，呼唤照亮人心。《富矿》既是立足于生活经验的社会镜像描绘，更是生态寓言，是对乡土大地的隐喻。《富矿》的人—神世界的对应，建构和拓宽了乡土写作世界，以乡土意识的回归重建新语境下的乡土。

"血地"意味着血淋淋的出生和蘸着血书写的疼痛，更意味着痛苦的撕裂。叶炜把"血地"化为"文学地标"，勾勒出中国乡村脱胎换骨的浴火重生历程。这种姿态使得叶炜在重新审视乡村主体的书写中始终保持着疼痛和反思。"70后"作家的知识结构和"城—乡"视野使得他们在书写乡土中国的过程中，立足于为我们民族寻找联系乡土和城市的精神密码。如果放大到全球化背景下，新乡土写作的"最终目的必然是实现文学的'中华性'和'世界性'的统一，既拥有世界性视野，又肩负重塑中国'国家形象'、传播中国文化的重要责任"②。为了实现"走出去"的目的，新乡土写作大多采用了宏大话语的"大写"手法书写乡村大时代，以小说去实现"折射大时代、大政治、大命运"③的文学企图。在全球化语境下，这是中国乡土文学书写的新使命。这种"大小说"文学理念是柳青等的宏大叙事在当代的合理延续，是在城市化新语境里重构乡土文学的宏大叙事传统。

"70后"作家的这些现当代文学史上不同时期关于乡村的建构和书写，是我们今天审视、反思、想象乡土中国的宝贵思想资源。乡土中国作为一种传统社会形态，具有重要的文化意义。具有东方儒家文化背景的弗兰西斯·福山在《历史的终结及最后之人》和《信任》提出了一种"现代"与"前现代"或曰"传统"互相协调平衡的状态，认为"法律""契约""经济理性"等现代理性规范与"互惠""道德义务""社会责任与信任"等东方传统伦理道德规范并不冲突，完全可能互相交融，

---

① 叶炜：《富矿》，西安：西安交通大学出版社，2010年，第259页。
② 宋学清：《"新乡土写作"的发生：新世纪长篇乡土小说研究》，《当代文坛》，2018年第1期。
③ 叶炜：《小说"大说"——谈〈后土〉创作及对"大小说"的初步思考》，《当代作家评论》，2014年第6期。

在东方文明中实现"现代与传统的共存共荣"。"现代化也意味着社会越来越世俗化以及科学和理性的主导地位","现代化的传统想象是以欧洲为中心的,反映了欧洲自己的发展模式。它确实包含了试图用狭隘方式定义现代化的因素……世俗化不是现代化的前提条件"①。我们需要想象和重构一种新的健康合理的城乡关系,重构乡土社会的主体性,才能真正发现中国,书写乡愁。贺仲明认为"在进入全球化时代、民族文化被西方文化大面积覆盖的时候,对本土性的倡导具有特别重要的意义,甚至可以说,本土性是一种比现代性更重要、也更切时的文学品格。至少,本土性可以与现代性同时并存。它能够照亮被现代性遮蔽的许多地方,更切应中国新文学的历史环境和现实处境"②。

　　"乡土中国三部曲"在结构的设置上也很"乡土",形成了与传统农耕文化的互文关系。在结构上,三部曲都建构了一个"圆形结构",即回环往复、无始无终的"原型"。圆是最古老的原型,世界上所有的文化类型中都有圆。"圆,象征人的自我,也象征心灵的完整,还象征人类和自然界的关系。"③"中国文化的圆,是太极图,其哲学基础是气的宇宙及其演化规律,即阴阳、五行、八卦、万物生生不已的和谐演化。圆是天道的象征,'天道圆',这天道当然包括历史,'天下大事,分久必合,合久必分'。中国的圆意,就是《周易》的'无往不复,天地际也',就是老子的'反者,道之动'。"④《富矿》的结构体现了人的世界从建构到解构的过程。矿厂的进驻麻庄乡村,是从无到有的"原初的一",意味着人心从"无"的状态进入了欲望的"有"。在不断膨胀的欲望推动下,矿山过度开发,终于达到了"不能承受之重"的极限,环境崩溃,人心也崩溃了,一切回归到原点,从有到无。《后土》以二十四节气命名结构全篇,在中国时间系统里展开现代叙事,这本身就形成了巨大的张力。接受了现代知识的麻庄新一代领导战胜了贪污腐化的老朽,在乡土传统和现代性交织的多元化语境里,人的欲望无限放大,支配人的行为动机更复杂,文化循环和生命循环纠结艰难地前行。《福地》更有文化意味,以中国的天干地支纪年方式展开时间,全书六十章从辛亥年始,以丙子年终,一个完整的甲子涵盖了 20 世纪中国所有重要的历史节点,下一个甲子意味着时间的循环。在"圆"的循环中,现代性的价值、生命的意义受到了沉重的叩问。

---

① 弗兰西斯·福山:《现代化不一定非要先世俗化》,《社会科学报》,2019 年 8 月 16 日。
② 贺仲明:《本土性:一种亟待关注的文学品格》,《文艺报》,2016 年 2 月 16 日。
③ 张法:《美学导论》(第三版),北京:中国人民大学出版社,2011 年,第 296 页。
④ 同上书,第 299 页。

如果说叶炜的新乡土写作采用了宏大话语的"大写"手法书写乡村转型的大时代,努力建立一种"家—国—宇宙"的文化结构,重构家族史与乡土史乃至人类史血肉相连的审美关系,试图以小说去实现"折射大时代、大政治、大命运"的文学目标,身为女性作家的李洁冰则以工笔画的细密手法描绘了苏鲁平原上乡村女性在社会裂变中所承受的不幸命运。1960 年代出生于连云港赣榆县的李洁冰,从 1998 年的《乡村戏子》开始,对苏北乡村女性在现代社会转型中的悲壮命运进行了书写。赣榆县是秦朝徐福出海的地方,古称福地。连云港是江苏省的大海港,与徐州市都地处苏鲁交界处,地理环境、民俗民风很相近。过了长江淮河之间的里下河平原向北,便是江苏最北端的苏鲁大平原。这里缺少了里下河区域漫天漫地的水,地瘠民贫,地理环境和民俗都属于北方,文化上深受鲁风影响,民风强悍,迥异于江苏其他地区。"海州俗尚朴实,不事商贾,不习工艺,力农务渔,故民多贫。赣榆矜气任质,强直自喜,可以义动,不可力劫,犹庶几楚之遗风。"王安忆在她的小说里也曾经多次叙述过这片土地,但是囿于她的知识青年和上海知识阶层身份,无论是寻根文学还是后回忆体书写,苏鲁大平原始终只是他者,不能融入她的生命,与叶炜和李洁冰的书写立场有着明显的差异。

李洁冰的小说创作是从文本实验开始的,可能与她的外语专业知识背景有关。在《乡村戏子》《墙上的庄稼》《青花灿烂》《渔鼓殇》《刑警马车》《魑魅之舞》等文本中,李洁冰撷取历史碎片,凝聚为审美意象,赋予了强烈的多维象征意味。青花瓷凝聚着艰难的历练和脱胎换骨的蜕变,是中国士人文化的象征。"陶瓷文本中的隐喻和转喻映射满足三个原则,即从自然实体映射到人工制品、从生命体映射到非生命体、从切身的经历映射到陌生的经历;陶瓷文本中不仅存在单层隐喻或转喻映射关系,也存在繁复连绵的隐喻或转喻映射关系,呈现多层次的概念转换;自然实体是陶瓷隐喻和转喻最常使用的始源域,其中人体占最高比率;陶瓷文本中的隐喻和转喻策略与其他常见语篇存在不同,例如以较少使用的人体部位作为始源域形容瓷器的形状,以及大量使用整体转喻部分而非常见的部分转喻整体的用法。"[1]从李洁冰在《青花灿烂》里的青花意象来看,却是反其意而用之。"青花"是乡村女子寻常普通的名字,自然就有着寻常的命运。而青花正是为了摆脱"青花"的命运才来到银城,"银城"是欲望和消费文化的隐喻,"青花"的不识风情恰恰成为消费卖点,青花旺盛的生命力反衬了城市男人的性无能。

---

① 刘美君、杨佳铭:《陶瓷文本中的隐喻和转喻研究》,《当代修辞学》,2020 年第 2 期。

这简直构成了莫大的讽刺。当青花进入了城市消费链条、脱胎换骨地改造自我后,她成功了,却以失去了最可贵的淳朴为代价。灿烂的青花成为消费市场的符号象征,却徒有其表,意味着传统文化的失去。《墙上的庄稼》在饥渴的城市里呼唤乡村大地,《刑警马车》《魑魅之舞》有着都市传奇的色彩。李洁冰的城市书写之所以采用意象的形式,是因为作家急于反映城市光怪陆离目不暇接的生活表象,对地方性知识的储备和关于人性的思考还不充分,虽然认识到"某种程度上,我们都成了飘浮在空中的失重者。这种回溯,一旦超越世俗的层面,被放到大时代背景下去考量,便瞬间拥有了文本叙事上的意义"①。但是毕竟对城市本质的认识还有待深入,城市使人离开了大地,大地才是她最熟悉的场域。

在城市日复一日的漂浮失重中,在母亲永远离去的生命断裂之痛下,李洁冰回到了北乡,试图重新接续生命之源。"北乡最初于我的定义,是母系家族的稼穑之地,方圆不过百里,集中在苏鲁搭界的赣榆县治以北的诸多平原村落。它们的名字很有意思,多以屯、埝、店、汪、坡命名,跟河湖沟汊、日月星辰以及植物有关。比如柳屯、榆埝、黑陡坡、冲天汪……这些地方,作为地域的生命细胞,其血肉、经脉共同构成了民间口传中的苏北平原。"②与母亲在一起的日日夜夜浮现在眼前,那些生活着亲人的雁窝洲、柳青河、柏庄,栩栩如生地活动起来,李洁冰迫不及待地写下了《北乡六章》,保留了关于母系家族的鲜活记忆。北乡古时曾属于莒子国,因为偏僻闭塞,保留了大量上古语言和方言,成为一个地方文化产生场域。在硬邦邦的俚俗乡音里,北乡的生活流扑面而来,构成了一个庞大的叙事场域,那是北乡在言说。李洁冰的那些堆积如山的童年意象一瞬间被激活,转换为关于母亲和土地的密码,长篇小说《北乡》酝酿成熟、呼之欲出了。关于《北乡》的思考进一步深入,顺理成章地改名为《苏北女人》。

《苏北女人》是一部向女性致敬之书,"谨以此书,献给匍匐在苏北大地上的母亲。"《苏北女人》一开始,端木村就出场了:

> 春播开始了,熬过漫长冬季的土地变得松软。渐次地,上面有了踢踢橐橐的脚步声,车轱辘滚动的声音,外带人喊,马斯,老牛打呼的动静,还有农

---

① 李洁冰:《转型时代的土地与女性叙事——长篇小说〈苏北女人〉创作谈》(来源:江苏作家网,http://www.jszjw.com/wtzx/20200520/1589942950804.shtml,2016 年 5 月 16 日)。
② 同上。

人凌空甩响的鞭子，吆牛的号子声，共同构成苏北早春天空下多声部合唱。这声音粗砺、乍猛，惶急里透着熟稔，带着一冬铆足的劲头，在每个日升日落的时辰演奏着。嘈嘈切切，将端木村人久已沉眠的各种欲望又唤醒了。①

李洁冰把北乡的地点命名为"子贡湖""端木村""端木书台"，文化意味深长。传说子贡曾"约孔老夫子在那里参禅论道"，这里自古就处在马陵山余脉上，风俗习惯、语系与齐鲁文化多有融通，"祖辈尚秦风"，是上古高雅文化的孑遗。虽然历史文化因袭深厚，而上天赐予的自然资源却恰恰相反，十分贫瘠，形成了巨大的反差。

> 干热风一阵接一阵，刮得子贡湖周边的田畴窸窸窣窣，失去片刻的安宁。天热，地燥，奔往原野的路上，人声，车轱辘声，牛牤的动静，日渐稠密。一大早，天边响起隐约的雷声，滚动着，像磨道里轳辘，绕着湖水，嘎吱吱滚动一圈，渐去渐隐。少顷，嘎吱吱再一圈，又遁去了……②

这就预示着端木村人永远要背负沉重的历史去面对艰难的生存。在"流动的现代性"里，端木村虽然闭塞，却再也不可能是外在于大时代的桃花源。随着工业文明对农耕文明的强势挤压，苏北大平原上亘古不变的男耕女织社会分工开始发生变异，变成了"爹闯外，娘管生娃"。"爹闯外"意味着生产和生活中男性的不在场，"娘管生娃"却不单单只有"生"，还有"养"，"养"就是生活，从前是传统的"男主外女主内"，现在"男主外"这一块也落到了女人身上，那是重重的农耕、家族、社会交织的罗网。

> 现在，三个女人牵着牛来了。站在地头上，满目风景，心中萧然。这是二十世纪末叶，北乡人突然魔障了。像葫芦一般吸附在子贡湖周遭的村民，将种地视为梦魇，诅咒，逃离，搠着行李卷，被外出打工的浪潮裹挟着，南下北上，毛蛤似的滚入城市无边的滩涂。与之相对应的，则是端木村人的庄

---

① 李洁冰：《苏北女人》，南京：江苏凤凰出版集团，江苏文艺出版社，2016 年，第 1 页。
② 同上书，第 116 页。

稼,越来越难下籽了。①

　　这个令人"魔障"的"滩涂"就是城市化,城市化像吸血鬼榨干了一切所到之处,土地产生的价值越来越低,意味着男人的存在感越来越低。自古以来民以食为天,天即命,即本能,即生存,男人一向支撑着这片天。在工业化压倒土地的残酷战争里,土地已经不能生人了,天塌了。男人们遭遇了前所未有的困境,只好外出,陷入他们茫然不可知的城市滩涂,一入将深不见底。城市令他们与自己熟悉的土地和熟人社会分离,随着自我的失去,他们的血性、种性也在失落。如果说留在乡村的女人虽然不幸,但是还能够自我救赎,在庞大冰冷的城市里遭遇失败的男人又如何拯救自我呢?

　　天命不可违,"天"既然倾覆了,人如果还要活下去,就必须承受这份"命",只有补天。既然土地还养育着人,就必须继续农耕生产。在这个意义上,苏北女人们猝不及防,被动地成为当代女娲。《淮南子·览冥训》记载:"四极废,九州裂,天不兼覆,地不周载,火爁焱而不灭,水浩洋而不息。于是女娲炼五色石以补苍天……""炼石补天"并没有撼动"天"的地位,男性虽然缺席,但是他们在乡村的社会主导地位并没有改变,仍然是那个隐形却无处不在的"大他者"。苏北女人们只有撑起农耕、家庭、族群的天空,除了传宗接代,还要承担起繁重的春耕、夏收、秋播、冬藏。她们的生命姿态,就这样紧紧地匍匐在大地上,与大地的节拍合在了一起,成为苏北场域的土地之母。虽然在大时代的碾压下他们遭遇了无法挣脱的命运悲剧,却依然按部就班地婚丧嫁娶,传宗接代,夏耘冬藏。这是生活的滋味,更是生命的坚韧。《苏北女人》四卷十二节,每节以一个节气命名,几乎每节都从节气变化的景物描写开始,把四季农谚化入了文本篇章布局,用大自然的轮回对应人类生命的轮回,行云流水般使文学文本、大地文本、四季文本、生命文本暗合互文,体现了文学是"天道"的产物。整个文本吟唱着优美的四季歌、生命之歌、劳动之歌,回环往复,形成了浑然一体的掉阖架构,血脉通畅,生机勃勃。

　　早年嫁过来时,采莲掮着锄头跟福生做农活,不惟下湖,还得去崖上。崖头,就是高处的地坡。正午坐在地头上喝水,偶尔一搭眼,就看到天宇下的崖坡上,一人一牛在耕地,远看两个黑点,背后一抹骆驼云,一趄一趄,不

———————
① 李洁冰:《苏北女人》,南京:江苏凤凰出版集团,江苏文艺出版社,第223页。

厌其烦地划着圈……此后，她的梦里始终留存着这样一组画面。农夫，耕牛，在天宇下的土坡上，永远没有尽头地转悠，一簇牛角上的红布条像火苗似的燃烧着。而那一声吆牛号子，那份游荡与戚然交织的天籁啊，简直就是入心入肺了。①

秋天到了，大地一片金黄。

苏北大平原，转眼被金色吞噬了……若不是浓绿的白杨树，将金色分割开来，路人的目光，会被满眼的金黄夺去，失去方向感，即尔陷入一片璀璨的混沌。立秋十日遍地黄。这是吉祥的颜色，在农人欢天喜地的纳接中，所到之处，摧城拔寨，俘获所有的领地。风随云走，在万顷稻浪的浸润里，世界被金色统领了。②

簸豆子的时候，抖着两个膀子，一忽闪，一忽闪，黄橙橙的豆子就飞上去，在漫天云里哗地绽开来。冬至正耽心着呢，又见娘用簸箕轻轻一迎，豆子就乖乖地掉进去了。皮是皮，粒子是粒子。大的放一边，圆的放一边，瘪粒子和豆荚皮都归到一边。娘再簸，再迎，只见满天的豆子飞来飞去，真比天女散花还好看。冬至看呆了。笼子里的鸡鹅也看呆了。斜斜地朝天空望上去，又齐刷刷地随着女主人的动作看下来。如此往复，恰似舞蹈一般。③

这样的描写比比皆是，把沉重的劳动诗意化，如入庖丁解牛之境，既是叙述者的声音，也是人物的自我意识。劳动连接了人与土地、人与季节、人与自然，体现了女性与自然的同质性，天人合一的和谐性，是一首优美的农事诗。这种劳作既是生命体验，也是情感体验，是弥合自身和社会连续性、完整性的力量，是自我本质的证明，建构了亲切的家园，生命处于"在家"状态，充满诗意。

然而，生存之痛终究是难以承受的。田园已芜，土地不但不能继续承载生存，命运还更残酷地给她们以永无休止的沉重打击。男性虽然退出了乡村生产场域，男权却没有退场，乡土社会视香火断代为天遣，这份接续家族血缘的担子

① 李洁冰：《苏北女人》，南京：江苏凤凰出版集团，江苏文艺出版社，2016年，第201页。
② 同上书，第115页。
③ 同上书，第78页。

像魔咒一样罩住了苏北女人。男性虽然无力进入城市场域,却把在城市受到的欺诈和道德败坏造成的后果让女性承担。城市化造成的失地、失村、无家可归更造成乡村的完全溃败,这些时代的悲剧、命运的悲剧猝不及防地压下来,压垮了苏北女人。

> 那个曾经鲜活,穿红裹绿的女子,仿佛是上个世纪的人了。眼下的农妇刘采莲,看上去黝黑,干枯,手脚粗粝。岁月的刀斧,在她身上凿下太多的沟垤和痕迹。它们裂绽,又合拢,在风霜中,铸成苏北女人标识性的黑褐色……女人的步态,已然身不由己了,阴阳圆缺,皆沿着苏北大平原的节奏,和谐,又不乏沉实。①

> 七天七夜的昏迷,将她(采莲)体内的一切催眠了。这个曾经鲜活的乡间女人,失却了丰腴,仿佛脱水的果蔬,整个身体都变得紧缩。而干枯的背后,则是身心重创,生命元气的丧失。这种修复,需要多少时辰才能唤醒呢!如今的苏北女人柳采莲,面容如纸,身轻随风。过早地丛生了白发。整个头面似乎笼上一层灰。这种色调,和土地的颜色很接近。近得她几乎随时匍匐下去,和前年的土地融为一体,从此不再醒来。但是那些可怜的脱胎于母体的血肉牵扯啊,又多少次让她死后复还!重回人间的苏北女人柳采莲,形容枯槁,双目炯炯。用执拗的本能,再度撑起一个摇摇欲坠的家!②

柳采莲、柳采菊、端木立秋、闵玉镯、德辰媳妇、春分、哑女冬至、孙二娘、小满、兰花,这些一代代的苏北女人,唯一的办法是"杠",继而"扛"。"杠"是于世路上少机变、不活泛的地缘文化因素造成的性格,瘠瘦贫水的土地把人限制在地上,使得民性沉重,少动尚安,敬理崇礼,"扛"是无奈地接受和忍受。天大于命,无力回天,只有顺势经世致用、入世求取方可安身立命,不认命又能如何呢?"扛"具有中国人生命哲学里悲态的底蕴。柳采菊不惜以死与命运相拼,一个乡间戏子竟然有着屈原一般皎洁的人格。还活着的人在苏北大地上零落成泥碾作尘,命运无穷无尽地循环往复,却只有一个方向——坚韧地活着。柳采莲的

---

① 李洁冰:《苏北女人》,南京:江苏凤凰出版集团,江苏文艺出版社,2016 年,第 286 页。
② 同上书,第 311 页。

"韧",德辰媳妇的"侠",闵玉镯的"妖",端木立秋的"灵",春分的"轴",采菊的"迂",哑女冬至的"真",无一不是"杠"和"扛"的性格底色的体现。

存在之痛和稼穑之重令人喘不过气来,农事的琐碎、繁重无限循环已经几近极限,时代悲剧和命运悲剧更是无法抗拒。苏北女人以什么力量抵抗这些呢?号称拉魂腔的柳琴戏,回荡在这片土地上。它是苏鲁平原上广为流传的民间小戏,粗犷、大气,嘹亮高亢,好像"杠"得不会拐弯的人性,频繁的转调又如同多变的命运,统统化作铿锵有力的金石之声。匍匐在大地上的卑微泥土生活,难以承受的命运,以热辣辣、火爆爆的拉魂腔一唱三叹、九曲十八弯地喊出来,化作生命的节奏,也是叙述的节奏,时而激越,时而舒缓却又浑然一体,是这片大地的灵魂之歌。"杠"化作高山大河,金戈铁马的恢弘,散发出"知其不可为而为之"的人性光辉。柳琴戏仅仅是构成文本的诸多民间元素的一种,李洁冰把一个活态的"北乡"搬到了文本里,口语、俚语、土语、书面语、方言、文言、白话杂糅,瘦硬干撅,却又圆融贯通。说着这种语言的端木村民好像穿越了时代,不合时宜地生活在今天,更加重了人物命运的悲剧感,也造成了文本的多声部感。很多成熟的作家都进行过这样的文本写作,有学者认为,"在现代汉语结构中崭入少许古代文言或白话句式,就会带来一种古今融合效果。"①

《苏北女人》原名《北乡》,是一部苏北乡村女人的命运变迁史,具有深刻的美学内涵和史诗性。写作的过程是一个不断淬炼、拷问自我的过程,也是思考不断深化的过程。在《话说苏北女人》一文里,李洁冰回肠荡气地为她的乡亲、她的母亲一叹:"苏北女人,上承天泽,下接地气。浑然一派大写的气象。它跟苏北平原的广袤和粗旷,跟那里四季风沙有关。这种气场,从表面上看,个个性烈如火,实则内里柔软。或期盼遮雨的檐壁,或梦幻坚实的臂膀。只是苏北的天空、水土,已容不下小桥流水,而是以酷烈的现实将女人的柔弱悉数剥离。惟赠一副铠甲,伴其在人生的疆场上,左冲右突,加钢淬火,自成宇宙。"②李洁冰本身就是一个苏北女人,以同类的心理理解、剖析她的亲人们,接近了粗粝残酷的生命本相。《苏北女人》的写作是一个寻找母亲的过程,李洁冰显然很自信,北乡母系家族们的亲人复活了,升华为大写的苏北女人。

《苏北女人》的故事时间长达半个多世纪。为了把起伏跌宕的世相变幻、社

① 王一川:《中国形象诗学》,上海:上海三联书店,2000 年,第 42 页。
② 李洁冰:《话说苏北女人》,《苍梧晚报》,2016 年 3 月 7 日。

会风云收进文本,李洁冰找到了一条红线,那就是人与大地的关系。人在"自然"时间里存在着。劳作连接了人与大地,二十四节气是大地的节律,是农人的生命时间,只有在这个交接域里,农人生命的意义才能敞开。每个人物命运的脉络与大自然的运转节律合到了一起,生命的尊严、劳作的神圣性在日复一日的世俗生活中具有了神性,充满着对大自然的敬意,对神鬼、生灵的敬畏。天道依旧,丰满的大地上,故乡的田园里,孕育的人性依旧朴素自然。《苏北女人》把生活世界和心理世界完美地统一起来,以女性绵密柔韧的叙述话语接续了中国传统文化心理和审美意蕴,以从地方性出发的精神想象,对抗坚硬强大而冰冷的现代性。

第二节 "个人方式"纪录片的苏北视觉文本研究

"个人方式"纪录片是吴文光先生对中国特有的"地下"纪录片作品的指称,它在很大程度上建构了一种不同于西方的职业"独立纪录片人"的本土叙事话语。这种视觉文本完全是业余爱好者从自己的表征目的出发,自由拍摄剪辑的产物,自然就不可能进入有话语规范要求的电视频道和电影院线,只有极少数漏网之鱼可能通过某些渠道流入各种国外电影节。近年来,随着国内陆续兴起一些独立艺术空间和民间影像节,如云之南、草场地纪录片工作坊等,这些纪录片主要在那里集中和展映。由于创作者大多数身处体制之外,基本上没有对名利和商业价值的考虑,然而,更深层次的原因应该是——他们实在有强烈的思考和表达欲望,骨鲠在喉不吐不快。这些片子从不同侧面反映了庞大的现代总体性,提供了丰富的剖面,记录了可能被体制遗忘忽略的存在。①

淮安市金湖籍的艺术专业研究生王洪军,以金湖县的一个小诊所为对象,拍摄了"个人方式"纪录片《贾医生的 100 个病人》。试图以贾医生的诊所这个社区之"胃",窥视现代社会复杂庞大的整体。遵循中立的"零度叙事"立场,他把镜头设置为长在墙上的一只眼睛,无声无息、不动声色地记录了发生的一切。这些真实的社会实录素材,以美国纪录片大师怀斯曼倡导的"场所观察式记录方式",记

---

① 详见吴文光:《笔记:一个人的纪录片》,祝勇主编:《21 世纪中国文学大系·2010 年散文》,沈阳:春风文艺出版社,2011 年,第 216—219 页。

录了全知视角下真实、软弱无助的底层,完全"原生态"。在诊所这个公共空间里,患者们所关注的社会热点与自己的现实处境既构成了互文,又好像完全互相疏离。从他们的话语和神情来看,似乎越是底层的民众,越是热衷于议论宏大事件,使自己暂时脱离了卑微境界。这种虚拟的联系使他们高度兴奋,忘记了切身的存在。走出诊所,回到自我状态,他们再次沉没到更深的黑暗中。只有以这种方式,他们还觉得自己是个"人",以别人的不幸反观自我,回到了"活着"的状态,建立了与世界的分裂联系。其实那些所谓的热点就是他们自己的现实镜像。反复细读《贾医生的 100 个病人》,经常感觉王洪军就是梵高,他计划拍摄的"婚礼照相馆""律师事务所""小酒馆"系列,如同梵高的"吃土豆的人""加歇医生""妓女"和那些数不胜数的自画像,都是苦难底层的芸芸众生,构成了完整的梵高自我镜像。王洪军这个知识分子回望自己成长的故乡,学过的那一整套艺术理论,什么诗意、优美、崇高、意境、艺术真实之类的观念开始动摇,现实比艺术更真实,记录当下的现实就可能接近了"社会与现实"。这种个人影像方式是影像记录和观念艺术的结合体,建构了抵达现实与对象的深度途径和叙事形式,成为王洪军思考和表征的有力工具。

王洪军拍摄了几百个小时的素材,最后剪辑为一百分钟的成片。片子里没有县城的街道,也抹去了任何可能有卖点的地标建筑和风土人情。他有意地以这种方式去除了特殊性,从而产生了普遍性,可以看作是二千八百多个中国县城里的任何一个。如果说艺术创作中的典型环境是艺术家根据自己的预设建构的虚拟社会环境,那么这种"场所观察式"就直接取消距离,让环境和人物自己出场,以非虚构的形式展开叙述。王洪军自己更是在场的,他把自己观察思考的现实书写下来,这些都通向了存在。一个长镜头一直到底,可谓是"一个社会的胃镜"。狭窄的小诊所构成了一个公共空间,无名的医生,一百个流动的病人,背后是一百个不同的家庭,他们只付得起这里最便宜的医疗费。小诊所这个社会的剖面是王洪军选取的非正常环境,疾病是病人过往生活总和的产物,既是人生的负面,也是他们现实处境的隐喻。谁会真的去关心他们呢? 他们只有互相倾诉,才能减轻彼此的不幸。他们互相成了对方的心理医生,既接受别人的倾诉,也治疗着自己的心理。贾医生像上帝一样怜悯同情着病人们,似乎只要倾听就行了,治疗倒变成了其次。他能为病人们做什么呢? 镜头后面的王洪军又能做什么呢? 唯一能做的,只能是回到"身体位置"上,和这些人在一起。一百分钟一百个不同的病人,剪接得密不透风,令人喘不过气来。王洪军把 2008 年的热点新闻,如中国南方大雪灾、西藏问题、意外的火车脱轨特大事故、北京奥运会等,通过病人之间和病人与医生的对话剧透出来,病人与生活于其中的社会大环境构成了互文本。这些杂乱无章的民间"无知"的声音,正反映了底层在大时代中的真实地位。面对这些高高在上的宏大主题或者意外的天灾人祸,病人们实在应该庆幸自己身处事外,疾病倒好像变得微不足道了。影片的结尾部分,下班了,贾医生扫地,慢慢地从屋内扫到屋外,淡出镜头。这个行为具有表演性和仪式性。贾医生参与了叙事,他倒空了这一天的无数谈话,诊所重新敞开,处于等待状态,明天继续接受。这是一个视觉隐喻,贾医生的诊所事实上成为"一个社会的胃",容纳并且消化了一切,某种程度上具有现代社区认同意义。希望在明天,病人们就这样"活着",这也是他们生活的永恒状态。每天都处于这样的状态,这些不一样的"暂时"合起来就构成了"永恒",人生的底色。"诊所"这个社会切片切开了生活的真实,也切开了生命的本质。

以知识精英的立场来看,这些"乌合之众"的人云亦云、似是而非的看法没有任何价值,甚至是无知可笑的。然而,自从现代性开启以来,知识分子们就开始了声势浩大的启蒙工程,对身体的疗救一直是启蒙的隐喻。一个多世纪过去了,底层仍然处于底层,仍然看不见拯救的希望。知识精英退场,不再担任启蒙者。知识阶层唯一能做的,只能去记录,让底层直接出场,发出自己的声音。甘肃省的丛峰拍摄了《马大夫的诊所》,与王洪军的《贾医生的100个病人》异曲同工,甚至更加深入,达到接近四个小时的惊人长度。同样是无处可去的底层民众,把所有的痛苦不幸都倾诉在这里。只不过丛峰的镜头延伸到了诊所之外,联系的社会背景更复杂广阔,更令人无可奈何。

王洪军曾经对吴文光先生表示,他决定放弃去大城市的机会,就留在金湖,做底层的一员,计划透视中国最基本底层的个体,用无数的场景去穷尽"人"的存在。加达默尔认为,后现代语境里的"理解"是一个将自身置入的过程,但这种置入并不是一个个性置入另一个个性,也不是另一个人受制于我们自己制定的标准,"而总是意味着向一个更高的普遍性范畴的提升,这种普遍性不仅克服了我们自己的个别性,而且克服了那个他人的个别性。'视域'这个概念本身就表示了这一点,因为它表达了进行理解的人必须要有的卓越的宽广视界。获得一个视域,这总是意味着,我们学会了超出近在咫尺的东西去观看,但这不是为了避而不见这种东西,而是为了在一个更大的整体中按照一个更正确的尺度去更好地观看这种东西。"即"在理解过程中产生一种真正的视域融合"①。这种"理解"不再是启蒙，而是真切平等的感同身受，自然达到了同一。

记得莫言曾经说过：当我知道小说要表达什么时，我一下子醒悟了，农村有那么多生活，我会有写不完的小说。王洪军的县城纪录片系列也具有同样的意义，构成了存在的本真性（authenticity）叙事。

中国目前有无数人在从事这种地下纪录片运动，他们的社会身份各种各样。有专业知识分子，体制内人士，城市底层打工者，乡村农民，等等。如此复杂、多重矛盾交织的现实，应该有多种记录和思考表述。在这个意义上，纪录片的镜头开口讲话了，它不再是趴在墙上的冰冷无意识的探头，也不是一只客观中立的眼睛，它有自己的温度和心跳，它进入并干预了现实，是另一种深刻的为人生的艺术。

关于这个县城的叙事，还有一个视觉文本，即有官方背景参与制作的小成本本土电影（homegrown film）《荷都奇遇》，与王洪军的《贾医生的 100 个病人》形成了鲜明对比。金湖县 1960 年刚刚成立，名不见诸典籍，是全省最小的县城之一（江苏省最小的三个县：金湖、大丰、扬中）。② 本土文化（native culture）相对于全球化而存在，是一个逐渐开放的多层次混杂的系统，具有多元化传统和现代内涵，是一个既融入世界、在他者目光观照下的自我叙事，同时又发现、反思自我的双向性过程，是建构地方认同的重要路径。随着大众旅游的兴起，各地为了打造地方文化名片，推出了一大批弘扬地方文化的本土电影。这些电影的叙事围绕集中展示地方文化符号，挖掘地方名人名胜资源，其中既有主流文化和民间文化的表述，又有宣传和市场的诉求，行政体制和商业运行模式共存，是一个内涵多重、矛盾丛生、充满裂痕的文化现象。物质生产部门主导的艺术生产，以实践理性主导审美活动，成为艺术创作的主体。本土电影再现、书写、吸纳了当代中国文化生产逻辑，它是中国特有的政治、经济、文化体制的产物，同时也是这个逻辑的视觉同构呈现。作为一种文化修辞，实现了经济、文化发展与现实逻辑的成功置换，弥合了现代性与乡土传统的裂隙，成为展示性文本。于是，大量地标、地方风情出现在影片中，不是软性植入，而是干脆"直接就是"，成为"乡镇级的浮华与

① 加达默尔：《真理与方法》上卷，洪汉鼎译，上海：上海译文出版社，1999 年，第 391—392、394 页。
② 详见亢宁梅：《水文化、荷文化、尧文化，还是高丽文化——关于一个县城历史编码的人类学研究》，《内蒙古大学艺术学院学报》2015 年第 1 期，第 56—65 页。

媚俗"（翟永明语）。①

　　王洪军的纪录片系列与梵高的《农鞋》、自画像、小酒馆系列具有相同的审美意义，都以视觉形式揭示了存在，生活的本源、社会的真实从那里无穷无尽地喷涌而出。这种纪录片虽然处于地下状态，然而抵达了被遮蔽的存在。王洪军也和当年的梵高一样，在主流艺术的边缘接近了人的本质。只不过梵高是被迫如此，而王洪军是有意为之，以这种极端的形式把庞大的总体性撕开了一个缝隙。苏姗·桑塔格在《论摄影》中分析了摄影作为艺术行为的本体和意义。她认为，摄影从来不会镜子般地反映现实，摄影师的行为永远在"趣味及道德感的无言规范所驱使"下进行。"让底层出场"支配了王洪军的摄影文本，县城的芸芸众生是一个话语表征系统中生成的对象，既是被观看的他者，又是互为主体修辞的产物。这种眼光关注下的底层，既充满了知识者的同情，又被赋予了"人"的尊严。这也证明了"纪实摄影成为一种民主的风格与手段，它使凡人获得尊严，并把富人和权贵放在了普通人的位置上。在某种意义上，纪实摄影甚至成了沟通社会各个阶层、消除隔膜的载体"②。"个人方式"纪录片作为一种新兴的视觉文化实践形式，对当代文化知识话语的探索与建构具有重要意义。

第三节　艺术与人生的双向重构③

　　关于谢宏军的《乡村诊所》，其实陈丹青老师已经在为这本书做的序言里，以他一贯犀利穿透的目光和高深的专业修养分析得极其清楚到位了，根本不需要笔者置喙。谢宏军与笔者当时工作生活在同一个城市（这本书出版后，他去了北京），这本画册刚刚出版时，本地报纸还做了连载和解读，笔者曾经认真仔细地反复阅读过。然而笔者当时自诩为知识分子，小资得很，只是以欣赏的眼光，如同阅读高尔基的《我的大学》一样，带着猎奇和居高临下的怜悯、同情、批判心理。如今，混迹于这座灰蒙蒙的乡村型十八线城市多年，每次上班，于拥

---

① 亢宁梅：《乡土与现代缝隙的自我想象与书写——以〈荷都奇遇〉为例的本土电影文化分析》，《盐城师范学院学报》，2017 年第 1 期，第 57—61 页。

② 晋永权：《红旗照相馆——1956—1959 年中国摄影争辩》，北京：金城出版社，2009 年，第 279 页注释。

③ 本节内容以《艺术与人生的双向重构——〈乡村诊所〉的一种解读》为题发表于《内蒙古艺术学院学报》2020 年第 2 期。这里有修改。

挤肮脏的公交车上与这些灰头土脸的农民挤在一起,听着他们"呕哑嘲哳难为听"的方言土语。他们大多是去城里第一人民医院的,因为只有这一条班线。那所三甲医院就是他们眼里的诺亚方舟,寄托着他们全部的求生希望。听着他们互相倾诉的病痛和艰难的谋生,再读《乡村诊所》,就有了别样的理解。

任何艺术家,面对创作,都有一个最直接的问题:什么是艺术?

很多所谓的艺术家对于艺术其实是很"隔"的,可能一辈子处于临摹的阶段。人体作业只是抽去了本质的人形,不涉及具体的人生,也抽去了艺术的本质。面对广大复杂的人生,他们不知道怎么入手,只好人云亦云地跟随、模仿。同时,任何艺术家,又是处于具体艺术史中的人。他所接受的艺术史,告诉他什么是艺术,他必须接受怎样的传统。所有这些,都规定并限制了他的创作。

梵高曾经遇到过这样的问题。梵高因为强烈的艺术冲动,二十七岁才开始尝试绘画创作。面对大师们的作品,他极其苦恼,因为他没有经历过完整的专业基础培训,画得"不像",也就是缺乏透视和造型能力。造型准确是西方传统绘画至高无上的准则。建立在认识论框架里的视觉艺术,认为只有在一定的时间空间里,以数学、物理的比例、透视方法去"科学"地再现形象,才能肯定当下的意义,反映真理,同时也肯定"这个"艺术创作的意义。印象主义(这个名称当时颇具讽刺意义)正是在这个意义上对传统绘画进行了彻底的革命,梵高也是因为观念过于超前而不合时宜,被评论家和画商们予以彻底否定。梵高很痛苦,他被造型这个门槛挡住了,他不愿意像前辈艺术家那样准确地再现对象,他朦胧地知道自己想要画什么。可是整个艺术界都拒绝了他,他困惑了,他不知道自己在画什么,绘画的意义又是什么。然而他清醒地知道自己在"表现",在寻找。他的绘画对物体进行了强烈的变形,只有这种变形才能表现出他眼里的世界和想象中的世界。也许艺术的魅力就在于艺术家既清楚又不清楚自己在做什么,所谓的含混即这种状态。他的《吃土豆的人》《农鞋》以丑陋的形式和阴暗的画面一反新古典主义那种明亮的色彩、优美的形式和高雅的趣味。那是贵族眼中的农民,表现的是贵族自己的完美的世界。梵高的这些作品反映了底层农民真实的生活,也反映了自己真实的存在。两种艺术形式构成了两个阶层的镜像。梵高在长期艰苦的艺术探索中终于认识到了形式与现实反映的关系,"艺术即自然、现实、真理;但艺术家能以之表现出深刻的内涵,表现出一种观念,表现出一种特点;艺术家对这些内涵、观念、特点自有自己的表现形式;其表现形式自成一格,不落窠臼,清晰明确"①。当时由贵族话语统治的艺术界以高高在上的姿态拒绝了梵高清醒超前的深刻见解,直到几十年后现代主义成为主流话语,他们才认识到梵高的价值。

　　谢宏军也遇到了同样的问题。他本来就是一个有思想、有追求的人。离开了校园纯净的象牙塔,在灰扑扑的谋生岁月里,虽然他一刻也没有忘记艺术,可是艺术女神却从来也没有眷顾他。他一直苦恼着,怎么去发现、表现这个灰色黯淡的世界呢? 现实生活与净化完美的艺术世界实在距离太远了,他苦恼地发现,不管是临摹大师,还是追求林林总总的所谓流派、主义,却终究表达不了自己心里的那个世界。他始终在生活之门、艺术之门外面徘徊。在这种煎熬困苦中,终于有一天,他病了,包括身体和心理。他只好在这个肮脏破旧的诊所里被迫停下了人生匆忙的脚步。面对稀奇古怪的疾病,任何所谓的医学科学、神仙都无可奈何,老百姓只有把它归结为神秘无常、看不见的"命"。谁能奈何"命"呢? 思想斗士苏珊·桑塔格曾经经历了长期的病痛折磨,在反复治疗又发作的痛苦困惑中,她向死而生,写作了《疾病的隐喻》,反思了疾病的哲学本质。桑塔格发现,"疾病是生命的阴面,是一种更麻烦的公民身份。"公民身份意味着理性的权利、责任、义务,而"生命的阴面"则意味着正常人生暂时或者永久的停顿,是清晰的理性所不能解决的,构成了审美之丑。人在这种时刻只有独自面对正常身份之外模糊不确定的人生,没有边际,不知道病痛的根源和生命的终点在哪里,理性和上帝无能为力,人只有陷入完全彻底的孤独。"任何一种病因不明、医治无效的重疾,都充斥着意义。没有比赋予疾病以某种意义更具惩罚性的了。人们对邪恶的感受被影射到疾病上,而疾病则被影射到世界上。"②疾病与残缺的人生构成了互文,其实这才是生命的常态和本真。在诊所里,谢宏军蓦然领悟了自己人生的意义,也发现了"生活在别处",打开了一扇通往他人生活的窗口。世界揭开了它的真实面目,露出了存在的本相。他放开了自己,把这一个个决定性的瞬间记录下来,于是一切人、事情都正好获得了自己的本来意义。他的艺术世界诞生了,这就是《乡村诊所》。

　　大幕甫一拉开,出场的人物是乡村诊所的主人,医生孙兆生。在均匀柔和的光线下,谢宏军以温润的笔触勾勒出了这个亲切的形象。温和,世故,世俗,像小

---

① 欧文·斯通等编、澹泊等译,《梵高自传——梵高书信选》,长沙:湖南文艺出版社,1991 年,第 46 页。

② 苏珊·桑塔格:《疾病的隐喻》,程巍译,上海:上海译文出版社,2020 年,第 123 页。

城镇上的芸芸众生,没有职业医生的科学气和权威气,更没有居高临下的咄咄逼人。他的目光并不与我们对视,只平等地看着他的病人。在他的目光引导下,这个残损的世界慢慢打开了。

这些聚集在诊所里的形形色色的病人,公民身份各式各样。有离休干部、基督徒、赌徒、文艺青年、商贩、民间学者、贵族子遗、开发商、教师,更多的是没有任何职业身份的乡间草民。在这里他们只有一个共同的名字:求医者。一个共同的目的:活着。这些病痛的、丑陋的身体、面孔,没有任何美感,没有视觉的愉悦,挑战着我们既往的感官神经和审美观,没有审美话语系统里长期以来一直塑造的那种崇高形象,美的观念在这里被颠覆了,只有活着的、忍受着的人,看不到尽头。这些形体,既不符合黄金分割比例,也不均衡、对称,更没有优美的和谐感,大多数躺着、斜坐着,没有经过任何摆布和设计,臃肿、苍老、畸形、残疾,眼神黯淡、眼角糜烂,望之胆怯,生理上都会引起强烈的反感,心理上对人生没来由地恐惧。画家用凌乱琐碎的线条,勾勒了大块的暗面形体,对一贯端正严肃的正面肖像也作了暗面处理,几乎没有高光点,似乎光明也不能照亮这个世界。围绕这些形体的是乱蓬蓬的头发,破旧的衣物,灰败的枕头、床单,完全没有我们所习惯的医院应有的洁净,优雅的白大褂,高贵神秘的仪器,到处弥漫的来苏尔味道。那些都带着冰冷的科学的气息,以准确的数据和图像解析我们的身体。在这里,充斥着全部空间的只有乡村特有的肮脏混杂的气味,就像笔者在公交车上经常闻到的那样。这些身体不能给我们带来生的希望,只有巴金的《第四病室》那样的阴森、凄凉、绝望。这些形体是无奈、无力、无助的,画面很少表现完整的身体,以残缺的身体隐喻了世界的本来面目。"丑"显现了"生活的本来面目",即人生的苦难和阴暗,反映了历史、人生的复杂和深度。"丑"的意象具有"意义的丰满"。昌黎诗往往以丑为美(刘熙载)。荒诞是一个被疏离了的世界,荒诞感就是在这个世界中体验到的一种不安全感和不信任感,从而产生一种生存的恐惧。他们的目光回避着我们。我们仿佛看到他们在直视另一个世界,或者自己的内心。虽然他们有自己的精神世界和生活世界,然而这两个世界现在却是分离的。这是一种什么样的生命呢?

身为离休干部的老人虽然曾经是英雄,现在面对生命的黄昏显然已经是穷途末路了,下拉的法令纹和浓密的剑眉无一不昭示着他的衰老。即使正面肖像也没有高大感、美感和人的尊严感,面部表情石刻一般,对外物似乎已经没有了反应。他拥有的荣耀的身份和金钱都不能阻挡时间和疾病,他只有在病痛中回

图1 喜性样的老奶奶

味过去，找到自己的尊严。虽然他的气质明显有别于乡民，可是在这里，他的一切都被"悬置"了，与乡民们一样，也就仅仅为了活着，活着才是最后的赢家，也是他生命的全部意义。在乡村，女性基督徒居多。她们把耶稣读作耶（ya）稣。淮阴城里还保留着一座老教堂，是赛珍珠的父亲上个世纪初创建的。我们曾经寻访过，听过那些传道的土音。神本身应该是无功利、无欲望的，然而在这里却变成了一条有始有终的因果链：无论是上天降临的"无辜"生病还是结果未卜的治病，都归结为原罪或者神的意志。听了这样的解释，她们就能坦然接受无常的命运了。所以，虽然细碎的皱纹刻满了尘世的苦脸，她们是迷信并且投入的，痛苦使她们发出迷人的光辉。民间林林总总的各路神仙很多，最后都通向彻底的"信"而不是通向"无"，上帝之光不能与之相遇，也不能令人陶醉。所以"信"的结论是忍受，她们的表情完全不同于米勒笔下的谦卑、宁静。这些令我们联想起当下乡间越来越多的教堂，很多都是红砖瓦顶的，完全不符合哥特式教堂的形制，也并不高大恢弘，而是亲切朴素，好像普通的农舍。农民按照自己的想象，以乡村趣味和经济条件建了自己的教堂。上帝也在地化、本土化了。披着自制道袍的兼职传教人员，贴在墙上的耶稣像是彩色的，似乎喜气洋洋，怎么看都像喜庆的年画，没有任何崇高的意味。教堂里世俗生活的烟火气和奉献箱，最终引导他们接受了病痛，接受了命运中意外的一切。人物系列中还有一位老奶奶，总是一副"喜性样"，生活中却是苦难最多。她的面部也无风雨也无晴，似乎到了佛的境界——一切都是"了"，了便是好，万物齐一。如果我们认为无知无识的乡民们只能如此，事实上也不尽然。这里有一位读过线装书的老妇，正应了那句红颜命薄、女人是祸水的话，女人的一生可能遇到的所有不幸竟然全部降临到了她身上。在这里，她以捧读《一个女人的回忆》回忆自己的一生。也许只有让自己和别人"互文"，用

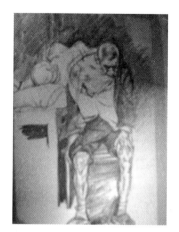

图2 病痛变形的人体

别人的生活来印证自己,才能接受这样苦难的命运。张法先生把中国式的悲剧审美命名为悲态,完全不同于基督教的悲剧观,对于命运大化具有理性的认识,带有柔顺性,所以不会产生剧烈的冲突。她们最终都平静下来了,把一切解释为无形的"命"。她们的面部,无论平静、安然、忍受还是木然,内心经过复杂的纠结回合,最后走上了彻底的"信"这条通途。

《乡村诊所》里塑造了很多趴着、躺着、背对着我们的身体,只有体积感,没有活生生的形体感、生命感,没有任何尊严,仿佛一段段无知无觉的木头。那种衰老、苍凉,与余华的《活着》不约而同走到了一起。生命的本源、意义就在于活着这件事本身,令人不寒而栗。面对病痛,附加在生命之上的外在意义全部剥离了,就只剩下了"活着"这个唯一和终极的意义,生命到这里前路茫茫,没有了过去、现在和历史,也没有什么家族、荣誉、未来,只有意义被解构之后的荒诞内核。谢宏军记录了一位被称为"老童"的老年人,已经活到了没有任何尊严的地步,无

家无业,生活最后把他打击得特别迟钝,他却以天真无邪的外表,对任何人都奉献上真诚的无意识的微笑,像《小公务员之死》中对所有上司诚惶诚恐的小公务员。那是最卑微的、没有任何地位和"用途"的人发出的微笑,像我们生活中常见的小商贩、保洁工一类身份的人。笑已经成为一种下意识行为,他们只有用这种笑容证明自己的存在。望之令人鼻酸。

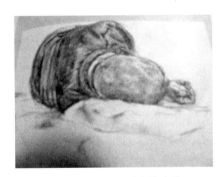

图3　背对着观看者的人体

生命是如此黯淡,然而谢宏军却并没有就此否定生命的意义,相反,他全身心地沉浸在这个不幸的世界里,同情地理解他们,在这些人身上他看到了熟悉的亲人,也看到了自己。于是,正如顾铮所言:主体与客体处在一种相互置换、相互交通的关系中,主观获得了一种客观性,而客观也获得了主观性。[①] 这是无数艺术家追求的最高境界——无我之境。需要特别指出的是,在视觉艺术中,这是至关重要的一点。生活的意义被揭开,混乱的生活表象一旦被审美予以形式化,谢宏军的画眼就打开了。他一下子打通了现实和艺术两个世界,一个是乡民的生活世界,这是一个本真的、充满人生痛

---

① 顾铮:《城市表情——20世纪都市影像》,南京:江苏人民出版社,2003年,第585页。

苦的、却也是活生生的世界,他体验着他们的生死歌哭;另一个是他的艺术世界。他醍醐灌顶,既往的关于美、艺术的知识体系被彻底颠覆了。他情不自禁地画了一张又一张,人物形象像流水,像连续不断的生活那样扑面而来。他的笔越来越流畅,线条越来越有力。《乡村诊所》中经常有这样"得意"的叙述:

> 比如这张,一出手,形象便出来了,十分钟就画完了。我对农民的形象耳熟能详,我就是农民。在余光中我感觉到了这个形象,转眼一看,立刻被吸引住了。①

> 我常觉得画的是同一个人,但他却是另一个人,我或许是在画人的种类。画家应该自然地画出画来,仿佛露珠自然坠落一样,十几、几十分钟的速写足可产生永不消退的美丽画面。正是这样,才促使我不断地画。我可以完全不需要考虑技巧,但只需感觉到人的精神。②

> 不少年来,我在故纸堆里,南流北浪地寻找着"人"的含义。我曾以为自己知识高尚,心灵完备,来到诊所却击垮了我,当我要坚守自己的阵地时,"病"却悄然袭来。③

> 我在这嘈杂混乱的诊所里安详宁静,恰如回到久别的故里。我忽然觉得要画油画了,这些人物仅仅用铅笔素描画出来是不够的,他们浑身皆是油画的语言,浑朴、厚重……它有真正中国"土油画"的色调,黑黑黄黄的皮肤色陈旧褶皱的灰布衣,还有被不知多少病人覆盖过的枕头、床单和棉被,许多布满灰尘的红色锦旗,每一样都不是美器,但却布满岁月与人生的气息。我今天能坐在这里,就是被这种气息吸引住的,不知我能不能在油画颜料的调和中闻到这种气息。④

……还有很多。这个过程是一个逐渐深入的过程,正是在这个过程中,谢宏

---

① 谢宏军:《乡村诊所》,北京:生活・读书・新知三联书店,2003 年,第 27 页。
② 同上书,第 56 页。
③ 同上书,第 97 页。
④ 同上书,第 106 页。

军在勾勒一个个形象时接近了艺术本源。他以完全的自我投入了这个从来没有被高雅艺术正视的世界,他深情地理解他们的世界,体悟他们的情感,他知道自己要画什么了,却忘记了自己该怎么画。然而上帝回报他的是一个完整的、充满意蕴的世界,怎么画已经不重要了,谢宏军石破天惊地创造了一个世界,这是艺术家们梦寐以求的审美的世界,"显现的是人与万物一体的生活世界,在这个生活世界中,世界万物与人的生存和命运是不可分离的。这是最本源的世界,是原初的经验世界。因此当意象世界在人的审美观照中涌现出来时,必然含有人的情感(奇趣)"①。这个"有我之境"通向了艺术的本源,他模仿了好久的素描直到现在才找到意义,正如宗白华先生所言:"西洋画素描与中国画的白描及水墨法,摆脱了彩色的纷华灿烂、轻装简从,直接把握物的轮廓、物的动态、物的灵魂。画家的眼、手、心直接与造物面对面肉搏。物象在此启示它的真形,画家在此流露他的手法与个性。"②在这个呼之欲出的活生生的世界里,"人"的共同本质,"人"的内在精神突破了纸面,犹如听到了神明的呼唤,皮格马利翁一样获得了生命。看着这些人物,我们经常感觉好像在看旧俄时代小说里的人物插图,带着历史和人世间的热烘烘的、污浊的气息,也经常惊恐地在画面中反观自我。杂乱无章却又越来越有力的线条意味着他找到了"一画",无规则的形式构成了"力的式样",脏脏的视觉感不正是灰蒙蒙的生活本来的样子吗?"力"即中国气质,表征这种气质的形式就是这种"土油画"形式。油画自从传入中国以来,一直以正统、科学、典雅构成了一套审美规范,以至于形成了某种意识形态形式(陈丹青语)。董希文的《开国大典》吸取了年画的形式、色彩和趣味,突破了油画的"传统"话语,被誉为民族风格和民族气派的代表。谢宏军把《乡村诊所》称为"土油画",在形式和趣味上与《吃土豆的人》同类,突破了中国油画的题材和形式。

至此,谢宏军的艺术世界照亮了那个被遮蔽的生活世界,他以悲悯的情怀让我们看清了生命的本源和意义。

谢宏军的《乡村诊所》美术文本和艺术家渠岩的《生命空间》影像文本构成了互文,都指向了中国乡村医疗卫生体制的现实和矛盾。在渠岩的镜头下,那些半公半私的诊所有着相同的压抑局促的空间,通常都是利用废弃的仓库、会议室改造而成。所谓的改造也就是按照规定给一个场所,完成规定任务,聊胜于无而

---

① 叶朗:《美学原理》,北京:北京大学出版社,2009 年,第 65 页。
② 宗白华:《论素描》,《美学散步》,上海:上海人民出版社,1981 年,第 152 页。

已。这恰恰象征着诊所处于被废弃的地位。乡村医生是决定命运的现代大神，在诊所拥有至高无上的权威，于是，诊所这个公共空间反而成为私人空间的附属物。农民在这个空间里被挤压，仿佛成了突然的闯入者。他们没有被告知那些关于他们的医疗政策，他们能够享受哪些福利。整个治疗过程就是被施舍和控制的过程，乡村诊所对于他们而言就是一个大他者。渠岩的《生命空间》印证了他的《权力空间》对乡村的忽视和挤压，《信仰空间》发现了乡村信仰的扭曲和遗失。这些文本以纪实的深度，作者的始终在场和影像的巨大表现力量，直接进入了现实，而不是以隐喻的方式，接续了鲁迅的疗救思维。所不同的是，《乡村诊所》里的诊所在体制之外，小城镇还处于熟人社会状态，人们幸运地遇到了一位好医生孙兆生，真正的医者仁心应该就是这样的。孙兆生还可贵地保留着传统社会里"人"的爱心和真诚，在他的私人诊所里构建了一个温暖的世界，在治疗身体疾病的同时，进行着人心修复。良医即良相，传统中医学从来都是把"人"视为一个整体，身心不二的统一体。《生命空间》里的诊所正是权力的产物，一个冰冷的现代理性空间。农民的疾病既是身体的，更是心理的，是他们现实生存的隐喻和结果。在这里不但得不到治疗，相反可能造成进一步的伤害。

无论是贾医生的诊所还是孙兆生医生的诊所，都有一个共同点，即建构了一种超越医患关系的、人与人之间的真诚信任。这种"前现代的信任环境是由亲缘关系、地点上的地域化小区、宗教宇宙观和传统所营造的，而现代的信任关系是由友谊或隐秘的个人关系、抽象体系、以未来为取向的非实在的模式来建立的"[1]。前现代的面对面的知根知底的信任给予个体存在（being）意义上的本体性安全（ontological security），"而缺乏这种基本信任感的人，是缺乏个体性安全感的和焦虑的，更深刻地从存在主义哲学的角度看，他就是存在性地焦虑（Angst）"[2]。事实上，这些病人的疾病本身就是焦虑的产物。

1949 年以来，随着新意识形态的确立，工农兵被确立为国家主体，成为主流意识形态中表征国家意志的唯一形象。王式廓先生笔下的农民形象就是代表，勤劳、善良、朴实、隐忍，农业是共和国工业化的基石，农民成为大地的象征。随着艺术逐渐消减了对现实的反映力量，工农兵形象发展为红光亮、高大全的抽象象征符号，农民的真实存在处于遮蔽中。一直到 1980 年代初，罗中立的《父亲》

---

[1] 吉登斯：《现代性的后果》，田禾译，南京：译林出版社，2000 年，第 88 页。
[2] 同上书，第 87 页。

横空出世,这层帷幕才被撕开。《父亲》以超大的尺寸,极其具象的"照相写实主义",逼真地还原了父亲的形象,艺术家又以模糊平和的眼神超越了具象,表征了一个广大的群体。对于它的解读,在中国艺术史的语境里,可以与海德格尔对梵高的《农鞋》的解读相提并论。《父亲》表征了这片大地上无数个艰难困苦的日子,在无穷无尽的日子中劳作的芸芸众生,人的生活与黄土地的关系。计划经济时代,城乡之间长期处于二元对立的状态,农民是事实上的被剥夺者,在工农兵的形象表达中,农民是不在场的。长期以来,油画在中国处于至高无上的地位,甚至变成了独尊一统的意识形态(陈丹青语),只能表达宏大主题和主流人物形象。1980年代的人道主义大潮里,艺术终于发现了"人",《父亲》就是在这个背景下产生的。罗中立以深情的眼光,把困苦中渺小平凡的人立为大写的"人",确立了普通人在艺术中的主体地位。这种中国式的"土油画"才能表征中国,中国人当下的存在只有在这种形式里才能得到深刻的反映。

随着城市化、现代性的急速进展,农民这个阶层再一次面临被剥夺、被时代碾压的命运。全速工业化的时代,出于强大的国家意志,农业、农民必须为现代性付出巨大牺牲,农民成为国家现代性进程中的被剥夺者。1990年代,城市化大潮猝不及防地迅速到来,他们再一次被剥夺,被抛离了土地,被迫成为城市的零余者,"中国制造"、"三农"问题、打工者就是他们的生存状况。画家忻东旺的油画作品完整地记录了这个过程。

忻东旺的《诚城》《戴婚戒的女子》《明天多云转晴》《绚日》《适度兴奋》《远亲》《武装》《客》《城徙》《保卫》《边缘》《早点》等系列作品石破天惊,大规模地把农民工这个边缘灰色群体推到前台,试图引起"疗救者的注意"。忻东旺在城市晦暗的角落,混乱的工地,地下劳务市场,发现了这个规模巨大的群体。他们的表情永远慌张,体态猥琐、惊恐、焦虑、期待、失望、绝望,忻东旺以这个群体同类者的嗅觉,敏锐地发现了他们背后乡村的崩溃,故园的凋零,他们所面临的巨大生存困境和精神困境。梅洛·庞蒂的知觉现象学分析了身体与空间的关系,"靠着身体图式的概念,身体的统一性不仅能以一种新的方式来描述,而且感官的统一性和物体的统一性也能通过身体图式的概念来描述。我的身体是表达现象的场所,更确切地说,是表达现象的现实性本身。例如,在我的身体中,视觉体验和听觉体验是相互蕴涵的,它们的表达意义以被感知世界的前断言统一性为基础,并因此以言语表达以被感知和纯概念性意义为基础。我的身体是所有物体的共通

结构,至少对被感知的世界而言,我的身体是我的'理解力'的一般工具"①。他
们的身体是巨大城市的投影。忻东旺把他们的形象予以类型化、形式化,无论站
立还是坐着,一律紧张,神情木然,手足无措,身体矮化变形,目光空洞,直直地凝
视着前方,身后是灰暗杂乱的背景。他们的身体好像要冲破画框,拼命挣扎出
来。生活的重压,城市空间的巨大冰冷,把他们变成了这样。忻东旺把他们的形
象用肖像画的形式予以固定。他一反古典贵族肖像画的姿态端庄并且突出胸部
以上面部表情的传统,而是以变形的群像和全身像的形式,写出了这被侮辱与被
损害的一群。如果说肖像是对自我主体的肯定,对身份的确认,肖像画通常采用
正面、完整的姿势来强化这种肯定。忻东旺笔下的肖像意义已经远远超出了形
象本身,负载了巨大的思想含量,直指这个时代深刻的社会分裂。从这个意义上
看,忻东旺的创作具有艺术史的价值。他清醒地认识到,"艺术史对个性的识别
如同对身份的识别一样重要,没有个性的艺术如同没有血性的人一样得不到尊
重。究其原因还是由于艺术的价值对于人精神性的依赖,而所谓精神性又是艺
术家心性情感的品质化。"②

　　因为忻东旺的农民出身,他的创作一直采取了底层立场。因为忻东旺的艺

图 4　忻东旺油画作品:适度兴奋

术家身份,他又对现实保持了冷静的观察。
他既是农民工生活的观察者和记录者,又与
他们在精神上是同类。虽然同气相吸,他可
贵地既与他们的生活拉开了审美距离,对他
们的存在进行了深刻的反思,却又与他们有
相同的情感和精神谱系。他的创作高于悲天
悯人的同情的理解,是一种宏大深刻的人类
情感,赋予这些时代的零余者以人的尊严、人
性的光辉。他们残损的形象是凋谢寥落的北
方大地的象征,表现了强烈的对存在的追寻,
对精神家园的追寻。

　　1990 年代后期,忻东旺的创作在画坛产
生了越来越大的影响。谢宏军虽然没有谈到

---

① 梅洛·庞蒂:《知觉现象学》,姜志辉译,北京:商务印书馆,2001 年,第 300 页。
② 忻东旺:《忻东旺话语录》,未刊稿。

忻东旺的创作对自己的影响，但是我认为谢宏军接续了忻东旺的精神追求，在这个社会分裂加剧、底层疼痛日益严重的时代继续寻找人的尊严。

苏北平原是江苏省长江以北的部分，是这个经济发达省份的农业主产区，又是相对于苏南的经济落后的地区。文化研究上指称的南方文化其实是不包括苏北文化的。在作家们的笔下，苏北呈现出完全不同的人文面貌和精神气质。汪曾祺先生在人文意识觉醒的 1980 年代，以一种"后回忆体"满怀深情地叙述了半个世纪前苏北小城的民风世相，醇厚朴实，温暖仁义。因为隔着几十年的时间，拉开了足够的审美距离，经过回忆净化的温润美好的人情世态与刚刚经历的毁灭传统文化的浩劫形成了触目惊心的对比。汪曾祺的系列小说建构了一个审美乌托邦，呼唤着人性美的复苏。古老的苏北乡村文化在这里作为革命意识形态的对比，彰显了传统文化的核心价值，美好的乡土人伦的价值。王安忆的《富萍》《姊妹们》等文本以上海知识者的眼光，塑造了苏北乡村女性特有的坚韧、隐忍、不放弃，她们生命中的宽厚和坚守。作者没有居高临下地俯视乡土社会，而是对苏北乡村一整套完全不同于城市社会的人情伦理，对那个乡土社会特有的生存状况予以了温暖同情的理解。苏北农民不但融入了上海这个大都市，并且顽强地生存下来，形成了自己特有的乡亲圈和民俗文化圈，其乐融融，亲切温馨。这是前工业化时代的场景，城市还不像后来那么冷酷，还残留着温情脉脉的人的气息。作者深情地美化了那个逝去的世界，对今天城市里冰冷的人际人情状况表达了鲜明的否定。诗人韩东的长篇小说《扎根》《知青变形记》把故事背景放在特殊的年代，以荒诞不经的事件描绘了苏北乡村宗法社会崩溃后一幅你死我活、残酷挤压的生存图景。韩东以现代主义的冷酷笔法，不动声色地扒开了人与人之间真实的关系，所谓的亲情、家族、人伦在"活着"面前一败涂地，温情脉脉的面纱在生存这个意义上显得那么虚伪、可笑。如果说汪曾祺、王安忆建构了审美的苏北，人文的苏北，呼唤着那个逝去的时代；韩东则逼真地建构了存在意义上的苏北，活着是活着的唯一意义，遵循生存至上法则。谢宏军的人物系列在这个层次上指向韩东建构的意义。如果说韩东文本里的事件由于时代的原因令人尚能同情地接受，谢宏军文本里的人物命运由于时代的荒诞无意义而令人匪夷所思。谢宏军采取了与忻东旺相同的立场，他的人物既是一般的，也是类型的，既是本原的，也是象征的。超越了形象的意义，指向了尖锐的存在，表征着苏北大地上的芸芸众生。

正因为《乡村诊所》具有如此的深度和魅力，才出现了各个地方版本的乡村诊所书写。如陕西版的乡村诊所,以文学的形式描绘了遍地工厂后乡村急剧上升的疾病和死亡。《乡村诊所》出版十余年后作者对绘画和文字内容进行了扩展修改,以《我的乡土我的国》的名字再次出版,继续表征着这片大地上的生存和苦难。

第四节　作家苏北的汪曾祺式书写和严苏的乡村书写

历史的脚步进入了新世纪,全球化语境下,中国社会的总体性发生了巨大改变。1997 年,汪曾祺去世,当代文学进入了"后汪曾祺"时代。然而,令人惊奇的是,汪曾祺身后比生前更"热闹",世俗的名声更大,作品出版得更多,似乎只有鲁迅曾经有过类似的"荣耀"。汪曾祺所开创的书写传统能否表征流动分裂的当下? 后辈作家如何处理传统与现代的关系? 地方性书写能否表征总体性? 汪曾祺之后的二十多年时间里,苏北、严苏、苏宁、徐则臣以持续的地方性书写代表了不同的思考方向和深度探索。

这里的"苏北"不是地理空间名词苏北,而是一位作家的笔名。苏北原名陈立新,1962 年出生于安徽省天长市。天长位于安徽省最东部,因乾隆的"天长地久,代代兰芬"而闻名天下,三面被江苏省的淮安、扬州市包围,深深地嵌入扬州腹地,地处高邮湖西岸,也就是汪曾祺文本里的湖西,与东岸的扬州高邮市隔湖相望。天长市与江苏省的相邻地区同属江淮文化带,民风习俗非常相近。这些构成了陈立新生长的文化土壤。

伤痕文学和反思文学大兴的 1980 年代,汪曾祺的写作以不同于宏大书写的一股清流而异军突起,一时间模仿者蜂起,致力于挖掘深耕长久失落的民族传统,后来被称为民族文化派。陈立新如逢甘霖,反复咂摸品味,全文抄写、批注了《晚饭花集》,虔诚地寄给汪曾祺。那是在 1989 年,不久,他就幸福地见到了汪曾祺,因为意气相投,后来成为忘年交。陈立新自认是汪门弟子,尊汪曾祺为精神领袖。汪曾祺曾经说过,天下汪姓皆出自安徽。陈立新出于对汪曾祺的崇拜,冥冥中有一种亲切的文化同源感,干脆自命笔名为苏北。

苏北的写作包括文学创作和回忆录、文学批评,创作文体主要有散文和小说。《那年秋夜》《童年的吃食》明显地有着汪曾祺的《七载云烟》《四方食事》的影子。苏北曾经立下志向,要像沈从文的湘西、孙犁的冀中、李锐的吕梁那样,弄出一个文化地理空间的苏北。他从描写对象和语言入手,开始模仿汪曾祺。《樱桃肉、烩鱼羹及其他》里，母亲不过是乡间一个能"上锅"的土菜厨子，师出无名，做的大菜却是红白喜事上的重头戏，令乡村一代代人津津乐道，回味无穷。母亲因为年岁高、手艺退化，苏北记忆中无上美味的樱桃肉、烩鱼羹的滋味大不如从前。苏北感慨着土黑猪的消失，人在口腹之欲得到极大满足之后，口味反而被"过剩"的丰富而败坏了，一如汪曾祺对汽锅鸡、小锅米线等云南美食消失的感慨。这是一种文化感慨，对一个永远逝去的美好时代的感慨，是一种丧失性乡愁话语。体现了共同的价值观和情感认同。海德格尔认为："在乡愁所有的言说中，它始终呵护着本真的东西，呵护着作为居者的人所熟稔的东西。"陆邵明认为："乡愁是一种主观的情感，而且是具体的、可感知的。"①经济理性压倒了一切，欲望的"速食"与回味的"美食"构成了矛盾，撕裂了欲望与享受。这是现代人特有的痛苦。散文集《城市的气味》《玻璃女孩》都是这种从感觉出发，当生活的表象消失后，反复咀嚼提炼印象，留下的纯粹的精华，是对消费时代即将来临的敏锐直觉。"气味"和"玻璃"恬静澄澈，像国画的小青绿山水，又像西画的静物写生，是"半亩方塘一鉴开，天光云影共徘徊"的真，又"隐着真性情"，"传递生命的温度"。这种小品文，虽然苏北自谦为仅仅表达一点情绪、一点感觉，却见素抱朴，虽然书写人间烟火气，却像水墨画一样过滤了杂质，以敏锐的直觉面对本相。中国哲学从来不认为语言能达到最高真实，"道可道，非常道；名可名，非常名"，"不着一字，尽得风流"，"言者所以在意，得意而忘言"，智慧就在日常生活中，所谓"道在屎溺中"。《长山》中人物对"欲"的节制，表现为文字的干净、诗意，吃透了《红楼梦》的诗学品质，对生活中微风荡漾引起小小涟漪的敏感，像孙犁那样，坚持寂寞的品质，在宏大向前的时代显得不那么合时宜，却因为含蓄而芬芳蕴藉。

苏北的小说集有《秘密花园》《苏北乡土小说》，也都是篇幅不大、笔记体的小小说。1983 年，苏北写作《老人与小东西》，开始了小说创作。"老人"饱含着沧桑，"小东西"意味着写作切入点的"小"，他的小说文本后来一直延续了这种格局。蚂蚁湾是苏北构筑的文学地理空间，苏北很早就察觉到，在巨大的现代性碾压下，"人"活成了小小的蚁民。蚁民与草民一样卑微，却也从来都自有大快乐。"草"是被动的，只能匍匐在地上；"蚁"却主动而有大智慧。"蚁民"系列远远早于"蚁族"的命名，这个主题应当是无比沉重的。然而，苏北以谦卑、怜悯、平等的写作姿态，把十年动乱的阶级斗争话语笼罩之下的蚂蚁湾——仍然有着温暖的传

<hr>

① 陆邵明：《留住乡愁》，《人民日报》，2016 年 7 月 24 日。

统亲情——写得忧伤而美好。"蚁民"系列里的《黑白》,干脆把人物直接简约地命名为黑孩、白孩,如同阴阳两极,蚂蚁湾如同一幅剪纸,去掉了一切冗余,把沉重的时代背景写得平平常常,意识形态色彩淡化到近乎于无。完全不采用预示人生发展方向的所谓典型环境里的典型人物手法结构文本,颇得"人散后,一钩新月天如水"之味。《黑白》看得出汪曾祺的《黄油烙饼》的影子,剪去了人生一切琐屑的片段,用跳跃的蒙太奇和片段的对话,以"她这一辈子……"写出了人生之重、时代之重,渺小生命的不可选择。《小林》里的小林是大队书记子弟,看样板戏,读《创业》,参军走出蚂蚁湾,一心想挣脱自己鄙视的蝇营狗苟的蚁民世界,以《中国青年》为精神支柱,希望自己能飞起来。然而,那些遍布着乡村大地、毫无节制地疯狂生长的草花儿们好像背景,"吸"住了他,永远包围着他,他只有无奈地投降。"欲"虽然使他低头,但是他的人生仍然正常完整。这种疯狂的草花儿在汪曾祺的《晚饭花》里同样构成了背景,却恬静而美好,暗示着少年李小龙对"欲"的一点朦胧的理解,是李小龙安静美丽的诗意黄昏,对王玉英即将告别少女生涯的一点感慨,颇有贾宝玉的邢岫烟出嫁之叹。这是对美的消逝的一点感悟。小林的时代,乡村社会濒临解体,《小林》的主题虽然和路遥的《人生》一样沉重,小林却顺其自然,平静地接受了这种生活,没有发生高加林的那种个人主义与社会总体性之间的剧烈冲突。中国语境里的个体命运融于家族的观念,化解了冲突的悲剧性,以平静和谐的优美处理悲剧,沉重的生存变为平淡安稳,颇有道家之味。汪曾祺在为苏北小说写的序言里这样评论《蚁民》:"对蚁民的平淡的悲欢几乎是不动声色的,亚宝和小林打架,一个打破了头,一个头颅被切了下来,这本来是很可怕的,但是作者写得若无其事。好的,坏的,都不要叫出来。这种近似漠然的态度是很可佩服的。"篇幅稍长的《恋爱》里,苏北把家乡天长半塔镇搬进了文本。虽然故事时间跨度大了一些,但是苏北学习汪曾祺的叙事模式,以戏曲里常用的"自报家门"手法,把人物的行为与社会生活环境自然地融为一体,笔墨非常经济,事件"自动"向前推进。以民间立场把生活恒久的底子以温暖的回忆组织起来,无穷无尽的生活像流水一样向前。即使生活中无可逃避的意外事件,也不过是横生枝节,无所谓对错,怎么都是"过"地"过日子",而不是悲剧所遵循的天地间无可逃遁的命运逻辑。"我"虽然向往外面的世界,却没有汪曾祺的《徙》里高雪那样不幸的命运忧伤,只是一种淡淡的喟叹。因为生活永远是有意思的,生活坚实永恒的底子构成了文本静穆单纯的质地。这种叙事,一旦把叙述时间拉长、事件繁杂化,就成为王安忆的《长恨歌》;如果散文化处理,就成为于坚的《日常生活——以昆明为例》和庞培的《旧事记》。只不过于坚和庞培以冷峻的现代主义立场,解构了宏大意识形态,把人生在世永恒之"烦"还原为时间长河里忽略不计的一粒尘沙。《洗澡》以儿童的视角,通过孩子们的日常行为,看着"张家整日没有声音"、张奶奶、张大头令人压抑的小声说话,"张家死了人,可张家还是很低调,他家还是很安静"①,暗示出令人窒息的时代氛围和巨大的压迫。目睹着张家的葡萄树慢慢地死了,孩子们似乎明白了,冥冥中的天人相应谴责着人间的不公。因为季晓琴对"我"安静而坚决地拒绝,"我"一瞬间长大了。《洗澡》的儿童视角类似于汪曾祺的《虐猫》,只不过苏北在不动声色中更写出了恶劣的人文环境对人性的侵蚀,感叹美好的儿童时代的逝去。死亡对于儿童来说是惊心动魄的,永远是最大的悲剧主题。而苏北仍然不动声色地写着张家安静中的变化,以与众不同的《参考消息》和落魄的老周对传统的坚持,暗示着永远强大的传统伦理依然存在,突出了"人"的坚韧的生存,把悲剧转换成优雅的正剧,美好而余味无穷。这种新笔记体小说正是汪曾祺孜孜以求的雅俗文野和谐统一的"中国叙事",通过"离间""敷色",形成妩媚、质朴而温暖,节制而忧郁的优美品质。

苏北还有一部分作品很独特,《呼吸的墨迹》《一汪情深》和《忆·读汪曾祺》,这些是关于汪曾祺及其文本的书写,人、文构成了互文。《呼吸的墨迹》返回汪曾祺的绘画场景,解读当代文人画的特质。《一汪情深》和《忆·读汪曾祺》融回忆、评论于一体,类似于传统的文学评点。在文字过于泛滥的时代,人们已经让那些学院派的高头讲章败坏了胃口,虽然貌似有条有理、引经据典头头是道,却经常令人不知所云。苏北在汪曾祺"温暖而无边无际的包围"中感悟生命之"大",那是人生的大格局、大境界。汪曾祺有着传统文化化身的温润人格,谦谦君子,不卑不亢。汪曾祺的文字完美地与他的为人、生活合二为一。《汪曾祺的书单》《书犹如此》《像鱼一样游弋的文字》《灵狐》为汪曾祺的文字把脉,认为性灵主导了他的创作。所以虽然文体有变化,然而结体灵活,"仿佛有鬼,有风,有雨,有音乐,有风俗,有气息。就是这么出神入化","追求文章之美,讲究韵味,写小人物、小事情、小情趣",追求"文字有击倒读者的力量"。这种文字由语言入境,得意而忘言,借董桥的一部散文集名,可以说"文字是肉做的",构成了"活"的有血脉的有机体。苏北认为,汪曾祺不是传统的士大夫,他更是一个现代文人,以现代观念

①　苏北:《小说二题·洗澡》,《小说月报》,2006年第12期。

和地地道道的中国语言书写着现代中国人的生活和精神。汪曾祺拒绝别人对自己"京派"作家的定位，认为"京派"是保守的，现代人才能得到生命的从容，鱼翔浅底的大自由。苏北和汪曾祺一样自信，这是一种文化自信。《一个人的千愁百结》是对无意识中形成的汪曾祺写作模式的突破。在《有关品质》里，他自负地将自己的文字列为上品，与汪曾祺的自负一脉相承。野心与境界同等，是生命的高度和最大价值。作家凸凹评价苏北是一个稀有的"当代文学圣徒"，在社会完全世俗化的当下显得尤为可贵。正如赫伯特·米德所言："意义产生于一个既定的人类有机体的姿态和这种姿态所标示给另一个人类有机体的、这个有机体随后的行为之间的关系领域，并且存在于这个领域之中。"①邹广文把这种由"个人感受"而形成的地方文化"集体记忆"称为"人性的圆周""文化身份"。苏北建构的蚂蚁湾就是这样一个文化地理空间的苏北。

苏北的文字，像汪曾祺的文字一样发着光，照亮了存在。

如果说城乡中国构成了一个巨大的现代性网络，地级市则是中国社会的网络支撑节点。县城是升级版的乡村，底色仍然是乡村，地级市是放大版的县城，以农业社会结构下的人际网络寄托了乡村对都市的想象。地级市的文学书写建构了城市化形象，表征了乡土中国的城市化想象。莫言的创作就起步于保定市的《莲池》，他认为，正是无数的《莲池》支撑起了中国文学的天空。

严苏是土生土长的淮阴区人，一直生活在这个原是县城的地方，后来去到县城所在的地级市淮阴。事实上，县城和城市同名，方言习俗如出一辙，两个城区仅废黄河一河之隔，以一桥相连。20世纪80年代是文学兴盛的时代，严苏开始学习创作，起步于《淮阴日报》文艺副刊，一路走下来至今，担任《短小说》主编，仍然带着那个时代的文学激情。严苏一直生活在这个半乡半城的地方，一直是百姓的一员（同样地，作家池莉也自认为属于底层）。丰厚的农村生活和城镇生活体验决定了严苏的审美视域、叙事距离和叙事模式，无比丰富的地气和基层故事充实了他的文学世界。城市化带来的社会剧烈转型解构了传统的乡村，如何重新建立人与土地的关系是作家必须面对的时代主题。《王老五和他的黑牯兄弟》里，"带把儿"的小牛犊像个小伢子，离开了王老五就叫唤，像伢子依偎爹娘。王老五下田劳动，用长绳拴上小牛犊在一边啃草相伴。在王老五眼里，小牛犊就是二小子，他们都是土地的儿子。这种温暖的场景近乎于《暴风骤雨》的时代，农民

---

① 赫伯特·米德：《心灵、自我与社会》，霍桂恒译，北京：华夏出版社，1999年，第82页。

与牲口的那种亲如一家的关系，万物有灵的神性笼罩着和谐安详的世界。这种感情延续了沈从文的湘西世界里，人与自然的自然一体的感情，是渐行渐远的农业时代的一曲挽歌，余音袅袅，不绝如缕。美好、无奈、苦涩而忧伤，王老五和他的黑牯之间的兄弟情还能延续多久呢？20世纪80年代的民族文化派文本里，《最后一个渔佬儿》和《最后一个猎人》都曾经发出这种慨叹。严苏的文本是隔了几十年的文化呼应，表征出农业社会转型时期的情感结构。

城市的文化结构建构了严苏的文本模式，他的生活态度和认知形塑了他的情感结构。《长在天上的庄稼》表征了这种城乡一体的地级市的深层次文化结构。蒋老根从乡下进城，和儿子一家共同生活。农民一旦离开了土地就无所事事，实在难改一辈子的生活习性。他终于找到了一块空地——楼顶，在那里种上了蔬菜和庄稼，才心有所安。然而这种心安只不过是自我安慰罢了，土地再也没有了，他失去的不仅仅是土地，而是和土地联系在一起的所有过往的生活经验。文化唯物主义认为，生活方式形塑了物质形态的文化，作为意识形态的文化则是生活方式的同构性呈现。严苏长期浸淫在这种半乡半城的文化中，不用去理解他笔下的人物，他自己就是那些人物，互为主体，写作就是为他们代言。乡土文化观念和农民式情感主导了他的叙事，有评论者称之为"平等对话"式的叙事。这种叙事注定是乡土式的，不再是启蒙者的身份。从题材方面看，《长在天上的庄稼》和朱辉的《七层宝塔》一样，都深刻地思考农民进城之后面临的生活和精神转型问题，是严峻的时代问题和哲学问题。朱辉发出的是知识者的灵魂追问，严苏则持宽容、温厚、"后退"的乡村立场，以温馨的"长在天上的庄稼"安顿了农民的身心。严苏的文本一般都非常写实，这是比较少的"逸出"性意象，建构了一个城市里的乡村乌托邦。然而，城市化是大势所趋，土地终究是会永远失去的，蒋老根们如何在城市立足，漂浮流动的陌生人社会如何接纳他们的身心将是文学长期的主题。

底层的世俗生活经常充满意外和戏剧性，构成中外艺术的重要题材和价值判断。著名的《三言两拍》和荷兰画派都敏锐地表征了新社会阶层的价值观念。这种生活"新常态"下到底隐藏着什么？媒体上层出不穷的暴力、仇恨、堕落、阴冷、凶残、戾气，是否构成了底层的本真？《翻毛皮鞋》里，开汽车的司机和他脚上的翻毛皮鞋表征着光亮的城市生活，对一直生活在物质贫困中的农妇构成了极大的诱惑。鱼和熊掌之间，只有放弃道德才能得到翻毛皮鞋。因此，这种得到是残酷的，同时意味着另一种失去。农妇和司机最终都意外地失去了生命，却也以这种极端的方式拯救了自我。严苏以平和、理解和同情的文化姿态写出了农妇内心的纠结、后悔和恐惧，以意外事件写出了悲剧发生的必然性。这个反转揭示了底层并不是一个深不可测的黑暗渊薮，而是自有一套传统的民间道德救赎话语，最珍贵的生命是他们最后的退路和体面。《哥哥的婚事》也是小人物的悲剧，生命中唯一可能的光亮转瞬即逝，最终只能平静无奈地接受和认命。严苏的审美价值取向与《许三观卖血记》完全相反。《生命的硬度》中的小翠，生大病未死，落水又未死，命是足够硬，却硬不过乡村的迂腐观念，最终自己决绝地赴死，对手是看不见的习俗软刀子。底层民众的命运经常是由无数偶然因素决定的，意外是生活中的常态，近一个世纪的宏大启蒙工程也没有能够拯救被启蒙者。民间自有一套命理话语，以科学理性的视域，可以归咎于愚昧落后，却也可以理解为道家的通透智慧。严苏的文本以现代理性打破了民间传统的"大团圆"式的和谐，视悲剧为生活的常态，契诃夫式的小人物的"无事的悲剧"，不那么尖锐冲突和惊天动地。他延续了汪曾祺的生活观，以善良去实现民间的自我救赎，以温和、同情、理解的立场平淡地叙述这些悲剧。人物虽然有矛盾困惑和冲突挣扎，结局仍然是汪曾祺式的平静的接受和伦理救赎。这些"偶然""意外"在现代主义作家那里，一般表征为人生绝对的无意义困境，如萨特的《墙》和余华的《活着》，解构了人生的全部意义，既不能给人以安慰，也不能拯救人生。

严苏以悲悯的情怀，把这些意外提炼组织成圆熟精致的短篇小说，指向背后的存在本相。从形式层面看，这些平实朴素的叙事近乎民间奇闻逸事一类的原生态素材，完全可以写成通俗市井传奇。严苏的文本在写实的表象下却暗流涌动，刀刀见血，具有逼真的世情性。以暴力、仇恨、堕落等面目呈现的意外是社会转型时期道德失范和物质欲望极度释放的普遍现象，其中隐藏着草根阶层迫切追求改变生活的意愿，具有相当的历史合理性。严苏的文本认同并且理解这些愿望，但是更真切地呼唤乡村社会传统道德的回归。严苏的文化立场呈现出深厚的乡土性，似乎缺乏知识话语的批判反思理性。这既是他的地气和底气，也是他的局限性。这些意外真切而平常，照亮了底层的存在。从叙述话语组织层面看，严苏应该是以方言进行构思，或者他根本不需要构思，他把那些有深刻意味的事件、歇后语、顺口溜、荤段子、方言俗语记录在书面上，源源不断的底层生活就生动鲜活地自己出场了，充满生活自身的节奏感和民间智慧，具有丰厚的审美意蕴。严苏的短篇小说自成一体，形式圆融，叙事得心应手，已经进入了自觉境界。

《古槐》是严苏的第二部长篇小说,也是他最重要的作品,凝聚了他的大部分生活积累。一开始定名为《故土》,后改为《古槐》。"故土"具有回望、反思性质,是一种知识型的他者视域;"古槐"则是一种时空的恒久统一,诗意的存在性隐喻。严苏把这个空间命名为"小孟庄",意味着它虽然进入了现代,但是仍然延续着儒家文化传统。故事时间长达半个多世纪,几代人的命运构成了村庄的历史变迁。乡贤孟三宝和孟宏图、网子、大虫、坠子、尿喜、尿喜大、大丫等人物的命运在时代变迁里起伏跌宕,不变的是永恒的人性。"小孟庄"是一个文化隐喻,起着社树功能的那棵"古槐"既是隐喻,也是时间和空间坐标。乡村的本源仍然是儒家文化传统,乡贤孟三宝如同《白鹿原》里的朱先生,是小孟庄的定海神针。《古槐》分为上中下三部,都以乡贤孟三宝的视域徐徐展开。在时间流逝的长河里,以散点透视式结构,把人物行动引发的事件串联成悠远的写意画。不同于典型环境里的厚重史诗,《古槐》是大地荡漾的楚风里民间小曲动人的呢喃。

南帆把乡土中国的乡村基因归纳为:"不仅仅是一个地理空间,更是一套生活经验、一个美学对象"。严苏是有追求和野心的,他想还原乡村在飞逝的现代社会里亘古不变的底子,这个底子就是地理空间、生活经验和美学对象,是一个诗意的、本源的空间。严苏用了看似笨拙、事实上灵活的编年史方法。严苏采用了以乡村叙事者的自我立场组织叙事的方式,有评论者称为"平等对话"的叙述话语。这种结构不试图建构厚重的地方志,仍然延续了汪曾祺的散淡趣味。如果返回到严苏的文化立场和构思模式里看,这个长篇小说的诞生是作家对乡村社会变迁投入长期观察和思考,顺理成章、水到渠成的产物,是无数意外事件的"自然"堆积物。从结构上看,是他的短篇小说模式的组合和放大。因为乡村本身自然建构了一个审美场域,乡村就成为叙述者,成为存在意义上的世界。以这样的文化逻辑来看,严苏设置的文本结构就好理解了。不同的历史时期和重大的历史事件对于农民来说是国家风云变幻,更是一种超出命运之外的、无法掌控的力量。如果说情节作为动力推动着典型环境里的典型人物的行动,在流动的时间里,冥冥之中,人的行为由看不见的命运之手掌控,就构成了一辈子。这是底层民众对人生的朴素本真的理解。时间的循环、生命的循环、命运的循环轮回构成了永恒不变的乡村底子,乡村人物志组成了一部活泼泼的小孟庄民间编年史。《古槐》在某种意义上完成了汪曾祺的写作一部关于故乡的长篇小说的夙愿。线性结构和平面叙述勾连成了网状结构,以散点透视勾勒了时空流动里的乡村全景图。于是,小孟庄出场开始讲述,没有什么主客体之分,大地和生活于其中的人水乳交融。绵密的事件和对话既是乡村生活的本真显现,也审美地表现了乡村熟人社会里亲密的人与人之间的社会关联。不同于典型环境里的典型人物,中国传统艺术习惯以白描勾勒世相,形成简洁而富有表现力的"力的式样"。小孟庄人以传统伦理应对人情世故,过日子中积淀了淡定和智慧。在一个个真实的细节场景里,乡村永恒的本真凝聚在流变的风情风俗中。

从审美模式层面看,《古槐》完全不同于"十七年"乡村书写话语,那时从外部对传统农业社会进行现代性改造,因此都采用了外来者叙述模式,建构了一个现代性视域里、亟待改造的乡土"落后"空间。《山乡巨变》是一个典型,《创业史》更是一部史诗。有评论者指出,《古槐》是一部平静之书,"平静"是叙述者的文化立场和叙事模式。严苏让小孟庄自己出场,在时间流逝、世事变幻中的自我叙述中,"古槐"指向了"古淮",亘古不变的人性、躁动中永恒安详的乡土底蕴,仍然延续着中国传统社会的自律、秩序和尊严。

> 古槐的根像龙,在地下缠绕游走,一会游上地面,一会钻入地下。在地面上的根,呈扇形排开,像戏院里的长条凳,朝上的一面油光锃亮,仿佛上过桐油。那是被众人的屁股磨出的。
>
> 再看树冠。
>
> 古槐的冠像一把巨伞,高高地撑在小孟庄的上空,远看像一朵云,这朵云是静止的,它是小孟庄的标记,出远门的孩子,只要看到这朵云。就能找着回家的路。①

这是一个活泼泼的生活世界:"天不靳以其风日而为人和,物不靳以其情态而为人赏,无能取者而不知有尔。'王在灵囿,牝鹿攸伏;王在灵沼,于牣鱼跃。'王适然而游,鹿适然而伏,鱼适然而跃,相取相得,未有违也。是以乐者,两间之固有也,然后人可取而得也。"②这个世界向着活泼泼的"人"无限敞开。

莫言把自己的写作立场定位为:不是为百姓的写作,而是作为百姓的写作。严苏一直自觉地秉持这种立场,以乡土中国的心理结构书写乡村,建构了中国式的乡土叙事,具有宽容温厚、博大平静、忧郁而通达的文化品质。严苏不同于毕

---

① 严苏:《古槐》,南京:江苏凤凰文艺出版社,2014年,第2—3页。
② 《诗广传》卷四《大雅》一七,《船山全书》第三册。

飞宇的书写乡村残酷的现代政治和生存逻辑,对传统人伦的延续或者冲击;也没有像贾平凹、莫言的乡村那样建构魔幻和诗意的空间。同样是乡土叙事,刘庆邦的乡村世界诗意空灵、舒缓而美好,充满了人性美。《麦子》里,进北京打工的乡村少女,悄悄地在城市绿化空地里撒下麦子,发芽成长。巨大的现代都市是包容温和的。王安忆的《蚌埠》以他者的眼光发现了生命力、秩序、现代理性和诗意。严苏的叙事不是宏大的家国情怀和命运史诗,只是底层的流水生活,严苏的小说与这个城市的气质相符合,与城市的底子也一致,形成了文化互文本。本土是一个相对性的概念,全球化语境下,任何地方性都构成了本土。从这种小地方走出去的作家,作品都具有反思、空灵、乌托邦性,或者在一个相对比较大的文化语境里,具有了文化反思距离和深度。比如同样是一直生活在地级市的刘仁前,在泰州学派滋养下创作的《楚水风物》就是一部兴化地方“风物志”,对里下河地区的风物、习俗、文化、历史掌故等进行了汪曾祺式的人文描绘,《香河》更是对里下河文化模式的深情礼赞。严苏的《大地万物》书写乡村植物的勃勃生机,仍然是农民的胸怀和世界。和他同时起步学习创作的何言宏、沙克等人都离开淮安,去到了省城。严苏固执地留守在这里,他的文本追求“包子”或“卷子”的气味,就是醇美芬芳的乡土审美趣味。基于不同的审美方向,严苏彻底地还原到乡村立场,继续着汪曾祺的文学书写,表征“八十年代的中国人的各种感情的一个总和”[1],即当代中国的情感结构(structure of feeling)。

　　文学就是为了写出人生的“暗地”,流动的现代性里,所有人都处于“漂浮”的状态,无论身在大都市还是乡村型小城市,都有这种撕裂感。对比严苏和徐则臣的文本就会发现,徐则臣从“花街”出发,走向北京,“花街”随着他的足迹,边界不断地扩大。“花街”既是物理空间,更是想象的空间,是全球化语境下故乡不断融入世界的隐喻。严苏却一直坚守在“小孟庄”,打磨那棵历经人世间风云变幻沧桑的“古槐”。“小孟庄”同样是故乡正在经历的全球化浪潮的在地化意象,它既是一个乡村的物理空间,随着网子、大虫们的进城,也扩大到了所在的城市。传统伦理经历了破坏,最终重新整合了乡村,凝聚为那棵永恒的“古槐”。可以发现,两位作家虽然构思方向不同,文本结构完全相反,却都是从故乡出发,最终又返回了故乡,“返乡”构成社会转型时期的重大主题。严苏和徐则臣都书写“底层”,都不认同“底层文学”这个说法。底层虽然游走在社会边缘,生活在“暗地”,

---

① 汪曾祺:《关于〈受戒〉》,《小说选刊》,1981 年第 2 期。

终于被他们的文本照亮。

　　这一章结束了才发现结构上很不平衡,关于文学文本的分析太多,纪录片和美术文本的分析太少。因为里下河文学流派和"新乡土写作"作家数量庞大,他们的作品产生了巨大的影响,笔者不得不做这样的安排。里下河作家群的在场写作体现了他们与乡土社会价值观念的高度同一性,阴柔的地域文化特质使他们的书写充满了智慧的"水"气,人与自然的冲突转换为细腻、温婉、节制、冲淡的悲态心理,形成温柔敦厚、恬淡内敛的美学风格。由于里下河地处南北方文化交接区域的特殊地理位置,形成了平淡中和、中庸雅正的地方文化传统。里下河文学作家群多采用"方志叙事",从变动不居的生活中捕捉人生的终极价值。里下河地区以北的苏鲁平原,因为徐海文化的特质而形成了雄浑瑰丽、刚柔并济、澎湃跌宕的地域文化风格。叶炜和李洁冰是其中具有代表性的作家。两个人不约而同地都以二十四节气为章节名称结构全篇,在充满诗意的中国农耕文化时间系统里展开现代叙事,构成了一种人与世界的紧张关系。这可能不是一种巧合,说明在中原文化系统里,乡土文化传统仍然顽强地存在着,抵抗着现代性。王洪军的县城纪录片系列和谢宏军的乡村诊所美术文本系列都俯下身体,放低姿态沉入民间,书写民间的真实和疾苦,把庞大的总体性撕开了一个缝隙,让存在敞开。

　　我们发现,知识分子关于苏北的书写有一个共同点,就是从民间立场出发。无论是汪曾祺开启的里下河文学流派还是"新乡土写作",或者处于"散兵游勇"状态的王洪军和谢宏军,他们虽然有体制内外之分,但是都放弃了启蒙立场,自觉地成为民间的一员,体察民生疾苦。这样,他们的书写就不再是代言体,而是"血书",写出了本真的存在。这一点也说明,虽然现代性的巨轮到处碾压,乡土传统仍然是我们时代巨大的力量,对苏北社会的自我拯救仍然应当抱以希望。

第六章 一个县城当代文化符号的编织与建构

当前我们正目睹超越工业社会的社会的出现；我们把它们称为"程序化社会"，其主要投资包括大批量生产和批发象征性货物。此种商品具有文化的属性，它们是信息、表征和知识，它们不仅仅影响劳动组织，而且影响有关的劳动目标，从而也影响到文化本身。

——图雷纳

故而说社会在前进，从有能力组织贸易进步到有能力生产工业产品，再进而到能生产"文化产品"。给这些不同类型的社会下定义，不但要着眼于不同类型的投资，而且一定要看到对世界以及主体的特定的表征方式。

——图雷纳

第一节 有案可稽的历史沿革和当代史[①]

金湖县，位于苏北腹地淮安市境内，1959年10月13日中共中央批准设立金湖县，1960年4月29日国务院全体会议第100次会议通过了设立金湖县的决定。这是一个年轻的县城，名不见经传。县域所在地历史上由于地处里下河凹地，黄河、淮河经常泛滥，域界不定。县城位于洪泽湖以东，高邮湖以西，汪曾祺的文本里称这里为"湖西"。境内有新石器时期先民活动遗址"磨脐墩""抬饭墩"等，汉武帝元狩六年（公元前117年）东阳县析置射阳、平安县，建平安城，平安县是本土立县之始。三国时期地在曹魏，魏将邓艾在今县境及洪泽县部分地区屯田，筑白水塘，建石鳖城。东晋时期地属东晋，境内三阿侨置幽、兖二州。太

---

① 第一、第二、第四节内容以《水文化、荷文化、尧文化，还是高丽文化——关于一个县城历史编码的人类学研究》为题发表于《内蒙古大学艺术学院学报》2015年第1期，这里有修改。

元四年(公元 379 年)前秦与东晋在境内发生"三阿之战"。南北朝时期南齐于平安城置安宜县,于石鳖城立阳平郡。隋朝,石鳖县并入安宜县。大业十一年(公元 615 年)冬,杜伏威率领的起义军攻克安宜城,安宜城遭杜伏威屠焚。唐朝武德四年(公元 621 年)安宜县移驻大运河以东之白田(即今宝应城),唐朝上元三年改安宜县为宝应县,地分隶宝应、高邮二县。平安县、石鳖城、安宜县从此消失在历史深处。

1959 年建县之后,曾经隶属于六合、扬州专区,后来一直划归淮阴市。一部县城的历史就是中国当代发展史的缩影。县城很小,县政府门口十字交叉两条马路,各三里半长。全县面积一千三百四十三平方公里,下辖十一个公社四万六千四百三十七户,人口十八万九千一百三十三人。城区长期以来保持着三万左右人口的规模,是江苏最小的三县——还有扬中、大丰——之一。计划经济时代,发展了纺织印染、酿酒、塑料、玻璃、造纸、小化肥等与生产生活相关的轻工业。在商品经济不充分发展的条件下,"麻雀小,五脏全"是当时所有城市共同的发展模式。在省里"苏南支援苏北发展"的口号下,苏南大批知识分子、干部、产业技术工人来到此地,办起了学校、医院、工厂、农场。但是 1978 年之后,这批人大部分又陆续返回苏南。他们当时是"新市民",传播了技术、知识和新生活方式。至于当地土著,则来源不一。除了极少数原住民之外,比较晚近的移民是所谓"洪武赶散",即洪武三年(公元 1370 年),苏州阊门一带原来张士诚治下的居民被强行赶迁至高邮湖西一带。民间流传的"插草为标"指流民迁徙到湖西初期,这里草莱未劈荒无人烟,各家各户用草杆标示划定自己的地界范围,颇类似于马克思所论述的处于前资本主义的状态。关于这一民间传说,李、吴、杨、费、雷、王氏等家谱可以佐证,无论民间口头文学还是野史笔记里都留下了痕迹,属于集体记忆的浅表记忆。今天邑人大部分都是这些姓氏的后裔。民间文化主要属于稻作文化系统。因为地处长江以北,淮河以南,加上洪泽湖、白马湖、高邮湖三面环绕,环境相对封闭,保留了一些传统民间文化形式,有秧歌、淮剧、莲湘,还有近年逐渐得到确认的香火戏,以及后来发展起来的民间剪纸和立足于水乡文化的儿童舞蹈。

县城介于乡镇和城市之间,其实主要还是属于乡村文化、半自然经济。比如,县治所在地黎城镇老街上的几大姓,都有自己的堂号和宗祠,手工业社有大批匠人,县城的不少单位,长期都有大量的"一工一农"性质的职工,这些都是这个县城农业性质的体现。除了自然出生、死亡,改革开放以来四十余年了,基本上保持在三十七万左右。近年来随着城市化的快速发展,长三角城市虹吸效应增强,年轻人群流出比较明显。

当历史进入了新时期,"发展"成了时代的关键词。这个"发展"指的是经济发展,工农业产值、GDP增长率等。金湖拥有丰富的农业、副业、水产资源,农产品加工、运销是传统产业。1970年代,在数个乡镇,陆续发现了石油。随着石油开采业的发展,目前金湖境内的崔庄油田已经成为江苏省最大的石油生产基地。在这个基础上发展了石油开采、石油机械加工、石油化工业,县里适时提出了"超扬中,赶大丰"的口号。这些还属于传统的第二产业,规模和增长速度都是有限的。当经济发展转型,进入到第三产业阶段时,服务业、旅游业、文化产业都需要文化底蕴作支撑,瓶颈就出现了。

第二节　秧歌、香火戏的"发现"、改造与再生产

前面我们说过,当地民间文化主要属于稻作文化,民间文化形式有秧歌、香火戏、淮剧、民间剪纸。当现代社会加速发展,民间文化面临传承危机时,这些民间艺术在新的语境里受多重因素影响,发展路径、话语修辞系统都发生了变化,被有选择地"激活""发明"出来,形成了一种新的面相。

1980年代之后,随着市场经济的变革和意识形态的松动,文化逐渐摆脱了单一的宣传功能,被调整为"适应和满足社会(群众)日益增长的文化娱乐的需要"。"娱教于乐"中"乐"的成分逐渐扩大,当然"宣传教育"的功能仍然存在,但是"文化"的范围急剧扩张了,文化的内涵、功能正是在这里发生了深刻的变化。体制内的文化馆作为文化领导机构,必须重新认识、调整自己的位置。金湖地处苏北,十年特殊历史时期曾经有大批南京和苏南的知识分子下放在这里,文化馆里卧虎藏龙,有具备专业水平的画家和戏剧工作者,组建过一个有完整建制的文工团。1980年代成功运作了歌剧《江姐》《蝶恋花》,主演顾芗后来成为著名滑稽戏演员;以及淮剧《逼上梁山》《八一风暴》。之所以称之为"运作",是因为这些剧目不仅在本地演出,还演进了南京、甚至中南海,获得了诸多奖励。金湖县文工团以及后来在其基础上改编的淮剧团一时名声大噪。之后我们会发现,这种运作方式已经成为文化再生产的成功模式,反复出现在不同阶段。

1980年代,知识界打破了艺术是意识形态的传声筒的僵硬格局,首先"发

现"了民间的价值。然而作为民间主体的民众却并没有积极呼应,民俗仅仅成了精英文化一厢情愿想象的产物。个中原因很复杂,归纳起来主要出于两个方面。其一,由于长期的物质极度贫困,民众急于投入生产责任制改革,当时生产力水平还比较低下,民众还没有足够的休闲时间,休闲文化还没有培育出自己的生长空间。其二,自从1950年代以来,诸多的民间文化事项已经作为封建落后的残余被反复打压,很多民俗活动只能悄悄地进行,民俗人群几乎形成了断代,民众对此心有余悸。又因为长期以来形成的红色经典文艺的大一统天下,建构了民众强烈深刻的红色经典文化记忆。在地方文化活动开展中,文化馆作为文化活动领导主体和常设机构,无一不体现着国家的在场。当民间"被"呼唤时,秧歌、香火戏、淮剧、民间剪纸等民间艺术的生命就被激活了。

秧歌是古代就遍布全国的民间祭祀文化,虽然名曰秧歌,其实并不仅仅限于南方稻作文化地区。"农者每春时,妇子以数十计,往田插秧。一老挝大鼓。鼓声一通,群歌竞作,弥日不绝,是曰秧歌。"陆游的《时雨》云:"时雨及芒种,四野皆插秧,家家麦饭美,处处秧歌长。"张舜民的《打麦词》里写道:"将此打麦词,兼作插禾歌。"这是南方的一种田歌,明显地属于劳动歌谣。但是北方也有秧歌。明弘治本《延安府治》记载:"舞童夸妙手,歌口逞娇容。男女观游戏,牲醪贡献国皇。"道光年间的《神木县志》记载:"秧歌唱趁元宵情,客岁中秋夜月明,我道祈年还祝雨,入春阴雨还宜耕。"从这些记载可以看出,北方秧歌属于祭祀、娱人一体的民俗活动,主要在节日出会。所以道光年间的《清涧县志》归纳为"十五上元,城乡各演出优伶杂唱,名曰秧歌",点出了秧歌的祭祀兼及娱乐性质。

金湖秧歌是民间对水田稻作生产生活吟唱的乡土民歌,集歌词、曲调和锣鼓伴奏于一体,旋律悠长,节奏激烈,手之舞之,足之蹈之,颇有上古击石拊石,百人率舞之风,有荤有色,自娱自乐,属于扎根于大地的劳动歌谣。

金湖秧歌的主要形式是锣鼓秧歌。关于它的起源,目前学界还有争议,一般认为可能来源于湖南安乡县或者"洪武赶散"吴地移民带来的山歌。太平天国时期,湘军曾经长期驻扎在这里,带来了很多湖南民俗,锣鼓秧歌是其中一种。锣鼓秧歌把木工的"打排斧"歌谣节奏和流浪艺人的"凤阳花鼓"内容合一,在方言基础上形成了民间吟唱。每逢插秧季节,主家以高工价雇秧歌手,两人一对,一人执鼓一人执锣,鼓师主唱锣师衬腔,轮唱、对唱交替进行。民间艺术的"荤"味表现得淋漓尽致,真是"栽秧田里无老少",藏污纳垢。秧工们在劳动的同时也公开发泄了一回,达到了群体兴奋最高点,秧歌节奏与插秧节奏相协调,使得劳动具有了节奏感。

金湖秧歌按表现内容,大致分为情歌和生活歌,主"情"之歌占有相当大的比重。生活歌不外乎林林总总地叹人情世态、民生多艰。金湖秧歌数百年来口口相传,集成很多唱本唱段。改革开放以来,经过民间文艺工作者的田野采风,搜集整理出近千首完整者。其中篇幅较长者有:《十二月姐思情》《七说八唱红娘子》《衣架姐》《栀子花》等,主要调名有"四句头""五句半""抢八句""串十字"等。锣鼓谱整理了72套,主要用来协调劳动节奏。如"乌龙戏水"为表示开始劳动的"下趟锣鼓","长流水"咏叹劳动的无始无终,"一阵风"为提醒加快速度的"赶趟锣鼓","鲤鱼穿浪""蛤蟆呱嘴""金鸡啄食""八戒过河"表现劳动的巧劲和快感,"万马奔腾"为结束劳动的"收趟锣鼓"等。

从起源上看,秧歌大致有以下几方面来源:

一、来源于移民带来的外地山歌,如"洪武赶散"吴地移民的山歌。最远的来自清朝太平天国时期在这一带活动的湘军带来的湖南安乡山歌。

二、来源于宗教的经卷、忏词。释俗混杂的民间,锣鼓师傅通常兼道士、香火(神汉)于一身,闲时做法事,农忙时摇身一变成秧歌手,自然就将"经卷""忏词"带入了秧歌。这些通常也是民间的价值寄托,在汪曾祺的《受戒》里有生动的描写。

三、来源于文人创作。乡村塾师、绅士对俚俗、村气的歌词进行了修订。不少秧歌抄本中的唱段文辞雅驯,有时"窜入"唐诗宋词,明显地留下了文人加工的痕迹。

四、来源于勾栏小曲。金湖由于特殊封闭的地理位置,流动的"运河文化"沿着水路传播,"春词""荤段子"与紧邻的扬州地区的勾栏小曲高度相似。

学者们倾向于认为,金湖秧歌大致起源于明代"洪武赶散"移民流入时期,形成于清代,清末至民国时期成熟。经过数个世纪的发展,与山歌、时调、戏曲、宝卷、唱本等其他民间艺术互相吸收、交融、涵化、变异,最后逐步定型。金湖三面环湖,偏于一隅,生成相对封闭的静态。这种文化生态使民间文化的孑遗得以沉淀并保存下来,凝结成金湖秧歌。清末至民国时期,金湖秧歌发展成熟,大量唱本和歌手的出现可以证明。按时间顺序,计有:徐吉祥(1888年生)—张志荣(1896年生)—张忠祥(1939年生);徐吉发(1899年生)—华洪山(1924年生)—华文灿(1943年生)等。从他们的家族或师徒传承来看,已经超过了百年历史。

人民公社化之后,大集体的生产方式为锣鼓秧歌提供了广阔的天地。每到插秧季节,一个生产队都有几十人下田插秧。生产队为了提高工效,调剂单调的乡村生活,常常请锣鼓师傅田头表演,成为当时的乡村一景。文化大革命期间,秧歌成了"四旧",十年禁唱,秧歌的流传人为中断了,秧歌这一民间演唱形式几乎灭绝。

改革开放之后,在国家对民间进行征用的语境里,民间艺术进入了新的再生产机制。县文化部门组织业余作者有主题地创作,整理修订旧调式,通过有线广播网络向乡村传播。县文化馆常规编印《金湖秧歌专辑》向农村发放,大规模地组织秧歌会演,对秧歌的普及、推广起了积极有效的作用。

20世纪80年代中期,在全国民间文学普查工程中,金湖编印成"三套集成"县卷本,在省内首家出版,受到国家文化部、民委的表彰,金湖秧歌成为地方文化的头牌。90年代以来,随着城市化进程的加速,农村开始空心化,农民大量进城务工,农业经济价值低,失去了往日的地位,秧歌也随之失去了表演场域。许多老歌手相继凋谢,金湖秧歌近乎消亡。随着非遗的兴起,文化部门对金湖秧歌进行保护性抢救。2001年,中国文联出版社出版《金湖秧歌集粹》,获得了淮安市"五个一工程"一等奖。2004年,金湖秧歌被江苏省列为民族民间口头文化遗产保护工程首批试点项目。2005年,金湖县启动金湖秧歌保护工程,上升为地方文化品牌和资源,希望能够产生广泛的社会效应。2014年金湖秧歌被列为国家级非物质文化遗产项目。

从秧歌发展的三个阶段来看,秧歌从"春词""荤段子"经过"净化""雅化",成为大集体时代和1980年代的时代赞歌。在非遗化运动中经过挖掘抢救,"荤"味又原生态地记录保留下来。在当下兴起的全域旅游大潮里,金湖秧歌又变身为靓丽的地方文化名片,以所谓的"荤"味原生态演唱吸引游客。

我们来看其中的二首:

> 《小郎一来病无踪》
> 想姐姐想得渴焦焦,
> 四两灯草不能挑,
> 五寸缺口不能跨,
> 一日三餐吃不饱,
> 哪个大姐允了我,
> 石磙子能挑好几条。

心肝姐姐在河东，
姐姐得了重伤风，
多少先生看不好，
小郎一来病无踪。

《红娘子女娥姣》

红娘子，女姣莲，
乌黑的青丝雪白的脸，
一双杏眼眯眯笑，
两道柳眉弯又弯，
赛如天仙来下凡。

栀子花开香十里，
姐姐生得多标致：
走起来路来凤摆尾，
穿起衣服四角齐。
好姐姐，
谁人修得做娇妻？

这两首情歌赋比兴皆全，淋漓尽致地表达了男女之间的相思。情歌是金湖秧歌的主要内容，反映了民间文化中普遍流露的性意识。在如今的旅游表演展示中，基本上走了东北二人转的路子，也算是还原了秧歌的本来面目。

在大力发展现代农业的当下，机械化已经普及，经过大众文化熏陶的年青一代农民与民间文化之间产生了代沟，秧歌歌手和接受者都发生了断代，插秧季节锣鼓秧歌几乎消失，沦为剩余文化。而在荷花节等现代节庆活动上，秧歌经常以地方文化的形式出现。当秧歌变身为民俗表演时，就抽离了地方文化原来的时间节奏和民俗语境，成为现代旅游文化的一部分。

综上所述，金湖秧歌的发现、保护、传承、生产都是在现代文化体制下进行的，在现代文化语境里以它特有的内容和形式，自觉地接受改编，以"他者"的形式成为现代性的一部分。在意识形态和发展经济的语境里，地方文化成为资源，被重塑和改造，在大众文化生产场域里，剩余文化转换为大众文化，以地方性表征了全球化语境下的现代性。

流传于苏北的香火戏,是集说唱、舞蹈、杂技、祭神、巫术于一体,以长篇说唱为主要表现形式的民俗活动。"近乎戏,非真戏也",它的特异之处在于并不以表演,而是以"唱"即"念大忏"的形式讲述故事。正因为表演方面的弱化,它可能是戏剧形成前的雏形。"香火"一词最早见于唐代的《教坊记》:"以气类相似,约为香火兄弟。"多为巫觋所为,称为香火、童子。苏北地处楚头吴尾,信鬼好祀。从内容上看,香火戏的戏文可能源于唐宋时代的变文和宝卷,这种以请神、感动为主旨的表演,与初步具备了表演形式的参军戏大约起源于同一时期。只不过一个偏向于神性,一个偏向于娱乐性,走向了不同的发展路径。从形式上看,香火戏似乎是宗教与戏剧的混生体,有着宗教的神秘迷狂和戏剧的虚拟、感兴性质。唱腔是萨满教的巫师即香火请神时唱的调子,所以叫做香火戏。一般认为,香火戏的敬神仪式源于古代的巫与傩,可能属于古代傩文化的分支,思维上还处于万物有灵,认为人与世界万物通过"法力"能产生神秘感应的阶段。香火兄弟们把这种乡土宗教活动称为"做会"。每当"做会"时"神力"附体,进入"巫"的状态,结束后又还原为凡人,体现了巫、傩的神秘文化特点,还处于民间宗教的低级形态,没有发展为官方宗教的组成部分。萧兵先生认为:"流传于江苏北部的香火戏虽然不自名为傩,也不用面具,但是'傩性'十足。"①因为香火戏的这种巫、傩神秘性质,香火兄弟们都具有双重身份。既是神头,每次神会活动时负责接洽、组织活动;神会活动一旦结束,则法力收回,回到凡人世界,从事自己的职业。从"入神"到回到凡间的转换过程看,这种非职业的宗教活动的确与戏剧有相似之处。乾隆年间李斗的《扬州画舫录》记载:"土俗以二月、六月、九月之十九日为观音圣诞,结会上山,盛于四乡……极傩逐之盛。""郡城花部皆系土人,谓之本地乱谈,此土班也。"②以士人的眼光点出了香火戏的"傩"性。

香火戏具备着神秘文化的一切特征:奉四姑娘为祖师,设坛供祖师。四姑娘的来历是玉皇大帝的四公主下凡,香火法术由四公主传授到人间,"神"的身份自然带来了"神力",通过行动、语言这些法术产生神力。根据不同目的做不同的会,有一整套相应的法术、忏本。如祈求新居平安的"安宅会",由开坛、交生、升旗、发表、熟献、念忏、安龙垫土、安王谢灶、结坛送圣等行为,构成了一个完整的

---

① 萧兵:《傩蜡之风》,南京:江苏人民出版社,1992年,第53页。
② 李斗撰、王军评注:《扬州画舫录》,北京:学苑出版社,2001年,第94页。

"请神—感应—做法—送神"的仪式和弘扬法力过程。语言即忏本,如"育子会"唱保育旒公,"土地会"唱刘秀走南阳。忏本内容主要有哪吒闹海、姜子牙封神、高祖采猎、魏徵斩老龙、唐僧取经、刘全进瓜等创世神话、历史演义和民间传说,天、地、人三界贯通,构成了一个人神一体的宏大世界,几乎把民间各路神仙一网打尽,以民间视角把历史、现实予以神话化、"仙话"化。全部忏本数量卷帙浩繁,连篇累牍,大约有 10 万行,可谓是汉族民间文学中的鸿篇巨制。但是由于缺乏整理提炼,语言粗俗,结构松散,前后重复拖沓,故事情节矛盾,人物形象模糊不清。祭祀中的各种祭文有"火谢词""序文""牒文""解厌咒""敕文"等,韵文说唱有"故事传说""寓言吉采""时令嘌唱"等,内容包罗万象,几乎囊括了生活的所有方面。举行祭祀仪式的法器有杲照、木铎、神鞭、月牙刀、朱笔、印符等,具有相当的神力。香火戏中有很多惊心动魄的杂技表演,如上刀山下火海、油锅捞钱、口衔火秤砣、走太平桩、站刀口、顶碗含碗、划臂挂红、咬鸡头等,以"血祭祀"的恐怖行为予以心理暗示,强化惩恶扬善功能。跳神是傩舞的主要形式,香火戏中的《踩五花云》完整地保留了傩舞的形态。整个舞蹈由指日高升、玉女穿梭、秦王跳涧、童子拜观音、剪子绞股股绞剪、里八字对外八字、里四门对外四门、里勾连搭外勾连、蛤蟆跳井栏、顺风大捷、国泰民安等 15 套动作组成,既敬神祈福趋吉向善,也有强烈的技能性和娱乐性。《踩五花云》很自然地令人联想到姜嫄踩巨人足迹生后稷的神话。"五花"意味着五行,"云"意味着流动的"气",通过"踩"的行为进而人神相沟通,人的世界与大自然交接。这真可视为民间的"神曲"。香火戏中祭神仪式虽然隆重,但主体是念忏即说唱故事。由于故事篇幅巨大,为了便于记忆,全都采用韵文形式,主要有江阳韵和中东韵,基本上一韵到底。为了陈情动人,以"唱"为主,间以快板的"说",唱词基本上是七字句,穿插十字句和五字句。以锣、鼓、铛、钵、牙板等打击乐器伴奏,节奏感强烈。唱腔为香火调,常用曲调有开忏诗、起板、落板、二扇板、四扇板、悲调、串十字、洪山调等十多种,偏于苦情,与金湖秧歌和淮剧互文。与戏曲相比较,抒情性的"唱""念"具备,缺少"做""打"两个表演性的要素。从香火戏出于敬神的目的看,"忏"的语言感染功能尤其突出,表演性的动作不但不重要,反而干扰了祭祀气氛。所以一直偏重于唱、说,杂技等其他成分也是主要出于祭祀目的,与神话唱说不能构成一个有机整体。香火戏的目的是求神祈愿,由于香火戏与宗教的紧密关系,忏本被视为神书,只有本"堂口"相传才灵验,所以每个堂口都号称只有自己才握有独门的师传忏本,秘不外传。民间神秘文化的这一特点导致研究缺乏书面资料。近年来,文化工作者一共收集了近 60 万言说唱文本。根据金湖香火兄弟的口口相传,金湖地区的香火戏来自于明初洪武赶散移民,立师祖设"北坛",当时共有王、姜、杨三大门。据姜门师傅说,到他这一代已经累积第十八世。虽然金湖地方文化发展比较晚,但是香火戏自明朝初期传入金湖以来已经定型,数百年来一直到现在,一代又一代香火兄弟的忏本和仪式没有什么变化,可能与金湖相对封闭的地理环境不便与外界交通有关。民国年间,现在的金湖境内大约有二百个堂口,五百余人从事香火戏活动。建国后香火戏曾经被全面禁止,80 年代后期逐渐恢复,但是已经造成了传承断代,很多技艺几乎失传。民间虽然有这种民俗需求,但由于香火戏特殊的神秘性质,活动一直处于半地下状态,目前全县约有三十个堂口。

　　相对于金湖的"原生态"传承,香火戏传入苏北之后,在其他地区发生了一定程度的变异,如南通、扬州、沭阳、灌南、涟水等地。由于乾隆年间徽班进京而造成的花部大兴背景,戏曲因素逐渐增多,敬神的香火戏发展成娱人的"僮子会",民国期间又发展成为"僮子戏",汪曾祺的《大淖记事》里称作"小开口",世俗娱乐的成分很明显。"悲调""串十字""洪山调"逐渐成为后来流行于苏北的扬剧(维扬大班)和淮剧的主调。淮剧、扬剧最初演出的连台本戏《魏徵斩龙》《刘全进瓜》《秦始皇赶山塞海》《九郎官借马》都来自香火戏忏本。

　　金湖的香火神会名目繁多,分为水上和陆上两大类。船上做会者为"水僮子",陆上者为"旱僮子"。村落神会、行业神会、家族神会、自办神会遍及天地神人的百姓生活世界。这个庞大的神性世界有一百多种关目,一般要三天三夜甚至七天七夜才能表演完整的一套,庶几近似于目连戏。曲六乙认为:流布于江淮地区的香火戏(僮子戏),是民间文化遗产的重要组成部分,具有原始活态文化特征和神秘文化意蕴。它在漫长的历史里与多元宗教文化交融,形成了多元文化取向,具有特殊的历史文化价值。根据已有的研究,发现香火戏中竟然保留了史籍记载的"藏钩戏""参军戏""弄痴剧"的活态形制。唐代的"参军戏"、杂剧的"弄痴剧"、蛹型戏曲式的《陈九龙跳(打)太平桩》、连台本戏型的"兵场"、大型全能戏剧式的《捉水母娘娘》等展现了比较明晰完整的民间戏剧生成、发展过程。因此,有学者从文化考古的意义上认为,香火戏是唐代梨园的孑遗,是江淮地方戏(包括淮剧、扬剧、淮海戏等)的鼻祖。

　　由于金湖地处"吴头楚尾"特殊的地理位置,金湖境内的香火戏既具有北方杂剧的性质,也包孕着很多楚文化因子,与敦煌民间俗文学形成了互文。《耿七公》《獭猫精》《陈九龙》《江漠林》《大祭龙舟》《刘结子》《跳大王》《扬四将军》等形成了完整的水神话系列,建构了庞杂巨大的民俗叙事话语。

2010 年,趁着非物质文化遗产的东风,很多原来处于潜伏状态的民俗文化找到了避风港,走非遗认定之路,形成一条安全化、合法化的生存路径。国家话语与民间话语互相涵容各取所需,金湖香火戏被列为省级非遗项目,从地下"隐蔽语本"变成了"公开语本",香火神会们可以光明正大地从事民俗活动,长期以来处于神秘的地下状态的民间宗教行为终于合法化了。但是,在现代性日益流布的今天,这种乡土宗教的"灰色"性质决定了它不具备表演化、民俗主义化的可能,无论从传承人还是接受者层面看,它的现实生存空间很小,恰恰可能只有通过遗产化、博物馆化的手段才能保存下来。

第三节　金湖剪纸的文人化与民间化的双向生成①

从艺术起源和艺术内涵层面看,剪纸是一种民间艺术,体现了民间的造型观念和审美情趣,具有一定的民俗文化内涵,代表了不同地区的民间艺术特点。

一直以来,从现代学科分类视角,根据剪纸艺术的本真性内涵、民俗意义和人类学功能,把剪纸划归于传统民间艺术的分类是无可置疑的。2006 年 5 月,经国务院批准,传统剪纸艺术遗产被列入第一批国家级非物质文化遗产名录。2009 年 10 月,中国剪纸入选联合国教科文组织的人类非物质文化遗产代表作名录。然而,历史进入到当代,剪纸已然成为非物质文化"遗产",处于被保护地位的命运是脆弱的,岌岌可危。在现代性的大潮下,剪纸的本真性如何保留,民俗性与纯粹性、传承性在复杂的语境中交织,作为民俗行为产物的剪纸与作为艺术品的剪纸、作为旅游商品的剪纸自身如何定位、发展,是一个值得考量的问题。

剪纸在中国有漫长的历史。到目前为止,虽然尚不能明确肯定剪纸发生的时间节点,但是从剪纸的图案与功能层次考察,剪纸可能起源于与祭祀有密切联系的巫文化。巫风盛行的商代已经有零星的萌芽。到了追求声色犬马的战国时代,贵族们用皮革镂花、银箔镂空的装饰物表现特别的身份和趣味,放在中国审

---

① 本节内容以《传统民俗、现代艺术、旅游商品的交织与边界——以库淑兰、周河、陆功勋的剪纸为例》为题发表于《内蒙古大学艺术学院学报》2020 年第 1 期,这里有修改。

美文化史的背景上看，可谓是对美的"自觉"的追求。与剪纸有关的最著名的传说当是关于汉武帝的宠妃李夫人。李夫人不幸盛年仙逝，"帝思念不已，卧不安席，食不甘味"，术士用麻纸剪李夫人影像招其魂魄以慰帝思。这个传说也被视为中国摄影的萌芽。这里的影像既是逼真的，又是动态的，对原型既有写实的记录，又具有幻象性的超越，兼具了巫术的虚幻性和艺术的情感寄托性。虽然媒介不同，然而剪纸作为实体性图像，从一开始就具有记录、保留过往时空中人物、事件的功能，类似于画像石、画像砖，通过多次凝视回味永恒，在焚化升天或者埋入地下的仪式中具有了超越于现世和时间的神圣性。这正是剪纸在人类学意义上的本真性（authenticity）所在，也是剪纸作为民俗的核心价值所在。

作为民俗的承载物，剪纸在不同的节日、仪式上具有特殊的意义。尤其是在春节、婚礼等特殊的时间里，剪纸作为特别的文化符号，长期以来形成了固定的图案形式，这些"有意味的形式"具有特别的象征意义，反映了民间图腾崇拜和信仰传承、地方文化心理、审美趣味等。这种民俗文化的学习和传承方式表现出与"雅"的文字文化完全不同的特点。比如，在陕西一带，户县、延川、安塞、旬邑县等剪纸之乡，剪纸主要属于女性行为。从女性的童年启蒙教育开始，剪纸作为训育女子人生教养、生活技能的必要组成部分，除了由家庭长辈在家中代际传承，还有女性群体口传身教、"私相授受"（如涉及到性教育、闺房隐秘等）的方式。根据文化人类学家雷德菲尔德（Robert Redfield）在《乡民社会与文化》中提出的"大传统和小传统"（Great tradition and little tradition）概念，相对于知识阶级掌控的书写文化，由乡民通过口传方式传承的文化被称为民间文化。剪纸作为民间文化，它的民俗内涵就这样以集体无意识的方式一代代地传承下来，同时还兼有性启蒙、传播人生教义和传统文化、地方知识等功能。陕西剪纸作为民俗符号，传承下来的图案是相对固定的，如抓髻娃娃、鱼戏莲、十二生肖、陕西十大怪、送病娃娃、招魂娃娃等。传统的学习方式是把剪纸图案贴到一张纸上，用油灯烟熏出轮廓，就可以进行批量复制了。这些女性"作品"主要用于自家的年节祭祀、装饰和各种礼仪，也用于馈赠、交流，一般不作为商品进行交换。由于旧时代乡村生活的封闭性和相对独立性，形成了特有的"十里不同乡，百里不同俗"现象，使得剪纸保留了鲜明的地方性特点，成为这个意义上地方民俗的符号。

小农经济条件下的商品交流虽然不发达，但是也还在一定程度上存在着。在著名的剪纸之乡河北蔚县，把剪纸视为市场流通的商品，剪纸活动就呈现出与陕西各地的剪纸完全不同的特点。蔚县剪纸主要以家族传承这种民间传艺的方式进行。在赫赫有名的"中国剪纸第一村"南张庄村的剪纸艺术中心馆里,师徒谱系表一目了然。20世纪40年代开宗立派的王老赏排在首位,其后划为周家两支,代际清晰,门禁森严。著名的"河北省剪纸艺术家"、世界华人联合会会员周河就不在其门。蔚县剪纸从打出名号开始就一直作为民俗商品进行市场交流,具有强烈的经济特征,在小农经济主导下必定限制为男性行为和家族内部行为。所以"手艺秘传""外家人学艺难",周河一直受到"正统派"排挤也就不奇怪了。

以上我们选取了前现代时期两个地方剪纸的例子,可以发现,无论是否具有商品性,剪纸所承载的民俗内涵和地方性是唯一的,无可替代的。而民俗中被视为迷信的部分,虽然正是民俗的核心价值所在,但实际上也是现代性一直以来所极力反对的。历史行进到了1940年代,当救亡图存成了时代的宏大主题时,现代性以排山倒海之势进入乡土中国,传统与现代的问题显得格外突出。古元、彦涵、张仃、夏风等艺术家接受了毛泽东《在延安文艺座谈会上的讲话》精神,深入陕北民间采风,吸取了民间剪纸的构图和表现方式,以老百姓熟悉的剪纸这种民俗形式,创作了崭新的革命作品,表现了新时代的生活,突出了现代性主题。他们的创作,与同一时期的文学、戏剧、传统戏曲、美术一起,开创了新中国人民文艺的发展之路。

现代性与传统文化以这种猝不及防的形式"对接",也就是所谓的"旧瓶装新酒"。艺术形式是民众喜闻乐见的,题材是时代的,主题是革命的。这种文化继承和发展方式一直延续到当下,引发了很多关于文艺的审美性与社会性的问题。

剪纸发展到当代,呈现出更加复杂的面貌。

当旅游演变成为今天一个复杂的经济、社会、文化多重复合现象时,传统的陕西民俗剪纸顺应时代潮流,变成了大规模复制生产的民俗旅游商品。那些当年羞于见外人的乡下农妇们现在从窑洞搬到社区,开起了剪纸工作室,现场表演,议价,成交。四通八达、快捷便利的现代交通系统打破了空间的封闭性,各个地方互相流动起来,民俗的神秘性逐渐消失。当剪纸的题材、形式倾向于近似时,复制技术遂大行其道,独一无二性不复存在了。对旅游商品的大规模市场需求造成了发展产业化,大批量生产的商品不再承载民俗文化内涵,没有了特殊的时间节令性和神圣性,只是一个新奇的异文化符号,满足了游客的猎奇、购买心理而已。

金湖地区剪纸有悠久的历史。据地方志记载,北宋时期,宝应湖西出现了剪纸花样艺人,技高者可反手盲剪花饰。金湖剪纸作为民俗的产物,主要用于节庆、婚丧、宗教、祭祀等。金湖民间剪纸独树一帜的风格,根源于特殊的地理位置和民风民俗。

20世纪80年代,金湖曾经有十一幅民间剪纸作品入选全国第一届剪纸艺术展览。金湖县中学教师陆功勋调到县文化馆工作,开始以自觉的姿态研究民间剪纸。他认为,"笔墨当随时代",既然"时移世易",民俗在时代变迁中必然也会相应地发展变化,民间艺术应当在继承传统的基础上有所创新。在创作实践中,他根据现代城市生活空间的变化,出于文人趣味,创造出以废旧挂历塑料彩膜为材料的新型剪纸。明显地具有现代装饰意味,改造了传统的民间艺术,在材料、形式、色彩、表现内容等方面实现了创新。彩膜剪纸对传统剪纸的形式、内容进行了扬弃,既有现代装饰图案之美,又富有中国画的传统意境美。材料是现代的,反映的内容多为现代生活。陆功勋的剪纸借鉴了民间艺术的形式,但是不再用于传统民俗,表现的是现代审美趣味。也不再用于年节时令和民俗,而主要用于城市家居室内装饰,发生了艺术形式、内容和社会功能的变化。

彩膜剪纸问世后一枝独秀,被誉为水乡绽开的艺术奇葩,现代书画家报、中国剪纸艺术报、中央电视台、江苏电视台等媒体进行了报道。陆功勋的剪纸作品多次参加国内外的艺术展览,他被评为淮安市首届十佳工艺美术家,出版了《陆功勋剪纸艺术技法》,论文《民间剪纸浅谈》获中国民间剪纸艺术论文评比二等奖。陆功勋的剪纸艺术作为城市名片和形象,获得了社会和经济效益。

各级平面媒体和中央电视台、江苏电视台等媒体先后报道了彩膜剪纸,陆功勋被任命为县文化局长。他开始创作大型作品,这个"大"既体现在作品体量的"大",也体现在主题的"大"。有表现周恩来总理形象的《流芳千古》,表现金湖水乡生活风情的《秧歌》《回娘家》《渔归图》,表现主旋律的《祖国在我心中》《中国梦》。南京青奥博物馆收藏了他的《砥砺》,长1.2米,宽0.6米。歌颂和谐社会的巨幅《荷蟹图》长达6米。他的三百余幅作品被不同机构收藏。他经常身着新潮唐装,出现在不同级别的中外文化交流会、文化创意产业交易会上,现场表演剪纸。县政府出资出版了《陆功勋剪纸艺术技法》《荷花剪纸》,还专门在图书馆里开辟了陆功勋艺术陈列馆。以陆功勋为传承人的金湖剪纸被列为省级非遗保护项目,县政府把保护剪纸文化、发展剪纸文化产业列为文化创意产业。陆功勋举办了多期剪纸培训班,培训500多人次骨干教师,在老年大学、中小学、乡镇文化站开设专题讲座,为中小学编写了三套民俗剪纸教材。

与其他民间剪纸艺人不同的是,陆功勋毕业于河海大学俄语专业,长期从事中学俄语、英语教学和地方文化部门领导工作。从陆功勋剪纸艺术的发展过程看,陆功勋作为一名知识分子,自觉地深入民间、学习民间。他的剪纸图样如月牙纹、锯齿纹、漩涡纹、折线、曲线圆孔、二方连续、四方连续等显然都来自传统民俗剪纸,虽然在形式、意象上延续了圆满、和合等文化心理共性,然而在主题上明显地从民俗文化转换为表现"大"的主旋律主题。趋向于无穷"大"是现代性的永恒主题,与表征无意识欲望的民俗完全相反。他的主旋律作品与他的体制内身份和知识分子的家国情怀相一致,反映了主导文化对民间文化的征用、改造。他的文化认识高度和文人情怀推动他积极参与地方文化建设,把自己的创作转化地方文化产业发展资源。这个时候他的身份是文化体制内成员。另一方面,他的创作被认定为民间艺术,他被认定为省级非物质文化遗产传承人,官方和他本人都乐于认同这个身份。这是一种很有意味的命名,他的身份游离于民间和官方之间,显示出新型民间文化不同于传统的混合性质。退休后他被任命为县老年大学副校长,一如既往地参加各种文化交流和剪纸推广培训活动,还成立了自己的剪纸工作室,在体制内外游刃有余。

现代性本身是一个极其复杂多元的现象,现代性对中国的影响也是多方面的。民俗在封闭的时代表征着地方性的特质,单一化的社会生活与民俗的本真性(authenticity)互为表里。由于民俗的本真性意义,民俗符号的核心价值在于顶礼膜拜,神圣性就在无数次的凝视中生成。历时愈久,本真性愈稳定。而时间是现代性的第一要素,时间的引入导致了越来越快的速度和空间的位移,地方性在流动中很难再保持单一性,当代社会生活在这种快速流动中倾向于多元化,最终导致了本真性的丧失。民俗符号不再承载民俗意义,演变成了工艺品和旅游纪念品。正因为如此,陕西剪纸越来越倾向于统一的图案,乃至于可以向全国任何一个旅游景点批发销售。周河对电脑产品固执的排斥,对手工技艺顽强的守护,其实就是对本真性的坚持。社会生活的多元化导致了文化的多元化,这种混杂化、异质化表现为文化本真性的丧失,周河的焦虑就是对剪纸文化本质丧失的焦虑,对自我丧失的焦虑。人是文化的产物,与他生活在其中的文化"互文",在文化中才能生成自我。一旦剪纸的本真性在复制中消失,周河的自我也就消失了,所以他一直痛苦地寻找自我。20世纪20年代,以摄影为代表的新兴文化刚刚出现时,本雅明就敏锐地发现了技术的文化生产功能,预言了复制技术将造成传统艺术的崩溃,展示性取代本真性,同时艺术的民主性和普及性也将改写艺术的版图。剪纸在现代社会的发展之路证明了这一切。

流动性是现代性最明显的特征,旅游本身就是现代性的产物,具有消费性、猎奇性、一次性、浅表性、标准化等现代生产特点。民俗现象原本是游客猎奇的目标,然而当地方性的封闭打破之后,民俗表象与内涵、时间、空间相分离,发生了现代性"脱域",在传播中无数次地被模仿、展示、表演,也就失去了神圣性、本真性、在场性。传统的民俗符号遵循的是循环生产机制,在年复一年的重复中突出仪式性、记忆性,从而实现神圣性和传承性。当民俗符号成为商品,就在机械复制中被纳入了现代生产机制。大规模的复制导致了独特性消失,游客很快失去了兴趣,转移到下一个目标。剪纸本身属于非日常消耗品,现代旅游的购买满足的只是浅层次的欲望而不是深度欣赏,所以蔚县剪纸很快就失去了市场。现代性一直是双刃剑。当剪纸不再表达民俗记忆、地方文化传承时,在陆功勋那里,通过政府组织的社区、学校里大规模的学习、传播,剪纸作为装饰性艺术与民俗相对分离,演变成现代审美符号,不再承载或者稀释了民俗内涵,审美形式独立出来,传播了现代国家意志,反而以这种方式实现了现代性。民俗剪纸以民间自发的群体行为体现了地方文化认同,现代剪纸通过社区、学校的共同活动也体现了地方性认同,途径一致,内涵和目的发生了变化。

李泽厚先生认为,"实际上,中国现代化的进程既要求根本改变经济政治文化的传统面貌,又仍然需要保存传统中有生命力的合理东西。没有后者,前者不可能成功;没有前者,后者即成为枷锁"[①]。中国的现代性之所以不同于西方的现代性,就在于近代以来西方现代文化对中国传统文化的强烈否定,中国知识阶层现代性的焦虑,使得中国文艺传统中"文以载道"社会功能被放大。从梁启超开始,近代的文化领导者们都在强调艺术的社会功能。王杰对马克思主义中国化问题进行了深入研究,他认为中国的马克思主义美学主要在于建构"意识形态",它既是生产各种意义和观念的普遍的过程,又是一定的阶级或集团所特有的信仰体系。在中国马克思主义美学的理论视野中,"反对资本主义"的力量主要转化为对受压迫和边缘化群体情感和愿望的合理性做出辩护。中国马克思主义美学更多地以人类学和社会学的研究成果和理论方法为基础。[②] 1940 年代,中国共产党人面对的最紧迫的问题是如何最有效地建立新的意识形态体系,同

---

① 李泽厚:《中国古代思想史论》,北京:人民出版社,1986 年,第 517 页。
② 王杰:《中国马克思主义美学的基本问题与理论模式》,《文艺研究》,2008 年第 1 期,第 19 页。

时也要维护传统文化,凝聚民族自信心,使广大民众能够最大程度地接受新思想,所以大力提倡"古为今用,洋为中用"。传统文化就这样进入了现代性的轨道。由于东方语境中艺术与社会生活存在着多重复杂的关系,只要现代性语境还存在着,这种特有的艺术生产机制就具有合法性。

因为中国当下复杂多元的文化生产场完全不同于传统文化生产的单一性,对任何一种文化现象也不适宜以单一的视角去看待。有学者认为,西方市民社会中存在着一个由民间习俗、惯例自发走向自治的过程,审美从而实现了康德的无功利性中的功利性功能。而中国社会的状况完全不同,存在着一个与官方文化既保持接触、又保持一定距离的民间社会。在民间社会的变迁中能够体察到国家的在场,在国家仪式的规范中同样也能够体察到民间社会的变形存在。民间文化资源在被政府改造中呈现出复杂的变迁路径。库淑兰在现代性的召唤下自我觉醒,走向了审美现代性。周河在现代复制技术和旅游市场的困扰下坚持传统民俗文化固定的内涵,生存艰难,政府却没有、也不可能提出相应的保护措施。这既是他个人的悲剧,也是时代的悲剧。陆功勋自觉呼应时代、意识形态和市场的召唤,沿着古元们的方向,实现了传统民俗符号的现代转换,地方文化与主流意识形态的认同和市场的成功,是东方特有的审美功利性在当代文化中的体现。可不可以认为,剪纸作为一种审美意识形态,它"在个体中招募主体(它招募所有个体)或把个体转变为主体(它转变所有个体)的方式并运用非常准确的操作产生效果或发挥功能作用的。这种操作我称之为寻唤或召唤"①。

吉登斯认为,文化本真性是人类生活的基本特征,本真性经常表现为文化惯例,"所有个体都在种种形式的惯例基础上发展某种本体安全的框架",惯例与本体安全之间存在着相互依存性。今天文化的本真性已经不再,我们是否不再以静态的眼光,而是根据文化生成环境的变化对文化进行"社会再定义",从而对当代文化进行"再本真化",也许能够找回失去的自我。

中华文化促进会剪纸艺术委员会主任张树贤认为,没有传统就没有现代,没有现代就不会有未来,必须把传统、现代和未来三者衔接好。现代剪纸应当从五个方面努力:一是民族性、二是时代性、三是独特性、四是前瞻性、五是不可复制性。对待创新型现代剪纸艺术,必须强调不可复制性。与传承型原生态民间剪

---

① 阿尔都塞:《意识形态和意识形态国家机器》,李迅译,李恒基、杨远婴主编:《外国电影理论文选》,上海:上海文艺出版社,1995年,第666页。

纸的悠久历史相比,现代剪纸还需要相当长的实验阶段,精品自然会得到传承,百年以后就是我们未来珍贵的非物质文化遗产。他预言:未来的中国剪纸艺术应该是由传承型和创新型两种不同概念的剪纸风格组成。[①] 这是对剪纸的本真性和传统价值的再认识,厘清了传统与发展的关系,深刻阐明了剪纸的传统意义和现代内涵。

第四节　现代节庆文化背景下金湖的文化编码生产与表征

以上我们分析了三种民间文化在当代的继承和流变。这个年轻的县城,文化底蕴不是很丰厚。无论任何时代,经济和文化都可能以一种不同步的节奏发展,对任何一个阶段的文化现象,我们都应当还原到当时的历史语境里进行学理上的分析。当经济发展成为时代的最强音,传统文化加速流失,大众文化盛行时,这种县域经济文化的发展,就大有可以探讨的空间了。

现代地方节庆活动是一个随着城市化、大众旅游时代的到来而新出现的多元化的文化经济现象,与传统节庆的内涵、周期、表现形式截然不同,是在文化产业思维主导下的现代性产物。传统节庆一般以宗教、节气、历史事件纪念等元素为核心,有相对固定的日期、文化内涵、民俗事项、纪念活动等,经过漫长历史时间的积淀,已经传统化,成为民族文化的重要组成部分。不同于传统节庆的一般发生在固定的时间,那是不同于平常时间的"神圣时间"或"政治时间",现代节庆是一种主要由政府和文化、商业、体育、旅游部门共同策划的、在特定时期、特定地点围绕特定事件而举行的聚众活动。虽然类似于狂欢节或者嘉年华,但目的却不是打破身份界限,而是恰恰相反,通过民俗、体育、艺术等活动产生一种特别的"身份认同",所以产生或者分享共同的价值观是节庆策划的重中之重。按照世界节庆协会主席史蒂文所言,现代节庆的核心在于以"社会资本"创造社会价值,目的在于"激励热情,沟通文化,塑造印象,放飞想象力,促进交流,传递使命,增强理解,克服障碍,开拓视野"。社会资本包括经济、审美、体育、民俗、商品、生活方式等资源,文化资本体现在政治性、文化性、地域性和市场性等方面。当下,中国的地方节庆活动已逾一万个,遍及政治、经济、文化、民生各个方面,形成了

---

① 张树贤:《剪纸艺术的"胚变"》,《美术报》,2017 年 12 月 6 日。

大经济时代特有的经济—文化复合现象,成为推动地方经济的强有力因素,也是地方政府的重要形象工程。

在现代性统领全球的形势下,当代最大的价值观是经济理性,是一往无前的发展。流动的现代性使不同地区的文化交流起来,由于劳动生产率的极大提高,商品和资本的剩余,闲暇时间的增加,出现了旅游休闲和文化产业等现代现象。在经济理性主导下把传统文化和地方民俗文化作为文化资源,通过现代文化再生产方式,如拼贴、复制、割裂、提取、重新解读、符号空心化等重构文化元素,藉此而产生经济效益,成为节庆活动策划的核心。旅游节庆源自 Hallmark Tourist Events,指的是西方经济腾飞的时代出现了旅游热,随之产生的民俗主义为了迎合市场,把地方经济、历史文化、自然生态、民俗风情等社会资源加以拼贴整合,以"新发明的传统"编织成一套新话语,创立一个提高地方文化影响力、吸引旅游者的主题性节日。从表象上看,旅游节庆作为文化行为传播了地方文化,把文化符号予以展示,强化了社区认同,产生了注意力经济效益和体验效应。但是,根据张法的观点,"民俗活动是族群共同价值观认同,而盲从相反",旅游节庆从社会理性层面看恰恰是美学面貌与文化本质之间可笑的乖谬,从美学层面看属于以商业逻辑和娱乐逻辑运行的大众文化。所谓"族群、社群的狂欢,社会的参与与社会身份的认同",指的是在节庆特有的场景中旅游大众们面对表演性的或者展示性的奇异的"民俗",真诚地"感动"并且"投入",进而为自己的审美行为和美感结果而感动,却意识不到自媚。在这种感动中产生的诸如伤感、甜蜜、幸福、崇高、矫饰都来自于廉价、低劣、复制的美学垃圾,抽空了内涵的民俗和貌似在场的狂欢共同制造了审美的假象,审美对象成为满足现实欲望的对象,现实中的人忘记了自我的本质,发生了认同。这种媚俗美学原则贯穿了所有大众文化类型,格林伯格在《前卫与刻奇》中指出:"媚俗"象征着那个大量制造文化的时代。本质上说,媚俗的基本特征就是:商业性、绝对性、矫情性,以及崇拜现代性。体现为隐藏商业目的,虚假的激情,做作粗俗的坏品位,投合大众的作秀,不反映真实等等。所以旅游节庆主要产生的是经济效益和社会认同、现实认同,与当代其他大众文化没有什么本质性的区别,是一种后现代语境下的审美贫困。

正因为旅游节庆必须依托"新发明的传统",在相对落后的苏北,可能还有一些民俗的孑遗可资利用。从淮安市范围看,近年成功举办的旅游节庆,有已经连续 16 年的中国淮安淮扬菜国际美食文化节,盱眙国际龙虾节,金湖荷花节,涟水白鹭节,淮阴东方母爱文化节,清江浦庙会暨百花节,洪泽的洪泽湖渔文化节等。

已成功举办 11 届的中国·盱眙国际龙虾节,把一种日常普通的地方食品——洪泽湖淡水龙虾,通过游客体验和媒体的宣传造势,打造成为中华美食和中国驰名商标,盱眙上位为"中国龙虾之都",一个默默无闻的小县一夜成名。以走出去办节、国际化办节的新思路首开三省(市)四地联动办节的 First,物理空间通过现代虚拟网络联系在一起,实现了同一化体验。First 是新闻、旅游、商业的核心,龙虾节实现了"以虾为媒促发展"的目的,中国·盱眙国际龙虾节是商业策划、媒体、多方合作的产物,体现了现代节庆"文化""狂欢"面纱下的商业特性。

伽达默尔认为,体验是一种与生命、生存、生活紧密相关的经历,具有直接性、整体性,"生命就是在体验中所表现的东西"①,"所有被经历的东西都是自我经历物,而且一同组成该经历物的意义,即所有被经历的东西都属于这个自我的统一体,因而包含了一种不可调换、不可替代的与这个生命整体的关联"②。"如果某物被称之为体验,或者作为一种体验被评价,那么该物通过它的意义而被聚集成一个统一的意义整体。"③由此可见,体验具有使得人之所以是人、回到人的本源的重要意义,起了抵御现代理性、建构人的完整性的作用。而所谓的大审美经济时代,产品和服务超越了实用功能,与审美、体验连接起来,审美和体验变成了可以购买的商品。2002 年,大审美经济学者卡尼曼获得诺贝尔经济学奖。他认为,最美好的生活应该是使人产生完整的愉快体验的生活。而这个"完整的愉快体验"是能付费购买的。伽达默尔的自我主体被卡尼曼的消费主体悄悄地替换了。

环绕着三个湖的周边县,比如盱眙县、泗洪县,1990 年代,分别举办了"中国龙虾节""洪泽湖螃蟹节",宝应县夺得"中国荷藕之乡"的称号。这个后起的县城,可资利用的资源都被别人领先利用了。发展的路在何方?

经过政府部门与文化专家的"考证""发现"和策划,在充分整合了自然资源和历史文化资源的基础上,2001 年,金湖成功举办了首届"中国(金湖)荷花艺术节"。随后,县政府操作的"水文化、荷文化、尧文化"研究工程也正式启动。2006 年,作为第六届中国荷花艺术节重要活动之一的"水文化、荷文化、尧文化"研讨暨颁奖会召开。经过八年打磨,金湖荣获"中国荷文化之乡""中国荷文化传承基

---

① 伽达默尔:《真理与方法》(上卷),上海:上海译文出版社,1999 年,第 77 页。
② 同上书,第 85 页。
③ 同上书,第 83 页。

地"的称号,"荷"成了金湖精神与物质的名片。县政府投入巨资打造了万亩荷花园,据说无论面积和品种都堪称亚洲第一。2009 年 5 月 9 日,"尧帝故里,荷乡金湖——中国首届(金湖)荷文化高层论坛"在北京召开,首都文化界、新闻界、教育界领导、专家探讨荷文化,中国民间艺术家协会正式命名金湖为"中国荷文化之乡"和"中国荷文化传承基地",淮安(金湖所在地级市)市委书记称之为"双文凭"。中央民族大学历史系副教授、中央电视台《百家讲坛》主持人蒙曼的《荷文化蕴藏的和谐精神》,北京大学中文系教授、博士生导师张颐武的《荷文化与养生》,北京大学中国战略研究中心主任、外交系主任叶自成的《荷文化与产业》,分别阐释了荷文化的现实意义。2010 年的同一天,金湖荷香又飘进上海世博园,举办了第二届中国(金湖)荷文化高层论坛,主题是"以'荷'为媒说交流""政通人'荷'谈发展""'荷'气生财论经济"三大"高端"论题。然而,在连续举办了六届"荷花艺术节"后,主题变了,"三湖美食"悄悄加入,2009 年改成了"荷花·美食节"。主要活动有:中国名湖美食论坛,创新菜烹饪技术比赛,中国(金湖)湖鲜美食广场活动,体现了主办方"艺术与产业相结合"的新思路。

我们注意到,从上世纪 80 年代以来,为响应"两个文明建设",山东省济南市、济宁市,湖北省孝感市、洪湖市,河南省许昌市,广东省肇庆市,江西省九江市等七市先后推举荷花为市花。1999 年,澳门回归前制定特区的区旗、区徽,也选用荷花为图案。全国目前有 53 个规模不等、规格各异的"荷花节",金湖成功晋升为唯一的"荷文化之乡"。据该县政府网站报道,从 2001 年到 2008 年连续八年举办的中国荷花艺术节,创造了将近 6 个亿的产业,吸引了人气、财气,荷花节旅游每年创造总收入 3.5 亿元以上。

关于"荷文化",从已经举办的两届研讨会来看,不再有什么新鲜的话题,荷文化的学术意义和阐释空间毕竟有限,并且金湖的"荷文化"也不具有唯一性和代表性,而唯一性在文化多元化、信息过剩的时代恰恰是最稀缺的资源,因为现代旅游活动从本质上说其核心在于视觉文化,即注意力经济、眼球经济、体验经济。文化"大"文章必须从起源开始,在这种逻辑下,荷文化—尧文化被发明出来。1994 年,一条惊人的消息出现在媒体上,11 月 15 日的《人民日报·海外版》以醒目的标题"尧出生地是金湖县塔集镇"第一次做了报道。消息来源于同年《江苏地名》(内部刊物)上的一篇考据文章《尧与塔集》,作者李义海是金湖的文史工作者。该问题甫一提出,就产生了巨大争议,许多专家、学者纷纷撰文,《中国地名》1995 年第 6 期刊登了李义海的《尧帝出生地考》,以及具有代表性的持反对观点的、署名"奔流"的《尧出生在"三阿"辩》。1998 年商务印书馆出版的《中华人民共和国地名大词典》,一锤定音,把金湖县命名为"尧乡"。"金湖县"条目释文为:"为中华民族的先祖、五帝之一的尧帝诞生地","塔集镇"条目释文为:"据有关史料记载,中华民族的祖先、五帝之一的尧帝出生于此。晋时曰三阿,宋时称北阿,后改为塔阿镇,俗称塔儿集、塔集。是县东南部集贸中心。东晋太宁间侨置幽州于此。"

　　此观点与历代史籍记载大相径庭。《史记·五帝本纪》记载:"尧初生时其母在三阿之南,寄于伊长孺之家,故从母所居为姓也。"《二十五史·史记》"五帝本纪""帝尧"下曰:"皇甫谧云尧初生时其母在三阿之南寄于伊长孺之家故从母所居为姓也。"①这为考证尧的出生地提供了历史文字依据。皇甫谧(215—282),系魏晋间医学家,今甘肃平凉西北人,著有《甲乙经》《帝王世纪》《玄晏春秋》等。皇甫谧所言出自《皇览》,《皇览》云:"尧甲申岁生于三阿南,寄伊长孺家。"《皇览》出自魏文帝曹丕(220—226 年)时期。比较起来两句话无异,实际是一句话,可以认为是一个孤注。《中国古今地名大辞典》,有"三阿"词条,释文曰:"三阿,在江苏省县级市高邮(注:该地原属高邮县管辖,1958 年划属宝应县,1959 年改属金湖县)西北。《舆地纪胜》云:'高邮有北阿镇,离城九十里,即晋时三阿'。《高邮州志》云:'东晋尚侨置幽州,太元四年,苻秦将句难、彭超围幽州刺史田洛于三阿,去广陵百里,即此'。"②证明此三阿即东晋之三阿,此三阿的相对位置非常明确。东晋孝武帝太元四年(公元 379 年),东晋和前秦在"三阿"打了一仗,这个"三阿"在唐朝时因"三阿之战"被写进了《晋书》。南宋时,王象之在《舆地纪胜》中说:"高邮有北阿镇……即晋时三阿。"比较两条史料,可见晋明帝司马绍太宁元年(公元 323 年)至成帝咸和九年(公元 334 年)间,在高邮湖西、天长市东北之间(今金湖县境内)的北阿镇附近侨置三阿县。此"三阿之战"的"三阿"完全不是皇甫谧之"尧初生时其母在三阿之南"的"三阿"。持"尧乡金湖说"的人士大多是当地籍,他们坚持"尧文化是一份厚重的文化,尧生于何地是一个重大的历史课题,肯定与否是要以充分的证据来说话的,商务印书馆和《中华人民共和国地名大词典》的那些编辑、专家、学者一个个都是精英,词典里的任何一个瑕疵都逃不过他们的火眼金睛,在全典 18 万条地名中唯独金湖县和塔集镇的条目内有这样

---

① 《二十五史·史记》,上海:上海古籍出版社、上海书店,1986 年,第 7 页。
② 《中国古今地名大辞典》,香港:商务印书馆香港分馆,1931 年,第 32 页。

的内容,这是多么的珍贵啊。我们珍惜……'尧生塔集'的结论,并维护它的权威和不可动摇性,这实际上也是对历史真实性的尊重和维护……"①

通过对以上资料线索的整理,我们发现,学术从来不是一个单纯的学术问题。关于尧帝故里,历史上也并不统一,有河北唐县、山西临汾、河北望都等诸家说,大致倾向于认为尧生活于黄河流域,是一个有争议、允许探讨的学术问题。可是在当下,出于经济发展逻辑,有争议的学术问题却神奇地有了定论,并且写进了权威工具书和县志,意味着对这方土地的历史有一个定论。在实践理性推动下,官方、精英与民间共同编织了一套话语,巧妙地弥合了三者之间的裂隙,尧的传说作为民族—国家神话的组成部分,成功地"植入"民间话语,"国家"以此实现了在场,民间话语的传衍与生态在多重因素影响下发生了偏移。虽然这套话语并不全然是民众集体认同的意识形态,如果一旦传承下去成为文化记忆,就有可能生产相应的感情结构,民间的情感世界与日常生活可能发生偏移。然而,从源头上重写历史,不正反映了对"我是谁"的焦虑吗?

农业文明向工业文明的进步是历史的必然,同样,农业文化向城市文化的转化具有相当的合理性。但是,这个转化必须遵循文化发展的客观规律。尤其是目前,当传统文化断裂、却又没有新的文化发展模式可资借鉴时,这种由政府主导的城市文化定位重铸了城市灵魂。城市文化构成城市之魂,意味着建立在物质发展基础之上的相应的精神生活,具有地域性、独特性、历史传承性。"礼失求诸野",当20世纪的工业革命迅速进行时,在这种相对偏僻的小城镇,还保留了一星半点的传统文化孑遗。比如我们上述所举的香火戏、剪纸和秧歌,虽然它们也面临着产业化和主流意识形态影响的问题,但是毕竟还与民间文化有一定的关联。而县域文化发展有自己独特的、不以主导文化意志为转移的规律,它是一个有机体,是在相应的时代生态环境里缓慢生长起来的。1960年代,县城初建,新马路命名为人民路、建设路,新的苏式水泥建筑有县政府、人民银行、百货公司、影剧院、人民医院、人民旅社、劳动桥、生产资料公司、县中学、人武部等等,残留着旧气息的建筑物有商业局、镇人民医院,有木结构建筑和小天井,翘檐、月亮门,灰砖灰瓦,与灰白色的水泥建筑倒也和谐共存。体现了建设时代的节俭朴素的革命美学原则,也保留了旧时代的雅文化气息。进入1980年代,随着经济的发展,出现了六层以上的建筑物,但是整个城镇的面貌没有大的改观,并且城中

---

① 参看金湖县政协文史委编辑:《尧乡古今》(内部资料),第17—18页。

村(蔬菜队)、城郊村(果园、农场等)依然存在,仅仅增添了东西、南北向各一条马路。21世纪,随着"荷都""尧都"的打造(这个词语也只有当代才能出现,一开始称为荷乡,后来似乎嫌不过瘾,不够大),县城在原来14平方公里的基础上又扩展了14平方公里,相当于在短短的几年时间里超越了四十年的发展,打造了另一座新城。新城里有油田新村、工业园区、商业中心、专卖店一条街、大型超市、上岛咖啡、肯德基,大多数是高层建筑,一切都在模仿四线城市,把原来最古老、最有特色的黎城老街全部拆毁,建成崭新的大佛寺和流光溢彩的"外滩",请专家设计打造了"尧帝主题公园"和"尧帝旅游印象城"。文化旅游部门预计,建成后每天游客将达到六千人次,每年流动人口超过二百万,大力拉动地方GDP。

纵观这十几年来县城经济文化的发展,都是围绕着GDP的发展,举着文化之旗,以当代旅游节庆文化思维为主导,重新编码地方历史,结出了旅游节庆文化之果。无论是"尧帝主题文化公园",还是"尧帝文化旅游印象城",都没有任何古迹、遗址、传说可资依托。这样的文化,是民俗主义的产物,是当代中国高速发展、林林总总的评奖、中标活动的一个缩影。类似的例子还有陕西凤县,一个秦岭山沟里的小县城,在矿产资源逐渐枯竭的情况下,凤县政府积极转换思维,发展旅游业,美化县区景色,实施政府投资,投巨资建造了喷射高度达186米的喷泉,号称亚洲最高音乐喷泉(又是亚洲第一);建成万亩牡丹园和万亩郁金香园,号称西部唯一的高山空中花园;在嘉陵江上筑坝蓄水形成30万平方米的景观水面,打造中国西部山区的"威尼斯";在国道两侧建成数十公里长的江南民居景观,打造"水韵江南"。其中最引人瞩目、也引发最大争议的,就是当发现凤县历史上与羌族有关系后,请羌族专家进行文化考察、设计,鼓励本县居民主动改换民族成分,积极营造羌族民族文化氛围,以此拉动全县旅游业的发展,促进全县经济的主动转型。[①] 据说这手牌打得很漂亮,实现了经济和文化的双赢。

在经济飞速发展、城市化大力推进的今天,各地的生活方式在工业化、媒体、通讯和便捷交通方式的作用下逐渐趋同,"三里不同风,五里不同俗"的景象逐渐消失。在全球一体化的时代,地方文化成了最大的亮点。文化软实力构成了现代城市的经济推动力。学术界倾向于认为,城市和乡村一样,是一个在人类有意识的作用下,"自然"生长的有机体。每个城市都有自己独特的文化肌理和文化

---

① 参考田彬华:《移植性民俗文化创建与原生文化保护耦合思考》,源自中国艺术人类学网,http://www.artanthropology.com/show.aspx? id=2068&cid=80.2014年11月17日。

血液,它经过了漫长岁月的沉淀,是一个鲜活的生命。城市的物质空间和精神空间共同构筑了城市文化、城市记忆,城市从来就不是行政规划的产物,而是像一棵树、一个人那样自然生长的有机体,有自己的历史和现在。回首这座历史短暂的县城文化之根,就是一部人与水奋斗的历史,从西向东贯穿整个县城北部的淮河入江水道和挡住夏季洪水的大圩就是它的证明。建立在人对水的解读之上的稻作文化就是它的底蕴,就是对自己历史地位、价值的肯定,这才具有本真性。年轻的县城,最古老的建筑和街道也就是民国年间的,最古老的树木树龄只有三百多年,历史上的变迁也清晰可考,难道非要上溯到尧帝才显得文化底蕴深厚?县政府专门成立了对外宣传办公室,负责荷花节的宣传工作、县城形象的包装、推介,定制了形象片和剧情片,荷花节期间在央视频道集中播放广告。政府部门每年春节前组织进京,向在京工作的金籍成功人士(200 余人)汇报家乡建设工作。

美学史上晚近出现了一种新审美类型——媚世。媚世译自德文 kitsch,在西文中迅速流行开来,大致上指廉价而流行、溺情却难称真情、无品而又自恋的审美对象,它出现在工业革命后都市化大众大量涌现的西方,是一种审美时尚和大众文化潮流。中国作为后起的工业国家,恰恰就处在工业化、城市化这个临界点上。"尧帝故里,荷乡金湖"的包装、打造,"壮大了一个为金湖 GDP 贡献将近6 个亿的产业";每年荷花节,满城尽是气球、拱门,一台晚会,重金邀请歌手、小品明星、省市领导嘉宾,市民无缘一睹;庞大的签约投资项目、资金,震惊了观众,却不能理解这个节日的内涵,更不能产生激动自己的高峰体验。

一个小小的县城,平淡无奇,不比凤凰、平遥,无奇山异水风光,没有深厚的历史。地处吴尾楚头,一方水土养育了具有江淮风格的水乡文化。镇上的居民,一上午时间,慢条斯理地买菜弄饭;下午,打牌钓鱼,淮河入江水道大圩上一群一群唠闲篇的闲人,生活节奏缓慢,麻将和掼蛋主导了世俗化的精神生活。即使在工作日里,也常常见到操办红、白喜事的队伍,从街道上热闹而过。基本上还保留了乡村熟人社会的生活方式,以人情化模式替代了现代公司化管理。当绑上了经济发展的战车后,整个县城变成了缩小版的地级市,一条仅有的明清历史老街被拆毁,重建仿古街区。年轻人去到邻近的南京、扬州等地就学、打工,基本上不回流,户籍人口日趋下降。污染严重的工业园区里(主要有锂电池、电动汽车零配件、农药杀虫剂企业等),打工者多是来自云南、贵州、江西等地,西部人口向东部流动,下沉到县城。这些项目也是历届荷花节引进的,支撑着县城大部分财政收入。

当发展变成了竞争,日常的平衡就被打破了,欲望被极大地激发出来。这个名不见经传的小县闹出了这么大的动静,旁边扬州市所属的高邮、宝应坐不住了。他们可是有历史的古城,绝不甘心默默无闻地当陪衬。于是,他们也分别打起了尧帝故里这张牌,因为三阿曾经分属两地。比如高邮,2009 年 9 月宣布,在高邮神居山风景区建立"尧"帝青铜雕像。同年举办的"高邮:尧文化发祥地"高层论坛上,国内权威史学家认定长江流域的高邮为尧文化的重要发祥地。规划中的"帝尧故里"神居山文化公园,矗立在帝尧广场的 99 米高巨型尧帝雕像,为世界最高的青铜雕像,需用青铜 2200 吨。①

在韩国文化逐渐成为强势文化的今天,更有一位金湖学者,经过考证,郑重提出:金湖县城所在的黎城镇,黎城旧地又称高丽廓、高丽城、高丽王城或俗称黎城,他据此"大胆假设"黎城镇为高丽人所建。

支撑这个观点的材料有明人刘中柱的《宝应名胜纪略》:"中有居民数百户,楼房稠密,列缠肆,通商贾,俗呼曰黎城镇。"还有明人宝应儒学教谕吴铎的《黎城》:"黎城依旧说,王业总丘墟,独惜遗民在,空余故主居,农桑春事了,风雨麦秋初,问俗政惭无,逢人懒下车。"这位山东登州籍人士,用"王业""故主""遗民""俗政"等意象,建构了一个历经沧海桑田的残破意境。据《嘉靖宝应志略》记载:"高黎王城,在县西南八十里侯村乡。宋治平间,高黎王筑。周回一里四十武。"因为《宋史》上未有高黎王封号。该学者遂展开"小心求证",疑"高黎"为"高丽"之记音,唐朝"高句丽",与"高丽"并称,宋朝统一为"高丽"。因为"黎""丽"通假,"高丽"又作"高黎",以此高黎王城当为高丽王城。

不过这个观点太过于新奇,推论过程太曲折,所以应者寥寥,连前来进行文化交流的韩国民间社团也没有给予评析。

从历年的数据看,2009 年荷花美食节期间,引进 48 个投资项目,总投资达 20 亿元。2019 年 7 月 8 日,第 19 届中国金湖荷花·美食节在金湖荷花广场开幕,以"寄情金湖水、寻梦荷花源"为主题,分"荷梦、荷艺、荷景、荷缘、荷韵、荷香"等六大文化板块,集中签约 65 个项目,协议总投资达 163 亿元。在现代文化旅游语境下,把国营林场的水杉林转换为视觉奇观的水上森林公园,类似于塞罕坝。打造体验现代观光农业的三园农庄、白马湖渔乐湾,举办十二月令花神"古

---

① 详见《高邮将建 99 米青铜像》,《扬子晚报》,2009 年 9 月 20 日。

风"主题巡游,把废弃的轮渡码头转换为乡愁怀旧的老渡口咖啡馆。金湖县陆续
参与了环太湖国际自行车赛、环洪泽湖国际马拉松赛,尧帝主题公园和尧帝旅游
印象城以上古"原汁原味"的"民俗表演"成功吸引大量游客。金湖县实现了"美
丽生金",成为国家全域旅游示范区,位居江苏县域现代化发展水平总体评价第
14 名,苏北县域第一名。这些现代文化行为似乎也验证了方李莉的观点,在现
代国家语境里,文化再生产体制发生了变化,这种民间社会"处处是艺术,处处是
歌舞,处处是历史,处处是美丽的神话故事。这是一种比传统还传统,比民间还
民间,比真实还真实的虚拟的现实空间。也就是说在传统的社会里人们是与自
然发生关系中产生文化,而今天的人们则是在文化的基础上再重新构筑文化。
自然已经不存在,所谓的原生态,原创性也已经不存在"①。这样建构了一套新
的知识体系,二十多年来,经过广告、旅游等大规模现代传播,已经成为可"信"的
知识。刚刚过去的 2024 年"五一"假期,金湖县旅游人次 39.8 万人,同比增长
32.6%,实现营业收入 5.54 亿元,同比增长 20.96%。当下正在进行第 24 届中
国金湖荷花节、2024"悦动淮安"水上运动四项公开赛,包括皮划艇赛和龙舟赛。
龙舟赛被解读为"展示中华民族同舟共济、团结拼搏、奋勇争先的美好追求",这
显然是对传统龙舟民俗的"挪移""重置",属于民俗主义"虚构",遵循被抽空的、
不在场的主体的舞台化的心理真实,而不是伽达默尔意义上的"体验真实"。

正是在这里,大众旅游的"替代消费"与追求民俗空间原汁原味的"原真性"
路径正好相反。农业部提出"美丽乡村"规划的理论出发点即是把民俗和乡村空
间景观化展示化,以美丽的"异"空间而实现消费民俗、消费乡村,是国家政治意
义上的民俗主义。据统计,2015 年,全国休闲农业和乡村民俗旅游接待游客超
过 22 亿人次,直接带动了 550 万户农民受益,形成了庞大的产业链、消费场、审
美场。

高小康认为,全球化的大经济时代,文化经济化(economization of culture)
成为新的经济增长点,艺术生产和消费已经变成大众行为,艺术的边界随之发生
了变化。在艺术市场化语境里,"体验经济"和文化产业的兴起重新设置了艺术
的位置。后现代语境里,乡村成为众声喧哗的多重混搭空间(camp)。不同的主
体进入乡村,乡村文化生产方式与现代文化生产方式发生了碰撞,引发了"时空

---

① 方李莉:《小程村民间艺术考察记》,中国艺术人类学网。http://www.artanthropology.com/show.aspx? id=2138&cid=18。

分延"的"脱域"空间交错现象。那些地方民俗不但被展示化,进而被知识化对象化,进入现代教育体系,形成"乡土知识的国家话语"。淮海文化区几个城市编写了《淮海文化》教材,淮阴师范学院编写《淮安民间工艺系列教材》,陆功勋编写三套中小学民俗剪纸教材即是证明。

现代节庆是民俗主义的产物。"现代性的程度取决于空间与地方的脱离再融入空间的时间层面。"①特定时间的传统节庆转换为现代节庆,传统民俗空间就这样融入了现代性。当代旅游节庆虽然由政府主导,但是民间巧妙地把"俗人所欲"与"官方所欲"结合起来,找到了一个平衡点,本真性和混杂性融为一体,实现了政治、文化、市场等方面的双赢。中国目前大约有五千个地方文化节庆,编织了斑驳陆离的民俗与国家话语交织的多重镜像。

皂河安澜龙王庙会和金湖县的各种现代节庆、"历史新编"一样,都是在经济理性主导下,主导文化和民间欲望合谋,形成的一整套叠合、多层次的符号体系、叙事话语。

历史就这样被书写、编码了,历史正在进行。

第五节　本土电影分析:乡土与现代缝隙中的自我想象与书写②

本土电影(homegrown film),是相对于好莱坞电影的一个概念,指称上个世纪中期以来,各国为了抗衡好莱坞电影、弘扬民族文化、进行自我表征的国产电影。Homegrown 指"本地或本国出产的",又衍生出"有本地特色的、土生土长的"等义项。这个概念产生的时间也不长,与哲学上的地方性情境与科学共识的相对性认识有关,代表了一种后现代的思维方式和叙述话语,更与全球一体化背景下各国大力发展本土经济(local economy),扶植本土文化(native culture),保护文化多样性的努力有关。可见"本土"是一个逐渐开放的系统,具有多层次的衍生内涵,这个概念的形成,昭示着一个既融入世界、在他者目光观照下进行自我塑造,同时又展开发现自我、反思自我的双向性过程。在不同的语境和结构

---

① 吉登斯:《现代性的后果》,南京:译林出版社,2000 年,第 249 页。
② 本节内容以《乡土与现代缝隙的自我想象与书写——以〈荷都奇遇〉为例的本土电影文化分析》为题发表于《盐城师范学院学报》2017 年第 1 期,这里有修改。

中,"本土"具有错综复杂的内涵,可视为建构公共认同的重要环节和路径。如果针对田野考察的个案展开文本脉络的叙述和分析,有可能进一步挖掘这种建构的意义和缺失。

新世纪以来,随着旅游大众化的兴起和非物质文化遗产保护政策的出台,各地政府为了打造地方文化名片,推出了一大批弘扬地方文化的本土电影。据笔者在网上的粗略搜索,就有南京、成都、温州、张家口、攀枝花、平顶山、建昌、河源、汕尾、娄底、临沂、阜康、三明、江西、河南、甘肃等城市、省份拍摄了本土影片。它们投资成本、传播范围各异,质量也相当参差,但是有相近的经济、文化诉求。所以本土电影也是一个多层次的、逐渐扩展的文化现象。这些电影以讲述故事的形式,集中展示地方文化符号,挖掘地方名人名胜资源,既有主流文化和民间文化的表述,又有宣传和市场的诉求,行政体制和商业运行模式共存,是一个内涵多重、矛盾丛生、充满裂痕的文化现象。这里以江苏省金湖县打造的《荷都奇遇》为例,分析这种新出现的文化现象。

金湖县 1960 年刚刚成立,名不见诸典籍。关于这个县城形象的文化编码问题,我们在前面已经进行了分析。在荷文化传承基地申报成功、荷花节连续举办十多届的背景下,地方政府于 2013 年 8 月推出剧情片《荷都奇遇》。

县委宣传部策划创作的《荷都奇遇》2012 年 8 月开机,定位为励志片、宣传片、都市情感喜剧,县委宣传部和北京华盛天骏传媒有限公司联合摄制。由金湖县出生的脱口秀艺人吉星主演,东方骏执导,刚刚入行的 80 后任晗出演女主角瑶瑶,旭日阳刚、《中国达人秀》选手高逸峰、央视《星光大道》总冠军刘大成、相声演员何军、方清平友情出演,大部分角色以真实身份和真名出现,颇类似于真人秀节目。

故事一开始,在市场经济、大众文化兴起的背景下去大都市搏击了一把的主人公沧桑归来,虽然曾经得到过名利,却是"来也匆匆,去也匆匆",转眼即过气,几年经历仿佛都是幻象,产生了巨大的不真实感。为了重新登上大舞台,吉星费尽心力,东奔西走,一直在折腾,在都市和娱乐圈这个深不见底的大海里越沉越深,却还是见不到光明。面对他的暴躁无定,家庭没有了共同生活的可能,妻儿离家出走。失去了一切的他回到老家"荷都"金湖县疗伤,殊不知,80 后女孩瑶瑶,也悄悄尾随着他,因为实在对他好奇,以小偷的方式接近了吉星。

"荷都"七月盛夏时节,正是旅游旺季,万亩荷花荡游人如织。瑶瑶精心设计了落水的桥段,吉星纵身跳湖英雄救美人。在这个人人都是自媒体的时代,这个场景被众多游客拍下上传,他日思夜想的一夜爆火终于来了,却是以他完全意想不到的方式。媒体蜂拥而至,在系列轰炸报道中,吉星只有顺着媒体的引导、暗示,不得不把自己扮演成真正的英雄,采访变成了误会、巧合。县政府颁发了好人好事奖,云里雾里的他回到家,邻居们鞭炮雷鸣欢迎英雄,他再一次失去了自我。

浸淫在故乡的万亩荷花荡里,曾经的生活历历在目,荷花的品格唤醒了他身上压抑的自我,他慢慢地从浮华、虚幻中回归。然而,此乡仍旧非故乡,他仍然在寻找另一个自我。"出淤泥而不染,濯清涟而不妖",荷花隐喻的瑶瑶拯救了他,面对青春、女性、故乡美景,吉星谱写出了一首首心灵之歌。瑶瑶这个上帝的使者,还有侠义的三叔,帮助他策划了回报家乡的草根节目"百姓大舞台",又让他回归了家庭。毫无意外大团圆的结局,一切都好了。

这是一个关于自我拯救的叙事。在欲望的刺激下,主人公离开故乡,希望能够实现自我。在都市这个更大的世界里,成功来得快,去得也快,可谓神马都是浮云,触及了对自我的反思:我是谁? 到底什么是永恒? 小世界—家庭在大世界的浊流中飘摇不定,最后的立身之地也动摇了。彷徨中,瑶瑶这块温润的美玉降临红尘,颇类似于《围城》中的唐晓芙,还带着一股风尘女侠之气,激发了沉睡的故乡的活力,也激活了他身上隐藏的另一个自我。他终于回归了自我,也实现了自我,成为立足于大地的安泰。之前的幻象一层层剥离,故乡大地具有取之不尽用之不竭的力量,瑶瑶是他的女神。

从叙述逻辑上看,貌似还能自圆其说,虽然巧合过多,也构成了一个完整的故事。从设计的桥段看,是古老的英雄救美人和美人知恩图报原型,虽然放置在喜剧、误会的情境里。然而,当我们细细考究故事叙述话语时,问题就很多了。

影片打头,以荷花荡景区牌坊门开始,取仰视镜头,后面的荷花荡风景区、汽车站、翠湖园、荷花广场、尧帝古城、尧帝公园也以仰视镜头呈现,还有大量高空全景俯视镜头。很明显,这里采用的是宣传片拍摄思路。大量的空镜头突兀而生硬,为展示而展示,没有予以任何诗化美化处理,与故事情节不但没有构成有机联系,反而破坏了叙述节奏。并且,更多的镜头集中于街道、饭店等公共场所,很少表现生活烟火气息和风土人情,故事与环境相游离。近镜头更是屈指可数,缺乏对人物心理、性格的深度刻画。影片的重心应当集中在家庭纠结和人物心理挖掘上,然而这些戏份少到几乎可以忽略不计,只有几分钟的长度,其他部分几乎都是人物在公共场所的匆匆身影。影片的深层次叙述逻辑因此就很清楚了。影片属于小成本制作,可能器材质量不够高,达不到专业水准,后期制作差,画面摇摆不定,色彩暗淡模糊,影响了影片质量和观赏效果。演员表演肤浅,基本上不具备专业水平。大量所谓的地标、风景出现在影片中。不是软性植入,而是干脆"直接就是"(翟永明语)。北京华盛天骏传媒有限公司是京城里浩如烟海的媒体公司中的一家小制作公司,导演东方骏策划过广东民间春节联欢晚会。至于吉星,这位16岁就开始走江湖、没有什么正式学历的草台班子艺人,在电子媒体的时代借助于大众传媒之势,终于熬成了台湾综艺节目《综艺大哥大》之《吉星开心秀》的首席艺人,在中央电视台娱乐频道和各大卫视的脱口秀节目中也不断现身,成为大众文化消费菜单上一道别致的乡土风味餐。他的形象,他身上明显的乡土气息,他成功的"神话",与金湖这个县城的气质、欲望不谋而合。所以他成为金湖的形象代言人,金湖则希望借助他的形象,复制他成功的奇迹。

在这部为吉星量身定制的影片里,根据吉星的特长,创作了一批歌曲。一共不到90分钟的片长,大约有10分钟歌曲。这些歌曲都是吉星在荷花荡风景区或者百姓大舞台上表演的。我们把这些歌曲与地方民间文化进行了比较,试图找到连接点。金湖秧歌是国家级非物质文化遗产。我们来看其中的一首:

《他无能》

二十岁小伙他无能,

撩不上姐姐乱怪人,

怪人只能怪自己,

见到姐姐怕吭声。

小郎成,

哪有女人逗男人?

二十小伙他无能,

撩不上姐姐乱怪人,

白鹤站在沙滩上,

想吃鲜鱼怕动身。

小郎成,

哪有女子送上门?

比较《荷都奇遇》的主题歌《荷花荡》：

《荷花荡》

弯弯的月儿亮

洒下白月光

静静的湖面上

谁暗自神伤

一个人彷徨久久的思量

牵挂的人啊如今怎样

红红的女儿装

清露挂脸庞

柔柔的荷叶床

烟波中留香

一个人迷茫满满的惆怅

心上的人啊你在何方

美丽荷花荡轻轻地绽放

有谁看到我的思念泪汪汪

缠绵的过往随心事荡漾

谁能体会情深意长两茫茫

美丽荷花荡轻轻地绽放

　　《他无能》以直抒胸臆的"赋"的手法表达了欲望，比喻也是一目了然的直白。《荷花荡》采用了抒情、回忆的浅吟低唱，不痛不痒，对任何景物都可以抒发这样的不情之情，是不在场的书写，地道的流行歌曲的路子。前者是生命力旺盛的一株野草，后者是技术园地里盛开的蓝花（本雅明语），只能是抽去了生活的盆景，不再是人间烟火的大地。无论是节奏还是旋律，《荷花荡》也没有吸收或者化用秧歌的音乐元素。

　　寻找自我、建构主体应当是一个沉重的主题，如果针对自我的迷失进行充分挖掘，结合地方文化的内涵，应当有相当的深度。然而，主人公第一次走出故乡是因为有都市这个参照系,他身上深藏的欲望苏醒了,于是那个自我建构得快,消失得更快。回到故乡饮水思源,大地应当是力量和源泉。这个自我是站在大地上的自我。可是,大地不再是那片大地,昔日人间烟火的乡村已经成为"荷都""尧帝故里",消失了以往的风土人情和历史文化,消失了五彩斑斓的诗意。由于不具备生活真实逻辑,只能依靠浪漫化的奇遇来叙述,而这种浪漫化的奇遇只能发生在光怪陆离、人群聚散匆匆的都市,仍旧是虚幻的。两个自我都是幻象,第一次是自我欲望的产物,比较容易清醒。第二次是他者欲望的产物,犹如古希腊神话中的埃柯,存在和表达只能依赖于他者的力量。这个他者就是中国当代政治、经济、文化生产的逻辑。这是更深层次的悲剧,无可救药。

进一步考察这部电影的生产、制作、发行过程是很有意义的,它体现了当代文化生产体制主导下的某种文化生产逻辑。

在关于影片摄制的媒体报道上,一直注明由吉星个人投资。然而,新闻发布会上,主持人现场与吉星对话,他无意中说:我也没有投资多少。这是一个明显的"漏洞",这个草根艺人明显缺乏应对新闻媒体的能力。新闻报道里始终强调的吉星个人投资,与对话形成了明显的矛盾。并且,双方对投资额都讳莫如深,看来是一个商业秘密。从影片质量看,这部小成本影片的投资应该远远低于一千万。如果把影片的策划、投资、拍摄、市场等视作商业行为,那么结果必然要体现在回报上。影片总顾问是市委宣传部部长,两位总监制是县最高党政领导,剧本由县宣传部部长参与打造。2013 年 8 月 5 日,影片在金湖举行了首映式,市县领导主持,主创人员到场。首映式后八九月间在县城的影剧院放映。这期间网上陆续出现了一些帖子,反映各个幼儿园、中小学组织学生包场观看,收费10—20 元不等。网友吐槽,票价 40 元,性价比太低,画面模糊不清,演员充其量就是业余级,很不专业。由此质疑这样一部山寨电影的投资、艺术价值问题。值得注意的还有中华论坛上的一个帖子,反映当地论坛对关于该影片的不利舆论进行了封杀。①

我们在网上进行了详细搜索,没有任何正规视频网站能够提供影片的完整版,有的只是片头、片花、开拍式、首映式,还有毕福剑、白灵等人的捧场宣传视频,最长不超过 10 分钟。也有网站声称提供高清完整版,结果发现被捆绑了大

---

① 参考:《电影〈荷都奇遇〉真是一部很差的影片》,(来源:http://club. china. com/data/thread/1011/2764/14/88/8_1. html. 2013 年 10 月 15 日)。

量黄色信息、游戏或者盗版软件,也就是说根本无法通过网络正常观看,包括付费网站。网上也搜索不到任何城市或者院线,包括农村上映该片的信息。根据这些零散的线索,加上我们随机调查了一些学生、教师、公务员、市民得到的信息,估计观看人数只有 10 万人次上下,包括企事业单位的摊派票和学生包场票,全县人口不到 40 万,县城人口 4 万左右,以票价 40 元计,恐怕难以收回成本。

电影制作、放映作为当代文化生产行为,如果不追求商业利益,它的意义、价值、功能、效益等等只能从其他方面去考虑。根据以上分析,首先《荷都奇遇》不属于文艺片,谈不上艺术方面的突破;也不属于商业片,商业回报不是它的追求目标。唯一的荣誉是获得了 2014 年市"五个一工程"奖一等奖。

自从市场经济成为社会的主流话语,县域经济发展成为县城故事讲述的原动力,"文化搭台,经济唱戏"就成了时代话语逻辑。当县域经济发展遇到瓶颈时,必须适时转换话语逻辑,重新编码。从 2006 年国家提出非物质文化遗产政策起,各地抓住了这个机遇,把文化遗产的保护、利用与开发、旅游当作一项经济政治工程去操作。由于"文化"这一"复数"概念本身就包含了多个层面,它的生成过程就是一个极其复杂的政治、经济、文化"合力"行为,政府的发展经济动机、文化保护诉求也包含了多个层面,它们之间就出现了复杂的裂隙。在这种双重背景下,大量本土电影的拍摄就是这种文化建构与意识形态实践的产物,有各自不同的话语和诉求。

影片的背景是荷都,全国唯一的荷文化传承基地和尧帝故里,有着大量不同级别的非物质文化遗产项目,是一片历史文化财产丰厚的土地,正符合迅速城市化进程的当下对于故乡的想象。大量仰视镜头和俯视镜头里的"荷都",尤其是刚刚竣工的"尧帝古城",无一不是这些年经济发展的结果。[1]"都"是都市,这么一个全省最小的县城之一(江苏省最小的三个县:金湖、大丰、扬中),本来完全称不上都市,与城市有着相当的距离,这个命名就是潜意识的表现。无论是荷文化传承基地、尧帝故里,还是荷花节,都是近年文化生产的结果。都市是欲望的产物,欲望是它的发展动力,与怀旧、保守的传统文化构成了一对矛盾。"荷都"弥合了这两套不同话语的裂隙,把地方自然要素予以神圣化、绝对化,赋予"原生态"的自然以强烈的伦理隐喻意义。它以强大的道德力量调节了欲望,"原生态"

---

[1] 详见亢宁梅:《水文化、荷文化、尧文化,还是高丽文化——关于一个县城历史编码的人类学研究》,《内蒙古大学艺术学院学报》2015 年第 1 期,第 56—65 页。

的自然成为认同的基本元素,提供了源源不断的生命力,起着净化的功能,又与都市日益膨胀的欲望分裂开来,可谓是一片神奇的"息壤",有着自愈功能。至于"乡村大舞台",无疑可以看作是"荷都"的意象升华,在对经济、文化进行了双重肯定之后,最终实现了乌托邦的拯救。

任何艺术生产都离不开现实的政治、经济逻辑,它本身就是这种逻辑的一部分或者产物。这种本土电影作为一种文化修辞,悄悄地完成了经济、文化发展参数与现实逻辑的成功置换,弥合了发展与乡土的裂隙。它对变动不居的现实一概予以肯定,不再具有批判与发现的功能,成为中国特色的"乡镇级的浮华与媚俗""国家权力意识与世俗力量合谋,所迸发出的巨大的艳俗光芒"(翟永明语),是完全的 kitsch 艺术。[1] 它的制作、发行、放映都遵循着体制规律,不再遵循一般的艺术规律,更谈不上遵循市场规律了。政府在这里以实践理性主导审美活动,成为事实上的艺术创作主体。本土电影再现、书写、吸纳了当代中国文化生产逻辑,它是中国特有的政治、经济、文化体制的产物,同时也是这个逻辑的同构呈现。各地的本土电影组合成了艺术版的"感动中国""祖国各地"。

《荷都奇遇》仅仅是浩如烟海而又悄无声息的本土电影中的一例。金湖县所在的淮安市,首部本土电影《牵手》以弘扬淮扬菜文化为主题,讲述一台北回故乡淮安的人的浪漫牵手奇遇。这部跨越两岸的"传奇"由淮安本土演员曹哲、熊化冰参演。河下古镇、清河新区生态园、淮扬菜博物馆、运河博物馆、大运河广场等风景地标作为影片背景。影片在淮安首映后赴北京大学生电影节、釜山电影节参展,并且计划洽谈网络版权事宜。看来市级本土电影似乎在各个方面要高于县级制作,无论是艺术水准还是商业运作。(这些计划后来都没有了下文。)

我们把目光投向江苏省,类似的本土片还有:南京市的《南京的那个夏天》,苏州市的《蟹蟹侬》,江阴市的《底色》,常州市的《秋之白华》《阳湖拳》。从全国层面看,其他省份类似的有:河北省唐山市的《唐山大地震》,北京市昌平县的《温泉世界》,湖北省丹江口市的《汉水丹心》,湖南省通道县的《通道转兵》。江西省有鄱阳市创作的"农村四部曲":反映乡土亲情的《背影》,反映粮食安全的《命根》,反映林权改革的《踏界》,反映土地安全的《图斑》。还有关于消防题材的《火龙》,保护"非遗"主题的《山鼓声声》。这些电影都凸显了当时的深度社会矛盾和重大主题。因此,国土资源部组织《图斑》在全国放映,农业部在全国推广放映《命

---

① 关于 kitsch 艺术,详见翟永明:《天堂为昆斯所造?》,《读书》2000 年第 12 期,第 95 页。

根》《火龙》在全国五个省的农村电影院线放映。甘肃省的反映少数民族历史文化的《走进香巴拉》《萨里玛珂》《拉卜楞人家》《阿米走步》获得本省的第四届"五个一工程"奖,《血色宣言》《云中的郎木寺》《甘南情歌》《腊月的春》《月圆凉州》参展 2014 年金鸡百花电影节并获奖。这些影片中,有相当部分已经达到了艺术片层次,并且主要投资来自地方政府,如《秋之白华》《唐山大地震》《云中的郎木寺》。从它们表现的主题来看,颇类似于题材片,只不过不再由国家投资,改由各个地方政府投资,最终还是表达了国家意志,再加上地方形象和文化诉求。可见这些本土电影的话语逻辑、生产逻辑遵循的仍然是中国当代政治、经济、文化生产的逻辑。

如果仅仅从制作成本角度来看,绝大部分本土电影都属于小成本片。小成本片的创作本义或者是为满足特定人群的观影需求,或者表达特殊的人生体验,或者探索新的电影话语,游走于主流意识形态的边缘,因此传播渠道狭小。① 这正是它生存的意义和空间,也是它生存的困境。从我们以上的分析来看,本土电影应该是小成本片中非常特别的类型,是中国特有的文化再生产体制的产物。它已经背离了小成本片的本意,由多样性变成了同一性。如果说走类型化的路子是小成本电影在艺术和商业上的无可奈何的选择,那么海量的本土电影不约而同的"类型化"恰恰由于不差钱,走的是网站赠送、纪念品派发、以摊派方式在地方电影院、电视台播放的路子,不需要考虑经济回报。这种艺术生产模式,类似于计划经济时代的艺术生产。

当下的中国,经济发展以强劲的话语势头主导一切,艺术生产也不例外。政府一旦成为艺术生产的主体,以实践理性主导艺术创作,导致艺术的社会功能逐渐强化,非功利的审美功能不断弱化。无论从哪个层面看,本土电影都是在他者目光观照下的自我塑造,同时又是一个发现自我、反思自我的过程。本土电影的本义就在于此。

第六节　结　语

从以上分析来看,不同主体从不同的角度出发分别建构了自己的话语,拼

---

① 参考搜狗词条"小成本电影":http://baike.sogou.com/v63241751.htm? fromTitle。

合起来构成了金湖斑驳陆离的地方文化形象。金湖这个没有历史的小城镇作为现代性的产物,它发展的路径介于城市与乡村之间,随着国家城市化话语的变迁而书写着自己的形象。由于金湖所处的地理位置和苏北经济的长期相对落后,使得邻近的长三角大城市对金湖年轻人群具有相当大的诱惑力。随着优质资源逐渐向大城市集中,大城市的虹吸效应日益明显,在高速城镇化的背景下,小城市人口日益流失,经济增长乏力,伴随着资源枯竭的投资减少、就业艰难、人才逃离、缺乏发展动力等,社会交往发生了变化,出现了文化荒芜、社会"强关系化""庸堕化"现象,精神生活日益庸俗化、空虚化、小市民化。在社会阶层倾向于板结固化的城镇熟人社会,小城镇无法满足青年的物质欲望和精神追求,盛不下他们接受过高等教育而产生的英雄梦想。虽然城市的发展空间与巨大的生存压力并存,但是毕竟拼一拼还有梦想实现的可能。金湖人口的历年净流出就清楚地说明了这一点。但是,在国家的小城镇发展政策扶持下,金湖的节庆和体育休闲文化逐渐发展起来,生活方式也许会慢慢地向大城市模式靠近。

因为现代性的巨大总体性,率土之滨没有一个角落在它之外。想象中的桃花源乌托邦不可能存在,如果有这么一处"古镇",那一定是民俗主义的产物。所以金湖失去乡土文化本源是必然的,克隆城市生活模式也是必然的。

每个个体面对这个轰轰烈烈的时代,都有自己的思考和纠结。下面这首诗是"金湖网"上一个不知名的网友创作的,表现了这种欲走还留的复杂心理。全国的 bbs 网站上有无数类似的"如果可以,我们一直留在……",表述也大同小异,明显是互相传播再加工的产物。如果县城能够有丰富富足的物质精神生活,能够保留完整的乡情和家庭亲友,谁愿意背井离乡呢? 我们把它附在这里,作为这一章的结束。

《如果可以,我们一直留在金湖》
不要那些所谓的理想
不要那些所谓的奋斗
不想去上海、苏州打拼奋斗
就一起留在我们熟悉的家乡
每一条街巷就能叫出名字
每一个邻居都认识

一个电话，
半个小时
人就聚齐了

如果可以
我们一起留在金湖
陪着我们的爸妈
守着我们的家乡
无聊了一起去三河滩玩
看看我们儿时的足迹
过年过节几个朋友串串门吃顿饭
谁要是不出来，
骑个车几分钟就到他家门口
直接一把拖出来

如果可以
我们一起留在金湖
嘴馋的时候
去吃美食一条街的鸭血粉丝，
去吃黎城市场的大排档
或者去吃金湖有名的小龙虾
春暖花开的时候
去荷花广场放风筝
去三河滩挖荠菜掐芦蒿
支起架子热热闹闹地野炊
男男女女嘎嘎的笑声
久久地回荡在绿色的柳树林
凉爽的夏天
到八四广场吹吹风看看美女
寒风凛冽的冬天
一起到澡堂泡泡澡

聊不完的天喝不够的茶
快活似神仙

如果可以
我们一起留在金湖
鸟语花香,四季分明
累了就去 KTV,
呼朋唤友,
吼上这么几首
玩斗地主,掼蛋
谁输了就喝五杯雪碧,
然后疯狂地跑厕所,
逗得其他人哈哈大笑

如果可以
我们一起留在金湖
不用背着几十年都还不完的债
不用花着几百万
住着鸽子笼那么点大的房子
不用天天上下班堵车堵车堵车
不用天天加班到 10 点
不用没有节假日
不用租房子
下班回家就好
不想做饭了就回家蹭爸妈的饭
饭后可以不用洗碗,
像大爷一样盘腿坐在沙发上
一边看电视一边挖西瓜
还可以陪爸妈散步,
看看金湖越来越美的夜景

如果可以

我们一起留在金湖

看着朋友们结婚

每个人的婚礼都能参加

等我们有了孩子

我们要让他们也天天在一起玩

青梅竹马两小无猜地长大

然后结婚

礼拜天领着他们去荷花荡

带他们去看荷花

让他们干爹干妈一大堆

过年的压岁钱多得拿不了

让他们一起学说金湖话

互相说对方是"二大捞子"

如果可以

我们一起留在金湖

等父母老了可以天天陪着他们

等我们老了子女也天天陪着我们

走不动了可以打麻将

商量什么时候一起出去旅游

什么时候再去大排档

什么时候再去品尝金湖的蒜泥龙虾

把年轻时候的事情再做一遍

如果可以

我要我们一直在一起

在一起①

——————————

① 引自@32-203 的小声音:《如果可以,我们一直留在金湖》(来源:金湖网,http://bbs. 211600. com/forum. php. 2012 年 7 月 19 日)。

第七章　淮剧改造的路径与文化语境关系研究

　　中国戏剧在它的起源时代,就具有显明的民间性。在都市里,它生存于平民们自由出入的商业性的勾栏瓦舍,在乡村,它与以宗族和村落为单位的祭祀仪礼融为一体。它的经验材料、情感内涵与伦理价值均源于民间流传的说书讲史,源于历史叙述的民间文本而非官方化的或文人化的文本。

——傅谨

　　戏无情不感,戏无趣不喜,戏无技不专,戏无艺不美,戏无文不远,戏无理不深。情、趣、技、艺、文、理,皆戏之道。

——周华斌

　　戏曲现代性问题,在某种意义上可以理解为中国戏剧领域里审美现代性与现代性的冲突问题,中国传统戏剧文化的现代转型问题,激进与保守的文化立场问题。在20世纪初,中华民族面临着空前的文化危机的时刻,这个问题显得非常尖锐和紧迫。这个问题贯穿了整个20世纪,一直延续到当下。它关系到我们如何看待传统文化和现代文化、如何面对继承和发展,如何在保护多样性的前提下,促进文化生产力,使各种文化有序合理地发展。

第一节　现代语境下的传统戏曲转型①

　　戏曲是中国古典社会和谐审美理想的产物。中国古典文化经过漫长历史阶段的发展,到宋元明清时期高度成熟,戏曲艺术于这一阶段成型。与文人画一

---

① 本节内容以《换珠衫　依然是富贵模样——戏曲现代性问题分析》为题发表于《美与时代》2015年第11期。这里有修改。

样,作为写意型艺术,戏曲以意象、象征的形式表征了中国人的价值观和对生活的审美反映。戏曲总的来说属于地方文化小传统,但是它毫无疑问地接受了精英文化大传统的价值观,又经过自己的改造、筛选、"重写"了一套话语。在文化传承过程中,精英文化起着绝对的导向作用,把社会主流伦理道德、价值观传播到民众中间,民间文化经过认同、取舍,对主流价值观进行一定程度的接受改造,形成了社会文化张力。大传统与小传统之间互动互补,共同推动民族文化向前发展。戏曲是小传统的重要组成部分,虽然戏曲发展史上有花、雅之争,雅部曾经主导戏曲生产,但花部最终取代了雅部,上位为民间文化的主要传播方式,同时也得到了精英阶层的认同和欣赏。

任何艺术形式都既反映生活,又反映意识形态。戏曲反映了中国古代社会忠、孝、礼、义价值观主导下的耕、读、渔、樵的世俗生活,并且以中国艺术特有的比兴、写意方式形成了自己的一套艺术话语系统。在社会发展相对缓慢的古典时代,从宫廷、城市到偏远的乡村,上自皇家贵胄、士大夫,下至市贾、村夫野老,都接受并欣赏着这种形式。张法把中国的审美形态分为四类:朝廷、士人、民间、市民。中国最广大的是乡村,但民间美学没有形成独立的形态,它为朝廷、士人、市民美学提供基础,同时又依附于这三者,并且通过它们表现出来。① 事实上,中国传统文化从来都不是一个单一体,而是多声部混杂体,它包含了不同的社会与文化阶层,更多的学者倾向于把中国文化分为三个部分,即文人士大夫文化、宫廷文化和民间文化。这样的三分法与张法的四分法并不矛盾。市民文化是宋元以后兴起的、以戏剧为主要表现形态的审美形态,但是中国的市民阶层发展并不充分,并且市民和农民之间有千丝万缕的联系,市民文化主要代表了民间的审美趣味。三种文化之间既有区别,又有密切的联系。文人士大夫所代表的社会上层及其所倡导与坚守的文化价值和美学趣味,与民间伦理道德以及审美取向固然大有区别,而宫廷的皇家贵胄所代表的文化取向,包括美学趣味,与文人士大夫的价值取向也存在差异。戏剧这种审美形式的传播、接受,同文人的创作推举、民众的接受喜爱、官府的倡导三个要素密不可分。"历来乐官所典,为庙堂之乐,良辅所制,为雅士之乐,而元人弦索与清代乱弹,斯乃民间之乐也。"② 这段话

---

① 张法:《中国美学史》,成都:四川出版集团,四川人民出版社,2006 年,第 292 页。
② 王芷章:《清升平署志略》,引自余从《中国京剧编年史序》,王芷章:《中国京剧编年史》,北京:中国戏剧出版社,2003 年,第 7 页。

证明,戏曲艺术领域分别对应着中国文化三个组成部分的不同价值取向。最典型的例子就是,京剧剧目几乎全盘拿来主义地承袭了花部的传统,虽然也接受了少数现成的"雅"昆曲剧目,但是经过改造,在不同程度上予以"花部"化。京剧与昆曲的文本差异非常显著,豪放的京剧倾向于以民间姿态组织宏大历史叙事,充斥着儒家的家国情怀,与文人隐逸立场的昆曲审美趣味大有迥异。

从审美领域划分来看,戏曲属于民间文化,是农耕与农战文化相结合的产物。这种本来属于民间的价值观念和审美形态,通过士人的加工整理,以高度自足的形式,传播到社会的各个阶层。戏曲本质上是一种类型化的、高度写意型的艺术,是宋元以来市民文化的产物,是民间对历史、意识形态的想象和言说,形成了自己一整套的体系、局限和叙述话语。它本质上与社会的主流意识形态和主流价值观念相一致,并且对社会主流意识形态和主流价值观念进行了民间话语阐释。

从戏曲本体层面看,从王国维开始,就在东西方文化比较的开阔视野中阐释了戏曲的特质:吾国人之精神,世间的也,乐天的也。故代表其精神之戏曲小说,无不著此乐天之色彩,始于悲者终于欢,始于离者终于合,始于困者终于亨。从中国音乐本体上看,"乐者,天地之和也","乐者,乐也,人情之所不能免也","乐者,通伦理者也",音乐的道德本质是"乐德","发以声音,而文之以琴瑟,动以干戚,饰以羽旄,从以箫管。奋至德之光,动四时之和,以著万物之理"。(《礼记·乐记》)"乐"是礼乐社会的重要组成部分,是中国艺术的最高综合形式,更是艺术的主要社会功能之所在。《礼记·乐记》:"广乐以成其教。乐行而民乡方,可以观德矣。德者,性之端也。乐者,德之华也。金石丝竹,乐之器也。诗,言其志也。歌,咏其声也。舞,动其容也。三者本于心,然后乐气从之。"中国之"乐",从起源上看就具有社会整合功能,从本体上看是表征社会—政治—宇宙本质的音乐,不同于西方的起源于模仿的"科学"音乐。"乐"既构成音乐的本体,也体现了音乐的审美和社会治理功能。戏曲作为"乐"的一个组成部分,清人李调元在《雨村曲话·序》中这样论述道:

> 夫曲之为道也,达乎情而止乎礼义者也。凡人心之坏,必由于无情,而惨刻不衷之祸,因之而作。若夫忠臣、孝子、义夫、节妇,触目兴怀,如怨如慕,而曲生焉,出于绵渺,而入人心脾;出于激切,则发人猛省。故情长情短,莫不于曲寓之。人而有情,则士爱其缘,女守其介,知其则而止乎礼义,而风醇俗美。

"曲"在形式上表现为中和之曲,是对儒、道、释三家的融合,对歌舞百戏的综合,是一种整体性、协同性的艺术,体现了中国人的宇宙观、价值观。并且,这种贯穿始终的"乐"的精神从古典时代一直延续到 20 世纪以后。北京人把看戏娱乐称为"找乐子""听玩意儿",含着一种把玩、玩味的游戏心态,而不是有意识地去接受高台教化,艺术创作者和接收者处于平等的地位。梅兰芳认为,观众买票看戏是为了工作之余放松放松。周信芳认为,既然我们演戏是为了老百姓,就要老百姓自己愿意掏钱买票。"戏者,戏也",是"乐者,乐也""乐者,通伦理者也"的体现。戏曲的表演和观赏一直贯穿着娱乐精神,某种程度上可以说一直在"乐"的层面上迎合观众。"知之者不如好之者,好之者不如乐之者",这种审美自觉性充满了自足、自由、和谐的精神,体现了中国人乐天知命的人生观和价值观,代表着民众的感性娱乐、现实乐观的情怀和儒家积极入世的人生态度。虽然儒、道、释三家对中国文化发展起了不同的作用,并且三个文化层次的审美诉求之间也有较大的差异,但是官方意识形态成功地把三个文化层次统合到了一起,并且通过花雅之争中花部的最终胜出得到了文化认同。傅谨对这个问题做过详细分析,认为正是出于官方、士人、民众的共同喜爱,才把皮黄推向最高位,成为娱乐文化和城市消费文化的代表。不少学者通过具体的文本分析,阐释了这一过程的完成逻辑。如《昭代萧韶》如何经过一步步改编,最终成功演变成为集家国情怀于一体的《四郎探母》。从审美范畴特定的时空存在看,戏曲是成熟于中国农耕社会背景下的表演艺术,体现了对那个历史阶段社会生活的反映、提炼、概括的艺术手法和美学特征,形成了自己特有的叙述话语和人物形象。比较典型的有"帝王将相"和"才子佳人"形象,还有所谓"不彻底的悲剧"和"大团圆"模式,其实它们都是那个时代中国人关于世界的言说和梦想。

到了近代,随着中国社会形态由传统的农业社会向近现代社会的演进,整个社会的物质、精神再生产都发生了巨大的变化。虽然作为审美意识形态组成部分的艺术有它相对的稳定性,社会接受心理也有巨大的惯性,但是知识界一般认为,戏曲这种古典审美形式不能及时反映当下的现实生活,它的话语形式、审美理想不能提供有别于前代的新的因素,就注定了必然要发生剧烈的变革,无论是在艺术形式、表现功能,还是审美接受等方面。李泽厚把 20 世纪中国文学的主题归纳为"救亡与启蒙的二重奏"。中国历史上自满自足的状态不再,处于西方先进、东方落后的世界大变局中,中国人从此被抛进了现代性焦虑中。这必然要影响到艺术本体。甲午战争前后，舞台上就出现了改良京剧《瓜种兰因》，20世纪初又出现了《波兰亡国惨史》，梅兰芳、周信芳都大量表演过时装新戏。从这个角度看，张庚先生在《戏曲编剧在表现现代生活方面的问题——在文化部第三届戏曲演员讲习会上的讲话》中认为："早在辛亥革命时，我们的戏曲就已经开始表现当代的生活了。"是为确论。领时代风潮之先的新文化运动当然要涉及到戏曲。以《新青年》为阵地，新、旧文化人关于"旧剧"进行了激烈交锋。基于社会进化论的历史观，新文化运动的引领者们把旧剧与新剧对立起来，西方的戏剧被视为先进的，中国传统的戏剧成了"旧剧"。在旧剧中读出的是"文字上没有价值"，"中国的戏，本来算不得什么东西……与文艺美术，不但是相去正远，简直是南辕北辙"（钱玄同）"从世界戏曲发展上看来，不能不说中国戏是野蛮""中国戏曲不讲究三一律，不科学"（胡适），等等。从事旧剧工作的艺人和旧文人们（如梅党、程党）也自觉地对旧戏进行了改造。这种改造，包括两个方面。第一，大量上演时事戏、时装戏，如《邓霞姑》《一缕麻》《枪毙阎瑞生》《潘烈士投海》《宋教仁》等等。其实，这一点也谈不上改造。戏曲作为艺术的一种，向来就有反映现实的传统，如《窦娥冤》《桃花扇》《牡丹亭》《铁公鸡》，都是"时事戏"。只不过现在搬上舞台的事件，具有与以往旧生活明显不同的新质，因为没有拉开足够的心理距离，就使得这种旧形式也变得新起来。第二，对西方"先进"戏剧观的学习、吸收。这里有主动的因素，也有被动失败的尝试。如改变传统的一桌两椅、砌末，变成实物上台，甚至活物上台，如梅兰芳的《俊袭人》和大量海派新戏。但是这种改造，事实上证明是行不通的。所以旧剧很快又回到了老传统上，还是以传统戏为主，新编戏仍旧是"传统"的内核和形式，如《天女散花》《凤还巢》《锁麟囊》《哭祖庙》《献地图》等。正是在这个意义上，鲁迅称梅兰芳是"士大夫心目中的梅兰芳"，"他们将他从俗众中提出，罩上玻璃罩，做起紫檀架子来"。董健认为，梅兰芳是古典的，他的新戏，内涵淡薄，意义主要在形式探索上，为女性形象开启了新的审美境界，优雅、和谐、饱含诗意，是一种富于现代感的古典美。也就是说，旧剧这种古典艺术面对新时代，一开始就表现出极大的不适应，最终以与现实拉开距离、进一步"雅"化为结果，强化了审美性和艺术形式，类似于"遗产化""博物馆化"。伴随着这场持续了两年的争论，戏曲发展的局面演化为"戏曲艺术在内容和形式上开始发生变化，其明显的特征是戏曲现代戏、新编古装戏，开始与传统戏并行发展，奠定了新中国成立之后传统戏、戏曲现代戏和新编历史戏'三并举'

局面的基础"①,并且这三足的发展是极其不平衡的。历史的发展有惊人的相似性。这种格局在 20 世纪,每到新旧意识形态交锋的关头,出于不同的现代性诉求,就会反复出现。

现代生活的背后是现代意识形态。西方马克思主义学者阿尔都塞的意识形态功能理论对影响艺术发展内、外部规律的因素进行了分析。他认为,"每一件艺术作品,都是由一种既是美学的又是意识形态的意图产生出来的","艺术作品肯定会产生直接的意识形态效果。因此,艺术作品与意识形态保持的关系比任何其他物体都远为密切。不考虑到它和意识形态之间的特殊关系,即它的直接和不可避免的意识形态效果,就不可能按它的特殊美学存在来思考艺术作品。"②当艺术的意识形态效果被格外强调时,当社会形态、意识形态剧烈变动的时候,艺术的形式问题就显得如此尖锐。艺术本体不再是"自律"的,而是"他律"的。决定艺术形式变化的,不再是艺术本身的因素,而是外部因素。传统戏剧走到这里,必然要实现它的现代转型。

我们发现,这一时期,由于辛亥革命的失败,中国传统文化的格局没有大的变化,三种文化的相互关系大体上还维持着,戏曲的民间性质、娱乐性质也没有根本改变。但是旧剧本身发生了上述变化。虽然从表演的戏目来看,传统戏仍然占绝对优势。新、旧文人出于不同的现实目的,放下身段,对戏剧进行了学理上认真的探讨,如钱穆、刘曾复、欧阳予倩、张厚载、余上沅等。张厚载的"假象会意,自由时空"准确地归纳了京剧艺术的特征。这场争论,双方的观点相去甚远,很少有交集,并且都很偏激地否定了对方,没有真正从理论上认识戏曲的性质。我们要追问的是:为什么梅兰芳、周信芳等戏剧革新者编演过现代戏之后仍然还回到传统戏上? 为什么在社会形态、意识形态剧烈变动的时候,艺术的形式问题显得如此尖锐? 只有把现代戏这个话题置于审美现代性的背景之下,我们的讨论可能才具有一定深度,才可能在戏曲本体、组织形态、传播形式等方面充分展开,它是一个复杂的社会学、文化学问题。

时代在飞速发展,这种不平衡还在加剧。随着抗战的爆发,艺术的主题只有一个:救亡。1938 年,成立于武汉的中华全国戏剧界抗敌协会确定了"以团结戏

---

① 朱恒夫主编:《中国戏曲美学》,南京:南京大学出版社,2008 年,第 253 页。
② 阿尔都塞:《抽象画家克勒莫尼尼》,陆梅林编:《西方马克思主义美学文选》,桂林:漓江出版社,1988
　　年,第 537 页。

剧界人士,发展戏剧艺术,推动抗敌工作"为宗旨,国民政府和延安边区政府一致强调戏曲的社会治理功能,延安的新文艺工作者们对旧剧进行了批判改造。这一时期,中国的革命者们结合现实,以马克思主义的阶级斗争、意识形态理论阐释中国现实。1942 年 5 月,毛泽东的《在延安文艺座谈会上的讲话》从文艺的对象、社会的社会本质和社会功能方面对新文艺提出了要求,提出了划时代的人民文艺原则:"我们的文艺必须是为人民大众的,首先是为工农兵的","一定的文化(当作观念形态的文化)是一定社会的政治和经济的反映,又给予伟大影响和作用于一定社会的政治和经济","所谓普及,也就是向工农兵普及,所谓提高,也就是从工农兵提高"。艺术批评的标准是:"政治和艺术的统一,内容和形式的统一,革命的政治内容和尽可能完美的艺术形式的统一。"①与此同时,阿甲们也走了一条与五·四时期相似的"时事戏—传统戏—新编历史剧"的路子,分别对应演出了《夜袭飞机场》《激战平型关》——《打渔杀家》《法门寺》《梅龙镇》《武家坡》——《逼上梁山》等剧目。《逼上梁山》演出之后不久,1944 年 1 月,毛泽东致信延安平剧院新编历史剧《逼上梁山》的编导杨绍萱、齐燕铭:"历史是人民创造的,但在旧戏舞台上(在一切离开人民的旧文学旧艺术上)人民却成了渣滓,由老爷太太少爷小姐们统治着舞台,这种历史的颠倒,现在由你们再颠倒过来,恢复了历史的面目。"气势恢宏地用历史唯物主义的观点肯定了人民是历史的创造者,应当成为舞台上的主人公。

"帝王将相"和"才子佳人"作为古典戏曲母题,表现了中国人在传统社会里的英雄梦想和世俗幸福,对人生价值具有积极正面的肯定意义,它早就融入了中国戏曲的血脉之中,是构成这种艺术形式的必然元素。以"虚拟性"和"程式化"为外部特征的戏曲就建立在对"帝王将相"和"才子佳人"的叙述上,在这种叙述中得到了极大的快感,也完成了对历史的建构。貌似老套的"帝王将相""才子佳人"故事早就随着一次又一次的重复,和那些虚拟的程式融为了一体,它们是一而二、二而一的关系,须臾不可分离,"虚拟性"和"程式化"就建立在这种叙述上。一旦强行分离,可能导致两个结果,或者是传统戏本体的崩溃(皮之不存),或者是新编戏的不伦不类(画虎不成反类犬)。

这里,我们注意到这个过程,与五·四前后的情形何其相似。艺术的意识形态功能被格外突出,审美功能、反映功能、娱乐功能被扭曲或挤压。时事戏由于

---

① 毛泽东:《毛泽东选集》第 3 卷,北京:人民出版社,1991 年,第 858—861 页。

没有好的形式(主要是程式及观众接受问题),传统戏由于没有"正确"的历史观和主题思想,基本上不能适应这个时代。只有新编历史戏——在继承传统文化因子的基础上对历史进行重新阐释、编码,才能既具有艺术的合法性(主要还是传统形式),又有存在的合理性(适应新政权的意识形态要求)。古典文化因子之所以被保留下来,是因为必须利用它们以达到"借古讽今""借古喻今"的目的,艺术只是历史唯物主义阐释世界的镜像。戏曲的"体用不二"发生了分裂。

另一位西方马克思主义学者雷蒙德·威廉斯对马克思主义的意识形态理论进行了深入分析,他认为:"意识形态"这一概念并不是马克思主义首创的,也不限于马克思主义专用。但它显然是马克思主义关于文化——特别是文学和思想观念——的整个理论思想的一个重要概念。而难点在于,我们不得不对马克思主义著作中有关这一概念的三种常见的说法加以区分。概括地说来,这三种说法是:

(1)"意识形态"是指一定的阶级或集团所特有的信仰体系;

(2)"意识形态"是指一种虚假的信仰体系,即由虚假的观念或虚假的意识所构成的体系,这种体系同真实的或科学的知识相对立;

(3)"意识形态"是指生产各种意义和观念的普遍的过程。[①]

王杰在对马克思主义中国化问题进行了深入研究后认为,中国的马克思主义美学主要是从(1)和(3)两种观点的结合上研究和说明文学艺术与社会生活的复杂关系。在中国马克思主义美学的理论视野中,"反对资本主义"的力量主要转化为对受压迫和边缘化群体情感和愿望的合理性做出辩护。中国马克思主义美学更多地以人类学和社会学的研究成果和理论方法为基础。[②] 1940年代,中国共产党人面对的问题是如何最有效地建立新的意识形态体系,同时也要维护传统文化,凝聚民族自信心,使广大民众能够最大程度地接受新思想,新编历史剧就成了一个得心应手的工具。

继《逼上梁山》之后,边区人民政府提出了改革旧戏班的工作,就是后来延续到1949年新中国成立后的"三改",改戏、改制、改人,建立了旧剧联合会。陆续演出了《三打祝家庄》《黄泥岗》《梁山遗恨》《闯王进京》《小仓山》《关羽之死》《北

---

① Raymond Williams, *Marxism and Literature*, p. 55. 转引自王杰:《中国马克思主义美学的基本问题与理论模式》,《文艺研究》2008年第1期,第18—19页。

② 王杰:《中国马克思主义美学的基本问题与理论模式》,《文艺研究》2008年第1期,第19页。

京四十天》等新编历史剧。这些新戏既有所本（出自传奇、演义），又有百姓们熟悉的老爷太太少爷小姐们，并且也扎靠起霸、耍水袖，和习惯了的老戏差不多"好看"，不那么"隔"。细细品味，里面的滋味又不一样。效果还就在这个"不一样"上。

作为传统文化的戏曲的性质，就在这里发生了巨大的改变。娱人的民间趣味"乐"的成分在减少，"乐者，乐也，人情之所不能免也"与"乐者，通伦理者也"之间发生了不平衡。比较一下，我们不难发现，诞生于自由资本主义的现代性，为现代意识所滋养的艺术，"是一种批判性的艺术，常常显然是一种反历史主义的艺术，在思想上不希望为时代或任何既得利益者服务，同时，对许多政界人士所拥护的未来的乌托邦一点也不欣赏。艺术可能表明时代的思想，不论是哲学的还是意识形态的，它也可能提出特定时代的某些政治主张，但是它的政治活动基本上是文化的政治活动"①。再对比董健先生的这段话：在近百年中国文学现代化的艰难曲折的历程中，"革命化"（政治化）与"现代化"是一对有联系、有区别、互有交叉的概念。有时靠"革命化"推动"现代化"，有时"革命化"又借用"民族化"的历史惰性的力量来对抗、消解或歪曲现代化。在"器"的层面上的现代化还顺一些，阻力小一些；在"道"的层面上的现代化就困难得多。所谓"中国化"，有时是化向消极落后方面的多……在中国现代文学史上，几乎每一次关于民族化与大众化的讨论，都隐含着反现代性的潜在话语，而且在事实上支持着反现代化、非现代性作品与思潮的"回升"。有的专著把这条线概括为"从与世界文学融会到向民族民间的大众文学复归"②。在完全不同于自由资本主义的土壤里，在不同的历史阶段，意识形态有不同的现实诉求。如果再与激进性、现代性、民族性、革命等话语纠缠在一起，就产生了各种中国式的"现代艺术"。

顺着这条线索走下来，后面的路径就很清晰了。1948 年 11 月 13 日，华北版《人民日报》发表了《有计划有步骤地进行旧剧改革工作》，明确提出把"有利""无害""有害"作为审定旧剧是否合格的标准；1949 年 7 月，第一次文代会召开的同时，中华全国戏曲改进会筹备委员会成立，毛泽东为之题词"推陈出新"，提出了"有用"的文化发展原则；1950 年 1 月，文化部戏曲改进局戏曲实验学校成

---

① 马尔科姆·雷德伯里，《现代化与现代意识》，《现代主义文学研究》（上），北京：中国社会科学出版社，1989 年，第 18—19 页。

② 董健：《现代文学史应该是"现代"的》，《跬步斋读思录》，南京：江苏教育出版社，2001 年，第 147 页。

立;1951 年 5 月,政务院发布《关于戏曲改革工作的指示》,提出"三改",改戏、改制、改人,是对"推陈出新"的具体落实。以现代民族国家的爱国主义、英雄主义标准审定旧剧目;1956 年 6 月,第一次全国剧目工作会议提出"破除清规戒律,扩大和丰富传统戏曲上演剧目";1958 年,现代戏上演高潮出现;1960 年 5 月,文化部召开现代题材戏曲汇报演出大会,提出两条腿走路,现代剧与优秀的传统剧、新历史剧三者并举。"三并举"政策延续至今,支配着中国戏曲的发展道路。之所以会出现忽左忽右的情况,正是出于不同时期的意识形态意图,表现为具体的方针政策。张庚先生把戏曲现代戏的发展过程,归纳为五个时期:辛亥革命前后、"五四"时期、战争时期、五六十年代(包括"文革"时期)、改革开放以来。就是说所有这几个时期都属于现代,表现这几个时期生活的戏剧都是现代戏。然而在实际的创作中和领导组织工作中,却往往只注重反映眼前的、当下的政治、政策、中心工作。大跃进时期如此,这些年这种情况也并不少见,以致一些戏枯燥无味,演不了几场就寿终正寝了。

中国戏曲现代戏研究会会长姚欣先生认为,戏曲现代戏以现代社会生活为表现对象,以现代人的思想情感、审美认知、创作理念、创作方法和表现手段去创作。对照现代戏的发展历史,我们认同一些学者的观点:"现代戏"是一个只能用于特定语境的概念,从一开始就特指"使新时代的工人、农民、士兵、干部、共产党员的形象真正树立在戏曲舞台上"的创作。不同于现代性开启以来中国戏剧领域试图寻找一条新的道路,即对传统戏剧改造使之获得新生命,或者传统戏曲的现代转型。正如周扬所说:把戏曲表现现代生活作为一个方向提出来,是戏曲艺术的一大革新。所以现代戏是主流意识形态的言说,对民间文化进行了粗暴强烈的改造,双方以一种扭曲变形的姿态,呈现出来,这就是既写意又写实,既有程式又注重再现的现代戏。

然而,当我们仔细分析张庚先生关于现代戏问题的论述时,就发现其中有一个一以贯之的看法。他是在话剧—戏曲二元对立的格局下探讨旧剧问题的,旧剧的现代化就是"化"向先进的话剧。所以他一开始就讲戏曲的现代化问题。从1935 年到 1938 年,他的文章反复强调这个问题。1938 年,他在延安鲁迅艺术学院作了《话剧民族化与旧剧现代化》的报告。1939 年 6 月,该文发表在重庆的《理论与实践》1 卷 3 期上。在这篇重要文章里,他正式提出了戏曲现代化的命题。把旧剧的性质认定为"封建时代的遗留物",它"生长和养育在旧社会",之所以存在,是因为"还有它的社会基础"。对旧剧要采用"拿来主义":旧剧的长处,在目前至少有两点:(一)有广大的观众,民众熟悉它,爱好它;(二)在民众中间有广大的旧剧人才,他们是数百年,甚至一千多年来民族戏剧传统所教养出来的。不论这教养的传统如何不完善,但是比起重新在广大民众中做话剧训练工作来,是要现成得多了。更加耐人寻味的是,时隔近半个世纪,这篇文章略作删节,1987年在《戏剧评论》第2期上又重新发表。1991年5月,在纪念"百花齐放,推陈出新"题词四十周年学术研讨会上,他在《要解决对戏曲现代化的认识问题》中说:戏曲搞了这么多年,从辛亥革命到今天。开始时只是一股热情,想利用戏曲为革命服务,口号虽没有,却是这么做的。有些人很想把从辛亥革命到现在的戏曲史划成两个很清楚的阶段,我个人认为辛亥革命到现在的戏曲史,从戏改来说,或者从现代化的目的来说,就是一本账写下来的。辛亥革命时想利用戏剧马上就为革命服务,革命高潮时曾经起过作用,但不经久,就随着革命失败了。于是五四时代又认为戏曲是不可救药的东西。要把这一种观点翻过来,费了不少工夫。针对现代戏功利性太强、审美性削弱的一面,他20世纪60年代提出了"剧诗说",后期又提出了"还戏于民"。但是前者是在西方艺术视野中、尤其是现实主义至上的语境下对传统戏曲的观照,后者还是在体—用二分的框架内对功利性的一种矫正。所以虽然他提出了许多很有意义的理论命题,如"京剧的现代化,既有思想内容的问题,又有表现形式的问题,这是统一的现代化标准的两个方面,在开始的时候首先强调的是内容";"继承传统文化与发展新文化之间的关系,二者从来都不是割裂的";"现代戏要用中国传统的戏曲艺术去反映新时代、新人物";"戏曲要强调艺术性、娱乐性、戏曲化,也就是民族化"等,但是他仍然认为"地方戏表现现代生活是个大任务";"百花齐放、推陈出新的戏曲艺术发展方针是比较正确的。但是在贯彻过程中,问题往往出在对新与陈的理解上。理解的错误、片面,不仅出在底下的文化部门,也出在我们这些人身上";"观众是喜新厌旧的。只有三并举的剧目才能满足观众喜新的要求"等理论命题,但还是在功利性的主导下迷失了现代性。

戏曲发展到当代,出路到底在哪里?

20世纪初,当戏曲刚刚迈入现代的门槛时,两个代表人物分别做出了不同的选择。梅兰芳退回古典,似乎与现代艺术"反其道而行之",并且在1949年之后,也坚持"移步而不换形"的主张(虽然后来有所动摇)。周信芳则坚持革新创造,有学者认为,中国戏曲史上存在着一个突破形式主义束缚而与现实生活相结合的"周信芳阶段"①。两位大师都是经历了漫长的艺术实践,最后还是向艺术本体回归。

戏曲的本体到底是什么? 在戏曲全盛阶段,阮元总结道:戏曲,歌者、舞者与乐器全动作也。那是在道光三年,还处于封闭的古典文化时期。当现代性的曙光照亮了中国,造成了古典文化的分裂、转型。当现代意识以国家政权的形式确立时,戏曲上升为表征现代民族国家的话语。当我们对现代性重新有了认识时,在东西方文化比较的视野里,黄佐临指出:程式化仅仅是形式,中国艺术的实质是写意。我国传统戏剧有四个内在特征:生活写意性、动作写意性、语言写意性、舞美写意性。② 蒋锡武认为,梅兰芳的"移步不换形"的意义,就在于要充分"考虑戏曲的传统风格,尊重戏曲自身规律,适应观众的审美习惯"。阿甲、刘厚生等从理论与实践结合的角度,对戏曲现代戏的创作做过许多有见地的论述。阿甲认为,京剧表演是一种"程式思维"。罗怀臻提出了自己总结的创造新程式的规律和原则:"主观世界感受外部世界,并且把主观世界外化出来。"通过演员舞蹈化、程式化的表演(实际上就是借助"表演"这个媒介),也借助于观众对真实生活情境的联系、联想,再现现代人在具体生活情境中的场景、气氛,这正是中国戏曲程式创造的重要原则之一。罗怀臻提出不必借助具体的舞台道具,而是通过演员的表演来展现具体的生活场景,其实也是符合中国戏曲舞台和戏曲表演虚拟化、空灵化的特征和创作原则的。有了这样的程式创造原则,"我们的生活就没有盲区了,什么都能表演了"。张庚主编的《当代中国戏曲》,余从、王安葵主编的《中国当代戏曲史》,都对现代戏做了认真的总结;高义龙、李晓主编的《中国戏曲现代戏史》全面梳理和论述了戏曲现代戏的发展进程和各个时期的成就及特点。

归纳起来看,戏曲程式化的艺术表现手法的基本特征是,第一,意象化、符号化、写意化;第二,抽象变形程式化;第三,"做工"是抽象化的边界;第四,构成一套成熟的程式接受交流符号。

戏曲理论家郭汉城先生针对现代戏问题,曾指出:"文艺与政治的关系,从根本上说仍然是一个文艺与生活的关系。"③他抓住了戏曲的意识形态症结。现代

---

① 姜椿芳:《在周信芳诞辰 90 周年纪念会上的讲话》,《北京日报》,1985 年 4 月 3 日。

② 黄佐临:《我与写意戏剧观》,北京:中国戏剧出版社,1990 年,第 66 页。

③ 潘震宙:《新中国 60 年戏曲现代戏的回顾与展望》(来源:戏剧网 http://www.xijucn.com/html/difangxi/20140918/60974.html. 2014 年 9 月 18 日。)

性与审美现代性的冲突在中国表现为艺术自律和审美自由的乌托邦理念遭遇的现实困境,表现在中国传统戏曲的现代转型问题上。如果我们不把意识形态与艺术的关系摆在正确的位置上,我们恐怕永远是在"器"的层次上摸索,永远不能真正地反映生活,接近真理。

第二节　戏曲的不同话语与不同生产模式①

关于传统戏曲的现代转型问题,可以说与中国一个多世纪以来的现代性转型几乎是同步的。作为与经济基础对应的意识形态的一部分,无论是在实践层面,还是理论层面,都有过激烈的抵牾、争论甚至是对立,一直延续到当下。

张庚先生领导的"前海"学派,在《中国戏曲通史》《中国戏曲通论》《中国京剧发展史》《中国大百科全书·戏曲曲艺卷》等工具书里,对中国戏曲的性质、发展等问题作出了权威的解释,引发了理论界的不少争议。以南京大学董健先生为核心的一批学者,对戏曲的性质尤其是现代转型问题作了截然不同的阐释。并且戏曲实践领域的文本,又恰恰可作为争论双方的论据。② 笔者对争论双方的问题做了反复研读、比较,认为双方争论的问题其实不在一个平台上,双方都没有直接回答对方的问题,或者认为对方的诘问根本不构成问题。我们如果对戏曲生存、生产的现状进行一个系统的"还原"分析,也许能找到对话的途径。

吕效平认为,只有《哈姆雷特》或者《曹操与杨修》这样的文本才是有深度、有

---

① 本节内容以《现代性的窄门——对传统戏曲发展现状的反思》为题发表于《美与时代》2016 年第 10 期。这里有修改。

② 具体文章篇目如下:董健:《20 世纪中国戏剧:脸谱的消解与重构》,《戏剧艺术》,1999 年第 6 期。《再谈五四传统与戏剧的现代化问题——兼答批评者》,《南京大学学报》,2001 年第 5 期。吕效平:《论"现代戏曲"》,《戏剧艺术》,2004 年第 1 期。《戏曲特征再认识——质疑〈中国大百科全书·戏曲曲艺〉卷概论〈中国戏曲〉》,《南京大学学报》,2002 年第 6 期。《再论古典戏曲的文学阶段与非文学阶段——答安葵先生》,《南京大学学报》,2004 年第 4 期。《两种戏剧——论东西方戏剧艺术语言的不同质量》,《戏剧艺术》1996 年第 3 期,《再论"现代戏曲"》,《戏剧艺术》,2005 年第 1 期。施旭升:《论中国戏曲的乐本体——兼评"剧诗"说》,《戏剧艺术》,1997 年第 2 期。安葵:《关于戏曲的综合性等特征——与吕效平先生商榷》,《戏曲研究》63 辑。《张庚剧诗说辨析——与施旭升先生商榷》,《戏剧艺术》,1998 年第 3 期。《如何对待西方戏剧理论》,《艺术百家》,2012 年第 1 期。贾志刚:《"乐本体"是一个伪命题——兼与董健、施旭升商榷》,《文艺研究》,2013 年第 12 期。毛小雨:《"剧诗"说是东西方戏剧文化的结晶——兼与施旭升及其他"剧诗"说质疑者商榷》,《文艺研究》,2013 年第 12 期。王馗:《"前海学派"的戏曲史研究在新世纪以来的意义——从董健"脸谱主义"的误断说起》,《文艺研究》,2013 年第 12 期。

意义的文本,起着追问、提醒存在的作用。我们不妨回忆一下时代背景。莎士比亚的时代是一个人性被遮蔽、被唯一的宗教神性取代的时代。莎士比亚以人文主义的理性进行追问,问出了存在的困境,行动中延宕的美。文革时期是人性被意识形态的唯一性取代、失去了理性的荒诞时代,《曹操与杨修》追问了权力和智慧的本质,也就是实践理性与人的本真存在之间的巨大冲突,追问了人的本质。这两部文本的产生有着历史的合理性、紧迫性。

纵观世界艺术史,但凡古典主义兴盛的时期,大抵也是官方史书上的盛世,也就是实践理性占上风的时期,无论是路易十四时代还是康乾盛世,莫不如此。这个时代同时也必定是一个官方文化繁荣的时代,因为主导文化必须维护实践理性、道德理性的合法性。所以路易十四时代的《阴谋与爱情》《熙德》等古典主义戏剧,宣扬的是不容置疑、至高无上的理性。康乾盛世的《鼎峙春秋》《升平宝筏》《忠义璇图》等体量巨大的连台本戏,无一不是宣扬"褒忠、阐孝、表节、劝义、式好、补恨"等主旨,"以忠孝节义为主,次之儒雅之典,奇巧之事,又次之以山海之荒唐,鬼怪之变幻,而要以显应果报为之本。又凡忠臣义士之遇害捐躯者,须结之以受赐恤,成神仙;乱臣贼子之犯上无道者,须结之以被冥诛,正国法"(赵翼语)。同样维护的是已经固化的忠孝节义伦理观、价值观。

今天,三十多年来中国取得的成就证明了改革开放、解放思想具有不容置疑的历史必然性与合理性,也符合民众的生存需求和历史辩证法。大量出现的为这个合理性欢呼的"盛世欢歌"式作品也就不奇怪了,并且也符合一般大众的世俗心理。中国毕竟是一个实用理性主义占上风的国度,比如以春节联欢晚会为代表的新民俗的形成,就具有相当的合理性和民众基础。毕竟像鲁迅那样质疑正史,"从来如此,便对么"是沉重的,在世俗社会中也是没有土壤的。

张法把中国审美形态分为四类:朝廷、士人、民间、市民。中国最广大的是乡村,但民间美学没有形成独立的形态,它为朝廷、士人、市民美学提供基础,同时又依附于这三者,并且通过它们表现出来。[①] 这四种形态在价值观上虽然有差别,但是它们遵循、维护的是同一化的以儒家为主导的观念,朝廷美学作为主导文化,对其他三种文化形态起着引领、统一作用。出于对忠、孝、礼、义价值观的共同推崇,这四种文化形态之间不但不构成紧张的关系,反而形成了价值共同体。雷德菲尔德在《乡民社会与文化》中用"大传统""小传统"区隔不同的文化形

---

① 张法:《中国美学史》,成都:四川出版集团,四川人民出版社,2006 年,第 292 页。

态,指由城市的知识阶级掌控的书写文化和由乡民通过口传方式传承的民俗文化。这一区分被学界认可,又称"精英文化与通俗文化"。他认为,主流、雅文化的"大传统"通过民间、世俗的"小传统",实现对整个社会的教化、整合。傅谨认为,宫廷的皇家文化价值取向及其美学趣味与文人士大夫的价值取向也并不是始终完全重合的,至于与民间伦理道德及其审美取向则更加大异其趣。这些学者对传统文化的划分虽然有所不同,但是对于主导文化的价值和统治、整合功能都是充分肯定的。这些不同类型的文化形态虽然在美学趣味上有着天然的差别,泾渭分明,但是在各自的界阈内安其所在。只有当社会大转型、礼崩乐坏的时期,才有可能产生对立因子,对现存的价值观进行批判,如魏晋时期对"人"的发现,明清时期对"情"的发现。无论是"人"还是"情"都是以人的现实感性存在反对先验的理性,彰显了审美的巨大思想解放意义。

从中国审美文化发展史来看,戏曲产生于唐宋时期,封建文化发展的高峰阶段,意识形态与社会发展形态相对一致。在这个整一性的文化系统内,各种文化处于大一统的状态,反对的因子是很少的。戏曲属于市民文化,天然地具有"乐"的因子。李泽厚先生把中国文化定性为"乐感文化",认为"'乐'在中国哲学中实际具有本体的意义,它正是一种'天人合一'的成果和表现"[①]。这种文化根源于中国礼乐文化体系的特质,音乐处于其中核心的地位。五行以声音化的形式表征宇宙秩序,"人"以音乐行为与宇宙秩序呼应。"乐具有三方面的意义,第一,在声、音、乐中,达到了音乐的本质;第二,人在音声的乐中,得到了快乐;第三,在这种音乐的快乐中,感到了人的本质(天之性)和宇宙的本质(天地和)。音乐、社会、宇宙是一个整体。"[②]

文化大一统的时代产生了两个后果。由于主导文化的强大,士人文化空间逐渐压缩,"雅"文化发展成为精致、把玩的艺术,丧失了人文精神、批判精神;民间文化、市民文化虽然形态驳杂,但是对官方意识形态的依顺是一以贯之的,并且这两种文化有着强烈的世俗性、功利性色彩。"俗"的市民文化发展成为"娱人"的"玩意儿",蔚为大观,最终形成了"花部"取代"雅部"的态势。傅谨在《京剧崛起与中国文化传统的近代转型——以昆曲的文化角色为背景》中对这个问题做了详细分析。无论是"雅"的昆曲还是"俗"的乱弹,其中蕴含的家国意识、儒家

① 李泽厚:《中国古代思想史论》,北京:人民出版社,1986 年,第 311 页。
② 张法:《中国美学史》(第二版),北京:高等教育出版社,2021 年,第 112 页。

精神是一致的,审美形态也是一致的,和谐、优美,哀而不伤,中国式的大团圆结局。在几种文化大一统的同时,也形成了"脚色"这一人物类型化模式。因为先验的伦理是永恒不变的,类型化脚色就是伦理的化身,性格单一,形象扁平。这种态势,与传统文化发展到了明清时期,失去了创造性,只有维护既有价值观,重新阐释历史,稳固话语体系,在繁琐的修饰上下功夫的走向是一致的。

从 1990 年代中国社会向市场经济转型开始,曾经建构多年的崇高意识形态逐渐消解,中国社会急剧转向世俗化,人文空间大大压缩,当代是一个经济理性主导的时代,也是一个人文精神萎缩的时代。艺术生产从前是国家体制,现在也纳入了经济体制。围绕着艺术的生产、评奖都蜕变成某种政治实用主义行为。在大众文化的裹挟下,艺术趋向于形式奇观发展方向。与电影生产的大投资一样,充斥舞台的是大布景、大场面、大制作、豪华服饰,无论是《贞观盛世》还是《大唐贵妃》,都没有提供新的精神内涵和形式愉悦。正是在这个严峻的时刻,吕效平强调的艺术的追问才凸显其必要性、深刻性。艺术史上,这样的文本永远是极少数,大量的是平庸、应时之作。从艺术生产与社会背景的关系来看,叙述话语与意识形态具有高度的一致性。从这个角度,可以认为当代戏曲生产的现状就是现行艺术生产体制、主流意识形态作用的产物。他认为,张庚、安葵们对戏曲形态的阐释遵循的是现实逻辑。他们的分歧也在这里。

吕效平认为,中国戏曲有两个传统,一个是文学的传统,一个是地方戏传统。以关汉卿、汤显祖、王实甫为代表的剧作家,批判了主流伦理观、价值观,达到了艺术的真理深度和时代深度。从十八世纪开始兴起的地方戏强化了"一种伦理道德的根本精神"(王国维语),"文学性和思想内容大大'贫困化'"(任半塘语)。地方戏兴起的时代已经处于封建社会晚期,被官方意识形态收编的地方戏承载了强大的教化功能,文学的思想传统处于边缘化、被遮蔽的状态。董健先生把20 世纪传统戏曲的发展,归纳为梅兰芳和田汉所代表的两条路。前者代表对古典文化的保留传承,后者代表传统文化的现代转型,即以西方戏剧为标准,以现代文学精神和情节整一性为标志的现代性来改造戏曲,故事的叙述从这里开始变化了。从审美意识形态的本质角度看,叙述话语的内容、组织无一不是意识形态的"本能"表现,这套话语同时又具有社会价值观建构、整合功能。王国维的"以歌舞演故事",中国语境中的传统"故事"具有天然的合理性。由于主导文化统治民间文化在中国有强大的传统,导致中国的审美现代化从一开始就呈现出与西方完全不一样的面目,消解了艺术的自律功能,使艺术呈现为一种精神自足或者萎缩状态。

由于对现代性的迫切追求，从梁启超开始，中国的启蒙主义者们始终以强烈的现实功利性态度对待文化的转型、发展问题。与西方的审美现代性不同，中国的现代文化发展从一开始就"天然"地缺失了康德强调的审美的非功利性这一要素，对传统文化和西方文化采取的是"拿来主义"态度。具体到戏剧领域来看，新文化运动以来，接受了西方人文主义价值观念的先进知识阶层以西方戏剧为标准，对戏曲这种传统民间艺术形式采取了偏激的反对态度，但是因为实在过于曲高和寡，并且没有对戏曲的审美特征和受众环境进行深入研究，所以并没有在戏曲生产、消费领域得到回应。艺人们改了一些，很快又回到了原点。由于小传统的相对独立性，这种烂熟精美的形式进一步在城市里发展起来，形成了众多流派，在表演艺术上达到了高峰。戏曲与新兴的传媒如报纸、期刊、电台、电影结合起来，得到了更加广泛的传播。以梅兰芳为代表的戏曲人延续了传统戏曲的内容、形式、价值观，并且把"娱人"的因子予以发扬光大，使得戏曲在20世纪的市民文化中占据了相当大的比重。即使1949年以后，梅兰芳在内心里还是坚持"移步不换形"的观念。而无论是"古为今用，洋为中用""旧瓶装新酒"还是"三并举""推陈出新"，目的都是改造旧形式，"戏改"和样板戏、现代戏都是改造的结果。

王国维、齐如山都认定戏曲是表演的艺术，张庚把戏曲的本体归纳为剧诗，这些都是在中国传统审美语境里对戏曲本质的语言、特质、功能的认识。吕效平等在东西方文化交流的语境里对现代戏曲进行了探讨，认为以现代文学精神和情节整一性为标志的现代性改造的戏曲是唯一目标。但是，还有一个重要背景不应该忽视，那就是作为现代文化一脉的大众文化在20世纪后半叶崛起，无论是对现代性的走向，还是现代文化的传播、社会功能、意识形态塑造都产生了重大影响。传统的民间文化在现代性强大洪流的裹挟下日渐式微，或者悄悄地转向，成为大众文化或者主导文化的一部分。传统戏曲的娱乐性与大众文化的娱乐功能，在很大程度上有着相当的重叠性。关于大众文化的欺骗性，西方马克思主义许多杰出的学者已经做了深刻的分析。大致上认为它具有麻醉性、肤浅性，导致对现实的认同。由于大众文化借助于新的媒体形式传播，主导文化也以大众文化的面目出现，虽然还是为了体现主导文化的功能。大众文化、主导文化以询唤的方式实现了意识形态统治功能，体现出一种共同的审美品质：刻奇（kitsch）。虽然这是晚近出现的审美类型，其实历时地看，"娱"人的艺术都具有类似的性质,或媚己,或媚钱,或媚权,都是出于功利的目的。传统戏曲的"娱""乐"性就是吕效平批评的那种重复了一万遍的道德、真理,其实就是儒家的艺术教化、社会整合功能一以贯之的体现。市场经济形势下道德的滑坡必须用儒家伦理来拯救。戏曲舞台上出现的《廉吏于成龙》《成败萧何》就是这种形势下的产物。艺术的这种功能是任何时代都必须强调的。而精英们对艺术的最高形式的呼唤不也是审美的乌托邦性的体现吗?

在中国传统的"乐"文化的语境里,戏曲的娱乐功能显得特别突出。当下,主流文化与大众文化合力,加剧了文化场域的复杂性。如果我们在宏观的艺术生产场域中来考察当代戏曲生产现象,就不会固执于一端,认为只有精英的关汉卿式文本或者主流意识形态的《贞观盛世》式文本才有存在的理由,应该说它们不是艺术的唯一形式。正如吕效平所言,艺术生产领域从来都是泥沙俱下,各有各的存在理由,尤其是在俗文化领域里,不能以思想、伦理、艺术形式的完美作为唯一评价标准。

所以,通过以上分析,可以发现,董健、吕效平回答的是艺术的本源、艺术何为这些艺术本体论问题,艺术永远是思辨的精英们从存在论意义上对世界的发现,起着照亮现实的警醒作用。然而在艺术社会学领域,艺术的功能是复杂多样的,特别是针对戏曲这种本身就具有多个层面的、"复数"的艺术形式,恐怕不能以唯一性取代多向性。张庚、安葵们回答的是具体的艺术形式问题以及艺术的娱乐、社会建构功能的体现问题。在这个层面上,朱恒夫认为,必须让戏曲回到"娱乐"的本质上来,回到民间。傅瑾认为:任何一门成熟的艺术,乃至艺术业的任何一个分支,都必须以绝大多数虽然不一定最优秀、却非常之符合多数观众的审美趣味与欣赏水平的作品为支撑。① 笔者认为,他们已经回答了戏曲在今天的走向问题。经过半个多世纪的戏曲改革,最终证明走西方化的道路是行不通的。戏曲作为中国特有的民族艺术形式,以类型化的脚色、线性叙述结构诠释着中国人的价值观,抚慰中国人的心灵。今天,既有《曹操与杨修》这样突破传统戏曲形式的文本,也有《小镇》这样歌颂时代新观念的文本,然而更大量的是活跃在草根田野的民间剧团,他们表演的有声有色、充满烟火气的、未经过"净化"的戏曲,才是原生态的。不少地方文化部门有大量的统计数据。这些插科打诨的粗糙戏曲形式,好像回到了杂剧时代。乃至于有学者呼唤,未来理想的戏曲形式是

① 傅瑾:《工业时代的戏剧命运——对魏明伦的四点质疑》,《中国戏剧》,2003 年第 1 期。

"新杂剧"。

　　不同类型、不同层次的艺术形式共存应该是艺术发展的良性土壤。李泽厚先生认为，"实际上，中国现代化的进程既要求根本改变经济政治文化的传统面貌，又仍然需要保存传统中有生命力的合理东西。没有后者，前者不可能成功；没有前者，后者即成为枷锁"①。影响艺术生产的因素是很多的，今天的环境是不利于戏曲生产的。长期以来西方艺术话语的强势介入，当下大众文化的绝对优势地位，戏曲生产处于式微状态，在现代工业社会取代农业社会的趋势下无可挽回。但是只要有民间社会的存在，还有今天政府各级非物质文化遗产保护措施的实行，戏曲仍然有现实生存土壤和生命力。这个土壤和生命力就是民间，各种观念杂糅，村、俗、俚、藏污纳垢的民间。戏曲可以承担宏大主题，也可以诠释复杂的人性和哲学，关键是必须保持叙述的合理性、流畅性，让戏曲人物脸谱化、类型化，故事情节一目了然，插科打诨，这就是民间的戏曲审美心理定势。如果我们能够尊重戏曲的艺术特征，保护戏曲审美心理，戏曲就能够生存下去。

第三节　淮剧在不同时空里的发展逻辑分析②

　　淮剧属于地方小戏系统中的花鼓戏，大约形成于十九世纪后半叶，正是花部大兴的时期。苏北的里下河地区，开始形成一种劳动号子和着田歌"儴儴腔"和"栽秧调"的旋律合成的说唱"门叹词"，倚门单唱或二人对唱，以竹板击节打拍子伴奏，具有倾诉、苦情的特点。在江淮地区，由于水患泛滥，一直传布着由傩祭仪式发展起来的香火戏，属于汉族民间傩戏系统，演义各种神怪故事和民间传说，既"娱神"也"娱人"。所谓香火"僮子"就是在傩祭活动中主持仪式的"巫师"，必须具备"请神"表演与"念忏"演唱的基本功，尤其长于唱念忏文，一部分香火戏后来逐步演化为淮剧的一些传统剧目和唱工戏。香火戏为了增强感染力，加以说唱、杂技和歌舞，戏剧表演的成分逐渐加强。淮戏班子船以小黄旗为标志，在沿着里下河水路流传的过程中，为了吸引观众，香火戏班开始与里下河徽班同台表

①　李泽厚：《中国古代思想史论》，北京：人民出版社，1986 年，第 317 页。
②　本节内容以《现代性的不同表征——"都市新淮剧"和"乡村淮剧"的发展现状分析》为题发表于《南京晓庄学院学报》2016 年第 4 期。这里有修改。

演,称为徽夹可。受徽戏和京剧的影响,逐渐形成了三可子、三合子形式,即只有小生、小旦、小丑三个行当的三小戏。在表演方面,也从没有身段的门叹清唱,发展到开始形成一引、二白、三笑、四哭等表演程式,初步形成了一套舞台表演形式。徽戏武功逐渐与民间武术、杂技相融合,形成了后来的淮剧武戏形式。这个时期处于典型的民间生活小戏阶段,唱腔比较单一,主要有后来称为老淮调的唱腔和靠把调,基本上是曲牌联缀结构,表现力还比较有限,剧目有《小打瓦》《种大麦》《大补缸》《磨豆腐》等。1906年,里下河地区发生特大水灾,一些三可子艺人流落到上海。由于没有固定的舞台,只有以筷击盘坐唱演出,称为搭墩子。后来逐渐发展到拉围子售票演出,进行简单的化装表演。艺人何孔德积累了第一只衣箱后,组织班子,终于具备了剧场演出的条件。在上海,这种演出被称为江淮戏。大约在20世纪30年代前后,江淮戏艺人借鉴吸收京剧唱腔创造了"拉调",采用二胡伴奏,配合锣鼓点子,在板式变化上得到极大丰富和发展,并且出现了第一批女演员,由说唱艺术转型为戏剧表演艺术。至此,终于形成了以江淮官话为基调,兼收并蓄淮安、盐阜等地方言加以戏曲化的舞台表演形式,剧目有《瓦车棚》《骂灯记》《金水桥》《探寒窑》《陈风英盘门》等。随着太阳庙小菜场戏院、群乐戏园、三义戏园、凤乐大戏园、凤翔大戏园、中华新戏园、义和园、民乐大戏院等专门剧院的落成,为了适应上海的演出市场,增强吸引力,30年代末,筱文艳等创造了"自由调",突破了"老淮调"和"拉调"的限制以及音乐对唱词结构的约束,旋律自由展开,适应剧情和人物心理,可长可短。之后,何叫天创出了"连环句",形成类似于"加滚"的形式,进一步丰富了唱腔系统,进入幕表戏时期。与此同时,随着海派京剧在上海的走红,江淮戏也开始搬演连台本戏,有"九莲十三英"(指《秦香莲》《蓝玉莲》等9本带"莲"字的戏和《王二英》《苏迪英》等13本带"英"字的戏)、"七十二记"(以各种传奇故事而定名)之说。著名的连台本戏有《七世姻缘》《安邦定国志》《药茶记》《哑女告状》《七世不团圆》《飞龙传》《包公案》《杨家将》《岳飞》《日月圆》《封神榜》《七国志》《孟丽君》《郑巧娇》《乾隆传》《彭公案》《施公案》等。本戏有《三女抢板》《舍妻审妻》等。可见,江淮戏在上海的生存,始终围绕着商业市场和市民趣味做文章,而这些现象本身就体现了现代性。新中国成立后,随着表演市场的稳定和进一步扩大,1949年11月,上海的江淮戏被正式定名为淮剧。1961年,进一步明确了淮剧语言是以建湖县方言为基本音,适当吸收其他地区具有普遍意义的个别字音。至此,淮剧的唱念白语音基本定型。

　　除了到上海发展的一支,留在苏北的淮剧,仍然以淮调、拉调为主调,乡土气息浓厚。1942 年,随着苏北盐阜抗日民主根据地的建立,成立了淮戏研究组,以《讲话》精神改造淮剧,采用"旧瓶装新酒"的形式,编演了《渔滨河边》《照减不误》《刘桂英是朵大红花》等新戏,创立了新淮调、新拉调、新悲调等新腔,欢快明朗,宣传当下的方针政策和新意识形态,大红花调后来成为淮剧的主要曲调之一。现代戏后来在淮剧发展的各个不同时期一直占有重要地位。

　　通过对淮剧的发展线索进行简单梳理,我们发现,淮剧唱腔的曲体结构,经历了从无伴奏的高腔音乐(突出"倾诉"性),系统化为戏曲化的板腔体(突出"抒情"性),形成了既柔美又高亢的淮调、拉调、自由调三大主调,又派生出丰富多彩的曲调,如老淮调系统的一字腔、叶字调、穿十字、南昌调、下河调、淮悲调、大悲调等,民间小调系统的蓝桥调、八段锦、打菜苔、柳叶子调、拜年调等,以及都市趣味的自由调。随着淮剧艺术形式的成熟,其表现的社会生活也在不断丰富,号称能时、能古、能文、能武,行当齐全,表演程式复杂,剧目繁多,据统计,新老剧目达到三千多部。淮剧流派有筱派旦腔、何派生腔、李派旦腔、马派自由调、徐派老旦、周派生腔、杨派生腔、李派生腔八大流派,当下流行的是陈德林、黄素萍的陈派现代唱腔。2008 年 6 月,淮剧被列入第二批国家级非物质文化遗产名录。这个发展历程,与 20 世纪无数的地方小戏一样,从民间的简单表演形式,到汲取大戏和新兴艺术形式的营养,再到都市化、商业化,被主导文化收编、改造这样一个过程。淮剧的形成过程就是一个开放的系统,不断吸收新营养,审美内涵越来越突破单一性,走向多元化。

　　淮剧在上海,一直浸染着海派文化的特点。为了在竞争激烈的演出市场中生存,只有以多编多演新戏而出新,甚至曾经一天编演一个戏码。1949 年以后,上海的淮剧还保持着商业性的发展势头,在人民文艺的引导下,代表民间趣味的淮剧得到了大力扶持。发展导向是把表现传统伦理的民间趣味向人民性方向转变。在戏曲改造运动中,排演了现代戏《党的女儿》《王贵与李香香》《不能走那条路》《海港的早晨》,都引起了巨大反响。戏曲在思想解放的 80 年代有过短暂的辉煌,淮剧也不例外。这一时期整理了传统戏《牙痕记》《哑女告状》,编演了现代戏《爱情的审判》《母与子》。这些戏中开始出现了新元素,反映了时代的新伦理。《哑女告状》原来是连台本戏,为了适应都市快节奏,进行了压缩整理,并且把《巴黎圣母院》中卡西莫多这个观众熟悉的形象和内涵,"化用"在丑角呆大身上,富有都市的新奇趣味。这些表现,都是海派文化精神的延续。然而到了 1990 年代,随着商业社会的转型,文化发展迅速多元化,大众娱乐形式兴起,大众文化冲击了戏曲市场,文化政策没有及时调整以适应新形势,戏曲演出很快陷入了低谷,上海的淮剧演出门可罗雀。

为了使"上海淮剧置之死地而后生"(罗怀臻语),1993年,从苏北引进到上海的剧作家罗怀臻,隆重推出了《金龙与蜉蝣》。蜉蝣的身份是阉人,性格复杂心理变态,可恶可恨,完全突破了传统脚色行当里的奸诈白脸类型人物,颇有莎士比亚笔下《麦克白》的复杂意蕴。演员梁伟平反复分析人物性格,体验人物心理,寻找人物行为的合理性依据。把人物心路历程分为层层递进的三个阶段,人物的行为围绕最高行动线,一切行动都是心理的外化。在他的努力下,蜉蝣这个人物立体地演绎在舞台上,性格层次分明。整个表演富于现代话剧色彩,舞台写意诗化,呈现出崭新的完全不同于传统戏曲的审美形式。1999年,为了向国庆50周年献礼,罗怀臻又推出了《西楚霸王》。霸王这个角色突破了净行的界限,梁伟平以武小生的行当塑造了双重性格的人物形象:既是不屈不挠的战神,又是铁骨柔情的爱神,更是值得同情的、有缺点的、失败的英雄。这是以西方悲剧观念对传统历史人物进行的全新解读,体现了人在具体历史情境中的局限。音乐家金复载为《西楚霸王》配器。他认为,戏曲的"乐"本质就体现在戏曲音乐上,剧种的音乐要建立在自身特色的基础上,戏曲音乐要与时俱进,适应不同题材,才能为剧种的生存和发展扩大空间。对淮剧音乐传统要予以合理地继承发展,借鉴其他音乐元素,吸收融化,才能使淮剧保持长青的生命力。乐队应当借鉴样板戏的成功经验,用管弦乐队和三大件、打击乐相结合,营造强烈的都市气息,丰富戏曲表现力。用电声乐器代替真乐器演奏,以降低演出成本。如果做到这一切,淮剧完全能够像音乐剧一样时尚有活力,表现现代人的心灵和现代都市生活,吸引年轻观众。《西楚霸王》的音乐设计就是这种观念的产物。

这两部作品内涵复杂,人物形象多层次,突破了传统戏曲的非善即恶的单一伦理内涵和单薄的类型人物形象观念。徐晓钟在当年举办的关于《西楚霸王》的研讨会上提出:《金龙与蜉蝣》和《西楚霸王》,标志着一种"新型戏曲"已经诞生,标志着中国戏曲正在完成"现代转型"。2005年,赵莱静、罗周推出了《千古韩非》。这部戏在《西楚霸王》的基础上进一步把历史人物推向复杂的情境,引入了"命运"这个西方悲剧的核心因素。人的价值不取决于伦理的善与恶,而是人与不可知的命运的抗争,是情与理的抗争。韩非作为没落贵族,情感上对逝去的时代和灭亡的故国有着深深的眷恋之情,作为清醒的政治家,他对改革的必然性又有着超乎一般的认识。清醒的理智和浪漫的情怀使他一直处于纠结中,改革的利益纷争使他的理想难以实现,明知其不可为而为之。这是人类永恒的局限和困境,具体历史情境中的人却又要突破这个局限,这才是"人"的悲剧,存在意义上的悲剧。身处现实困境中的韩非,性格多面复杂,突破了小生行当的框子。梁伟平仍旧从人物内心出发,深挖心理依据,外化为形体语言,表演生活化,设计了抓袖、甩袖、抛袖等强烈的身段动作,突破了传统表演程式,表达了人物的悲愤、绝望和挣扎,多层次地表现了人物的心路历程。

以上三部作品获得了很多奖项,也得到了专家的高度认可,更取得了不俗的票房成绩。这三部悲剧突破了传统戏曲的伦理框架,以现代眼光烛照人性的幽微,把悲剧视为命运的必然。而中国传统戏曲的内在精神是以宁静与和谐为基本特征,不注重理性思辨,伦理对立的悲态审美也不同于恐怖、崇高等强烈对立的西方悲剧观念,而是追求娱人之乐的审美感性愉悦。在审美趣味上也突破了传统悲剧淋漓尽致一泄无余的"倾情"形式,而是收放自如、适"度"、雅化,留给观众巨大的审美想象空间,这些都适应了对乡土文化陌生、年轻化的都市观众的欣赏心理。在这几部戏里,演员表演的重心是活生生的性格人物,采用了塑造角色的表演方法,而不是演行当和类型人物,同时较好地运用了各种新的艺术表现手段,这些都吸收了话剧、电影等现代艺术形式的营养,拓展了淮剧的外延。对命运、人性的追问是艺术永恒的主题,具有哲学意义,不同于伦理道德的追问,正是在这里彰显了审美的巨大价值。在"都市新淮剧"这种新形式中,各种艺术要素之间达到了比较好的平衡,没有把探索推向极端以至于让观众难以接受,保持了叙述和戏曲形式的合理性、流畅性。

在这些戏剧活动中,我们不难发现一个身影——20世纪海派京剧的身影。周信芳先生一直主张京剧要向话剧学习,强调人物心理体验。关于海派京剧,自打它诞生那天起,就一直存在巨大的争议。所谓"海派"本身又是一个褒贬皆有、内涵多重的指称。褒者赞扬它与时俱进,贬者认为它数典忘祖,变得不像京剧了。这些都是艺术史上常见的保守与改革的争议。在上海这个深受西方文化观念影响的大都市,传统戏曲为了适应市场,需要不断修正自己的定位,同时也是一个不断扩大原有的艺术类型内涵、艺术边界不断扩张的问题。"都市新淮剧"的成功,说明了戏曲传统与新形式探索之间保持了比较合适的张力。同时我们也发现,无论是导演中心制,演员对人物的分析体验,还是现代音乐观念对戏曲的改造,向"淮歌剧"这种音乐剧方向的努力,包括徐晓钟关于"新型戏曲"已经诞生,中国戏曲正在完成"现代转型"的论断,无一不是以西方戏剧观念,尤其是话剧观念为标准,对现代戏曲展开的评判和革新。

　　罗怀臻对淮剧的现状进行了反思,认为"都市新淮剧"的提法不一定是严谨的戏剧理论,而是在特定时期对传统戏曲的艰难生存现实的强烈提醒,既是主动的绝地反击,更具有实践探索的重要现实意义。随着中国城市化进程的迅速发展,传统戏曲的生态环境发生了根本的变化。农耕文明时期诞生的传统戏曲只有进行现代转型,才能融入现代都市文化。这种现代转型不仅仅要在形式方面融进现代都市的剧场环境,最本质的转换是在精神价值和审美趣味上注入现代意识。《金龙与蜉蝣》和《西楚霸王》就是这种实践的产物,对传统戏曲在现代社会中传播发展的方向进行了可贵的探索,这也正是"都市新淮剧"的意义所在。

　　如果说"都市新淮剧"走的是城市化、商业化、现代化之路,那么苏北"乡村淮剧"的发展和内涵可能更复杂,影响因素更多元。

　　淮剧成型以来,因为发展历史比较短,剧目创作有限,经常大量搬演、移植其他剧种已经定型的传统剧目,如《何文秀》《孟丽君》《八美图》《碧玉缘》《双珠凤》《玉蜻蜓》《古城会》《走麦城》《水淹七军》《华容道》《关公月下斩貂蝉》《独占花魁》等,所谓"唐三千,宋八百,演不完的三、列国"。这些老戏主要表现传统的儒家伦理和家国观念,形式上多为建构在伦理观念上的戏剧冲突,属于典型的民间话语系统。1949年以后,整理演出的传统戏《三女抢板》《探寒窑》《女审》《蓝桥会》,走的仍然是这条路子。新意识形态和戏改运动对淮剧创作产生了巨大影响。从1958年起,淮剧开始与时代同步,表现现代生活,大量编演现代戏。现代淮剧《一家人》,讲述解放战争时期,张英探敌情被捕,王大妈为保护张英,认其为义女。孰料亲女回家,王大妈拒认亲女,张英挺身而出。三人在狱中坚持斗争,最后赢得胜利。《一家人》表现了一种革命新伦理。按照马克思主义的阶级理论设想,新形成的社会阶级是一种具有同质性的无产阶级,他们因为处于同样的经济地位而形成了超出血缘关系的兄弟姐妹之情,以此粘合了人与人之间的关系,填补了民族、群体、性别之间的天然差异。从无意识的"自在"状态向有意识的"自为"状态转变,从而形成趋同性的情感结构,进而形成阶级身份认同。这正是区别于传统的血缘、族群群体而形成现代阶级的重要标准。按照这种逻辑,阶级一旦形成,必然成为完全不同于传统社会的宗教、宗族、地缘等"天然"因素的群体,而是政治意义上的阶级,具有鲜明的意识形态性。这既是现代"人民美学"的形成逻辑,也是现代意识形态统领社会、进而付诸于民众行动、实现社会变革的路径。这种"同质性"即黑格尔设想的"普遍同质领域"(universal homogenous sphere)，按照本尼迪克特·安德森的观点，这个同一性是一个话语虚构生成的"想象的共同体"，是一个一直处于建构中的新历史主体，具有强烈的乌托邦性。在现代性的不同时期有不同的指向性，有时候指同一的国民性，有时候指剧烈对峙的阶级性，有时候指召唤生成的人民性。人民性完全不同于《牙痕记》《哑女告状》那样的传统伦理，它高于天然人伦血缘关系，《自有后来人》和《红灯记》延续了这套新话语。同一年的现代淮剧《旱地稻花香》在大跃进的时代背景下表现了人定胜天的主题。这两部戏都曾经在江苏人民广播电台播出，产生了很大影响。

从 1960 年代起，在"三并举"政策指导下，淮剧开始大演现代戏。苏北乡村淮剧的发展大致可以分为三条线索：小戏、大戏、轻喜剧。小戏以二小戏或三小戏的形式，及时反映社会生活的流变，捕捉时代新动向，挖掘被湮灭的伦理，具有及时性、在场性。小淮剧《换良种》《田园新歌》《借扁担》《一字值千金》《旅社新风》《花好月圆》《王二姐卖鱼》《机器人看病》《二丫头招赘》《违章罚款》《流动的人格》《聋嫂》《画像》《一掌情生》《夜半情缘》《良心》，构成了一幅时代变化长廊，获得了各种奖项，多次晋京演出。其中，《良心》入围国家艺术基金 2015 年度项目。

大戏才是现代戏的重头。1960 年代的《射阳河畔》，80 年代的《金色的教鞭》都及时地反映了时代的变革。叫好又叫座的《剖腹记》《打碗记》《奇婚记》，90 年代以来的《太阳花》《祥林嫂》《青豆与红豆》《一江春水向东流》《唢呐声声》《诺言》《小镇》《菜籽花开》《好人马大哥》，以正剧的形式，呼唤传统道德的回归，维护了社会主流价值观。

1985 年上演的《奇婚记》，以"大千世界多变幻，一件奇事出海滨"为噱头，讲述十二岁的少女托婚给年近四十的光棍，同室八年，却无夫妻之情。于是，年轻的婶娘与本家侄儿谈情说爱誓结同心。正可谓是"畸形的年代奇事奇也不奇，崭新的年代回味奇事品人生酸甜苦辣"。貌似奇事却合情合理，合乎民间伦理，在奇趣中暗含着对那个时代的批判，也符合民间伦理对补偿型美德的肯定。这部戏在文化部举办的全国戏曲观摩演出中获大奖。1990 年的《太阳花》延续了大义灭亲的家国主题。背景放在苏北抗日老区，一个德高望重的中年寡妇，品德完美，悬壶济世，课子成人延续香火。风雨飘零的时代，二子面临人生的选择。长子成仁就义，幼子认贼作父，在亲情、乡情、民族恨、延续香火的剧烈矛盾冲突中，母亲毅然大义灭亲，既符合儒家价值观念，又引起观众对主人公深深的同情。这部戏入围全国舞台精品工程，主题相近的《一江春水向东流》《诺言》入围江苏省舞台精品工程。新世纪的《小镇》更加出奇，剧情三起三落峰回路转，围绕"五百万——恩人"之间设置了紧张的悬念和冲突,利—恩—义,孰取孰舍,呼唤道德层面的自我救赎,被誉为淮剧难得一见的"高峰"。《菜籽花开》讲述新时代的成功人物——农民企业家在"利"上大获成功,只待"名"——竞选省十大道德模范,却冒出了一个流浪女寻找亲父,围绕私生女的身份展开戏剧冲突。这些正剧在形式上延续了淮剧擅长表现奇人奇事的传统,以现代社会传奇吸引观众。淮剧发展史上曾经出现过著名的四大奇案剧,《丁黄氏》《急拿王兆》《药茶记》《鸭汤记》,都是根据真实事件编演的。传奇情节曲折紧张,通过激烈的戏剧冲突表现社会矛盾和人物性格。虽然都是传奇故事,但是无论处于偏僻的苏北乡村还是小镇,都构成一个相对封闭静止的环境,外来的经济因素虽然暂时打破了平衡,然而强大的伦理道德力量终究会维护旧有秩序,建立新的平衡。可见在价值取向层面,这些现代戏与淮剧骨子老戏《赵五娘》《秦香莲》没有什么区别,仍旧继承了传统文化内涵,其内在文化结构仍然是隐形的民间文化传统。在儒家伦理缺失,新的商业社会契约精神还未完善的今天,类似的事件层出不穷。所以这些正剧兼具了生活真实和艺术真实,也就具有了存在的合理性。传奇历来擅长表现男女风情,从世俗人情中求新求奇,这是自明朝以来形成的戏曲传统。在审美趣味上则酣畅淋漓,粗粝质朴,穷形尽相,所谓"蒜酪遗风"(吴梅语)、"唱不死的淮剧",追求尽善、净化的社会功能,有学者归纳为悲愤性、倾诉性、道德性,认为这些正是淮剧的民间性特质。这些特质在乡村淮剧中得到了较好的表现。

大戏中还有一类属于轻喜剧,《十品半村官》和《赶鸭子下架》是其中的代表剧目。《十品半村官》集中了大量喜剧因素:苏北里下河地区的"女人村",青年农民田来顺,一群老弱病残和妇女,一群狐狸。来顺进城讨债不成,却被迫讨回一群狐狸。在强大狡诈的城市经商者面前,农民处于弱势地位。"狐狸"在这里具有双重意味:既是具有很高经济价值的动物,又是令人厌恶、无品、背叛传统道德的象征,对缺德的"城里人"又有强烈的讽刺意味。来顺无奈,只好当上了"十品半村官"——村民小组长,带领一群妇女养殖狐狸。在狐狸进村、干娘卖狐、来顺留狐、母狐流产、彩珠救狐、合作养狐的过程里,经过一系列误会、波折,终于养狐成功。这部戏反转了《红色娘子军》的角色和叙述话语,赞扬了新时代农民的智慧。城市人背信弃义,聪明反被聪明误,是被讽刺的对象。农民掌握了饲养技能,反过来取利有道,他们身上小小的缺点和过失令人会心一笑,于是微笑着告别过去。这部戏获得了晋京演出的荣誉。另一部形式上创新的无场次轻喜剧《赶鸭子下架》,讲述围绕最美乡村建设发生的喜剧冲突。农民养鸭致富却又造成污染环境,村干部强行赶鸭子上架,造成鸭子生病以至于大范围死亡。鸭农愤怒地将村干部骗上墙头,才一番道理明了,鸭子终于赶下架。底层百姓面对颟顸的管理者只能用这样的方法,以智斗愚。讽刺了小小的村干部,为了完成最美乡村建设的行政任务,懂装不懂,违背基本生活常识,走向最美乡村建设的反面。崇高的目的与可笑的行为构成了强烈的戏剧冲突。在中国基层社会,这样的事情经常发生。这出戏的讽刺意义就在于此。

喜剧在人类文化的宝库中扮演着独特而又重要的角色。中国喜剧一直有着"意归义正""颇益讽诫"的传统,具有维护道统、劝善、娱乐、调节心智等多重社会功能,不同于西方的注重历史反思意味的"重大"喜剧。讽刺喜剧能够表达严肃崇高的主题,歌颂喜剧的发达,是传统喜剧的突出特点。在这些戏中,农民作为主人公,"生活平衡的破坏与恢复,是他生活的冲突,是他凭藉机智、幸运、个人力量甚至幽默、讽刺或对不幸所采取的富有哲理的态度取得的胜利……其直接的生命感都是喜剧的主要感情,都从节奏上支配着它的结构统一,即它的有机形式"①。农民的行为代表了生命、意志和智慧,与合历史目的的愿望相吻合,理应得到赞美。

以上我们分析了淮剧在不同地域的发展状况。很明显地,在不同的历史时空里,淮剧走上了不同的路径。淮剧作为上海特定族群社区的地方文化,逐渐在地化、都市化,脱去了苏北的俚俗气、乡土气,不再把传统价值观作为核心内容,而是追问"人"的存在,"人"在历史情境中的意义,表现出强烈的现代性反思。这正是西方现代性思想的核心价值所在,话剧就是这种价值观的产物。由于淮剧逐渐向话剧靠拢,变得内涵混杂,形式上"不像"淮剧了。传统戏曲的基本规范,如程式、脚色、场次被突破,人物性格内涵复杂,舞台综合表现手法多样化,形成一种趋向于"淮歌剧"的表现形式。在审美内核上表现出明显的现代性,在审美趣味上表现出鲜明的都市性。淮剧在故乡苏北,形成东路和西路两个淮剧流派。都延续了本剧种传统的价值观和审美趣味,以儒家伦理观照转型中的现代社会,表现了由传统农业社会向现代社会过渡的众生相,呈现出传统艺术形式表现当下生活的活力,可谓接地气,保留了地方乡土味,表征了地方文化传统的"凝聚性结构"。

在现代文化生产语境里,淮剧与其他地方戏曲一样,艺术基金创作体制和编

---

① 苏珊·朗格:《情感与形式》,北京:中国社会科学出版社,1986年,第383—384页。

演主旋律戏是保障其发展的重要路径。上海淮剧《大洪流》入选国家艺术基金 2014 年度大型舞台剧资助项目，是当年唯一入选的地方戏曲剧目。这部戏是为庆祝中国产业工人诞生 150 周年、建党 94 周年创作的，对上海来说具有强烈的文化地方性和现实意义。以"造枪—护枪—运枪—起义"为叙述主线，围绕主人公李根生的成长脉络展开，大场面大气势大音乐大制作，将舞蹈、开打、木刻版画元素舞美等融为一体，表现宏大时代主题。其实这种形式在样板戏的时代就开始探索了，上海近年来的《贞观盛世》《廉吏于成龙》都遵循了这种路径。改编自总政话剧团大型话剧《黄土谣》的淮剧《家有长子》，是上海淮剧团二十年来首次"身段"下沉，排演的一部农村题材作品。故事背景在淮剧的故乡苏北，九龙河畔偏僻的农村。老支书夏老汉为了全村人的生计，不幸经营失败，背上了巨额债务。三个儿子各怀心思，"父债子还"的伦理习俗岌岌可危。长子身处自己小家庭的困境中，虽然有过迷惘，最终在良心和责任的拷问下，承诺："二十七万三，我一个人还！"共产党人的精神信仰和责任担当在父子之间得到了传承。这部戏以轻喜剧的形式表现正剧的主题，以共产党员的责任和精神信仰延续了"父债子还"的传统礼义。

在苏北，同样也进行着主旋律戏的编演。2012 年，东路淮剧流派的盐城市淮剧团编演大型淮剧《半车老师》向十八大献礼，获得了晋京演出的荣誉。讲述乡村老教师进城讨要捐赠款，却屡遭欺骗和拒绝，揭示了传统道德的滑落和社会诚信的缺失，呼唤良心和诚信。该剧进行大投入，采用 LED 实景大屏，突破了布景舞台传统。2015 年，为纪念抗日战争胜利七十周年，盐城市淮剧团创作大型淮剧《北秦庄之恋》。取材于发生在当地的抗战时期真实历史事件，再现了鲁艺分院师生们悲壮的抗战故事，讴歌了丘东平、许晴等文化精英的牺牲精神。2022 年上演的《宋公堤》同样取材于真实事件。共产党领导的人民政府面对年复一年的海潮泛滥，在抗日战争的艰难岁月里毅然修筑海堤，拯救了水深火热中的民众。这条大堤被老百姓亲切地称为宋公堤。整部戏塑造了阜宁县县长宋乃德的公仆形象，切身温暖，表现了"人民就是江山，江山就是人民"的主题。西路淮剧流派的淮安市淮剧团创作大型原创淮剧《血战刘老庄》，取材于著名的刘老庄八十二烈士的事迹，以诗剧的形式"集史实和艺术于一身，融传统与现代于一体"。西路淮剧唱腔高亢有力，在角色设计上文武齐全，本来就长于表现宏大的爱国主题。《血战刘老庄》大量使用西洋乐器，在传统调式中融入现代军歌，叙述疏密有致，家国情怀得到了充分的表现，好像一幅写意画，保存和激活了当地的红色文化资源。2022年,金湖县委宣传部和淮安市淮剧团联合推出轻喜剧《村官八把手》,成功入选江苏艺术基金年度资助项目和淮安市"双名"工程扶持项目。在新时代乡村振兴和"绿水青山就是金山银山"的发展背景下,苏北大运河畔的绿水村面临着发展与治理污染的矛盾,围绕着这个时代产业转型展开戏剧冲突。水利专业的大学生村官陈瑶上任河长,在村民眼里,活脱脱就是"棉花杆子做梁柱,细竹竿子硬撑船",被戏称为"村官八把手"。在乡土熟人社会语境里,她的行动困难重重。面对各打小算盘的村民小米椒、张网、水灵灵、鱼泡泡,利益冲突引发了骂钱、审鱼篓事件,可谓是"人情河里开顶风船"。陈瑶以"拉调"演唱的"二十一问"层层深入,逼问自我困境,表现了人物身处的复杂社会环境和心理特征。金湖县省级非遗水乡秧歌"格咚代"作为主题音乐反复吟唱,既凸显了故事的地方文化特征,更构成一条红色文化语境暗线,支撑了情节发展逻辑。"出水菱,谢花藕,浪里的小荷嬉虾妞。妹起舞,哥划舟,岸上的杉树风梳头。要问我家在哪里? 大运河边九里九……"秧歌"格咚代"迁移、挪用了民间文化元素,与国家话语合理连接,把宏大话语乡土化,地方社会生活与国家政治水乳交融。当绿水村终于建成"全域旅游示范村",实现了人民对美好生活向往的愿望,表征了地方在家国情怀下形成的新时代情感结构。《村官八把手》是"运河三部曲"的第一部,以戏剧冲突表现了河长制、乡村振兴、大运河文化带建设等国家重大战略,以地方文化连通国家大运河文化带建设战略,成功糅合了多元文化因素,证明了伊格尔顿对审美意识形态复杂性质的论述:"审美从一开始就是个矛盾而且意义双关的概念。一方面,它扮演着真正的解放力量的角色——扮演着主体的统一的角色,这些主体通过感觉冲动和同情而不是通过外在的法律联系在一起,每一主体在达成社会和谐的同时又保持独特的个性。"①

县城是中国社会的基础单位,放大的乡村。"郡县治,天下安",国家治理之"礼"与民间话语之"俗"交织并存,构成了当下城市化进程的现实,乡土淮剧反映了这个现实。苏北很多县城仍然保留着成建制的淮剧团,创作还相当活跃。

据考证,盐城市建湖县是淮剧的发源地之一,是文化部认定的"中国淮剧之乡"。建湖县淮剧团虽然只是县级剧团,但更是一个高水平高产量的江苏省一级院团,省级非遗保护单位。剧团成立七十多年来,共创作演出了二百多台剧目。

---

① ［英］特里·伊格尔顿:《美学意识形态》,王杰、付德根、麦永雄译,北京:中央编译出版社,2013年,第17页。

2021 年 9 月,当时疫情还在延续中,他们就推出了抗疫题材剧《谷家大事》,出自当地徐正青父子向武汉捐赠 5 万斤大米的真实事件。剧情时间设置为 2020 年春节期间,万家团圆的时刻,突然暴发了新冠疫情。平静生活的县城中“人”遭遇国事家事天下事,与平常生活中的俗人俗事相冲突,戏剧冲突集中爆发。复婚、结婚、签合同、抗疫、拜金、舍己为公、唯利是图,这些事件围绕老兵谷年富的家庭展开。复婚、结婚是儿女情长家务事,签合同是当代经济理性行为,抗疫是国家大事,拜金、舍己为公、唯利是图是个人品德和选择。谷年富和亲家顾山的不同抉择,二儿媳对法拉利跑车的追求,谷正和开车送大米去武汉,苏娟、谷美丽母女奔赴抗疫一线,谷家三代人的行为合情合理地表现了当代中国人家国一体情感结构的必然性,由个体的“谷”家(方言谐音“国”)自然地过渡向集体的“国家”,实现了礼俗互动。《谷家大事》是人民文艺美学的产物,入选为庆祝建党一百周年优秀舞台艺术展演作品。2023 年 4 月,在第九届江苏省淮剧艺术展演月上,建湖县淮剧团又推出新剧《阳光县长》。讲述建湖 4A 级景区九龙口湿地生态恢复工程建设中,因为时间紧迫,必须限时架通管网,可能引发大雨漫塘,触动村民的切身利益,大英子和张扣来发生剧烈冲突。生态修复是国家大事,人际恩怨、个人利益对“公家”来说是小事,对个人来说却是大事。县长郑阳光全家三代人一起投入,下鱼棚,访同学,会旧识,在熟人社会环境里耐心细致地展开工作,化解历史矛盾,引导村民把个人利益与国家大事结合起来,实现新农村发展振兴的美好愿景。这部戏里,同样也有一条红色文化语境暗线,支撑了情节发展逻辑,把当下与历史进行了合理的连接。苏北本身就是革命老区,有强大的红色传统记忆。传统如何与时俱进,必须在审美中得到合理的表征。乡土淮剧做了很好的努力。

2020 年,扬州市宝应县淮剧团推出大型原创淮剧《浪起宝应湖》,取材于新四军后方医院在敌伪我三方复杂的矛盾中生存壮大的本事。仍然延续了淮剧奇人奇事的叙事传统,表现了“冲破黑暗向黎明,大浪托起太阳升。宝应湖上劲帆满,澎湃江湖儿女情”的主题。江湖人物“一点红”陈雨荷、大当家孙天佑、二当家“一阵风”陆大有等,从梁山好汉转化为投奔光明的现代英雄,围绕义父—义女的民间隐形结构演绎了平民英雄的生成,有情有理,表现了平凡人对现代崇高的追求。从《沙家浜》到《浪起宝应湖》,延续了人民文艺的叙述逻辑,致力于探索民间价值观念如何实现向现代民族国家话语的合理转换。

淮安市涟水县淮剧团从 2011 年开始创作“村官三部曲”,《鸡村蛋事》《留守村长留守鹅》《村里来了花喜鹊》，聚焦村官、空巢家庭、文化扶贫等乡村社会发展新动态，以大学生村干部常莹莹、留守村干部陆二黑、扶贫村干部花喜鹊这些鲜活的人物形象，"演真人真事"，把真实的社会事件提升转化为戏剧冲突，以审美形式提出新问题、新思路，呼应了老百姓最关切的民生问题。

2017年，在北京举办的全国基层院团戏曲会演上，涟水县淮剧团创作的《留守村长留守鹅》被推荐参加开幕式演出，时任文化部长雒树刚做了高度评价，认为他们探索出了一条成功的基层剧团发展之路。这部戏讲述了留守村官陆二黑，面对农民进城后农村大量空巢家庭的现状，如何突破困境，实现乡村振兴的过程。《村里来了花喜鹊》仍然以轻喜剧的形式叙述苏北乡村的文化脱贫故事。干了二十五年临时工的文化站代副站长花喜鹊，本身就处于难转正、边缘化、前途迷茫的人生困境中。领导为完成扶贫任务，任命她为扶贫村长。"扶贫让我去，谁来扶我贫"，花喜鹊被迫离开熟悉的岗位去做陌生困难的扶贫工作。然而，身为乡村的女儿，回到那个亲切的环境里，她以自己的职业敏感和责任担当，发现了乡村潜在的文化价值。她利用喜鹊村原有的自然历史条件，挖掘了几近湮没的田头锣鼓，组建淮海锣鼓农民演出团，建农家戏台，开拓网络销售渠道，发展成为扁担镇的淮海锣鼓文化产业。在拆迁与发展的矛盾中据理力争，保护历史文化遗址抗日大食堂，为百年村落保留了红色文化之根，找到了发展乡村旅游致富之路。喜鹊村实现了文化脱贫，成为最美乡村。"你是一只花喜鹊，不计酸甜与苦辣。窝儿做在枝头上，心声化着春音乐！啊！村里来了花喜鹊，农家锣鼓又勃发……""审镇长"这场戏，以马派自由调和大悲调唱出了乡亲们对花喜鹊的认同和赞美。《村里来了花喜鹊》是江苏省首部扶贫大戏，获得江苏紫金文化艺术节优秀剧目奖、省淮剧展演月优秀剧目奖、省文华奖优秀剧目奖。2020年11月，代表江苏赴京参加全国脱贫攻坚优秀现实题材展演。

2021年，为庆祝建党100周年，涟水县淮剧团开始创作"党员三部曲"，已经上演第一部《哎呦　我的憨哥哥》、第二部《村里有个管得宽》。前者讲述在抗击新冠疫情的过程中，螺螺村党员王补丁担任村疫情防控小组副组长，以"冷面守原则""贴钱暖村民""月下追车""夜织围巾"等行动，表现乡村语境里人物的性格和担当。后者延续了淮剧通常的喜剧形式，讲述旗杆村党员管得宽，在乡村振兴中争创文明村，自荐担任村民组长，以"管得宽要官""成立家委会""有钱不卖货""楼上禁养鸡""智退人情钱""逼退吃喝风"等事件，表现苏北乡村社会在时代巨变中的民俗人情矛盾冲突，富有浓郁的乡土生活情趣，以地方性表征了国家话语。地方性是"一个地方的长期文化积累和居住于此的人与地方之间建立起的文化认同与情感联系"①,地方性是民间生活的本真,集中体现在小传统里。当艺术向本真敞开,就抵达了存在。

涟水县淮剧团始建于 1955 年,同样经历了从艺术市场化的艰难求生到国家文艺政策扶持的浴火重生。曾经只能发一点微薄的生活费,演职员流失,创作停滞,老戏老演、老演老戏,恶性循环。他们为了生存,自筹资金,到淮剧的本源——乡土生活里寻找戏剧。艺术的核心是表现活生生的"人",流动变化的乡村生活和人性之间的矛盾才能构成引人入胜的戏剧冲突。农民的家长里短、田间炕头、乡村生活、生老病死这些民风民情底色上映现的是永恒的人生体验。由大学生村官现象,创作了表现乡村转型的《鸡村蛋事》,打开了"演农民的事,说农民的话,唱农民的腔"的创作思路。涟水县淮剧团近年来创作全面开花。在大戏之外,小淮剧《芝麻官钻笆斗》荣获"戏剧中国"首届全国小戏小品优秀作品展演优秀剧目奖,《收汗水》获第四届华东六省一市现代地方小戏大赛大奖。这些创作突破了地方戏发展的低迷现状,被誉为淮剧的"涟水现象",引发了基层剧团的生存与地方戏曲发展问题的思考。

2024 年,盐城市射阳县淮剧团推出《我家住在渔歌村》。黄海畔的渔港小镇,渔歌村开发,传统的渔歌面临失传的危险。主人公笑开怀,与渔歌纠缠了几十年。城市化背景下,为了留下渔歌,笑开怀上任渔歌小镇文化站代副站长,发生了一连串戏剧冲突:"上任,被拒门外""河边,舍弃真爱""劝迁,对牛弹琴""抖音,吟唱传说""含泪,拆散红绳""情义,垒起舞台",这些冲突表现了时代的变迁中渔歌起起落落的命运。白灵、寡妇小辣椒、商佳、曲主任、王婆、牛婶、网红七个女性,围绕笑开怀发生了不同的故事。作为传统民间文化的渔歌几起几落,最终以崭新的文化旅游形式融入了乡村振兴的时代大潮,生生不息。

袁连成、朱正亚、袁晓亚、陈明都是乡土剧作家,既是历史进程的参与者,也是剧中人。他们自觉践行习近平总书记的"反映时代是文艺工作者的使命。广大文艺工作者要把握时代脉搏,承担时代使命,聆听时代声音,勇于回答时代课题"②的号召,把真人真事、好人好事整合转化为艺术形象,实现了"人民既是历

---

① 孙九霞,黄秀波,王学基:《旅游地特色街区的"非地方化":制度脱嵌视角的解释》,《旅游学刊》,2017 年第 9 期。

② 习近平:《在中国文联十大、中国作协九大开幕式上的讲话》,北京:人民出版社,2016 年,第 7 页。

史的创造者、也是历史的见证者,既是历史的'剧中人'、也是历史的'剧作者'"①。生活是艺术生产的内源性力量,乡土剧作家们及时捕捉社会生活热点,由生活现象表现审美本质,显示了艺术的巨大审美力量和社会治理功能。袁连成总结升华为"戏为农民写,笔跟时代走"的创作心得。这些戏中的村官治理乡村、空巢家庭、文化扶贫、乡村振兴、生态环境治理等社会事实,审美地表征了中国社会发展的正确方向。知识型的大学生村干部、县长等新人,虽然不同于传统的基层干部,但是在实际行动中表现出丰满坚实的内心,传统文化与当代理性真正落实到个人的身心感受中,从而建构了新一代知识实践型主体,体认到个体与民族、国家、人类命运的联系,表征了国家意识形态。尤其是袁连成,二十多年扎根苏北乡村,创作了近二十部农村题材轻喜剧。在涟水县生活五年多,创作的三个"三部曲"构成了苏北乡村变迁的史诗,获得"全国现代戏创作突出贡献剧目"奖。他的每部戏都建立在长期扎扎实实的采风和体验生活基础上,绿水村、扁担镇、喜鹊村都有真实原型。

从文化传承发展的逻辑看,乡土淮剧既继承了以《朝阳沟》为代表的现代戏传统,塑造了新一代的银环、拴保,更继承发扬了中国文艺"风"的传统。风乃起于"气之感人",《诗经》之风"是以一国之事,系一人之本,谓之风"(《诗大序》),既是个人性的"情动于中",但"动于中"的情又是关系到与自己个人性紧密相连的整体之情,"风"的世界浩浩汤汤,寄托着民众模糊复杂的意识和情感。秧歌"格咚代"、江湖儿女情活灵活现地描述了地方世俗生活光景,"出水菱,谢花藕,浪里的小荷嬉虾妞。妹起舞,哥划舟,岸上的杉树风梳头",既是绿水青山,更是以万种物象比作人间,自然、生活与人情相通融,构成一个整体性的活泼泼的圆融的世界。

人民文艺是现代中国的艺术生产核心话语,古老传统的中国要转变成现代民族国家,占人口绝大多数的传统农民必须转变为现代政治意义上的人民。从等待启蒙的对象转变为召唤生成的主体,只有行动起来才能实现这种转变,进入现代性进程。按照这样的逻辑,"社会动员"就构成了20世纪中国文艺与中国革命的核心内容。中国现代性语境里生成的人民文艺和群众文艺,完全不同于西方消费性的大众艺术,具有明显的自上而下、从外到内的动员性质、国家性质,召唤行动性质,只能是、也必然是一种行动的艺术。因此,中国的审美现代性逻辑

---

① 习近平:《在文艺工作座谈会上的讲话》,北京:人民出版社,2015年,第13页。

"天然"地不同于西方的非功利性审美,具有积极的投入行动性。非功利性审美以距离实现主体在场的反思,功利性审美则以在场实现了主体建构,形成了两种不同的审美现代性。如果说西方现代性语境里形成的大众艺术具有无主体的消费性和去主体性,中国现代性语境里形成的群众文艺则恰恰相反,通过艺术生产生成了全新的行动性主体。大众艺术追求商业化和消费性,中国现代性语境里的群众艺术具有鲜明的导向性和行动性,政治塑造、宣传教育功能突出。"群众"不仅仅是艺术的接受者,更是行动起来的创造者,他们的行动既是艺术的反映对象,行动起来的他们又成为艺术的创造者。"群众"首先反映在美学功能上,其次才表现在实践意义上,是一个建构的主体。艺术与现实的边界就这样消失了,由此而形成的人民文艺(后面又分化出群众文艺)最终成为中国特有的现代性表征。

基于中国特殊的"动员"现代性逻辑,"可信性""召唤性"和"行动性"必然取代审美通常的"虚构性"和"乌托邦性",艺术创作的"写真人真事"原则自然地成为社会动员的重要组成部分。只有这样才能最大限度地实现文艺为现实服务的功能,人民文艺鲜明的审美现代性特质就体现在这里。因此,启蒙文艺向人民文艺转换就成为中国审美现代性的必然逻辑。就这样,20 世纪的中国美学似乎一直表现出与政治融合的趋势,尤其表现在人民文艺和群众艺术领域,体现了"社会政治、经济、社会机构等等因素,不是'外在于'文学生产,而是文学生产的内在因素,并制约着文学的内部结构和'成规'的层面"[1],形成了中国特有的审美现代性,他律性取代了自律性,支配着中国审美现代性的发展路径。人民文艺的社会主义文化产品本质就在于鲜明的政治—美学功能。

如果我们追溯中国现代戏剧发展史就会发现,事实上,早在红军时期,红一军团就组织了战士剧社,演出"实事"话剧《庐山雪》。由谙熟热爱传统戏曲的罗瑞卿担任编剧兼导演,他还亲自扮演了蒋介石,童小鹏扮演宋美龄,聂荣臻扮演政委,罗荣桓扮演政治部主任,林彪扮演红军军长。表演的都是刚刚发生的"本事","演员"以本人真实的身份本色出演。这种对"真事"的表演通过场景复现,印证了革命胜利的逻辑,唤醒了沉睡的自我,具有强烈的鼓动性,实现了本雅明呼唤的艺术民主,更具有强大的社会唤起和动员功能。

作为地方文化结晶的淮剧,除了上文提到的大量现代戏,也以古装戏题材表

---

① 洪子诚:《问题与方法——中国当代文学史研究讲稿》,北京:北京大学出版社,2010 年,第 185 页。

现地方文化。淮安区淮剧团创作了古装戏《半幅对联》，取材于流传了二百多年的地方民间传说"小大姐，上河下，坐北朝南吃东西"的半副对联本事，根据生活逻辑展开了合理想象。这部剧参加第七届江苏省淮剧展演月演出，得到观众的接受和好评。

以上这些正剧，基本上都得到了省文化创作基金的支持，参加紫金文化艺术节汇演，表征了现代民族国家意志。在非遗传承保护的背景下，国家加大了对传统戏曲的扶持力度。江苏省出台《关于支持戏曲传承发展的实施意见》，《村官八把手》《我家住在渔歌村》《村里来了花喜鹊》都得到省文化创作基金资助，后者获得精品剧目 200 万元扶持基金，还入选文旅部 2020 年全国舞台艺术重点主题创作作品计划。在现行文化市场运行机制下，剧团参加文化惠民演出和送戏下乡，政府购买文化公共服务和财政补贴保障了剧团的正常运行。江苏省目前有省淮剧团、泰州市淮剧团、淮安市淮剧团、盐城市淮剧团、建湖县淮剧团、射阳县淮剧团、阜宁县淮剧团、滨海县淮剧团、淮安市淮剧团二团、宝应县淮剧团、兴化市淮剧团和涟水县淮剧团 12 个专业剧团。盐城、扬州、淮安、泰州这几个淮剧主要传播区域，很多县城都有淮剧团，属于现代文化体制下的事业单位，以财政资金和职称制度保障演职员的创作和生活。大部分淮剧团都有当家的一级演员，形成了"创作—获奖—基金—市场—职称"的良性循环。在编制有限、适应市场的文化生产语境下，县城淮剧团灵活采用了类似于影视剧生产的剧组制，根据剧目的需要，"以戏用人"，灵活组合，打破体制、剧种、区域界限。涟水淮剧团的几个"三部曲"、射阳县淮剧团的《我家住在渔歌村》和金湖县委宣传部、淮安市淮剧团联合创作的《村官八把手》都是这样的产物。这几部戏的编剧袁连成，隶属于江苏省淮剧团（属地盐城市）；舞美设计干露，国家二级舞美设计，为淮安市文化馆副馆长；灯光设计杨庆锦，国家一级舞美设计，为南京市越剧团团长。这种场景好像回到了淮剧当年在上海刚刚形成的时期，粗粝而充满生命力。

在当下的戏剧再生产体制下，这些正剧，基本上先进入评奖系统，后参加展演或者晋京演出。1986 年，首次举办江苏省淮剧节，已成功举办了九届，推动了淮剧艺术的创作交流。江苏省为基层文艺院团优秀剧目展演提供了一个演出市场。根据新媒体时代的视觉传播特点，每场演出还同步推出了"剧场演出＋线上演播"的传播形式，观众可以在多个平台免费观看线上高清直播。比如《哎呦我的憨哥哥》，在线观看人次高达 54 万；《我家住在渔歌村》，线上同步直播，观众达 162 万。江苏公共文化云平台常年播放淮剧。以此类推，淮剧观众人数应该是比较可观的,可能并不少于现场面对面观看的时代。杨乾武认为:国内许多戏剧目前还停留在宣传层面,没有打破旧有的庆典模式,"这首先违背艺术规律,更谈不上遵循市场规律了"①。这里的"违背艺术规律"可能是指立意在先。吕效平认为,"这类平庸正剧的大量出现……是由于政府取代个人成为戏剧创作主体而发生的。政府不能成为戏剧(以及一切艺术)创作的主体"②。笔者认为,这两种观点都失之偏颇。国家意志的表征从来都是构成艺术本体最重要的维度之一,从《诗经》到当代红色经典概莫能外。正剧不一定只限于宣传,更不是平庸的代名词。人民文艺遵循的是道德理性和实践理性,不同于西方的审美非功利性逻辑。人民文艺逻辑符合中国社会现实的发展趋势,具有历史和现实的合理性,观众的认可就是证明。

以上提到的主旋律戏和大戏,基本上都是通过文化惠民演出和送戏下乡的途径演出的。由政府购买公共文化服务,观众免费观看,形成一种中国特有的非遗保护传承语境下的文化传播市场。在城市,一般在正规大剧场演出;送戏下乡,流动舞台车一般在小镇街道、村部礼堂、乡间空地,就地搭建简易乡村舞台。据相关资料统计,近年来,全国新建、改扩建剧场二百多个,国内剧院总数高达二千多家。然而,与这个令人兴奋的数字相反的事实是,剧场利用率严重不足、运营效能低下,大量中小城市的剧场使用率远远低于50%,许多重金投入的剧场大部分时间空置。笔者所在的江苏省淮安市,建成了人民大会堂、长荣大剧院、城市大剧院。人民大会堂多用于政府活动和庆典,城市大剧院在生态新城区,落成后远离老城区,加入了保利剧场集团运营,主要从事"高端"商业演出,长荣大剧院商业性演出数量也比较少。淮剧表演剧场从草台班子提升到高大上的大剧院,但是观众覆盖面并没有随之扩大。

根据我们的随机调查走访,淮安市下辖的各区、县,很多乡镇还保留着当年的剧场。这些计划经济时代由国家投资建设的文化基础设施,一部分还在使用中,大多数或者功能转变,或者任其破损灭失,这是很令人痛心的。淮剧团下乡送戏演出都用流动演出车,兼具舞台、化妆间、灯光音响室的功能,灯光弱,音乐凑,好像又回到了拉围子的时代。平价剧场的缺失,一定程度上影响了淮剧的传

---

① 王珏、曹雪盟:《舞台剧,中外合璧为哪般》,《人民日报》,2015年11月9日,第14版。
② 吕效平:《个人的戏、政府的戏和校园的戏——在"戏剧研究网"成立五周年学术研讨会上的发言》(来源:戏剧研究网 http://www.xiju.net,2008年09月28日)。

播,使淮剧离基层群众越来越远。

　　然而令人欣慰的是,我们同时也发现,民间还活跃着相当一批草根剧团。如金湖县,在老城核心区利用废弃房屋开设了荷都戏苑,县淮剧团退休员工在"荷都戏苑"每周固定时间演出。虽然狭小简陋,仍然吸引了大量戏迷票友参与,他们称之为"周周戏相逢"。淮安区就有兰花淮剧团、金龙淮剧团、伯勤淮剧团等,常年在乡村剧场和各种庆典上演出。演职员主要来自淮剧团退休员工,演出剧目多为传统戏,灵活采用租剧场付场地费或者小剧场会员制。这些剧团为了达到最好的演出效果和经济效益,经常互相交流演员,移植"混搭"其他剧种剧目,随机改变调整情节和唱白。演员和观众都出于对淮剧的热爱坚持着淮剧事业,很多演员拥有自己的粉丝群体,粉丝以打赏的形式支持淮剧,形成了良好的剧场互动。这些戏迷是淮剧文化传承发展的强大支持。

　　淮剧正剧的国家话语性质决定了它参与到地方社会治理中,"作为一种社会事实,'礼'与国家政治结合成为一种文化制度,是有着一个逐渐联结的过程的,'俗'则在地方生活的运作中呈现出民间'微政治'的多种社会样态"①。淮剧从苏北乡村"小戏台"走进首都北京"大剧院",俗人俗事转化为宏大叙事,以"小剧团,小人物"走向"大舞台,大理想"。既表征了小传统之"俗",又遵循了国家话语人民文艺的叙述逻辑,所以大多数剧目以轻喜剧的形式表现国家意志宏大主题,"从农村来,演农民事,为农民演",以小见大,实现了"上接天线、下接地气,有情怀、有温度",这就决定了淮剧文化性质的多元驳杂和审美社会功能的多元化。

　　综上所述,淮剧在不同的空间,走上了不同的发展路径。上海的都市淮剧向话剧化、思辨性、流行音乐性方向发展,同时兼顾了商业性和市民性,表现出强烈的现代性取向。淮剧本体和内涵发生了位移和扩展,"戏"和"乐"的功能尤其突出。苏北的乡土淮剧以新人新事表现时代,阐释了传统文化价值观向现代国家话语转型的合理逻辑。在艺术形式上倾向于表现宏大主题,出现了多个三部曲作品,管弦乐队和文武场相结合,融合了流行音乐和地方文化元素。为了表现复杂多元的现实,淮剧在形式上进行了积极探索,发生了重要突破。《我家住在渔歌村》围绕事件主线再组织事件,生发出一个个扇形喜剧冲突,形成网状结构。大胆地以不平衡的一生七旦的人物设置,表现复杂的社会环境和主人公性格的多面性。《村里来了花喜鹊》里,花喜鹊是有作为有追求的现代女性,传统的青

①　张士闪:《礼俗互动与中国社会研究》,《民俗研究》,2016 年第 6 期。

衣、花旦、彩旦类型人物显得单薄。主演许晴把三个行当的技巧综合起来,塑造了一个不同于传统的单一类型的现代旦角,人物性格丰满复杂,把花喜鹊从不情不愿、被迫去扶贫,却歪打正着,满腔热忱建设家乡的逐步转变过程表现得合情合理。苏北的淮剧现代戏准确地捕捉了乡土社会中的"人"在历史转型时期的情感,合理调动传统乡土伦理和情感资源,形成治理合力。这样完成了国家话语的在地化,具有相当的历史自觉和文化担当。在现行艺术发展体制下,基金项目和晋京演出成为淮剧再生产的重要保障。两种淮剧都表现出鲜明的现代性特质,自觉打破了话剧—戏曲的二元对立模式,呈现浑融圆熟的形式,都致力于把地方文化与国家话语相互贯通,形成一种现代礼乐文化。淮剧原本是草根艺术,只有紧跟时代,发现生活,反映生活,只有在民间和市场中生存,才能保持生命力。这也是一切艺术的本源和发展动力。

结语　全球化语境下的文化多元化主体和地方文化身份混杂性

　　这个项目全部完成之后，并没有轻松感，相反却感觉非常矛盾，很多地方没有分析到位，传统的美学研究模式可能不适用于研究中国当下的审美文化现象。

　　根据古典美学原理，当代审美文化已经完全不同于美学刚诞生的时代，美学本体、审美类型、美学的社会功能都发生了巨大变化。伴随着印刷文化和现代性、城市化的深入，古典文化特有的光晕消失，从"静观型"的和谐文化转型为欲望型的感性文化，审美主体与对象之间的距离消失。感性、当下、体验构成了现代审美类型发生的历史起点。美学诞生伊始，康德把"无利害性"视为主体意识指向的本质规定，形成主体与表象纯粹的观赏关系，构成审美自律论的基础。叔本华视审美为"静观"（Vor-stellung），不涉及意志、欲望。审美作为一种知觉方式，是"对欲求没有任何关系的认识"。因此，古典美学认为"无利害性"是审美发生的前提，是对"欲望"的摆脱。审美自律是现象学意义上对象的自我呈现（presentation），而意志和欲望则相反，是"再现"（representation），建构了主客体二元分立的"被—呈现"（re-presented）关系。"有我"和"在世"的欲望通过对审美自律性的解构，建构一套新的审美话语，主导了复制型文化再生产逻辑。审美既侵入了政治、经济、文化等领域，又向感性和欲望倾斜，这既是现代性诞生的土壤，也是它暧昧不清、难以阐释、经常发生"越位"而又"绑架"审美的原因。现代性与审美现代性纠缠在一起，审美沦成欲望的表征，成为主导当代审美文化再生产的逻辑，因此，当代文化呈现出复杂的多型态现象（polymorphism）。由于现代复制文化造成的审美主体与对象之间距离的消失，实在与影像之间的差别消失，日常社会趋向于审美化，出现了后现代仿真文化，日常生活审美化和符号社会诞生了。费瑟斯通认为，充斥于日常生活的符号与影像构成了日常生活的审美呈现。鲍德里亚认为,现实的符号化导致了审美的泛化,审美价值的泛化导致美本身毁灭。布尔迪厄认为,艺术趣味与社会经济结构具有同源同构的关系,艺术成为社会结构的隐喻符号。因为欲望主导的消费社会成为符号社会,"仿真"(simulation)取代仿造(counterfeit),成为现代美学的核心原则,主导了消费社会的文化再生产逻辑,出现了大量的"挪用""拼贴"文化符号现象。前文分析的淮安城市空间改造、皂河安澜庙会的当代演变、金湖县的文化符号编码,都遵循了这样的逻辑。

从文化再生产语境看,当代已经进入了一个广阔、全球性的民众群体想象,新的政治和社会改造思想,成为建构现代民族国家话语的基石。传统文化的开发利用和重新叙述,成为进入全球化的必然路径。这里,我们再分析大运河申请世界非遗的例子,验证其中的地方文化话语逻辑。

2014 年 6 月,在第 38 届世界遗产大会上,中国大运河项目成功入选世界文化遗产名录,成为中国第 46 个世界遗产项目。世界遗产委员会高度评价大运河"是人类历史上最伟大的水利工程杰作","提供了人类智慧、决心和勇气的确凿证据。大运河是人类创造力的杰出范例"。习近平总书记指示:"大运河是祖先留给我们的宝贵遗产,是流动的文化,要统筹保护好、传承好、利用好。"大运河江苏段南北延绵 790 公里,江苏省是大运河国家文化公园唯一重点建设区,又是大运河沿线列入世界文化遗产点段最多的省份,率先出台大运河文化保护传承利用规划,出版全国首部运河通志《中国运河志》,编制完成全国首个省级大运河国家文化公园规划,组织实施全国首个大运河文旅博览会。江苏省按照"河为线、城为珠、珠串线、线带面"的思路优化总体功能布局,深入阐释大运河的当代文化价值,弘扬大运河的时代精神。江苏省提出《世界级运河文化遗产旅游廊道建设实施方案》,计划串联运河沿线文化遗产、历史城镇、乡村田园、自然景观等资源,丰富拓展沿线文物和文化资源保护利用形式,守护运河文化之根,多维展示运河之韵。

从文化阐释学视域看,《中国运河志》奠定了现代运河学的文化基石,决定了如何讲述大运河故事。当下的文化遗产保护开发都是建立在对大运河进行文化定位的基础上展开的文化再生产行为。淮安作为大运河文化带重要标识性城市,在大运河文化带建设中居于重要位置。淮安市着力打造大运河文化带示范区"淮安样板",建设现代运河文化,讲述运河故事。大运河淮安段拥有世界文化遗产区 2 处:清口枢纽、总督漕运公署遗址;河道 1 段:淮扬运河淮安段;遗产点

5 处：清口枢纽、双金闸、清江大闸、洪泽湖大堤、总督漕运公署遗址。淮安围绕大运河文化带和国家公园建设，在运河文化保护传承的原则上，在文化旅游、道路交通、生态修复等多方面计划实施项目建设 70 余个，打造具有地域特色、文化特质、时代特征的"运河之都　百里画廊"品牌和大运河文化带标志性城市。百里画廊规划范围横跨四区一县，沿水域长约 125 公里。淮安谋划打造覆盖全域的大运河百里画廊建设工程，挖掘阐释沿线地域人文特征，绘制淮上四卷·运河八园新城市空间。淮安打了四张城市名片：伟人故里、运河之都、美食之都、文化名城，蕴含着对当下城市的自我定位和文化想象，即把产业、文旅、生态结合起来，实现大运河文化带建设与区域经济社会和谐发展。根据"世界级运河文化遗产旅游廊道""沿洪泽湖世界级生态文化旅游区"的文化定位，打造落实为"运河三千里　醉美是淮安"的文化意境。目前，淮安已经完成《淮安板闸——明清遗址考古报告》《明清小说与运河文化》《明清漕运总督传略》《明代的漕运》《诗意的运河之都》《中国运河与漕运研究》等研究著作和数字影像资料库建设；建成洪泽湖博物馆、漕运博物馆、西游记文化体验园、清江浦 1415 历史文化街区、淮印时光文创园、花街、西大街文化街区、中国水工科技馆、周恩来故里景区、白马湖风景区、河下古镇等文化空间。

从文化再生产层面看，这个巨大的城市空间改造和文化建设工程包括保护传承工程、研究发掘工程、环境配套工程、文旅融合工程、数字再现工程，涵盖了古典文化继承保护、现代体验文化、城市更新、非遗传承等多种现代文化类型。文化遗产传承保护意味着传统历史文化向现代产业和旅游文化转型，"沉默的遗迹"不再是化石，而是转化为绵延的当下，具有了新的生命力。现代文化具有多元性，而文化价值是文化的基本属性和内涵，表现为经济效益、政治效益、社会效益、生态效益等。根据阿达莱·阿斯曼的文化再生产理论，文化记忆的凝聚性结构通过经常性的叙述得以激活，其隐喻意义即与当下发生了关联，"过去"被予以传统化并得以保留到当下，形成一套特定的符号系统，使集体成员产生归属感，进而认同所在集体的身份。在不同的历史时期，集体会自觉调整意象，重建新的记忆，"有意"遗忘或者覆盖另一些记忆，以此延续巩固群体凝聚力。所以社区的历史就是共同体对特定历史情境作出的选择性记忆与叙述的结果，因此记忆和叙述文本处于不断地建构和重构中。淮安的大运河百里画廊建设工程就是这样一种现代文化记忆建构工程，把大运河丰富的历史和传说与当下"连接"起来，融入现代社会生活，市民成为大运河的主人，大运河因此具有了存在论意义。

　　大运河作为流动的文化遗产,地理空间跨度大,活态文化遗产资源丰富,是沿线地方文化基因的保存和发展载体。只有把大运河文化遗产保护同生态环境保护提升、沿线空间保护修复、文化旅游融合发展提升辩证统一起来,才能推进大运河文化保护传承利用发展。淮安开展大运河保护传承利用、大运河国家文化公园建设、构建文旅融合发展格局,打造"工业＋旅游""农业＋旅游""文化＋旅游"等"＋旅游"模式,引导游客体验"淮安味道"。这些文化行为分属于两种不同的文化类型。遗址遗迹保护利用与主题博物馆和文化生态公园一个指向"过去",一个指向现代"复制"展示,"发明的传统"是展示型文化建构,遵循文化重构逻辑。因此,如何在大运河文化保护传承中做到古典文化与现代文化的相对平衡是关键。大运河保护开发工程的目的是深入阐释其文化价值和精神内涵,通过打造管控保护、主题展示、文旅融合、传统利用等四大现代文化功能分区,完成保护传承、研究发掘、环境配套、文旅融合、数字再现等重点基础工程,把传统文化保护和现代传承创新有机结合起来。

　　从结果来看,淮安大运河百里画廊建设工程实现了还河于民、还岸于民、还景于民,达到了人、环境、自然的和谐。市民成为运河的主人,运河不再是遗产,而是融入城市生活,成为多功能生态文化走廊。清江浦景区夜间文旅消费集聚区基本形成夜间文旅业态聚集的消费新格局。通过统筹优化大运河沿线生产、生活、生态空间,实现了文化工程的经济效益、政治效益、社会效益、生态效益。淮安的大运河文化遗产保护展示、生态环境保护修复、文化和旅游融合发展工程,传承了大运河传统文化,统筹优化大运河沿线生产、生活、生态空间,发挥百里画廊的优化城市空间、做强城市功能、提升城市品质功能,使传统文化实现了现代更新。大运河保护开发是一项巨大的文化工程,在现代性和审美现代性深度交织的语境中具有多重"复数"意义。淮安大运河文化工程建构的个案揭示了传统文化的现实生存状态和深层发展逻辑。

　　韦伯认为,文化认同是一种主观信念(subjective belief),以对族群历史的主观"共同记忆"(shared memories)为前提,这种"共同记忆"决定了群体文化认同的心态。通过一系列对地方文化建构的案例分析,我们认为,现代地方文化身份是多重因素交织的混杂语境中文化多元化要素的张力、冲突、平衡的产物。文化身份虽然具有虚构性,但同时具有凝聚力、意识形态性、积极意志和创造性,表征了处于社会转型时期的中国真实的历史变迁进程和价值观念,建构了现代民族国家的想象共同体。相同的历史认同一般指向相同的历史秩序和价值观。混杂多元的当代文化现象下隐藏着文化传承、变迁、再生产的真实逻辑。文化实践凝聚的文化符号既表征了集体记忆,更是社会现实的隐喻。对文化现象和文化符号的分析就是对当代文化中国建构逻辑的分析。地方文化符号的生产再现、书写吸纳了当代中国文化生产逻辑,它既是中国特有的政治、经济、文化体制的产物,也是这个逻辑的同构呈现和话语表征。中国林林总总的当代文化工程,建构了全球化语境中的地方多元化身份,遵循民俗主义与民俗变迁逻辑和后现代主体身份与认同路径,致力于消费主义主体与现代民族国家身份建构。在全球化语境里,民族国家的政治经济与民族主义互为表里,传统文化和民间文化符号被"挪移",成为表征中国的符号。全球化语境下的当代中国,需要建构新的文化认同。

参考书目

蔡元培. 蔡元培美学文集. 北京：北京大学出版社，1983

李泽厚. 中国古代思想史论. 北京：人民出版社，1986

李泽厚. 中国近代思想史论. 合肥：安徽文艺出版社，1994

郭于华主编. 仪式与社会变迁. 北京：社会科学文献出版社，2000

钟敬文主编. 中国民间文学的新时代. 兰州：敦煌文艺出版社，1991

张法. 中国美学史. 成都：四川出版集团，四川人民出版社，2006

张法. 美学导论.（第三版）北京：中国人民大学出版社，2011

于文秀. "文化研究"思潮导论. 北京：人民出版社，2002

孙晶. 文化霸权理论研究. 北京：社会科学文献出版社，2004

陶东风主编. 文化研究精粹读本. 北京：中国人民大学出版社，2006

朱恒夫主编. 中国戏曲美学. 南京：南京大学出版社，2008

高义龙、李晓主编. 中国戏曲现代戏史. 上海：上海文化出版社，1999

蓝凡. 艺术历史空间的哲学思考. 上海：学林出版社，2008

胡星亮. 现代戏剧与现代性. 北京：人民文学出版社，2007

张庚、郭汉城主编. 中国戏曲通史. 北京：中国戏曲出版社，1981

胡晓军、苏毅谨. 戏出海上——海派戏剧的前世今生. 上海：文汇出版社，2007

陆扬、王毅. 大众文化研究. 上海：上海三联书店，2001

汪晖. 现代中国思想的兴起. 北京：生活·读书·新知三联书店，2004

张紫晨. 中国民俗与民俗学. 杭州：浙江人民出版社，1985

王文宝. 中国民俗学发展史. 沈阳：辽宁大学出版社，1987

刘锡诚. 20世纪中国民间文学学术史. 开封：河南大学出版社，2006

乌丙安. 中国民俗学. 沈阳：辽宁大学出版社，1985

高丙中. 民俗文化与民俗生活. 北京：中国社会科学出版社，1994

张京成等. 工业遗产的保护与利用——"创意经济时代"的视角. 北京：北京大学出版

社,2013

方李莉主编. 从遗产到资源——西部人文资源研究报告. 北京:学苑出版社,2010

高丙中. 居住在文化的空间里. 广州:中山大学出版社,1999

顾铮. 城市表情——20 世纪都市影像. 南京:江苏人民出版社,2003

顾铮. 现代性的第六张面孔. 上海:上海人民出版社,2007

晋永权. 红旗照相馆——1956—1959 年中国摄影争辩. 北京:金城出版社,2009

谢宏军. 乡村诊所. 北京:生活·读书·新知三联书店,2003

叶朗. 美学原理. 北京:北京大学出版社,2009

宗白华. 美学散步. 上海:上海人民出版社,1981

宗白华等. 中国园林艺术概观. 南京:江苏人民出版社,1987

周宪主编. 文化现代性. 北京:中国人民大学出版社,2010

周宪主编. 当代中国的视觉文化研究. 南京:译林出版社,2017

周宪. 现代性的张力. 北京:首都师范大学出版社,2001

周宪. 视觉文化的转向. 北京:北京大学出版社,2010

田启波. 吉登斯现代社会变迁思想研究. 北京:人民出版社,2007

周星. 乡土生活的逻辑. 北京:北京大学出版社,2011

张士闪主编. 中国民俗文化发展报告 2012. 北京:北京大学出版社,2013

罗钢、刘象愚主编. 文化研究读本. 北京:中国社会科学出版社,2000

包亚明编. 现代性与空间的生产. 上海:上海教育出版社,2003

高宣扬. 布迪厄的社会理论. 上海:同济大学出版社,2006

杨念群主编. 空间·记忆·社会转型——"新社会史"研究论文精选集. 上海:上海人民出版社,2001

许纪霖主编. 现代性的多元反思. 南京:江苏人民出版社,2008 年

王斑. 全球化阴影下的历史与记忆. 南京:南京大学出版社,2006

郑晓云. 文化认同论. 北京:中国社会科学出版社,2008

赵世瑜. 小历史与大历史——区域社会史的理念、方法与实践. 北京:生活·读书·新知三联书店,2006.

王艮著. 陈祝生,蔡桂如,许均等校点. 王心斋全集. 南京:江苏教育出版社,2001.

黄宗羲著. 沈芝盈校点. 明儒学案. 北京:中华书局,1985.

汪曾祺. 晚翠文谈. 杭州:浙江文艺出版社,1988

汪曾祺. 汪曾祺全集. 北京:北京师范大学出版社,1998

汪曾祺. 随遇而安. 北京:京华出版社,2006

苏北. 一汪情深:回忆汪曾祺. 上海:上海远东出版社,2009

王安忆. 重建象牙塔. 上海:上海远东出版社,1997

王安忆. 弟兄们. 北京:中国文联出版社,2001

王安忆. 文工团. 北京:文化艺术出版社,2001

王安忆. 富萍. 长沙:湖南文艺出版社,2000

韩少功. 马桥词典. 北京:作家出版社,1996

鲁敏. 伴宴. 南京:凤凰出版传媒集团,江苏文艺出版社,2011

毕飞宇. 哺乳期的女人. 南京:凤凰出版传媒集团,江苏文艺出版社,2011

毕飞宇. 平原. 南京:江苏文艺出版社,2005

刘仁前. 香河. 北京:人民日报出版社,2006

刘仁前. 浮城. 北京:人民文学出版社,2012

刘仁前. 残月. 北京:人民文学出版社,2015

刘仁前. 香河纪事. 北京:作家出版社,2019

刘仁前. 楚水风物. 南京:凤凰文艺出版社,2017

李洁冰. 苏北女人. 南京:江苏凤凰出版集团,江苏文艺出版社,2016

李洁冰. 渔鼓殇. 北京:中国书籍出版社,2019

严苏. 古槐. 南京:江苏凤凰文艺出版社,2014

严苏. 孔雀东南飞. 石家庄:花山文艺出版社,2018

严苏. 生活变奏曲. 北京:中国文史出版社,2021

严苏. 天缺一角. 北京:中国书籍出版社,2014

荀德麟主编. 淮阴市志. 上海:上海社会科学出版社,1995

荀德麟、章大李主编. 洪泽湖志. 北京:方志出版社,2003

[德]哈贝马斯著. 曹卫东译. 现代性的哲学话语. 南京:译林出版社,2005

[美]乔纳森·弗里德·曼著. 郭建如译. 文化认同与全球化过程. 北京:商务印书馆,2003

[美]克利福德·格尔茨著. 韩莉译. 文化的解释. 南京:译林出版社,2008

[法]亨利·列斐伏尔著. 李春译. 空间与政治. 上海:上海人民出版社,2007

[法]梅洛·庞蒂著. 姜志辉译. 知觉现象学. 北京:商务印书馆,2001

[德]卡尔·曼海姆著. 艾彦译. 意识形态与乌托邦. 北京:华夏出版社,2001

[英]雷蒙德·威廉斯著. 刘建基译. 关键词——文化与社会的词汇. 北京:生活·读书·新知三联书店,2005

[美]弗·詹姆逊著. 王逢振等译. 快感:文化与政治. 北京:中国社会科学出版社,1998

[美]马歇尔·伯曼著. 徐大建、张辑译. 一切坚固的东西都烟消云散了. 北京:商务印书

馆,2003

[美]弗兰西斯·福山著. 李宛蓉译. 信任——社会道德与繁荣的创造. 北京:远方出版社,1998

[英]本尼迪克特·安德森著. 吴叡人译. 想象的共同体. 上海:上海人民出版社,2011

[美]克利福德·吉尔兹著. 王海龙、张家瑄译. 地方性知识:阐释人类学论文集. 北京:中央编译出版社,2000

[英]王斯福著. 赵旭东译. 帝国的隐喻:中国民间宗教. 南京:江苏人民出版社,2008

[美]卡尔·海德著. 田广、王红译. 影视民族学. 北京:中央民族学院出版社,1989

[澳]约翰·特纳著. 杨宜音、王兵、林含章译. 快感:自我归类论. 北京:中国人民大学出版社,2011

[德]齐美尔著. 林荣远译. 空间社会学. 桂林:广西师范大学出版社,2002

Allison James, Jenny Hockey & Andrew Dawson (eds.), *After Writing Culture: Epistemology and Praxis in Contemporary Anthropology*, London: Routledge, 1997

Bryan S. Turner. *A Note On Nostalgia* . Theory, Culture, Society, 1987

Eric J. Hobsbawm, *The age of extremes: A history of the world, 1914 – 1991*. Pantheon Books, 1995

图书在版编目(CIP)数据

城市化语境下的地方文化身份建构与话语表征研究/
亢宁梅著. —上海：上海三联书店，2024.11.
ISBN 978 - 7 - 5426 - 8725 - 8

Ⅰ.G127.53

中国国家版本馆 CIP 数据核字第 2024RQ2952 号

城市化语境下的地方文化身份建构与话语表征研究

著　　者 / 亢宁梅

责任编辑 / 董毓玭
装帧设计 / 一本好书
监　　制 / 姚　军
责任校对 / 王凌霄

出版发行 / 上海三联书店

　　　　　(200041)中国上海市静安区威海路 755 号 30 楼
邮　　箱 / sdxsanlian@sina.com
联系电话 / 编辑部：021 - 22895517
　　　　　发行部：021 - 22895559
印　　刷 / 上海惠敦印务科技有限公司

版　　次 / 2024 年 11 月第 1 版
印　　次 / 2024 年 11 月第 1 次印刷
开　　本 / 710 mm×1000 mm　1/16
字　　数 / 290 千字
印　　张 / 17.25
书　　号 / ISBN 978 - 7 - 5426 - 8725 - 8/G・1745
定　　价 / 88.00 元

敬启读者，如发现本书有印装质量问题，请与印刷厂联系 13917066329